KB040871

《커리어 그리고 가정》을 향한 찬사

그동안 주류 경제학자들의 계산기가 GDP에서 노골적으로 누락시킨 '여성 노동'의 미정산 영수증이 도착했다. 《커리어 그리고 가정》은 부부간 불평등과 직장 내 성차별을 제어할 시스템을 제안했다는 점에서 노벨경제학상을 넘어 노벨평화상을 받아도 부족하지 않을 작품이다.

클라우디아 골딘은 우리 모두가 눈치챘지만, 눈 감고 있던 성별 소득 격차의 핵심 원인을 정밀한 데이터와 장대한 서사로 돌파한다. 그간 시간과 정체성을 갈아넣는 보상으로 높은 임금을 제공하는 '탐욕스러운 일자리'가 어떻게 부부간 공평성을 해치고 남녀의 임금 격차를 벌려놓았는지, 그럼에도 120년에 걸쳐 여성들은 어떻게 지치지도 않고 커리어와 돌봄의 조화를 꿈꾸어왔는지, 갈피마다 데이터로 척추를 세운 꼿꼿한 문장이 빛난다.

단언컨대 '남성이 여성보다 왜 많이 버는가?'에 이보다 더 우아하게 뼈 때리는 답은 찾지 못할 것이다. 《커리어 그리고 가정》은 그렇게 절절한 나의 이야기이고, 선배 커리어 우먼들의 생애사이며, 동시에 집안일과 바깥일을 차별하지 않는(혹은 집안일을 폄하하지 않는) 미래 부부를 위한 '워라밸' 바이블이 될 것이다. 일과 사랑을 추구하는 모든 남녀, 정책수립자, 정치인, 기업 관리자의 책꽂이에 반드시 꽂혀 있어야 할 책.

_김지수(기자, 《이어령의 마지막 수업》《위대한 대화》 저자)

100여 년간 미국 대졸 여성들이 커리어와 가정 사이에서 어떤 선택을 해왔는지를 좇는 저자의 설명을 읽다 보면 어느새 그 위로 한국 여성들의 얼굴이 겹쳐진다. 한국의 일하는 여성들도 탐욕스러운 일의 가차 없는 요구와 아이 돌봄의 절박함 사이에서 줄타기하다 커리어의 희생을 감당해야 했다. 앞 세대의 좌절을 목격한 젊은 여성들이 급기야 결혼과 출산을 거부하기에 이른 지금, 남녀 모두 커리어와 가정 중 어느 한쪽을 포기하지 않아도 살아갈 수 있는 사회를 만들기 원한다면 이 책을 읽어야 한다. 저자가 통렬하게 지적한 낡은 노동 구조의 개혁, 가정과 일터의 성 평등을 빼놓고 말하는 저

출생 대책은 모두 가짜다.

_김희경(전 여성가족부 차관, 《이상한 정상가족》 저자)

　내가 대학을 다녔던 시기와 교수 경력 초기에는 여교수가 많지도 않았고 아이를 키우는 경우는 더더욱 드물었다. 모든 것을 미룬 채 오직 자리 잡기에 올인한 후, 늦은 나이에 결혼, 임신, 출산, 육아를 겪고 보니 같은 대학에서 같은 시기에 같은 직급으로 시작했던 남교수보다 직급과 임금 면에서 6~7년 정도 뒤처진 자신을 발견했다. 내 삶은 나 홀로 내린 지극히 사적이고 개인적인 결정들의 소산이라고 생각했지만, 노벨경제학상을 수상한 저자 골딘은 내가 혼자가 아니라 100년에 걸쳐 큰 강물처럼 흘러온 역사의 일부였다고 말해준다. 《커리어 그리고 가정》을 읽으면 우리의 지금에 녹아든 지난 100년 동안의 노하우와 교훈을 이해하게 되고, 앞으로 100년을 어떻게 만들어나갈지 영감을 받게 된다. 필히 소장 각이다.

_이상희(캘리포니아 리버사이드 대학교 인류학 교수, 《인류의 진화》 저자)

　이 책은 한 줄기 빛이다. 주변이 환해지고 눈앞이 밝아지며 모든 것이 분명해진다. 저 멀리 성별 소득 격차 철폐로 가는 길의 끝에 놓인 장애물이 보인다. '탐욕스러운 일' 대 '유연한 일'의 격차. 여전히 노골적인 성차별이 존재하는 사회에 살고 있지만, 이다음의 장애물이 무엇인지 아는 것과 모르는 것은 천지 차이일 것. 동시에 이 길을 함께 뛰고 있는 수많은 여성이 이제야 눈에 들어온다. 혼자 끝이 안 보이는 장애물 달리기를 하고 있다고 생각했는데 알고 보니 100년 동안 이어진 거대한 이어달리기였다니! 이전 세대 여성에게 건네받았고 이제 다음 세대 여성에게 건네야 하는 바통을 쥔 손에 힘이 들어간다. 수십 년 동안 성별 소득 격차 세계 1위 자리를 지키고 있는 대한민국에서 이 책이 가장 많이 읽히지 않는다면 우리의 미래는 없을 것이다.

_임소연(동아대학교 기초교양대학 교수, 《신비롭지 않은 여자들》 저자)

　'커리어'와 '가정'을 다루는 사회과학서로 이 책을 처음 마주했을 때 어느 정도 예상되는 방향과 흐름이 있었다. 클라우디아 골딘의 방대한 연구는 그

얄팍한 예측을 훌쩍 뛰어넘어버린다. 성별 소득 격차라는 해묵고도 지리멸렬한 문제에 대한 해결책을 내기 위해, 그는 과거부터 현재까지 여성들이 가정과 일자리, 커리어의 우선순위를 어떻게 설정해왔는지 역사적 흐름을 읽는 작업부터 시작한다. 시대별로 당대의 여성들이 처했던 상황, 정치적 요소, 기술의 발전, 문화적 콘텐츠, 사회의 변화를 면밀히 엮어 이전 세대 여성들의 진보와 한계를 명확히 정리한 그는 바통을 이어받은 우리가 성취해야 할 시스템적 개선을 제안하는 데까지 나아간다. 드넓은 연구 범위와 체계적인 분석만큼이나 놀라운 지점은 그가 앞선 세대의 여성들에 대해 분석할 때나 역사의 흐름에 따라 변화하는 여성들의 가치관에 대해 말할 때 항상 존중과 이해, 그리고 연대를 강조한다는 것이다. 골딘은 빽빽한 논리를 진전시키면서도 여유 있는 문체를 놓치지 않고 공격적 어투보단 합리의 언어로 평등을 주장한다. 수많은 데이터의 분석은 뾰족하게 나아가지만 그의 태도로 인해 책엔 따뜻한 기운이 감돈다. 포용적이고도 지적인 저자가 이룩해낸 이 멋진 성과가 우리에게 커리어와 가정을 모두 허하는 새 시대를 열어주길 기대할 뿐이다.

_김경영(알라딘 사회과학 MD)

적이 보이면 싸우기가 수월하다. 자본, 국가, 교회, 가부장제가 적이던 시절 싸움은 명쾌했다. 너는 나쁜 놈, 나쁜 놈을 물리쳐라. 교육받을 기회, 공적 영역에 진출할 기회가 없던 시절 나쁜 놈은 남자였다. 시대가 변했다. 여성은 남자와 똑같이 대학에 진학했고, 졸업 후에는 고소득 전문직에 활발히 진출했다. 여성 변호사, 여성 의사가 낯설지 않다. 그런데 성별 소득 격차는 여전하다. 여성이 종사하는 산업의 생산성이 낮아서? 고약한 남자 상사들이 불리하게 고과를 주고 승진을 방해해서? 여전히 남자가 나쁜 놈인가? 2023년 노벨경제학상 수상자 클라우디아 골딘은 그렇지 않다고 말한다. 성별 소득 불균형은 젠더 갈등이 아니라, 탐욕스러운 일자리 때문이다.

이 시대 고소득 전문직은 온콜on-call 상태를 요구한다. 아무리 평등한 부부라도 자녀 출산 이후 한 명은 돌봄을 위해 온콜을 포기할 수밖에 없다. 이때 포기하는 건 여성. 더 능력 있더라도 상황은 비슷하다. 여성이 커리어를 포기한다. 부부 사이에서 능력주의는 적용되지 않는다.

책에서는 왜 여성이 커리어를 포기하는지에 관해 깊게 분석하지는 않는다. 양육해본 경험이 있다면 굳이 설명해주지 않아도 알 테다. 출산과 동시에 주 양육자를 맡는 건 대개 여성이다. 육아 휴직을 쓰고, 돌봄 기관과 소통을 여성이 담당한다. 커리어와 가정 모두 부담해야 하는 여성은 힘들어질 수밖에 없다. 그 결과는? 대한민국처럼 마땅한 돌봄 지원이 부족한 환경에서 출산 파업이 벌어진다. 자녀가 있는 기혼 부부는 결혼하는 예비 부부에게 자신 있게 앞으로가 행복하리라고 조언해주지 못한다. 사실이 아니니까. 진실은, 자녀를 출산한다면 미래는 힘들다. 보람은 있겠지만 말이다.

그래도 희망을 놓지 말자. 클라우디아 골딘은 해법도 제시한다. 보다 유연화된 노동과 대체 인력으로 유지될 수 있는 시스템이 필요하다. 그리하여 여성도 커리어와 가정을 모두 잡을 수 있는 사회를 만드는 게 해법이다. 공상이 아니다. 제약 업계에서 이미 가능하다고 증명했다. 《커리어 그리고 가정》은 성별 불평등의 구조를 분석하면서도, 한편으로는 지난 한 세기 동안 여성들이 이뤄낸 성취도 다룬다. 여성들이 보다 자유로워지고, 보다 평등해져왔다는 역사적 경향은 누구도 부정할 수 없다. 커리어와 가정을 동시에 지키려는 엄마와 아빠 모두, 우리는 잘해낼 것이다.

_손민규(예스24 사회정치 MD)

일과 삶의 균형, 이른바 워라밸은 근로자라면 누구나 소망하는 가치임이 틀림없다. 그러나 우리는 왜 일과 삶이라는 저울추 중 어느 한쪽만 선택하기를 강요받는가. 그리고 여성들은 왜 이 기울어진 천칭의 균형을 맞추기 위해 더 많은 것들을 지불해야 하는 것일까. 《커리어 그리고 가정》은 이러한 질문에 명쾌하고 분석적인 대답을 전한다. 2023년 노벨경제학상을 수상한 저자 클라우디아 골딘은 지난 한 세기 동안의 여성들을 세대별 다섯 개의 집단으로 나눠, 이를 토대로 성별 소득 격차의 양상과 그 원인을 증명해냈다. 책에서 언급되는 각각의 세대는 기나긴 여정 속에서 답을 찾고 벽을 부숴왔다. 이제 다섯 개의 집단을 넘어 맞이할 여섯, 일곱 번째 세대에 우리는 어떤 길을 내줘야 할 것인가. 분명한 것은 이 책이 그 새로운 길에 밝은 이정표가 되어줄 것이라 확신한다.

_한재국(교보문고 정치사회 MD)

CAREER
AND
FAMILY

CAREER AND FAMILY

커리어 그리고 가정

평등을 향한 여성들의 기나긴 여정

클라우디아 골딘 지음 | 김승진 옮김

차례

1장
또 하나의
'이름 없는 문제'

오늘날에는 어느 집을 봐도 일과 가정, 직업 세계와 가정 생활 사이에 균형을 잡느라 부부들이 이만저만 고전 중이 아니다. 이전 어느 때보다 더 그렇다. 우리 사회는 돌봄 영역이 현 세대와 미래 세대에게 갖는 중요성과 가치를 정신이 번쩍 들게 깨닫고 있다. 또한 우리 사회는 돌봄의 부담이 개개인에게 일으키는 전체 비용도 더 온전히 깨닫기 시작했다. 돌봄의 책임은 한부모 가정의 엄마나 아빠에게 특히 막대한 부담이 될 뿐 아니라, 다른 가정에도 소득의 상실, 커리어의 정체, 공평한 부부 관계를 희생해야만 하는 선택(이성 커플, 동성 커플 모두 마찬가지이다)과 같은 형태로 비용을 일으킨다. 코로나 전에도 몰랐던 건 아니지만, 코로나 상황에서 너무나 극명하게 체감되면서 이 문제는 이제 우리 사회의 긴요한 관심사가 되었다.

1963년에 베티 프리단Betty Friedan은 대학 나온 여성들이 '전업맘'이 되어 느끼는 좌절을 묘사하면서 이들이 '이름 없는 문제'를 겪고 있다고 언급했다. 60년 가까이 지난 오늘날에는 대학 나온 여성 대부분이 직장에 다니지만, 똑같이 대학 나온 남자들에 비해 한참 못 미치는 소득과 승진을 보면서 여전히 옆으로 밀쳐지고 있다고 느낀다. 이 여성들도 이름 없는 문제를 겪고 있다.

그런데 이들의 문제는 수많은 이름을 하고 등장한다. 성차별, 젠더 편견, 유리 천장, 마미 트랙mommy track[육아 등을 위해 업무 시간과 일정을 유연하게 조정할 수 있지만 승진 기회는 적은 일자리. 옮긴이], 린 아웃lean-out[페이스북 최고운영책임자 셰릴 샌드버그Sheryl Sandberg의 2013년 저서 《린 인Lean In》이 출간되면서 널리 쓰이게 된 표현으로, '린 인'은 조직에서 기회에 적극적으로 달려드는 것을 의미하고 반대로 린 아웃은 임금 협상이나 프로젝트 배정 등에서 적극적으로 나서지 못하는 것을 뜻한다. 옮긴이] 등등 숱하게 떠올려 볼 수 있을 것이다. 그러면 이 문제는 즉각적인 해법이 있는 것처럼 보인다. '여성이 경쟁에 적극적으로 나서도록 코칭을 제공하고 협상 기술을 교육하자'라든가, '경영진과 관리자의 암묵적인 편견을 드러내자'라든가, '기업 이사회의 성별 균형을 의무화하고 동일노동 동일임금 원칙이 지켜지게 강제하자'와 같은 해법 말이다.

각지에서 여성들은 이러한 해법을 어느 때보다도 소리 높여 요구하고 있고, 그들의 문제제기는 전국의 뉴스 헤드라인과 수많은 책 표지를 장식하고 있다. 자, 이제 여성들은 한층 더 강하게 밀어붙이면 되는가? 더 적극적으로 '달려들면lean in' 되는가? 왜 여성은 승진 사다리를 남성만큼 빠르게 올라가지 못하는가? 왜 여성은 연차와 업무 경력에 걸맞은 수준의 보수를 받지 못하는가?

많은 여성을 묵직하게 따라다니는 좀 더 사적인 고민도 있다. 진지한 관계인 사람이나 배우자, 혹은 가까운 친구 사이에서만 털어

놓는 고민이다. 내 커리어만큼 시간을 많이 쏟아야 하는 커리어를 가진 사람과 만나도 될까? 결혼도 너무 하고 싶고 아이도 너무 갖고 싶은데 나중으로 미뤄야 할까? 서른다섯까지 남자를 못 만나면 난자를 냉동시켜 두어야 할까? 아이를 키우게 되면 족히 수능시험 보던 때부터 쉬지 않고 닦아 온 야심찬 커리어를 접어야 할까? 그러지 않을 거라면, 아이 도시락은 누가 싸고 아이 수영 강습 끝날 시간에는 누가 데리러 가며 학교 양호 선생님한테서 걸려 오는 다급한 전화는 누가 받을 것인가?

여성들은 계속해서 부당한 대우를 받고 있다고 느낀다. 그들은 남편보다, 또 남성 동료들보다 돈도 적게 벌고 커리어 경로에서도 뒤처진다. 여성들은 그게 여성들 본인 탓이라는 말을 누누이 들어왔다. 경쟁에 충분히 공격적으로 달려들지 않아서, 수완 있게 협상을 하지 못해서, 자기 자리를 적극적으로 주장하지 않아서, 주장한다 해도 충분히 요구하지 않아서 그렇다는 것이다. 동시에 여성들은 그게 여성들 본인 탓이 아니라는 말도 누누이 들어왔다. 일견 여성들 스스로가 발목을 잡고 있는 게 맞다고 해도, 이것은 여성들이 이용당하고, 뒤통수 맞고, 차별당하고, 성적 괴롭힘에 노출되고, '남성들만의 클럽'에서 배제되고 있기 때문이라는 것이다.

이런 요인 모두가 사실이다. 하지만 이것이 문제의 근원인가? 이 요인들을 다 합하면 남녀 사이에 발견되는 소득과 커리어상의 차이가 거의 다 설명되는가? 기적적으로 이 요인들이 전부 다 해소된다면 여성과 남성의 세상, 부부와 젊은 부모의 세상이 지금과 완전히 달라질 것인가? '또 하나의 이름 없는 문제'는 단지 이 요인들을 모두 합한 것인가?

공적인 장에서도 사적인 자리에서도 많이 이야기되면서 이 중요한 문제에 대해 관심이 높아지긴 했지만, 종종 우리는 젠더 라인을 따라 발생하는 불균등의 어마어마한 규모와 오랜 역사를 제대로 인식하지 못하곤 한다. 문제 있는 회사를 하나 더 지적하고, 이사회에 여성이 한 명 더 들어가고, 소수의 진보적인 테크 업계 남성 임원이 육아 휴직을 쓰는 등의 해법은 흑사병으로 고통받는 사람에게 반창고를 내미는 격이나 마찬가지다.

이런 대응은 이제까지 성별 소득 격차를 없애지 못했다. 앞으로도 이런 대응이 젠더 불평등의 완전한 해법을 제공하지는 못할 것이다. 근원이 아닌 증상만 다루고 있기 때문이다. 이런 대응만으로는 결코 여성들이 커리어와 가정을 둘 다 갖는 데 남성들만큼 성공하지 못할 것이다. 남녀 사이의 페이갭pay gap [임금 격차]을 없애고 싶다면, 아니 줄이기라도 하려면, 먼저 더 깊이 근원을 찾아 들어가서 문제에 보다 정확한 이름을 붙여야 한다. 이 문제의 이름은 '탐욕스러운 일 greedy work'이다.¹

내가 원고를 마무리하고 있는 지금은 아직 맹위를 떨치고 있지만 독자 여러분이 이 책을 읽고 있을 무렵이면 팬데믹이 수그러들었기를, 그리고 팬데믹을 거치며 혹독하게 깨달은 교훈을 우리 사회가 현명하게 활용하고 있기를 간절히 바란다. 전 지구적인 감염병 재난은 몇몇 문제를 확대경처럼 키워 우리 눈앞에 드러냈고, 몇몇 문제를 더욱 가속화했으며, 아주 오래도록 곪아 있던 또 다른 문제들을 터뜨렸다. 우리가 직면하고 있는 '일과 돌봄 사이의 긴장'은 코로나 팬데

12

믹이 닥치기 수십 년 전부터 있었다. 사실 커리어와 가정을 둘 다 갖고자 한, 그리고 그다음에는 둘 사이에 균형을 잡고자 한 노력은 한 세기도 넘게 이어져 온 여정이었다.

20세기의 상당 기간 동안에는 여성이 커리어를 갖지 못하게 제약하는 장애물이 대체로 명시적인 유형의 차별이었다. 1930년대-1950년대의 자료들을 보면 고용과 임금에서 여성에 대한 편견과 차별이 실제로 존재했음을 명백히 보여 주는 증거를 쉽게 찾을 수 있다. 1930년대 말에 기업을 대상으로 이뤄진 한 설문조사에서 경영자들은 대놓고 이렇게 답했다. "대출 업무는 여직원에게 적합하지 않습니다." "이런 종류의 일[자동차 세일즈]을 하는 사람은 대중을 상대해야 하는데 (…) 여성은 사람들이 잘 받아들이지 못할 것입니다." "우리[중개 회사]는 여성을 세일즈 담당으로 배치하지 않습니다."[2] 이때는 대공황 말기였으니 그렇다 치더라도, 노동시장이 '타이트_tight'[일자리보다 일하려는 사람이 부족한 상태. 옮긴이]하던 1950년대 후반에도 경영자들은 아주 분명하게 다음과 같이 말했다. "어린아이가 있는 여성은 고용하지 않습니다." "아기가 있는 (…) 기혼 여성은 회사 복귀를 독려하지 않습니다." "임신은 자발적 퇴직의 사유가 됩니다. 자녀가 중학교 갈 나이쯤 되었을 때 복귀하는 것이라면 회사도 환영하겠지만요."[3]

1940년대까지도 기혼 여성의 고용을 제한하는 제도[marriage bar. '결혼 퇴직'으로 흔히 번역되지만 이 책에서는 미혼 직원이 결혼하면 퇴직해야 하는 것만이 아니라 기혼 여성을 채용 단계에서 배제하는 것도 포함하는 개념이어서 '결혼 퇴직'은 전자를 의미할 때만 사용했다. 옮긴이]가 때로는 법으로, 때로는 회사의 정책으로 흔하게 존재했다. 그리고 결혼한 여성을 배제하던 제도는 임신한 여성을 배제하는 제도, 영유아기 자녀를 둔 여성을 배제하는 제도로 형태를 바꿔 진화했다. 또한 대학과 일부 정부기관에는 '가족 채용 금지' 제도[nepotism bar. 가령 남편이 재직 중인 대학에 아내가 교수 자리를 얻을 수 없었다. 이 책 4장을 참고하라. 옮긴이]가 있었다. 셀 수 없이 많은 일자리에 성별, 결혼 여부, 그리고 물론 인종에 따른 제약이 존재했다.

이제는 이렇게 노골적인 차별의 증거는 잘 찾아보기 어렵다. 오늘날의 데이터를 보건대, 엄밀한 의미에서의 임금 차별과 고용 차별은 (여전히 중요한 문제이긴 해도) 상대적으로 적은 편이다. 하지만 이는 수많은 여성이 차별과 편견에 직면해 있지 않다는 말도, 직장에 성적 괴롭힘과 폭력이 존재하지 않는다는 말도 아니다. #미투 운동이 전국적으로 벌어진 것은 이유 없이 일어난 일이 아니었다. 1990년대 말에 굿이어 타이어에서 일하던 릴리 레드베터Lilly Ledbetter는 성적 괴롭힘에 대해 평등고용기회위원회Equal Employment Opportunity Commission, EEOC에 회사를 신고했고 EEOC로부터 소송제기권right-to-sue이 인정된다는 통지를 받아 냈다. 큰 승리였지만 회사에서 관리자 직위가 회복되어서 레드베터는 소송을 취하했다. 이것은 레드베터가 매우 유명한 두 번째 소송을 제기하기 몇 년 전에 있었던 일이다. 오늘날 레드베터라는 이름을 유명하게 만든 그 두 번째 소송은 임금 차별 소송이었다. 굿이어에서 관리자로 일하던 레드베터는 남성 부하직원들에게 대놓고 부당한 대우를 받았고 [이 때문에 또 그 밖의 부당한 이유로] 업무 평가를 좋게 받지 못했다. 경영진은 남성 직원들의 성차별적인 태도를 규율할 책임이 있었지만 그러기는커녕 방치했고, 레드베터는 임금이 거의 오르지 못했다. 레드베터가 동일한 직급의 남성 관리자에 비해 현저히 낮은 임금을 받게 된 것은 전적으로 차별에 기인한 것이었다.

그렇다면 드디어 직장에서 [노골적인 유형의 차별이 거의 없어지고] 성평등이 손에 잡힐 듯 가까워진 것처럼 보이고 전에 없이 많은 전문 직종이 여성에게 열려 있는 오늘날, 성별 소득 격차gender earnings gap[이 책에서 earning은 대체로 '소득'으로 옮겼다. 하지만 자산 소득 등을 제외한 '일을 통해 번' 소득을 의미한다. 옮긴이]는 왜 여전히 **사라지지 않고** 있는 것인가? 정말로 여성들은 **동일한 노동**에 대해서 더 낮은 임금을 받고 있는가? 대체로 이제는 그렇지 않은 편이다. 임금 차별을 '동일한 노동에 대해 차등적인 임금을 받는다'는 의미로 규정한다면, 이것은 전체 소득 격차 중 아주 일부만 설명할 수 있을 뿐이다. 즉 오늘날의 문제는 이와 다르다.

어떤 사람들은 성별 소득 격차를 직종 분리occupational segregation 때문으로 설명한다. 여성과 남성이 자기선택의 과정에 의해서, 혹은 그렇게 선택하도록 유도되어서 젠더 고정관념에 따라 직업을 택하게 되는데, 그렇게 젠더에 따라 패턴화된 직종들(간호사-의사, 교사-교수 등) 사이에 임금 격차가 존재한다는 개념이다. 하지만 데이터가 말해 주는 바는 이와 다소 다르다. 미국 인구총조사 목록에 있는 약 500개 직종에서, 성별에 따라 발생하는 소득 격차의 3분의 2는 [직종 간의 요인이 아니라] 각 직종 **안에** 있는 요인들 때문에 발생했다.[4] 여성들 사이의 직종별 분포가 남성들 사이의 직종별 분포와 동일해진다 하더라도(여성이 남성만큼 의사[5]가 되고 남성이 여성만큼 간호사가 되더라도) 현재의 소득 격차 중 많아야 3분의 1밖에 없애지 못한다는 말이다. 요컨대, 소득 격차의 더 큰 부분은 원인이 다른 데 있다는 것을 우리는 실증 근거로 알고 있다.

종단 데이터(개인의 생애를 따라 소득 등의 정보를 지속적으로 수집해 얻은 데이터)들을 보면 대학(혹은 대학원) 졸업 직후에는 남녀의 임금 수준이 놀랄 만큼 비슷하다. 대학을 갓 졸업했거나 MBA 학위를 갓 받고서 직장에서 1, 2년 차 정도 된 사람들 사이에서는 성별 소득 격차가 작은 편이고 남성과 여성이 택한 전공이나 취업 분야의 차이로 대부분 설명이 된다.[6] 즉 남성과 여성은 거의 동일한 출발선에서 시작한다. 이들은 매우 비슷한 기회가 주어진 상황에서 다소 상이한 선택을 내리고 여기에서 약간의 초기 임금 격차가 발생한다.

그러다 시간이 흘러서 졸업 후 10년 정도가 되면 남녀 사이에 상당한 임금 격차가 명백히 드러난다. 이제 남성과 여성은 노동시장의 서로 다른 부분에서 일하고 서로 다른 회사에서 일한다. 예상하시다시피, 이 변화는 대개 아이가 태어나고 나서 한두 해 뒤에 시작되며 거의 언제나 여성의 커리어에 부정적인 영향을 미친다. 하지만 [출산에 앞서] 결혼 직후에 격차가 벌어지기 시작하는 경우도 있다.

여성이 커리어를 추구하게 되면서 가정과 경제 사이의 관계가 근본적으로 달라졌다. 소득 격차를 넘어서 훨씬 더 큰 문제의 궤적을 이해하지 않으면 소득 격차의 근원에 결코 닿을 수 없을 것이다. 소득 격차는 더 큰 문제의 증상일 뿐이다. 남녀 간 소득 격차는 커리어 격차의 결과이고, 커리어 격차는 부부간 공평성이 깨지는 데서 비롯된다. 이 말의 의미를 제대로 이해하려면 미국 경제에서 여성이 어떠한 역할을 담당해 왔으며 그것이 지난 한 세기 동안 어떻게 달라져 왔는지 알아봐야 한다.

이 책에서 우리는 '대졸 여성'에게 초점을 맞출 것이다. 여성 중 커리어 성취의 기회가 가장 많았던 집단이기도 하거니와 최근 몇십 년 사이에 대졸 여성 인구가 크게 증가했기 때문이기도 하다. 2020년 현재 미국 25세 여성 중 45%가 4년제 대학을 졸업했거나 졸업을 앞두고 있다. 반면 남성은 이 숫자가 36%에 불과하다.[7] 물론 늘 여성이 남성보다 대학에 많이 갔던 것은 아니다. 아주 오랫동안 아주 많은 이유로 여성들은 대학 교육을 받는 데서 막대한 불이익을 받았다. 1960년에 미국의 4년제 대학 졸업생 성비는 여성 1명당 남성 1.6명이었다. 그런데 1960년대 말과 1970대 초부터 상황이 달라지기 시작해 1980년에는 남성의 우위가 거의 사라지게 된다. 이때 이래로 4년제 대학 졸업자는 내내 남성보다 여성이 많았고 지금도 그렇다.[8]

여성들은 대학 교육만 전에 없이 많이 받고 있는 게 아니라 목표치를 한층 더 올리고 있다. 어느 때보다도 많은 대졸 여성이 전문 석박사 학위와 도전적인 커리어를 목표로 삼고 있다. [2008년의] '대침체the Great Recession' 직전에 대졸 여성 중 23%가 법학전문석사JD, 박사Ph.D, 의학전문석사MD, 경영학전문석사MBA 학위를 받았다[학부 이상의 학위 과정 중 전문실무대학원(로스쿨, 의학전문대학원, 경영대학원 등)을 마치고 취득하는 학위는 모두 '전문 석사'로 옮겼고 '박사'는 주로 PhD를 지칭할 때만 사용했다. 전문 석사 학위와 박사 학위를 함께 언급할 때는 '전문 석박사 학위'로 표기했으며 MA는 '일반 석사'로 옮겼다. 모두를 아우를 때는 '대학원 학위', '대학원 과정' 등으로 표현했다. 옮긴이]. 이는 40년 사이 4배 넘게 증가한 것이다. 동일한 40년 동안 남성은 이 비중이 30% 근처에 계속 머물러 있었다. 점점 더 많은 대졸 여성이 보수가 매우 높고 성취감과 만족감을 느낄 수 있으며 자아 정체성의 일부가 되는 종류의 장기적인 커리어를 계획하고 있다.

그와 동시에 점점 더 많은 대졸 여성이 아이도 낳고 있다. 베이비 붐 이후의 어느 시기와 비교해도 그렇다. 오늘날 40대 중후반인 대졸 여성의 거의 80%가 아이가 있다(출산은 하지 않았지만 입양한 경우를 포함하면 여기에서 1.5%포인트 더 높아진다). 15년 전에는 40대 중반에 한 명 이상의 자녀가 있는 대졸 여성이 73%에 불과했다. 1970년대 초에 태어난 대졸 여성이 1950년대 중반에 태어난 대졸 여성보다 상당한 정도로 출산율이 더 높은 것이다.[9] 오늘날에는 케이샤 랜스 바텀스Keisha Lance Bottoms[애틀랜타 시장], 리즈 체니Liz Cheney[하원의원], 태미 덕워스Tammy Duckworth[상원의원], 사만다 파워Samantha Power[미 국제개발처장, 전 유엔 주재 미국 대사], 로리 트라한Lori Trahan[하원의원] 같은 여성을 과거 어느 때보다도 많이 볼 수 있다. 현재 50세가량인 이들은 모두 성공적인 커리어가 있고 자녀도 있다.

이제 대졸 여성은 가정을 포기하고 커리어를 추구한다는 개념을 더 이상 당연하게 받아들이지 않는다. 또 아이가 있는 대졸 여성은 커리어 없이 가정만 있는 삶에 더 이상 온전히 만족하지 않는다. 대체로 대졸 여성들은 두 영역 모두에서 성공하고 싶어 한다. 하지만 그러려면 수많은 시간 상충의 문제를 헤쳐 나가야 하고 수없이 어려운 선택의 결정을 내려야 한다.

시간은 위대한 평준화 기제다. 누구나 동일한 양의 시간을 가지고 있고 시간 배분과 관련해 어려운 결정을 내려야 한다. 근본적으로, 성공적인 커리어와 행복한 가정의 균형을 이루기 위해 고전하는 여성이 직면하는 문제는 시간 충돌의 문제다. 대개 커리어에 투자한다는 것은 젊은 시기에 굉장히 많은 시간을 일에 쏟아야 한다는 것을 의미한다. 그런데 이 시기는 여성이 아이 갖는 것을 '놓치면 안 되는' 연령대이기도 하다. 게다가 아이를 낳고 가정을 꾸리는 데도 굉장히 많은 시간을 쏟아야 한다. 이러한 선택들은 이후의 삶을 크게 좌우하며, 한번 선택을 내리고 나면 무르거나 고칠 수 없다. 50년 전에 세 아이의 엄마인 한 여성 임원은 젊은 여성들에게 커리어에 대해 조언하면서 이렇게 말했다. "굉장히 어렵습니다. 그래도 하세요."[10]

우리는 늘 선택을 한다. 파티에 갈 것이냐, 공부를 할 것이냐. 어려운 과목을 들을 것이냐, 쉬운 과목을 들을 것이냐. 어떤 종류의 선택은 거기에 걸려 있는 것이 훨씬 더 중대하다. 결혼을 일찍 할 것이냐, 늦게 할 것이냐. 대학원에 진학할 것이냐, 곧바로 취업할 것이냐. 지금 아이를 가질 것이냐, 다시는 없을지 모를 경력상의 큰 기회를 잡을 것이냐. 클라이언트를 만날 것이냐, 아이와 시간을 보낼 것이냐. 거의 대학을 졸업하자마자부터 대졸 여성들은 이와 같이 중차대한 결과가 달려 있는 시간 배분상의 선택에 직면한다.

대졸 여성들이 지금 기준으로 보면 깜짝 놀랄 만큼 이른 나이에 결혼했던 게 그리 오래전 일이 아니다. 1970년 무렵까지만 해도 대졸 여성의 초혼 연령 중앙값은 23세였다.[11] 그리고 결혼은 곧 출산으로 이어졌다. 결혼을 일찍 한다는 것은 여성이 더 이상 학업을 이어 갈 수 없다는 것을 의미했다. 적어도 결혼을 한 후 바로 이어서 할 수는 없었다. 결혼을 하면 아내보다는 남편의 직장과 학교에 맞춰 이사하는 경우가 많았다. 대체로 여성들은 본인의 커리어 전망을 극대화하는 쪽으로 선택하기보다 가족의 후생을 최대화하기 위해 자신의 커리어를 희생했다.

1940년대-1960년대 말에 대학을 졸업한 여성들이 결혼을 일찍 한 이유는 결혼을 미뤘을 때 초래될 결과가 막대할 수 있었기 때문이다. 남자와 진지한 (그리고 성적인) 관계가 시작되자마자 그와 사귄다는 사실을 주변 모두가 알게 하고 약혼으로 확실하게 못 박아 두는 것은 혼전 임신을 할 경우에 대비한 중요한 보험이었다. 여성이 통제할 수 있고 효과도 믿을 만한 피임법이 없던 시절에, 결혼을 미룰 수 있는 선택의 여지는 제한적일 수밖에 없었다.

1961년이면 경구피임약이 발명되고 미국 식품의약국Food and Drug Administration, FDA의 승인도 받아서 기혼 여성은 피임약을 많이 사용하게 되지만, 나이가 더 어린 미혼 여성에게는 여러 주의 법률과 사회적 관습이 피임약 구매를 허용하지 않았다. 이 제약은 1970년경 여러 가지의, 그리고 대개는 피임 이슈와 직접적으로 관련이 없는 이유들로 사라지기 시작한다. 피임약은 여성이 생애에서 직면하게 되는 커다란 제약 중 첫 번째 것을 피할 수 있게 해주었다. 새로이 갖게 된 이 역량으로 여성들은 이제 삶을 계획할 수 있었다. 가령 시간을 많이 투여해야 하는(사실 시간을 전적으로 쏟아야 하는) 전문 석박사 과정에 진학할 수 있었고, 결혼과 출산을 안정적인 커리어의 토대를 닦는 데 필요한 시간 만큼 미룰 수 있었다.

이때부터 완전히 근본적인 변화가 펼쳐지기 시작했다. 1970년 경을 시작으로 결혼 연령은 매년 급격히 높아져서, 이제 대졸 여성의 초혼 연령 중앙값은 28세 정도가 되었다.[12]

하지만 피임약으로 시간 제약 중 하나가 해결되자 또 다른 제약이 생겨났다. 전문 석박사 과정이 [직장 경력 등이 필요해지면서] 전보다 늦은 나이에 시작되고 마치기까지의 기간도 길어진 것이다. 이에 더해 학계, 의료계, 법조계, 회계 분야, 컨설팅 분야 등 여러 전문 직종에서 주요 승진 결정이 내려지는 첫 시기도 점점 더 늦어졌다. 이렇게 늦어진 몇 해가 쌓이면서, 어려운 선택을 해야 하는 새로운 시간 충돌 문제가 생겨났다.

10년쯤 전에는 [로펌 등의] 파트너가 되거나 [대학에서] 테뉴어 tenue[대학 교수의 종신 재직 보장권. 옮긴이]를 받는 것 같은 중요한 승진이 30대 초반에 이뤄졌는데 요즘에는 30대 중후반에 이뤄진다. 30대 중후반이라는 타이밍은 커리어에서 승진의 관문을 먼저 넘고 나서 그다음에 아이를 갖자는 계획을 잘 허용하지 않는다. 그래서 커리어 상의 중요한 도약이 판가름 나기 전에 아이를 낳게 되는데, 아이는 종종 커리어를 갉아먹는다. 그렇다고 아이 낳는 것을 그 뒤로 미루면 이번에는 커리어가 여성이 아이를 가질 수 있는 능력을 갉아먹는다.

이 타이밍은 잔인하다. 가정을 꾸리고 싶은 여성에게 30대 중반까지 첫 출산을 미루라는 말은 영영 가정을 꾸릴 수 없을지 모르는 쪽으로 삶을 계획하라는 말이기 때문이다. 그래도 여성들은 다양한 방법을 동원해서 [늦은 임신의] 불리함을 극복하고 목표를 성취해 왔다. 이들이 동원하는 방법에는 보조생식술assisted reproductive technologies도 포함된다. 놀랍게도 최근에 45세가 된 여성들 사이에서 아이가 있는 여성의 비중이 크게 늘었다.[13] 물론 이들의 출산율이 높아졌다고 해서 아이를 갖고자 모든 시도를 다해 보았지만 성공하지 못한 여성의 좌절과 슬픔과 신체적 고통이 줄어드는 것은 아니다. 또한 아이를 갖는 데 성공한 여성이 꼭 커리어를 유지할 수 있다는 말도 아니다.

이 모든 어려움 속에서도 과거부터 최근까지의 역사를 살펴 보면 긍정적인 방향으로 많은 변화가 있었으며, 그 덕분에 여성들이 더 높은 성취감과 자존감을 가지고 더 높은 수준의 성평등을 달성하는 데 한층 더 가까워질 수 있었다. 여성들은 자신의 임신과 출산을 더 잘 통제할 수 있게 되었다. 결혼 시기는 더 늦어졌고 이는 결혼 생활이 더 오래 유지될 수 있게 했다[이혼율이 줄었다]. 여성은 이제 대졸자의 다수를 차지하며 상당수가 전문 석박사 과정에 진학해 우수한 성적으로 학위를 받는다. 또한 최고의 기업, 기관, 부서 들이 여성을 채용하고 있다. 자, 그다음에는 어떻게 되는가?

어떤 여성에게 커리어가 꽃필 기회가 있는데 그 여성이 아이가 있다면, 궁극적인 시간 충돌이 발생한다. 아이에게는 시간이 많이 든다. 커리어에도 시간이 많이 든다. 아무리 소득이 높은 부부라도 육아를 완전히 다 외부인에게 맡길 수는 없다. 그리고 직접 돌보고 사랑해 주지 않을 거라면 애초에 아이를 낳은 의미가 무엇인가?

근본적으로, 여기에서 시간 제약의 문제는 누가 집에서의 일에 대해 '온콜on-call'[긴급 호출에 지체 없이 대응할 수 있는 상태. 옮긴이] 임무를 맡을 것이냐의 문제다. 집에 급한 일이 있을 때 지체 없이 사무실을 떠나 집으로 오는 역할을 누가 맡을 것인가? 물론 부부가 그 역할을 함께 맡을 수도 있다. 부부간 공평성이 잘 지켜진다면 집에서의 온콜 부담을 5대 5로 분담할 수 있을 것이다. 하지만 그렇게 하는 것이 이 가구에 미칠 비용은 얼마일까? 굉장히 크다. 이것은 이전 어느 때보다도 오늘날 많은 부부가 절실히 체감하고 있는 현실이다.

커리어와 가정 둘 다를 추구하고자 하는 열망이 높아지면서, 대부분의 커리어가 갖고 있는 중요한 속성 하나가 명백하고, 핵심적이고, 가시적으로 떠올랐다. 많은 커리어에서 일이 너무나 탐욕스럽다는 사실이다[가차 없는 밀도로 불규칙한 일정에 대응해 가며 장시간 일할 것을 요구하고, 그 대가로 높은 보수를 지급한다]. 그래서 시간 외 근무, 주말 근무를 밥 먹듯 하고 저녁 시간과 밤 시간도 일에 쏟아붓는 사람은 훨씬 많은 소득을 올릴 수 있다. 그렇게 할 경우, 소득이 '아주 많이' 높아지기 때문에 시간당으로 계산해도 소득이 높아진다.

탐욕스러운 일

일이 탐욕스럽다는 말은, 집에 아이가 있거나 그 밖에 돌봄이 필요한 사람이 있는 경우 부부 사이에 약간의 '특화'를 하면 이득을 볼 수 있다는 것을 의미한다. 부부 사이에 특화를 한다고 해서 "비버는 해결사"[Leave It to Beaver, 1950년대 말-1960년대 초의 TV 드라마. 옮긴이] 시절로 돌아가야 한다는 말은 아니다. 여성들은 여전히 야심찬 커리어를 추구할 것이다. 하지만 부부 중 한 명은 집에서의 일에 대해 온콜 임무를 맡아야 한다. 즉 집에 무슨 일이 생기면 회사에 있다가도 집으로 달려올 수 있어야 한다. 집 쪽의 온콜 임무를 맡기로 하는 사람은 근무 시간과 업무 일정에 상당한 유연성이 허용되는 일자리를 택하게 될 것이다. 밤 10시에 걸려 오는 업무 전화나 이메일에 즉각 응답할 것으로 기대되는 일자리가 아니어야 할 것이다. 인수합병 건 때문에 아이의 중요한 축구 시합을 보러 가는 것을 취소해야 하는 종류의 일자리도 아니어야 할 것이다. 한편 부부 중 다른 쪽은 직장에서 온콜 상태가 되기로 하고, 정확히 반대의 특성을 갖는 일자리를 택할 것이다[그래야 가구 소득이 올라간다]. 이러한 분업이 두 사람의 승진, 경력 개발, 소득에 어떤 영향을 미칠지는 명백하다.

전문직 종사자와 경영자의 일은 늘 탐욕스러웠다. 변호사는 늘 야근을 했다. 교수와 연구자는 늘 뇌를 풀 가동해서 내놓는 연구 결과로 평가받았고 저녁이나 밤에도 뇌를 쉬게 두지 않을 것이라고 여겨졌다. 또 과거에 의사와 수의사 대부분은 주7일, 하루 24시간 온콜 상태였다.

그런데 1980년대 초부터 소득 불평등이 가파르게 높아지면서, 탐욕스러운 일이 그 일을 하는 사람에게 갖는 경제적 가치가 매우 커졌다. 소득 분포의 꼭대기에서 소득이 어마어마하게 늘어났다. 제일 높은 칸에 진입할 수 있었던 사람들은 전례 없는 수준의 보수를 받았고 이들의 보수는 계속해서 더 많아졌다. 가장 장시간 근무를 요구하고 시간 사용의 유연성을 가장 적게 허용하는 일자리의 보수는 압도적으로 높아진 반면, 다른 일자리들의 임금은 정체되었다. 그 결과, 금융 분야처럼 여성들이 이제까지 진입하기 더 어려웠던 직종에서 최근 몇십 년 사이에 소득이 가장 크게 치솟았다. 가령 처음부터 끝까지 거래를 챙기고, 복잡한 거래 모델을 짜고, 모든 회의와 저녁식사 자리에 빠지지 않고 참석하는 펀드매니저가 막대한 보너스와 바라 마지않는 승진 기회를 가장 잘 붙잡을 수 있었다.

소득 불평등의 증가는 여성들의 학위, 자격 요건, 직위가 많이 높아졌는데도 지난 몇십 년간 대졸자 사이에 성별 소득 격차가 줄어들지 않고 있는 중요한 이유 중 하나일 것이다. 또한 소득 불평등의 증가는 1980년대 말과 1990년대 초에 전체 인구 중에서보다 대졸자 사이에서의 성별 소득 격차가 더 커진 이유이기도 할 것이다. 여성들은 물살을 거슬러 헤엄치고 있었다. 꿋꿋이 나아가긴 했지만 늘 소득 불평등이라는 급류를 거슬러서 헤엄쳐야 했다.

또한 일이 탐욕스럽다는 말은, 가구 소득을 높이기 위해 부부간 공평성couple equity이 내버려져 왔고 계속해서 그러리라는 의미이기도 하다. 그리고 부부간 공평성이 버려지면 (동성 커플이 아닌 한) 보통은 성평등도 함께 버려진다. 오래전부터 이어져 온 성별 역할 규범은 육아의 책임을 엄마에게 더 지우고 가족 구성원에 대한 돌봄의 책임을 장성한 딸에게 더 지우는 다양한 방식을 통해 한층 더 강화된다.

부부인 이사벨과 루카스의 경우를 보자(몇 년 전에 내가 실제로 만난 부부를 모델로 한 가상의 부부다). 이사벨과 루카스는 같은 대학을 나왔고 정보기술 분야에서 동일한 대학원 과정을 마쳤으며 같은 회사에 취업했다. 이 회사의 이름을 '인포서비스'라고 해 보자.

인포서비스는 이사벨과 루카스 모두에게 두 개의 자리를 제안했다. 하나는 표준적인 8시간 근무에 출퇴근 시간을 유연하게 조정할 수 있는 자리이고, 다른 하나는 연간 총 노동 시간이 꼭 더 많은 것은 아니지만 밤에 시도 때도 없이 걸려 오는 업무 전화를 받아야 하고 주말에도 일해야 하는 자리다. 두 번째 일자리는 임금이 20% 더 높다. 회사로서는 예측 불가능한 일정에 맞춰 가며 일할 의사가 있는 뛰어난 인력을 확보할 필요가 있기 때문이다. 그리고 인포서비스는 두 번째 유형의 일을 하는 사람 중에서 매니저로 승진할 사람을 고른다. 처음에는 이사벨과 루카스 모두 '탐욕스러운' 일, 즉 두 번째 자리에 지원했다. 똑같이 능력이 있고 똑같이 회사 일 말고는 추가적인 부담이 많지 않아서, 처음 몇 년 동안은 둘 다 동등한 직위에서 동등한 보수를 받으며 일했다.

하지만 20대 후반이 된 이사벨은 시간을 더 유연하게 쓸 수 있는 일자리가 필요해졌다. 편찮으신 엄마와 시간을 더 보내야 했기 때문이다. 이사벨은 계속 인포서비스에 다녔지만, 첫 번째 일자리로 옮겼다. 이 일은 총 노동 시간은 동일하지만 일정을 유연하게 조정할 수 있다. 시간 면에서는 덜 탐욕스럽지만 보수의 면에서 덜 후한 유연한 일자리다.

그림 1.1은 이사벨과 루카스의 경로를 보여 준다. 실선은 처음에 둘 다 선택한 경로, 그리고 루카스가 계속 가고 있는 경로를 나타낸다. 즉 이것은 탐욕스럽고 시간 유연성이 없는 일의 경로다. 이 경로에서는 일하는 시간이 늘수록, 또는 반드시 특정 시간대에 일을 해야 하는 식으로 유연성 없는 시간이 많을수록 시간당 임금이 올라간다(시간당으로 보수를 지급하는 경우에는 명시적으로 그럴 것이고, 주급이나 월급으로 지급하면 시간당으로 환산했을 때 그럴 것이다). 루카스가 주당 60시간을 일하면 40시간만 일하는 경우에 비해 [일하는 시간은 1.5배 늘지만] 보수가 1.5배 **이상으로** 많아진다. 노동 시간을 늘리는

그림 1.1 젠더 불평등과 부부간 불공평

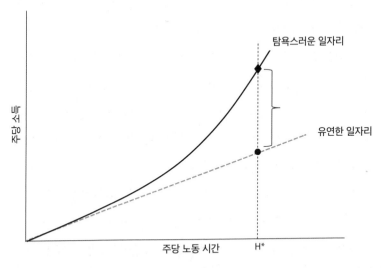

주: 인포서비스가 이사벨과 루카스에게 제안한 두 가지 일자리를 생각해 보자. 하나는 시간 사용에 유연성이 있고 주당 노동 시간이 얼마나 많든 상관없이 시간당 임금이 동일하다. 다른 하나는 시간 사용의 유연성이 더 적지만(더 탐욕스럽지만) 주당 노동 시간이 많아질수록(혹은 업무 일정의 유연성이 적을수록) 시간당 임금이 높아진다. 가로축은 주당 노동 시간(혹은 특정한 시간대에 반드시 일해야 하는 식으로 유연성이 감소하는 정도에 대한 측정치)이고 세로축은 주당 소득이다. 일반적으로 일주일에 H* 시간을 일한다고 할 때(40-45시간 정도라고 하자) 검정 다이아몬드(탐욕스러운 일자리)와 검정 동그라미(유연한 일자리)의 높이 차이는 탐욕스러운 일자리를 갖지 않기로 선택하는 사람이 매주 포기해야 하는 소득을 나타낸다.

데 따라 (또는 시간 사용의 유연성이 없어지는 데 따라) **시간당** 임금이 오른다는 말은, 주당 노동 시간을 두 배로 늘리지 않고도 소득을 두 배로 늘릴 수 있다는 말이다.

점선은 이사벨이 옮겨 간 더 유연한 일자리를 나타낸다. 이 경로에서는 몇 시간을 일하든지, 어느 시간대에 일하든지 간에 시간당 임금이 일정하다. 60시간을 일하면 40시간을 일할 때보다 소득이 딱

1.5배만큼만 는다. 루카스와 이사벨이 일반적으로 주당 H* 시간만큼 일한다고 했을 때, 루카스의 소득은 검정 다이아몬드 지점이 되고 이사벨의 소득은 검정 동그라미 지점이 된다.

이사벨과 루카스가 아이를 갖기로 했을 때, 부부 중 적어도 한 명은 집에서의 일에 온콜 상태일 수 있어야 했다. 둘 다 루카스가 하고 있는 일을 할 수는 없었다. 시간 사용이 예측 불가능하고 유연성이 없는 일이기 때문이다. 둘 다 그 일을 한다는 말은 학교에서 양호선생님이 다급하게 전화를 걸어 오거나 어린이집이 낮 시간에 갑자기 문을 닫을 경우에 부부 모두가 대처를 할 수 없다는 뜻이다. 그 일이 가령 목요일 오전 11시에는 꼭 회사에 있어야만 하는 일이라면, 아이가 제발 목요일 오전 11시에만큼은 그네에서 떨어지지 않기를, 연로하신 부모님이 제발 목요일 오전 11시에만큼은 병원에 가셔야 하는 일이 생기지 않기를 그저 바라는 수밖에 없게 된다.

둘 다 이사벨의 일자리를 택할 수 있었을지도 모른다. 하지만 아이를 낳을 생각이었으므로 그렇게 결정했을 때 발생할 금전적인 손실을 감수하기 어려웠다. 둘 다 유연한 일자리를 가질 경우 현재 루카스가 더 벌어 오는 만큼의 주당 소득을 둘 다 포기해야 한다. 육아 및 기타 가정에서의 의무를 부부가 반씩 지고자 한다면, 그렇게 해서 공평한 부부 관계를 달성하는 것의 가치를 가구 소득 면에서 발생할 비용과 견주어 봐야 한다. 두 사람 모두가 시간을 유연하게 쓰기 위해 포기해야 하는 소득은 상당한 금액일 수 있다. 그래서 이사벨과 루카스는 소득을 위해 부부간 공평성을 희생시키기로 결정한다.

그리고 이성 커플이 아이를 갖고자 할 때 대개 그렇듯이, 여성인 이사벨이 유연한 일자리를 택하고 남성인 루카스는 탐욕스러운 일자리에 머물기로 한다(출산 직후와 아이가 영아인 시기가 지난 다음에도 둘의 분업은 계속 이렇게 유지된다).

루카스는 계속해서 이사벨보다 돈을 많이 벌었고 아이를 가진 후에 둘의 소득 격차는 더 벌어졌다. 루카스는 승진을 했고 이사벨은 하지 못했다. 다른 부부였다면 소득 격차가 아이를 갖기 전에 더 크게 벌어졌을 수도 있다. 아이를 계획하는 많은 부부가 고용 기회를 최적화하기 위해 이사를 하는데, 대개 남편의 일자리 기회가 가장 좋은 곳으로 가기 때문이다. 이것은 성별 소득 격차가 여전히 적지 않게 남아 있는 커다란 이유일 것이다.

동성 커플이라면 '성별' 소득 격차는 없겠지만, 루카스와 이사벨의 의사결정에 영향을 미친 것과 정확히 같은 이유로 커플 사이의 공평성이 버려진다. 탐욕스러운 일자리의 세계에서 부부(또는 커플) 사이에 공평성을 지키는 데는 비용이 아주 많이 든다.

여성이 집에서의 일에 온콜일 필요가 없다면, 장시간 근무, 예측 불가능한 일정, 퇴근 후의 온콜, 잦은 주말 근무 등의 대가로 비례적인 수준보다 훨씬 높은 보수를 주는 일자리를 택할 수 있을 것이다. 실제로 많은 여성이 그렇게 한다. 대학을 갓 졸업한 여성, 가정에서의 부담이 적은 여성이라면 까다로운 일정으로 장시간 일하는 것이 가능할 것이다. 하지만 아이가 태어나면 우선순위가 달라진다. 주 양육자 역할은 막대한 시간을 요구하며 여성은 갑자기 집에서 온콜 상태가 되어야 한다. 집에 시간을 더 할애하려면 상사와 클라이언트에게는 시간을 덜 할애해야 한다. 따라서 근무 시간을 줄이거나 시간을 더 유연하게 쓸 수 있는 일자리로 옮겨 가게 되고, 보수는 훨씬 적어진다. 아이가 커서 엄마 손이 덜 가게 되면 가정에서의 부담이 줄어들면서 남성 대비 여성의 소득 비율이 올라가기 시작한다. 하지만 시간이 더 지나면 육아 부담이 사라진 자리에 가정에서 맡아야 할 또 다른 부담이 종종 생겨난다.

이사벨과 루카스의 이야기는 특이한 사례가 아니다. 대학을 졸업한 사람들이 반려자를 찾고 가정을 꾸릴 계획을 세우기 시작할 때, 그들은 '동등한 두 사람의 결혼 생활'이나 '돈이 더 많은 결혼 생활'이냐 사이에서 어려운 선택에 직면한다.

동등한 두 사람의 결혼 생활

예전에 학부 세미나 수업에서 학생들에게 결혼에서 바라는 것이 무엇인지 물어본 적이 있다. 한 학생이 곧바로 대답했다. "제가 원하는 것을 원하는 남자를 원합니다." 부부간 공평성에 대한 열망을 솔직하게 표현한 학생의 말이 굉장히 인상적이었다. 그 후로도 많은 학생들이, 또 나의 친구들도 이런 이야기를 했지만 이토록 간명하게 표현한 사람은 없었다. 그런데 문제는, 아무리 "내가 원하는 것을 원하는 남자"와 결혼한다 해도 두 사람 다 시간 요구가 많은 커리어를 갖는 것은 불가능하며 가구 소득을 위해서는 부부간 공평성을 포기해야 하고 부부간 공평성을 위해서는 가구 소득을 포기해야 하는 진퇴양난이 계속된다는 점이다. 가구 소득을 극대화하려면 부부 중 한쪽은 시간을 많이 투여해야 하는 회사 일에 집중하고 다른 한쪽은 시간을 많이 투여해야 하는 가정 일을 챙기기 위해 커리어를 희생하는 식으로 분업을 해야 한다. 누가 어느 쪽을 맡든, 후자에 특화하는 사람은 배우자보다 소득이 줄어들게 된다.

하지만 누가 어디에 특화하느냐에서 젠더는 무시할 수 없는 요인이다. 과거에나 지금이나 커리어를 희생하고 가정 일에 집중하기로 하는 쪽이 대체로 여성이기 때문이다. 여성은 게으르지도 능력이 부족하지도 않고 처음에는 남성과 거의 동등한 출발선에서 시작한다. 그런데 뿌리 박힌 젠더 규범의 영향으로(뒤에서 더 상세히 알아볼 것이다) 야심 있고 능력 있는 여성조차 가족을 위해 커리어를 늦춰야만 한다고 느끼게 된다. 남성은 가정도 갖고 커리어의 속도도 낼 수 있는데, 그것은 여성이 커리어의 속도를 늦추고 가정 일을 챙기기 때문이다. 둘 다 무언가를 잃는다. 남성은 가족과의 시간을 버려야 하고 여성은 커리어를 버려야 한다.

오늘날의 독자에게는 (속도를 내든 늦추든 간에) 여성이 커리어를 갖는다는 개념이 너무 자연스러워서 그게 뭐 그리 주목할 만한 일인가 싶을지도 모른다. 지금은 여성도 남성처럼 학교에 가고 여성도 남성처럼 대학 교육과 고소득 직종의 커리어를 추구한다. 하지만 이것이 얼마나 새로운 현상인지를 생각해 볼 필요가 있다. 1900년에는 어린아이가 있는 대졸 여성 중 아주 일부만 바깥일을 하고 있었고 '커리어'라고 부를 만한 것을 가지고 있는 사람의 비중은 말할 것도 없었다. 일에 매진하는 여성은 대개 아이가 없었고 꽤 많은 경우 미혼이었다. 그런데 한 세기 남짓 지난 오늘날에는 여성들이 일을 하고 있을 뿐 아니라 적지 않은 수가 유의미한 커리어도 가지고 있다. 그리고 이들은 동등한 부부 관계 속에서 직업 세계를 가정 생활과 결합시키고자 노력하며 이루어 내기도 한다. 전 세계 어느 곳의 역사를 봐도 전에는 결코 일어난 적이 없는 일이다.

인구 절반의 경제적 역할이 달라지면 이는 대대적인 역사적 전환을 의미하게 된다. 그리고 이 전환은 막대한 파급 효과를 낳는다. 이 과정에서 대졸 여성들의 삶이 가장 크게 달라졌겠지만 이것은 여성만의 변화가 아니었다. 이 변화는 미국 사회 전반에 파장을 일으켰고 노동, 학교, 가정이 사회적으로 직조되는 양상 전체에 영향을 미쳤다. 또한 여성이 가정에서 일터로 이동한 것은 단지 무보수 노동에서 보수를 받는 노동으로 이동한 것만이 아니었다. 여성들은 가내의 의무를 맡는 역할로부터 높은 수준의 교육 훈련이 필요하고 자아 정체성의 일부가 되며 종종 생애에서 장기간 지속되는 역할로 이동했다.

이 변화의 여정에서 20세기 여성들은 모든 세대가 자기 몫의 단계를 진전시켰고, 가정과 기업과 학교에서, 그리고 피임 기술 등에서 벌어진 수많은 발달이 그러한 진전이 이뤄질 수 있는 길을 닦았다. 매 세대는 이전 세대의 성공과 실패에서 교훈을 얻고 다음 세대에게 자신의 교훈을 넘겨주면서 지평을 한 단계씩 더 확장했다. 이렇게 각각의 세대는 다음 세대로 바통을 넘겨주었다. 이 여정은 여성이 가정이냐 아니면 커리어냐의 양자택일 선택지를 가져야 했던 시절부터 가정과 커리어를 둘 다 추구할 수 있게 된 오늘날까지로 우리를 데려왔다. 그리고 이것은 임금의 공평성과 부부간의 공평성이 확대되어 온 여정이기도 했다. 이것은 복잡하고 다양한 측면을 가진 진보의 여정이었으며, 지금도 계속 펼쳐지고 있다.

32

그런데 20세기에 경험한 전환이 이토록 긍정적이었다면, 왜 우리는 여전히 남녀 사이의 임금, 직종, 직위상의 격차 때문에 씨름하고 있는가? 왜 아직도 가족 구성원 사이에 부담이 지워지는 방식이 공평하지 못해 씨름하고 있는가?

오늘날 젊은 여성들은 (특히 코로나 위기의 와중에 더더욱) 불안해하고 걱정스러워하며, 이들의 불안과 걱정은 괜한 것이 아니다. 증조할머니, 할머니, 어머니 세대(윗 세대 여성들도 대부분은 불안해하고 걱정스러워했다)가 닦아 놓은 길을 밟아 가고는 있지만 이들은 여전히 시간과 에너지를 커리어에 바치느냐 가정에 바치느냐 사이에 끼어 있다. 테크놀로지가 발달하고 교육, 전문 학위, 커리어 기회가 확대되면서 많은 장벽이 무너졌고, 여성이 성공적인 직장 생활을 해 나가는 것을 가로막는 차별적 장애물도 치워졌다. 이 책에서 보겠지만, 한 세기간의 여정을 통해 겹겹이 쌓여 있었던 성별 격차가 깨졌고 여성 고용을 가로막던 숱한 장애물이 철폐되었으며 수많은 시간 제약도 사라졌다. 먹구름이 갈라지고 빛이 들어오기 시작했다. 그리고 그 빛으로 시야가 밝아지면서 마지막으로 남아 있는 성별 격차의 이유가 명료히 모습을 드러내게 되었다.

우리 사회는 더 높은 수준의 성평등과 부부간 공평성을 이루기 위해 어떻게 '시스템'을 바꿀 것인지 질문할 수 있는 시점에 도달했다. 어떻게 하면 이 둘을 모두 달성하기 위해 루카스의 탐욕스러운 일자리와 이사벨의 유연한 일자리가 그려진 기본적인 그래프를 바꿀 수 있을까? 내가 이 책에서 내놓고자 하는 답은, 노동이 구조화되어 있는 방식을 변화시켜야 한다는 것이다.

우리는 유연한 일자리가 더 많아지고 더 생산적일 수 있게 만들어야 한다. 이 책에서 우리는 이것이 가능할지, 또 어떻게 해야 가능할지 알아볼 것이다. 그 과정에서 부모를 비롯해 돌봄 제공자들이 경제의 더 생산적인 일원이 될 수 있도록 그들을 더 많이 지원해야 한다는 점이 분명히 드러날 것이다. 또한 이 과정은 경제의 생산성과 아이들에 대한 돌봄이 밀접하게 관련되어 있다는 점도 명백히 밝혀 줄 것이다. 돌봄과 경제의 관계는 특히 코로나 상황에서 빠르고 급작스럽게 긴요한 사회적 이슈가 되었다.

커리어와 가정을 모두 달성하는 것이 여성에게 왜 이토록 어려운지를 우리가 더 잘 알 수 있게 된, 따라서 해법을 생각해 볼 수 있게 된 이 시점에 전 지구적인 팬데믹이 덮쳤다. 쓰나미가 우리를 휩쓸었고, 'BCE'['기원 전'을 뜻하는 'BC'(Before Christ)에서 종교적 의미를 빼고 '공통 시대 이전'이라는 의미로 BCE(Before Common Era)라고 표기하기도 하는데, 여기에서는 '코로나 이전 시대'라는 의미의 'Before the Corona Era'와 머리글자가 같은 것에 착안한 언어유희로 쓰였다. 옮긴이], 즉 '코로나 이전 시대'를 살던 우리는 DC(During Corona), 즉 '코로나 도중'의 시대로 들어가게 되었다. '옛 정상old normal'을 살아가던 우리는 미국에서만도 수백만 명을 감염시키고 수십만 명의 목숨을 빼앗았으며 수많은 가정을 무너뜨리고 전 세계 국가들이 수년 동안 이룩해 온 경제 성장을 후퇴시킨 팬데믹의 상황으로 이동했다. 이러한 상황에서 젊은 엄마들은 문서 작업을 하고, 논문을 쓰고, 컨설팅 보고서를 준비하고, 클라이언트나 환자를 챙기는 와중에 온라인 수업을 듣는 아이가 덧셈과 뺄셈을 배우는 것까지 챙겨야 하게 되면서, 안 그래도 위태롭던 커리어 사다리에 더 아슬아슬하게 매달려 있어야 하게 되었다.

그리고 이제 우리는 AC/DC, 즉 '코로나 이후이자 코로나 도중'(After Corona/During Corona)이라는 미답의 시대로 들어가고 있다. 많은 학교, 회사, 가게가 다시 문을 열었다는 점에서 부분적으로는 '코로나 이후'인 동시에, '코로나 도중'에 생겨났던 많은 제약과 흔적이 여전히 남아 있는 시대 말이다. AC/DC 세계로의 전환은 미국 사회와 경제가 가진 또 하나의 결함을 명료하게 드러냈다. [이제까지 미국 사회가 간과해 온] '돌봄'이 전체 경제가 돌아가는 데 결정적으로 중요하다는 사실이 더없이 명백하게 드러난 것이다. 그리고 돌봄은 여성의 커리어 실현과 부부간 공평성의 달성에도 결정적으로 중요하다. 여성이 두 장소에서 동시에 필수 노동자가 될 수는 없다. 무언가가 달라져야만 한다.

AC/DC 시대에 대해서는 이 책의 마지막에서 다시 알아보게 될 것이다. 그에 앞서, 우리가 어떻게 해서 여기까지 왔으며 탐욕스러운 일의 구조를 바꿀 지금의 기회를 어떻게 하면 가장 잘 사용할 수 있을지 알려면 여정의 출발점으로 다시 돌아가볼 필요가 있다. 커리어와 가정 둘 다를 향한 여성의 열망은 아주 오래전부터 형성되고 있었으며 역사의 핵심적인 국면들을 따라 들끓고, 변화하고, 떠오르고, 모양이 잡혀 왔다.

우리 여정의 시작점에서는 남녀의 교육에 막대한 차이가 존재했고 가정 살림에 지금보다 훨씬 더 많은 시간과 노동이 들었다. 그때는 [장애물이 너무나 많아서] 운동장을 평평하게 만드는 과정의 맨 마지막에 남아 있게 될 장애물이 무엇일지 아무도 알지 못했을 것이다. 하지만 이제 우리는 알고 있다. 마지막 장애물은 현재 우리가 가진 노동과 돌봄 제도의 구조에 놓여 있다.

우리는 남녀의 경제적 평등이 전례 없이 달성된 시대를 살고 있지만 어느 면에서 우리 시대는 여전히 암흑시대다. 오늘날 노동과 돌봄의 구조는 남성만 커리어와 가정을 둘 다 가질 수 있었던 과거의 유물이다. 우리의 경제 전체가 낡은 작동 양식 때문에 덫에 묶여 있고 의무를 분담하는 고릿적의 방식 때문에 훼손되고 있다.

어느 때보다도 많은 여성들이 커리어, 가정, 그리고 공평한 부부 관계를 향한 열망을 가지고 있고, 어느 때보다도 많은 부부가 상충하는 시간 요구들을 다루느라 저글링 하고 있는 시점에, 남녀 사이의 경제적 격차가 우리의 경제와 사회에 대해 진정으로 드러내는 것이 무엇인지를 파악하는 것은 절박하고 긴요한 일이다. 그것을 파악해야만 그 격차를 없애고 '일과 삶'이 모든 이에게 더 평등해지게 만들 해법을 찾을 수 있다. 이후의 장들에서 살펴볼 데이터는 각 세대가 어떤 진전을 일궈 왔는지, 성별 역할 규범과 노동의 구조가 지난 수십 년 동안 어떻게 변화해 왔는지, 그리고 이 여정이 왜 앞으로도 계속되어야 하는지를 보여 줄 것이다.

이 책은 커리어와 가정, 그리고 공평한 관계에 대한 열망이 지난 한 세기간 어떻게 생겨났으며 오늘날 어떻게 달성될 수 있을지에 대한 이야기다. 하나의 간단한 해법은 없다. 하지만 문제를 제대로 파악하고 올바른 이름을 붙인다면, 더 나은 방향을 향해 길을 놓을 수 있을 것이다.

2장
바통을
넘겨주다

저넷 피커링 랭킨Jeannette Pickering Rankin은 1880년에 몬태나 테리토리[1889년에 몬태나주가 되었다. 옮긴이]의 헬게이트 타운십에서 태어났고[1] 1902년에 몬태나 대학을 졸업했다. 사회사업에 뜻이 있던 랭킨은 동부 연안과 서부 연안에서 여성 참정권 운동에 참여했고, 몬태나로 돌아온 뒤에는 전국적인 여성 참정권 운동을 이끌었다. 그리고 1916년에 연방 하원의원에 당선되면서 여성 최초로 연방 정부의 선출직 공직자가 되었다. 랭킨은 자신이 가열차게 밀어붙여 온 여성 참정권 법안에 직접 투표를 할 수 있었던 유일한 여성이었고 여성 참정권을 규정한 수정헌법 제19조를 통과시켜 각 주에 비준하도록 보낼 수 있었던 유일한 여성이었다.

또한 열성적인 평화주의자였던 랭킨은 1917년에 미국이 독일에 선전포고를 했을 때 의회에서 반대표를 던진 50명 중 한 명이기도 하다. 랭킨은 하원의원 재선보다는 상원의원에 도전하기로 하고 선거에 나섰지만 당선되지 못했다. 오랜 세월이 지나 1940년에 다시 하원의원에 선출되었고 마침 이때 선출이 된 덕분에 1941년 12월 8일 이번에는 미국이 일본에 선전포고를 했을 때 반대표를 던진 유일한 의원이 될 수 있었다. 만장일치로 통과시켜야 한다는 압력이 매우 강했지만 랭킨은 다음과 같이 주장하면서 전쟁에 찬성하기를 거부했다. "여성으로서 나는 전쟁터에 나갈 수 없고 어느 누구라도 전쟁터에 보내는 것에 반대한다."[2]

랭킨은 정계에서 독보적인 위치에 올랐지만 그의 삶은 당대에 대학을 나온 커리어 우먼의 전형적인 모습이기도 했다. 랭킨은 아이가 없었고 결혼도 하지 않았다. 랭킨 세대에 연방 하원의원으로 선출된 여성 23명[3] 중 30% 이상이 아이가 없었다. 30%가 굉장히 높은 숫자로 보일지도 모르지만 당시 대졸 여성 전체 중에서 아이가 없는 여성(출산과 입양 모두 하지 않은 여성)의 비중은 이보다 더 높았다.

시간을 빨리감기해 태미 덕워스의 사례를 보자. 덕워스는 1968년생이고 1989년에 하와이 대학을 졸업했다.[4] 2012년에 연방 하원의원으로, 2016년에는 연방 상원의원(일리노이주)으로 선출되었고, 46세이던 2014년에 첫째를, 2018년에 둘째를 낳았다. 둘째 딸 마일리는 미국 역사상 최초로 회기 중에 의회에 들어간 아기가 되었다[표결에 참여하기 위해 생후 열흘된 아기를 안고 등원했다. 옮긴이]. 덕워스는 많은 면에서 개척자였다. 훈장을 받은 참전 군인이고 최초의 장애인 선출직 의원[2004년 이라크전에 참전해 부상을 입었다. 옮긴이]이며 일리노이주에서 선출된 최초의 아시아계 여성 의원이기도 하다. 그리고 주목할 만하게도, 보람 있는 커리어와 가정 모두를 성공적으로 일궈 오고 있다.

커리어와 가정을 결합하는 데 성공한 여성 의원은 덕워스만이 아니다. 1966년생인 현 뉴욕 주 출신 상원의원 키어스틴 질리브랜 드Keirsten Gillibrand[5]는 아이가 둘인데, 하원의원이었던 2008년에 둘째 를 낳았다. 1978년생인 워싱턴주 출신 하원의원 제이미 헤레라 뷰틀 러Jaime Herrera Beutler는 2013년에 첫아이를 낳았고 지금은 아이가 셋 이다. 공화당과 민주당을 통틀어 10명의 여성 연방(하원)의원이 의원 임기 중에 한 명 이상의 아이를 낳았다. 1973년에 최초의 사례가 된 이본 브라스웨이트 버크Yvonne Brathwaite Burke를 제외하고 의원일 때 아이를 낳은 나머지 9명은 모두 그 아이를 1995년 이후에 낳았고 그 때 나이는 34세에서 46세 사이였다.[6] 이 여성 의원들은 커리어와 가 정을 성공적으로 결합했다. 남성 의원들이 늘 그렇게 할 수 있었듯이 말이다.

랭킨과 덕워스는 (출생 연도 기준으로) 19세기 말부터 한 세기 남 짓한 기간 동안의 미국 대졸 여성을 시기별로 다섯 개 집단으로 나누 었을 때 각각 처음과 끝을 대표한다. 랭킨은 집단1에 속하고 덕워스 는 집단5에 속한다. 다섯 개 집단은 서로 뚜렷이 구분되며 각 집단 내 의 여성은 타집단 여성과는 더 다르고 서로서로는 더 비슷하다.

집단1부터 집단4까지는 모두 시작점과 끝점이 있지만 집단5는 시작점만 있고 아직 끝점은 없다. 이 책에서는 편의상 집단5의 끝을 출생 연도가 1980년경인 사람들에서 끊었다. 그들의 커리어와 가정 이 어떤 경로를 밟아 갔는지 보려면 적어도 40대 초반까지는 삶을 추 적할 수 있어야 했기 때문이다. 그래서 1989년에 태어난 알렉산드리 아 오카시오 코르테스Alexandria Ocasio-Cortez 하원의원 같은 경우는 이 책에서 분석한 데이터에 포함되지 않았다.

여성들이 밟아 온 여정에 대해 감을 잡기 위해 먼저 집단1부터 집단5까지를 간단히 개괄해 보자.

각 집단은 고용 영역과 가정 영역에 대해 여성들이 어떤 열망을 가지고 있었는지, 어떤 선택을 했는지, 어떤 선택이 장려되었으며 어떤 선택의 역량이 있었는지 등을 기준으로 구분된다. 저넷 랭킨이 속한 집단의 대졸 여성들은 거의 언제나 고용 영역('커리어'인 경우도 있었지만 많은 경우에는 '일자리'였다)과 가정 영역 중 한쪽만 선택해야 했다. 그러나 한 세기 뒤 덕워스가 속한 집단의 여성들은 둘 다에 대해 열망만이 아니라 현실적인 기대도 가질 수 있게 되었다.

이 한 세기를 거치면서 여성들은 고용과 가정, 두 영역 모두에서 수많은 장애물에 직면했다. 결혼한 여성은 교사가 될 수 없었고 많은 사무직에서도 고용이 제약되었다. 여성이 석박사 과정에 진학하지 못하게 하는 제약도 있었다. 몇몇 명문 로스쿨, 경영대학원, 의학대학원도 여성에게 문을 열지 않았다. 종종 기업들은 어떤 직종은 남성만, 어떤 직종은 여성만 채용했다. 또 많은 일자리가 백인에게만 주어졌기 때문에 유색인종 여성은 한층 더 높은 장벽에 직면했다. 공동체와 가족의 사회적 규범은 법 제도만큼 공식적이지는 않았지만 그만큼 강력하게 아이가 있는 엄마들이, 아니면 그냥 엄마들이 바깥일을 하는 것을 가로막았다.

과거에 여성의 역량을 제한했던 법적인, 또 실질적인 장벽들은 이제 대체로 철폐되었다. 사회적 규범도 많이 달라졌다. 하지만 성차별주의, '올드-보이 네트워크', 성적 괴롭힘은 사라지지 않았다. 커리어와 가정 모두를 향한 여정은 힘겨운 여정이었다. 이 여정이 지나온 길은 길고 구불구불하고 비용을 물리는 초소와 가로막혀 있는 곳들이 수시로 나타나는 길이었다. 커리어와 가정을 향한 여성의 열망은 더 오래전에 시작되었지만 우리의 탐험은 한 세기 남짓 이전부터 시작한다. 그때부터 인구총조사 같은 믿을 만한 기록이 안정적으로 만들어지기 시작했기 때문이다.[7]

'가정'에 대해서도, '커리어'에 대해서도, 모두가 만족할 만한 용어 정의를 내릴 수는 없으며 모든 것을 포괄할 수도 없을 것이다. 그렇더라도 여성의 선택, 열망, 기회가 지난 한 세기 동안 어떤 전환을 거쳤는지 더 명료하게 이해하려면 대상 범주를 명확히 설정하고 일관되게 사용할 수 있는 정의를 내려야 한다.

이 책의 목적에서 '가정'은 아이가 있는 경우(입양 포함)를 의미하며, 배우자가 꼭 포함되어야 하는 것은 아니다. 가정이나 가족은 지극히 개인적으로 의미가 부여되는 실체다. 나는 남편과 강아지가 있고 그들은 내 가족이다. 하지만 이 책의 용어 정의에 따르면 나의 가정은 '가정'에 해당하지 않는다.

'커리어'는 '가정'보다는 덜 개인적이지만 용어 정의는 마찬가지로 까다롭다. '커리어career'라는 단어는 '경주를 달리다'라는 뜻을 가진 라틴어에서 나왔다. '전차'라는 뜻의 'chariot'과 '마차'라는 뜻의 'carriage'가 같은 어원에서 나온 단어다. 커리어는 일생에 걸쳐 나아가는 '경로course' 또는 '진행'을 의미한다. 따라서 생애에서 적어도 어느 정도 이상 지속되는 것이어야 한다. 또한 커리어는 단지 고용 상태에 있는 것만을 의미하지 않는다. 일반적으로 '커리어'의 의미에는

'더 높이 올라가는 것'과 '지속적인 노력'의 개념이 포함되며 교육, 성장, 투자, 그리고 수익의 개념도 포함된다. 우리의 여정에서 '커리어'는 생애에서 장기적으로 지속되며 당사자가 열망하고 추구하는 종류의 일에 고용된 상태로, 그 직업이 무엇인지(가령 작가인지 교사인지 의사인지 회계사인지)가 그 사람의 자아 정체성을 구성하는 데 큰 부분을 차지하는 경우를 의미한다. 커리어가 꼭 대학이나 대학원 졸업 직후에 곧바로 시작되어야 하는 것은 아니다. 생애의 훨씬 더 나중에 커리어가 시작되기도 한다.

이와 달리, '일자리'는 일반적으로 당사자의 정체성이나 삶의 목표가 되지는 않는다. 종종 일자리는 단지 소득을 얻기 위한 수단이며 경로상에 특별히 두드러진 도약의 시점이 있지는 않다. 반면 커리어는, 집단2의 한 여성이 언급한 바를 빌리면, "일구고 진전시키는 데 온전한 관심과 집중을 쏟을 필요가 있는" 일을 뜻한다. "그렇지 않으면 커리어가 아니라 일자리"가 될 것이다.[8]

일상에서 쓰일 때의 커리어 개념은 자신이 하는 일에 대해 각자가 가지고 있는 인식에 좌우되며, 벌이가 얼마인지는 중요치 않을 수도 있다. 자원봉사를 하거나 공동체 활동을 하는 사람은 그 일로 소득은 거의 혹은 전혀 올리지 못하지만 많은 사람들의 삶에 기여한다. 이런 이들의 역할이 갖는 중요성은 인정하지만, 그렇더라도 우리가 살펴볼 여성들이 한 세기간 이뤄 온 진전을 가장 잘 이해하려면 '커리어'를 고용과 소득이 일정 기간 유지되는 맥락에서만 규정하는 것이 더 유용할 것이다. 여기에서 사용된 '커리어'의 상세한 정의는 부록2 출처 설명(7장) "'커리어와 가정'의 성취"에서 볼 수 있다.

[전 미국 연방 대법관] 샌드라 데이 오코너Sandra Day O'Conner는 스탠포드 대학 로스쿨 시절(1952년 졸업생이다)에 이 학교의 법학저널 편집자가 될 정도로 두각을 나타냈다. 하지만 졸업 후에 어떤 로펌에도 취업하지 못했다. 셜리 치솜Shirley Chisolm은 무수히 경계를 깨야 했다. 그는 최초의 흑인 연방의원이었고, 민주당 대선 당내 경선에 나선 최초의 여성이자 최초의 흑인이었다. 치솜은 두 번 결혼했고 아이는 없었다. 버지니아 애프거Virginia Apgar는 의사이자 산과 마취 전문의로, 신생아의 건강 상태를 나타내는 척도가 그의 이름을 따서 '애프거 점수'라고 불린다. 1909년생인 애프거는 외과의사가 되고 싶었지만 지도교수가 많은 여성들이 성공하지 못한다며 외과 레지던트에 지원하지 않는 게 좋겠다고 조언했다. 대신 그는 애프거에게 산과학이라는 새 분야를 권했다. 전에는 간호학에 속하던 분야였다. 애프거는 평생 결혼하지 않았는데, 그에 대해 이렇게 말하곤 했다. "요리할 줄 아는 남자를 아직 발견하지 못했을 뿐이에요."[9]

오코너, 치솜, 애프거는 다양한 방식으로 뜻이 꺾였고 꿈을 응원받지 못했지만 모두 꿋꿋이 버티고 헤쳐 나갔다. 이들은 평범한 사람들이 아니다. 보통의 경우라면, 변호사 시험에 기껏 통과하고서 로펌에서 퇴짜를 맞으려고 로스쿨에 갈 사람은 없을 것이다. 성별 때문에 네 꿈을 계속 추구하면 안 된다는 말을 듣고 싶을 사람도 없을 것이다. 또 아이를 갖고 결혼을 하고 이성과 유의미한 관계를 맺는 것을 포기해야만 한다면 대부분의 여성은 도전적인 커리어를 추구하기가 꺼려질 것이다. 이렇게 해서 여성들의 막대한 재능이 우리 사회에서 낭비되어 왔다. 안 그랬더라면 얼마나 다양하고 많은 재능이 활용될 수 있었을까.

그러나 목표가 꺾여야만 하는 상황이 줄어들면서, 오랫동안 대졸 남성에게 당연히 그래 왔던 것처럼 대졸 여성에게도 커리어와 가정은 '세트'로 추구할 수 있는 것이 되었다. 대졸 남성과 대졸 여성의 열망이 이렇게 수렴한 놀라운 변화는, 단지 여성들만 더 만족스럽고 의미 있는 삶을 얻은 게 아니라 모두가 득을 얻은 변화였기 때문에 매우 중요하다. 이 수렴은 개개인이 무엇을 얻었는지보다 훨씬 많은 의미를 담고 있으며 그것의 영향은 개개인의 자아실현과 자존감이 높아진 것을 훨씬 넘어선다.

장벽이 없어지고, 교육의 비용이 낮아지고, 고용의 문이 더 열리고, 일터에서 차별이 사라지면 경제 전체적으로 사람들이 가진 기술과 역량의 배분이 향상된다. 최근의 한 추산치에 따르면, 1960년 이래 미국이 이룬 경제 성장의 20-25%는 고용, 훈련, 교육에서 여성과 소수자에 대한 장벽이 낮아진 데서 기인했다.[10] 과거 같으면 변호사의 비서가 되었을 여성이 이제는 변호사가 될 수 있고 초등학교 자연 선생님이 되었을 여성이 물리학자가 될 수 있다. 여기에서 여성들 개개인도 이득을 얻지만, 이 개인적인 이득은 자원의 배분을 향상시키고 경제 성장을 촉진해 사회의 모든 구성원에게도 득이 된다.

대졸 여성들이 성공적으로 커리어와 가정을 결합하기 위해 달려온 길은 기혼 여성에 대한 고용 장벽들이 없어지면서 닦이기 시작했고, 가정용 테크놀로지, 임신을 막기 위한 현대적인 피임법, 임신을 하기 위한 보조생식술 등의 발달로 한층 더 매끄러워졌다. 뒷 세대로 넘어오면서 여성들은 커리어와 가정을 모두 성취하려면 둘을 [순차적으로보다는] '함께' 추구해야 한다는 것을 알게 되었다. 그리고 이제 점점 더 많은 부부가 공평한 관계를 위해 노력하는 것의 가치를 깨닫고 있다. 이러한 과정을 파악하기에 가장 좋은 방법은, 세대에 따라 구분되는 다섯 개 대졸 여성 집단의 궤적을 살펴보는 것이다. 각 집단은 이전 집단의 경험에서 교훈을 얻어 다시 자신의 몫만큼 궤적을 밟아 갔다. 그리고 모두 합해서 이들 다섯 개 집단의 삶은 사회와 경제의 역사상 가장 막대한 영향을 남긴 변천의 과정을 보여 준다.

지난 100여 년간의 미국 대졸 여성들은 놀라울 만큼 뚜렷이 구분되는 다섯 개 집단으로 나뉜다(그림 2.1 참고). 각 집단 내의 여성들은 그들에게 부과된 제약과 그 제약들 아래서(때로는 그 제약들에도 불구하고) 그들이 형성한 열망의 면에서 대체로 동질적이다. 결혼 연령, 첫 출산 연령, 결혼을 했을 가능성, 아이가 있을 가능성 등도 각 집단 내에서는 서로 유사하고 집단들 사이에는 차이가 난다.

또한 각각의 집단은 커리어, 일자리, 결혼, 가정이 어떤 조합으로 존재하는지에 대해서도 서로 차이를 보인다. 이 차이가 단순히 지난 100년간 대학 나온 여성 수가 크게 증가했기 때문이거나 대학에 가는 여성들의 유형이 달라졌기 때문이 아닌가 싶을 수도 있을 것이다. 하지만 이 변화는 이것으로 설명되지 않는다. 앞으로 자세히 보겠지만, 여성들의 열망과 성취의 변화는 사회와 경제가 경험한 더 근본적인 변화를 드러낸다. 앞 집단과 그다음 집단 사이의 두드러지

그림 2.1 지난 한 세기간의 미국 대졸 여성: 세대별 다섯 개 집단

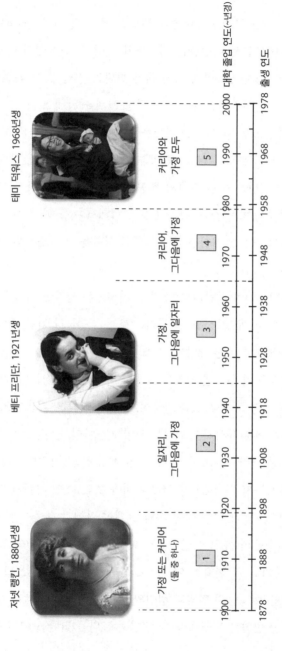

자넷 랭킨, 1880년생

베티 프리단, 1921년생

태미 덕워스, 1968년생

1 가정 또는 커리어 (둘 중 하나)

2 일자리, 그다음에 가정

3 가정, 그다음에 일자리

4 커리어, 그다음에 가정

5 커리어와 가정 모두

대학 졸업 연도(~년경)

출생 연도

1900 1910 1920 1930 1940 1950 1960 1970 1980 1990 2000

1878 1888 1898 1908 1918 1928 1938 1948 1958 1968 1978

는 차이는 개인 행위자의 수준을 넘어선 요인들에 의한 것이었으며, 이 요인들은 여성에게만 해당된 것이 아니었고 대졸 여성에게만 해당된 것은 더더욱 아니었다.

집단마다 앞뒤 집단과 뚜렷이 구별되긴 하지만, 각각은 다음 집단에 의미 있는 바통을 넘겨주었다. 이 바통은 큰 진전을 일군 선배, 멘토, 조언자 들이 남긴 흔적을 층층이 담고 있었다. 가령 집단5의 여성들은 법조계, 경영계, 학계, 의료계 등의 전문 직종에 대거 진출한 집단4의 개척적인 여성들에게 빚을 졌다. 하지만 이 바통은 앞 세대의 실수와 경고도 담고 있었으며 이를 통해 다음 세대 여성들이 대안적인 경로를 그려 볼 수 있게 해 주었다. 집단5의 여성들은 집단4의 경험을 보면서 아이 갖는 것을 너무 오래 미뤘을 때 치르게 될 비용이 막대할 수 있다는 것을 알게 되었다. 집단4의 여성들은 집단3 여성들의 경험을 통해 노동시장을 떠났다가 재진입하는 것이 매우 어려울 수 있다는 것을 알게 되었다.

각 집단은 시기별로 구분되지만 모두 균등한 기간으로 나뉘지는 않는다. 출생 연도를 기준으로 각 집단이 포함하는 기간은 각각 20년(집단1), 26년(집단2), 20년(집단3), 가장 짧은 14년(집단4), 그리고 21년(집단5)이다. 적어도 40대 초반까지 삶을 추적하기 위해 이 책에서는 집단5를 여기에서 끊었지만, 집단5는 현재까지 계속되고 있다.

그렇다면 지난 한 세기간의 여성들이 서로 뚜렷이 차이나는 다섯 개의 집단으로 구분되는 이유는 정확히 무엇인가? 각 집단 사이의 경계선은 무엇으로 규정되는가? 집단5에서 바통을 넘겨받게 될 미래의 여성들은 앞 세대 여성들이 처했던 상황과 결정했던 선택 들을 보고서 무엇을 변화시키려 하게 될까? 이 책에서 우리는 이러한 질문들에 대해 답을 찾아볼 것이다. 그럼, 먼저 다섯 개 집단을 간단히 만나 보기로 하자.

집단1: 가정 또는 커리어(둘 중 하나)

집단1의 여성들은 대략 1878-1897년에 태어났고 1900-1920년에 대학을 졸업했다. 생애에서 무엇을 실현했는지를 기준으로 볼 때, 이들은 다섯 개 집단 중 집단 내 동질성이 가장 작은 집단이다. 절반은 아이가 없고(출산과 입양 모두) 절반은 있다.[11] 아이가 없는 여성 대다수(아마도 거의 모두)는 생애 어느 시점에 일을 했는데 다른 절반, 즉 아이가 있는 여성 중에는 일을 한 사람이 거의 없다. 또한 집단1 여성 중 거의 3분의 1은 결혼을 하지 않았다. 결혼을 한 나머지 약 70% 중에서는 꽤 많은 수가 늦은 나이에 결혼했다.

우리 여정의 첫 번째 집단인 이들은 넓은 의미에서 가정 또는 커리어 중 하나를 달성했다고 말할 수 있다(많은 이들이 '커리어'가 아니라 일련의 '일자리'들을 가졌지만). 보수를 받는 일을 하면서 가정도 가질 수 있었던 사람은 소수였을 것이다. 물론 이러한 예외적인 사람들이 존재했고, 이들 중 다시 소수의 몇 명은 가정과 커리어를 모두 달성했다.

이 시대에 성공적인 커리어를 가졌던 많은 여성이 결혼과 출산은 하지 않았다. 《미국의 여성 위인들Notable American Women》에서 이 시기에 성공적인 커리어를 일군 여성들을 찾아보면, 이디스 애봇Edith Abbott, 그레이스 코일Grace Coyle, 헬렌 켈러Helen Keller, 앨리스 폴Alice

Paul, 저넷 랭킨과 같은 저명한 인물들을 볼 수 있다. 뛰어난 여성 경제학자들도 있는데, 이디스 애봇 외에도 메리 반 클릭Mary van Kleek, 헤이즐 커크Hazel Kyrk, 마거릿 리드Margaret Reid가 집단1에 속하는 여성 경제학자다. 리드는 시카고 대학 경제학과 교수였는데, 내가 시카고 대학 박사 과정 시절에 학교에서 본 유일한 여성 원로 경제학자였다.

결혼은 했지만 아이는 없는 여성도 있었다. 예를 들어, 캐더린 덱스터 매코믹Katharine Dexter McCormick은 농기계 사업으로 거부가 된 남편이 사망한 뒤 상속받은 재산으로 훗날 피임약 개발을 후원했다. 매코믹은 돈 쓸 곳을 알고 있었던 부유한 상속인이기만 했던 게 아니라 MIT 학부에서 생물학을 전공한 최초의 여성이기도 했다.

집단1에서 매우 소수만이 커리어, 결혼, 자녀를 모두 갖는 데 성공했다. 이들(역시《미국의 여성 위인들》에서 찾아볼 수 있다)의 짧은 목록에는 남편 찰스 비어드Charles Beard와 공저로《미국 문명의 부상The Rise of American Civilization》을 쓴 메리 리터 비어드Mary Ritter Beard, 미국 남부에서 흑인에 대한 린치 반대 운동을 시작한 사람으로 알려진 제시 대니얼 에임스Jesse Daniel Ames, 중국 농민의 삶을 생생히 그린 소설 작품으로 유명한 펄 신덴스트라이커 벅Pearl Syndenstriker Buck, 〈뉴요커New Yorker〉의 픽션 편집자 캐더린 사전트 앤젤 화이트Katharine Sargeant Angell White(많은 이들의 마음을 사로잡은《샬롯의 거미줄Charlotte's Web》 저자 E. B. 화이트의 아내이기도 하다) 등이 있다.

또한 이 목록에는 경제학 박사 학위를 받은 최초의 흑인 여성 새디 모셀 알렉산더Sadie Mossel Alexander도 있는데, 앞에서 '여성 경제학자'를 언급할 때 포함하지 않은 이유는 대학에서 자리를 잡지 못해 경제학계를 떠났기 때문이다. 알렉산더는 결혼을 하고, JD학위를 받고, 두 아이를 낳고, 상당 기간 동안 남편의 법률 사무소에서 일하다가, 남편이 필라델피아 법원에 최초의 흑인 판사로 임명된 뒤 자신의 법률 사무소를 차렸다.

집단1에서 《미국의 여성 위인들》에 등장하는 237명 중 아이를 가진 사람은 30%가 채 되지 않고[12] 결혼을 한 사람은 절반이 조금 넘는 정도다. 《미국의 여성 위인들》에 이름을 올린 사람들은 비범한 커리어를 일군 사람들이고, 집단1의 대졸 여성 전체 중에서는 아이가 있는 사람 비중과 결혼한 사람 비중 모두 이보다 약간 높다. 하지만 그 비중도 상당히 낮은 편이다.

집단1의 여성들이 결혼도 하고 가정도 꾸리면서 일에도 계속해서 매진할 수 있었다면, '여성 위인'에 이름을 올린 사람이 훨씬 더 많았을 것이다. 그랬다면 더 적은 장벽에 직면했을 것이다. 상황의 강요에 의해 삶에 막대한 영향을 미치는 어려운 선택들을 하지 않아도 되었을 것이다. 조금 더 나아가 보면, 그리고 아마도 가장 중요하게, 이 목록이 더 길었다면 더 많은 여성이 교육을 받고 커리어를 추구하는 쪽에 투자하도록 독려하는 효과를 냈을 것이고, 미래 세대의 여성들이 더 높은 재능과 역량을 가질 수 있었을 것이다.

그랬더라면 이후 세대 여성들, 가령 집단3의 여성들은 가정에 덜 매여 있었을 것이고 유의미한 커리어의 꿈을 품도록 해 주는 선례와 역할 모델을 더 많이 가질 수 있었을 것이다. 그랬더라면 자신의 교육에 더 많이 투자했을 것이고 전문직에 진출하기에 적합한 전공을 선택했을 것이다. 그랬더라면 사회 전체에 재능이 더 잘 배분되었을 것이고 생산성도 더 높아졌을 것이다. 이러한 잠재적인 장점은 끝없이 나열할 수 있다.

역사 내내 동성 커플은 법적으로 결혼을 할 수 없었다. 하지만 20세기 초에도 몇몇 레즈비언은 자신의 관계를 숨기지 않았다. 애머스트 대학 경제학자 도로시 울프 더글러스Dorothy Wolff Douglas가 그런 사례다. 더글러스는 시카고 대학 경제학자이자 일리노이주 출신 상원의원인 폴 더글러스Paul Douglas와 결혼했지만 그와 갈라선 뒤에 사회학자이자 작가인 캐더린 듀프리 럼킨Katharine Dupre Lumpkin과 함께 살았다. 하지만 많은 동성애자들이 사회적, 개인적 규범의 제약 때문에 공적으로는 물론이고 사적으로도 자신을 있는 그대로 드러내지 못했다. 전기작가들에 따르면《침묵의 봄Silent Spring》을 써서 DDT의 위험성을 널리 알린 레이첼 카슨Rachel Carson은 레즈비언이었던 것으로 여겨진다.

레즈비언이든 아니든, 집단1 중 부유한 집안 출신인 여성들은 결혼하지 않는 사치를 부릴 수 있었다. 하지만 형편이 좋지 못한 집안 출신이면 스스로를 부양하기 위해 종종 일찍 결혼해야 했다.

집단1의 여성들은 고용과 가정의 결합을 거의 불가능하게 만드는 제약들에 직면해 있었다. 말년에 왜 결혼하지 않았느냐는 질문을 받자 많은 이들이 꼭 결혼해야 할 필요가 없었다고 답했다. 덜 부유한 집안 출신이라도 대졸 여성들은 고학력 노동자가 벌 수 있었던 높은 소득으로 스스로를 부양할 수 있었다. 대개 이들은 더 높은 직업적 소명 때문에 결혼을 하지 않은 것이 아니었다. 그보다, 당대의 가부장적 규범에서 벗어나기 위해서 독립적인 삶을 추구한 것이었다.

집단2: 일자리, 그다음에 가정

1898-1923년에 태어나 1920-1945년에 대학을 졸업한 집단2는 전환기 집단이다. 집단2의 구성원들은 처음에는 집단1과 비슷하게 결혼율이 낮은데 뒤로 가면 집단3과 비슷해져서 결혼율이 높아지고, 첫 결혼 연령이 낮아지고, 출산율도 높아진다.

집단2 여성들의 결혼 연령이 (집단1과 마찬가지로) 비교적 늦은 편이기 때문에 일자리, 그다음에 가정을 성취한 집단이라고 특징을 요약해 볼 수 있다. 비교적 늦게 결혼했어도 결혼한 여성 대부분은 아이를 가졌으며, 대다수가 결혼 전에는 한동안 일을 했지만 결혼 후에는 하지 않았다.

더 큰 열망이 있었지만 대공황 등의 외부 요인으로 좌절된 경우가 많았다. 대대적인 경제 불황이 오면서 여성의 고용을 제약하는 정책이 크게 확대되었다. 기혼 여성이 사무직 고용에서 배제되었고 공립학교와 같은 공공 영역에서도 기혼 여성의 고용을 막는 제도가 강화되었다.

집단2의 초기 여성 중 유전학 연구자이며 노벨상 수상자인 바버라 매클린톡Barbara McClintock과 크레타섬에서 발견된 선형문자B를 해독한 앨리스 코버Alice Kober는 결혼하지 않았다. 미국 흑인의 경험을 기술한 민속학자 겸 작가 조라 닐 허스턴Zora Neale Hurston과 개척적인 컴퓨터 과학자이자 미 해군 소장이었던 그레이스 호퍼Grace Hopper는 결혼은 했는데 아이는 없었다. 에이다 콤스톡Ada Comstock은 래드클리프 칼리지의 첫 총장으로서 길고 두드러진 커리어를 밟고 나서 67세에 결혼했다. 이들은 평균적인 여성은 아니지만 집단2의 초기 여성들이 영위한 삶을 상징적으로 보여 준다.

전투적인 활동가이자 연방 하원의원이었던 벨라 사비츠키 압주크Bella Savitzky Abzuq, 《여성성의 신화*The Feminine Mystique*》 저자 베티 프리단, 유명한 TV방송인이자 가수 다이나 쇼어Dinah Shore는 집단2의 후기에 속하는데, 모두 결혼했고 아이도 있었다. 이들은 집단2에서 집단3으로 넘어가는 과도기의 특징을 보여 준다. 이들보다는 덜 '유명인'이지만, 미주리주 세인트루이스의 용감한 공립학교 교사 애니타 랜디Anita Landy와 밀드리드 배스덴Mildred Basden은 결혼했다고 해고되자 결혼 퇴직 제도에 맞서 싸웠고 이들의 싸움으로 공립학교에서 결혼 퇴직 제도가 대부분 없어졌다(뒤에서 상세히 살펴볼 것이다).

집단3: 가정, 그다음에 일자리

1924-1943년에 태어난 집단3은 다른 집단에 비해 집단 내 동질성이 강하다. 이들은 비슷한 열망과 성취를 보였고, 대부분 이른 나이에 결혼했으며, 대부분 아이를 가졌고, 대학에서 비슷한 과목을 전공했고, 첫 일자리의 직종도 비슷했다. 집단1이 별개의 두 경로(가정을 갖는 경로와 일자리나 커리어를 갖는 경로)로 거의 반반씩 나뉘었다면, 집단3은 모두가 비슷한 경로를 갔다.

집단3의 동질성은 큰 고용 장벽들이 없어진 데서도 기인하지만, 이들이 대학을 졸업한 1946-1965년에 미국 전체적으로 결혼 연령이 낮아지고 자녀 수가 많아지는 쪽으로 대대적인 인구학적 변화가 일어났기 때문이기도 하다. 집단3의 90% 이상이 결혼을 했고, 대개 이른 나이에 했으며, 결혼한 여성 대부분이 아이를 가졌다. 또한 대체로 대학 졸업 직후에 취직을 했고 결혼 후에도 어느 정도는 일자리를 유지했지만 아이를 낳고 키울 때가 되면 대대적으로 노동시장을 떠났다.

아이가 크고 난 뒤에는 많은 이들이 노동시장으로 돌아왔고 일부는 이때부터 커리어를 일구기도 했다. 하지만 고용이 중간에 단절되었고 가정이 우선순위였기 때문에, 떠나 있던 사이에 크게 달라진 노동시장에 다시 돌아오는 데 어려움을 겪었다. 많은 이들이 새 노동시장에서 필요로 하는 기술과 역량을 가지고 있지 못했다. 평균적으로, 집단3의 여성들은 가정을 먼저 갖고 그다음에 일자리를 가졌다.

시점의 면에서나 스스로 부여한 중요성의 면에서나 가정이 최우선이긴 했지만, 집단3의 상당수가 가정의 교란을 겪었다. 1960년대에 결혼한 사람들 사이에서 이혼율이 급증했다. 10년 전인 1950년대에 결혼한 대졸 여성 중에서는 결혼 후 20년 시점에 이혼한 비중이 12%였던 반면[13] 1960년대에 결혼한 대졸 여성 중에서는 거의 30%에 달했다. 집단3의 일부 여성들은 '일방 이혼'(양 당사자 중 어느 한쪽이 일방적으로 혼인을 종결하는 것)이 가능하도록 주의 이혼법이 바뀌는 것을 보고 공포에 질렸을지 모른다. 주로 집에만 있어서 직장 경험이 별로 없었던 여성들은 가정에서 협상력을 거의 가질 수 없었을 것이다.

아이를 낳고 노동시장을 떠났던 집단3의 여성들은 차차 다양한 일자리로, 특히 교직이나 사무직으로 많이 돌아왔다. 대개는 '유명인'이 아니지만, 늦은 나이에 이름을 떨친 사람도 있다. 어마 밤벡 Erma Bombeck, 진 커크패트릭Jeane Kirkpatrick, 그레이스 나폴리타노Grace

Napolitano, 그리고 아이러니하게도 여성들의 커리어를 꺾기 위한 활동으로 커리어를 일군 필리스 슐래플리Phyllis Schlafly가 그런 사례다.

일이 꼭 필요했거나 꼭 하고 싶어서 노동시장을 줄곧 떠나지 않은 사람도 있다. 어떤 이는 이혼을 했기 때문에 꼭 돈을 계속 벌어야 했고 아이가 있으면 더욱 그랬다. 노벨상 수상 작가 토니 모리슨Toni Morrison이 일을 중단하지 않은 것은 확실하다. 이혼 후에 모리슨은 랜덤하우스 출판사의 편집자가 되었고, 아들 둘을 키웠으며, 아이들 아침을 차려주기 전 새벽 시간에 뛰어난 소설 작품들을 썼다.

집단3의 여성들이 어떤 열망을 가지고 있었는지는 자신의 미래를 어떻게 상상했는지에 대해 몇몇 대규모 설문조사에 남아 있는 기록을 통해 살펴볼 수 있다. 집단3의 대졸 여성들은 앞뒤 집단에 비해 이른 나이에 결혼했고 자녀를 많이 낳았다. 하지만 많은 여성들이 결혼 생활을 하는 동안에도, 그리고 아이가 어릴 때도, 바깥일을 하고 싶다고 말했다. 우리는 흔히 이들의 열망이 베티 프리단이 베스트셀러 《여성성의 신화》에서 묘사한 것[이 세대 여성들은 사회생활에 대한 열망 없이 가족에 대한 열망만 있었다는 묘사]과 같았을 것이라 여기곤 한다. 하지만 프리단의 묘사는 사실과 매우 다르다(뒤에서 살펴볼 것이다). 이미 여성들에게 기회가 많이 확장되어 있었다. 1940년대 이후로 기혼 여성의 고용을 막던 제도가 없어지면서 결혼한 여성이 취업할 수 있는 일자리도 많아졌고, 여성들의 열망도 이미 달라졌다.

집단4: 커리어, 그다음에 가정

1944-1957년에 태어나고 1960년대 중반-1970년대 말에 대학

을 졸업한 집단4의 여성들은 명백히 이전 세대의 경험에서 교훈을 얻었다. 결혼, 자녀, 직종, 고용의 면으로 볼 때 집단3에서 집단4로 넘어가면서 보이는 반전은 가장 급격한 세대 간 변화를 보여 준다.

집단4의 여성들은 여성운동이 한창 무르익고 있을 때 성인이 되었다. 이들은 베티 프리단이《여성성의 신화》에서 묘사한 좌절과 제약을 잘 알고 있었다. 하지만 이들의 학업과 커리어 선택에 더 크게 영향을 미친 것은 1960년대와 1970년대의 '떠들썩한' 혁명이 아니라 더 조용한 종류의 혁명이었다. '떠들썩한' 혁명이 촉매가 아니었다는 말은 아니다. 하지만 집단4의 여성들에게는 '미즈Ms.'[미혼 여성을 미스Miss, 기혼 여성을 미세스Mrs.로 구분해 부르던 데서 모든 여성에게 사용할 수 있는 호칭으로 널리 사용되기 시작했다. 옮긴이]라는 호칭이 동명의 잡지를 만든 거물 여성운동가 '미즈 글로리아 스타이넘Ms. Gloria Steinem'보다 큰 영향을 미쳤을 것이다.

자라면서 집단4 여성들은 집단3에 속하는 엄마, 이모, 고모, 언니들이 아이가 크고 나서 노동시장에 돌아가는 것을 보았다. 집단3의 여성 중 어떤 이들은 사전에 그리 많이 숙고를 하지 않고 일자리를 잡았지만 어떤 이들은 삶의 단계를 면밀히 계획해서 일자리를 잡았다. 아이를 먼저 갖고 그다음에 일자리를 갖기로 '순차적인' 인생 계획을 짠 것이다. 하지만 집단3 여성들이 가졌던 일자리는 집단4 여성들이 열망하는 종류의 장기적인 '커리어'라고는 볼 수 없는 경우가 많았다. 집단3인 엄마들도 종종 딸이 자신과는 다른 경로를 가기를 원했다. 학력은 매우 높지만 일을 하지 않고 있었던 집단3의 한 여성은 집단4에 속하는 딸에 대해 이렇게 말했다. "나는 딸에게 가정과 커리어를 둘 다 가지라고 말합니다. 이제는 그렇게 기대하는 게 당연합니다."[14]

또한 집단4의 여성들은 집단3의 여성 상당수가 노동시장에 다시 나가기에는 낡은 역량밖에 가지지 못한 채 예기치 못했던 이혼에 직면하는 것을 보았다. 집단4의 여성들은 시장에서 가치를 인정받을 수 있는 능력을 갖는 것이 자신의 커리어를 위해서만이 아니라 생계를 위해서도, 그리고 자신의 생계만이 아니라 아이의 생계를 위해서도 중요하다는 것을 깨달았다. 더 이상 결혼이 영속적이리라고 기대할 수 없었다(예전이라고 꼭 영속적이지는 않았을 테지만). 집단2와 집단3에 속하는 엄마들도 이것을 잘 알고 있었다. "최악의 상황은 중년의 나이에 남편과 사별했거나 이혼했는데 자신의 정체성도 없고 열정을 쏟을 수 있는 관심사도 없이 혼자 남겨지는 경우일 것입니다."[15]

집단4 여성들의 이혼율은 심지어 집단3의 후기에 해당하는 여성들보다도 높다. 1960년대에 결혼한 부부(주로 집단3에 해당한다) 중에서는 29%가 20주년을 함께 맞지 못했지만, 1970년대에 결혼한 부부 중에서는 37%가 20주년을 함께 맞지 못했다.[16]

가정이 깨어지는 비중은 집단4가 더 많았어도 이들은 집단3 여성들만큼 공포에 질리지는 않았을 것이다. 집단4 여성들은 미리 경고 신호를 볼 수 있었다. 집단3이 집단4에 넘겨준 바통에는 '결혼의 안정성'이라는 개념에 대한 경고도 포함되어 있었다. 이 바통은 본인의 커리어가 아니라 남편의 커리어에 올인하는 것의 위험성을 말하고 있었다. 그리고 이혼율은 다시 낮아지기 시작했다. 1980년대와 그이후에 결혼한 사람들 사이에서는 이혼율이 1960년대에 결혼한 사람들 정도로 낮아진다. 여성들은 더 늦은 나이에 결혼하기 시작했고 이들의 결혼은 이혼이 더 쉬워지도록 법이 바뀌었어도 더 안정적으로 유지되었다.

집단4의 여성들은 자신이 집단3보다 잘 해 나갈 수 있으리라고 생각했다. 그들은 집단3이 전체적으로 전문 석박사 학위를 받거나 장기적인 커리어를 추구하는 데 우선순위를 두지 않았다는 것을 알고 있었다. 집단4의 여성들은 전보다 더 나은 정보에 기반해 미래의 지평을 가늠했으며, 그에 따라 고등학교 때는 대학에 가기 위한 준비를 했고, 그다음에는 장기적인 커리어를 염두에 두고 전공을 선택했고, 그다음에는 전문 석박사 과정에도 진학했다.

커리어의 경로를 먼저 다진 뒤 가정은 그다음에 꾸리면 된다는 개념이 이들 세대 사이에서 새로이 생겨났다. 일단 커리어가 안정되고 나면 그때는 아이를 가져도 커리어가 교란되지 않으리라고 여긴 것이다. 아이를 낳는 것은 상대적으로 쉬운 일로 보였다. 그들이 보았던 것이 집단3의 높은 출산율이었으니 그렇게 생각할 만도 했다. 이에 더해, 집단4에게는 앞 세대 여성들이 젊었을 때 가져 보지 못한 특별한 것이 있었으니 바로 피임약이었다.

임신과 출산을 통제할 수 있는 믿을 만한 방법으로 무장을 하고서, 집단4의 여성들은 즉각적인 악영향 없이 임신과 출산을 미룰 수 있었다. 효과적이고 편리하고 여성 본인이 통제할 수 있는 피임법 덕분에 집단4의 여성들은 연애와 성생활을 활발하게 하면서도 대학원 교육을 받고 자신이 선택한 커리어의 사다리를 올라가는 데 더 오래 시간을 쓸 수 있었다. 하지만 많은 이들이 '너무 오래' 결혼과 출산을 미뤘다. 집단4의 대졸 여성 전체 중 27%가 아이가 없다. 집단4는 커리어를 먼저 갖고 그다음에 가정을 갖고자 했다. 하지만 세상일이 늘 바라는 대로 되지는 않는다.

집단4의 유명인으로는 힐러리 클린턴Hillary Clinton, 미국 최초의 흑인 여성 연방 상원의원 캐롤 모슬리 브라운Carol Mosely Braun 등이 있다. 둘 다 결혼했고(한 명은 매우 유명한 남편과), 둘 다 아이가 있다. 콘돌리자 라이스Condoleezza Rice[전 미국 대통령 국가안보좌관, 전 미국 국무장관]와 소냐 소토메이어Sonia Sotomayor[현 미국 연방 대법원 대법관] 도 집단4에 속하는데, 이들은 아이가 없다.

집단4는 변호사, 의사, 경영자 등 선망받는 고소득 전문직에 많은 수가 진출을 꿈꾼 첫 세대다. 그들은 금전적인 성공, 동료들로부터의 인정과 존중, 그리고 자신이 선택한 커리어에서 사다리의 가장 높은 곳까지 올라가는 것 등 남성 동료들이 늘 추구할 수 있었던 것을 자신도 추구하고자 했다. 한편, 집단4 세대에 속하는 남성들도 이러한 종류의 성취에 대해 과거보다 높은 열망을 가지고 있었다.[17] 집단4에게 가정은 중요하긴 했어도 우선순위에서는 대체로 나중이었고 석박사 학위와 커리어상의 진전이 먼저였다.

집단5: 커리어와 가정 모두

집단5는 1958년 이후에 태어난 사람들이다. 대학 졸업 시점으로 보면 1980년 무렵에 졸업하기 시작한 사람들이 여기에 해당한다. 집단5는 지금도 계속되고 있지만, 이 책에서는 출산을 비롯해 졸업 후 생애에서 내리는 선택들을 충분히 긴 기간 동안 관찰하기 위해 집단5의 출생 연도를 1978년까지로 한정했다. 집단5의 여성들은 집단4 여성들의 오산을 목격했다. 단지 미룬다고 생각한 것이 영영 이루어 지지 못하는 결과가 되는 경우를 본 것이다. 집단5 여성들은 더 이상 커리어가 가정을 희생시켜야 달성되는 것이라고 생각하지 않는다.

이들도 결혼과 출산을 뒤로 미뤘고 심지어 집단4보다 더 늦은 나이로 미뤘지만 출산율은 상당히 높아졌다. 집단4 여성들처럼 집 단5 여성들도 생식 관련 테크놀로지의 막대한 발달에서 도움을 받 았다. 다만 이들의 경우에는 임신을 피하기 위해서라기보다 (시험관 아기 같은 기술의 도움을 받아) 임신을 하기 위해서였다. 우리 여정의 마 지막 집단인 이들은 **커리어와 가정을 둘 다** 이루고자 해 왔다.

구분선은 중요하다

이제 어떻게 한 세기 남짓한 동안의 대졸 여성들이 다섯 개의 뚜렷이 구분되는 집단으로 깔끔하게 나뉘는지에 대한 논의로 돌아 가 보자. 이 수수께끼에 답을 찾으려면 결혼, 출산, 고용에 대한 인구 통계학적 데이터와 경제적 데이터를 살펴봐야 한다.

결혼 연령은 집단 사이의 구분선을 나타내는 매우 중요한 지 표다(그림 2.2 참고). 어느 여성이 결혼(혹은 동거)을 늦게 하느냐, 일 찍 하느냐, 안 하느냐는 커리어 계획 및 출산 계획과 밀접하게 관련 이 있다. 그림 2.2에서 관찰되는 첫 번째 사실은 집단1에서 집단5까 지 오면서 대졸 여성 중 미혼인 사람 비중이 U자형 그래프를 그린다 는 점이다. 미혼 비중이 가장 낮은 집단은 집단3으로, 이들 중에는 생 애에[54세까지] 결혼을 하지 않은 사람이 8% 정도밖에 없고 20대 후

그림 2.2 대졸 여성 중 미혼인 사람 비중: 연령 및 출생 집단별

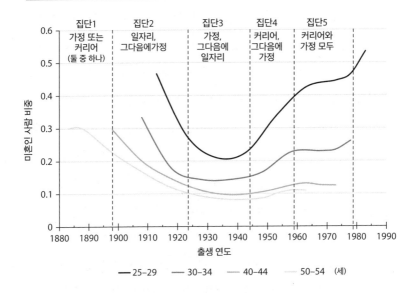

반에 결혼하지 않은 사람도 20%밖에 없다. 반면 집단5의 경우에는 20대 후반에 거의 절반이 아직 결혼하지 않았다.

현대의 독자에게는 결혼 여부를 사회 지표로 삼는 것이 너무 낡은 개념으로 보일지도 모른다. 반려자를 만나더라도 결혼 제도를 건너뛴 채 평생 같이 사는 사람도 많고, 공식적으로 결혼을 하기 전에 오래 동거를 해서 결혼 자체를 언제 했는지는 그리 의미가 없는 경우도 있다. 하지만 가장 최근 집단인 집단5도 50대 초반이면 90% 가까이가 결혼 상태이거나 결혼한 적이 있었다.

미국 인구총조사에 학력과 결혼 여부가 처음 포함된 해가 1940년이기 때문에 앞 세대 집단들은 전 연령대에 대해 정보가 있지는 않다. 또한 역사 내내 동성 간의 관계는 많이 존재했겠지만 동성

결합same-sex union이나 동성 결혼same-sex marriage에 대한 데이터는 최근
에서야 나오기 시작했다.[18] 끝으로, 결혼율은 인종에 따라 차이가 있
기 때문에, 또한 여기에서는 닫힌 인구 집단을 대상으로 분석해야 했
기 때문에, 결혼 데이터 분석은 미국에서 태어난 백인 여성으로만 한
정했다. 인종에 따른 결혼율의 차이는 뒤에서 따로 언급했으며, 결혼
데이터를 제외한 다른 모든 데이터에는 전체 인종 집단이 모두 포함
되어 있다.

집단1의 대졸 여성은 결혼율이 낮다. 50대 초반까지도 결혼한
적이 있는 사람이 70% 정도에 불과하다. 집단2는 시작 시점에서는
집단1과 그리 다르지 않지만 마지막 즈음이 되면 50대까지 미혼인
사람 비중이 [집단1의 약 30%에서] 10% 정도로 낮아진다. 결혼 연령이
가장 낮고 결혼한 사람이 가장 많은 집단은 집단3이다. 집단3은 25-
29세에 이미 80%가 결혼했다. 또한 집단3에서 결혼한 사람들은 거
의 다 30세 이전에 결혼했다.

집단4는 결혼을 늦은 나이로 미루었고 이 경향은 집단5에서도
이어졌다. 하지만 미루긴 했어도 상당수가 나중에는 결혼을 했다. 집
단4와 집단5의 20대 후반과 30대 초반 결혼율을 보면 19세기에 태어
난 집단1과 비슷해 보이지만 집단1과의 공통점은 여기에서 끝난다.
1940년대 초 이후에 태어난 대졸 여성들은 결혼을 미루긴 했으되 계
속해서 혼자 지내는 사람은 많지 않았다.

집단별 결혼 시점을 알아볼 때 사용할 수 있는 또 다른 지표는
해당 집단 사람들 중 절반이 결혼한 나이가 몇 살인지, 즉 결혼 연령
의 중앙값을 보는 것이다. 1920년대 중반~1940년대 초에 태어난 집

단3은 절반이 23세 전에 결혼했다.[19] 하지만 1950-1955년 출생 여성들을 보면 이 5년 사이에만도 첫 결혼 연령 중앙값이 25세로 확 높아졌고 이후로 결혼 연령은 계속해서 더 높아졌다. 집단5의 경계 바로 다음인 1980년생 대졸 여성들은 결혼 연령 중앙값이 약 27세다.

결혼 연령이 23세에서 27세로 높아진 것은 이후의 삶에 엄청난 차이를 가져왔다. 이것은 여성들이 가족을 신경 쓸 필요 없이, 또 남편의 학교나 직장을 따라 이사해야 할 필요 없이 대학원 과정을 밟을 수 있고 커리어의 초기 경력을 쌓을 수 있게 되었다는 의미였다.

고졸 이하 여성들은 대졸 여성들과 결혼율 패턴이 다르다.[20] (집단1에서 집단5로 가는 동안 전체 여성 중 대졸 여성의 비중이 크게 증가했는데, 이 사실의 중요성은 곧 다시 설명할 것이다). 고졸 이하 여성은 대졸 여성보다 더 이른 나이에 결혼했고, 앞 세대 집단들의 경우 대졸 여성보다 더 많이 결혼했다. 집단1 세대에 속하는 고졸 이하 여성은 같은 세대 대졸 여성만큼 미혼 비중이 높지 않다. 하지만 최근 세대에서는 고졸 이하 여성이 결혼 제도에서 상당히 크게 이탈하는 경향을 보인다. 이렇듯 대졸 여성과 고졸 이하 여성은 결혼 패턴에서 차이를 보이지만, 중요한 예외가 하나 있다. 1940년대 말에서 1960년대 초 사이에는 학력을 막론하고 모든 여성이 이른 나이에 결혼했다.

결혼 데이터는 다섯 개 집단의 경계선을 분명하게 보여 준다. 집단1은 늦은 나이까지도 결혼한 사람이 적다. 집단3은 결혼을 이른 나이에 했다. 집단 4와 집단5는 결혼을 상당히 늦은 나이까지 미루지만 결국에는 집단3과 비슷한 수준의 높은 결혼율을 보인다. 그리고 집단4와 집단5는 결혼 후에 벌어지는 일(혹은 벌어지지 않는 일), 즉 출산으로 서로 구분된다.

흑인 대졸 여성도 백인 대졸 여성이 보이는 패턴(그림 2.2) 중 일부에 대해서는 유사한 패턴을 보인다. 이를테면, 집단1은 결혼율이 낮다. 집단3은 결혼율이 가장 높다. 집단4와 집단5는 결혼 연령을 상당히 늦춘다. 그런데 흑인 대졸 여성의 경우 집단4와 집단5의 결혼이 단지 미뤄지는 게 아니라 더 늦은 나이에까지도 결혼을 하지 않는 경우가 많다는 점에서 백인 대졸 여성의 패턴과 다르다.[21]

대학을 졸업하고 곧바로 임신을 하면 대학원에서 학업을 이어가지 못할 가능성이 크고 커리어도 멈추게 될 것이다. 임신을 미룰 수 있다면 그와 반대의 일이 벌어질 것이다. 역사적으로 늘 밀접했던 결혼과 출산 사이의 관계가 최근에 느슨해지기는 했지만, 결혼했거나 안정적인 파트너가 있는 상태가 아닌 채로 출산하는 대졸 여성의 비중은 여전히 매우 낮다.[22]

그림 2.3은 대졸 여성 중 출산한 적이 없는 사람의 비중을 나타내는데, 울퉁불퉁하지 않은 앞쪽 부분은 위에서 본 미혼 비중 그래프와 모양이 비슷하다. 집단4와 집단5의 그래프 모양이 울퉁불퉁한 것은 조사 빈도가 더 잦은 데이터가 포함되었기 때문이다. 입양한 경우를 포함하면 아이가 있는 여성의 비중은 1.6%포인트 정도 더 높아진다[23](선들 사이의 높이 차이는 출산이 미뤄진 정도를 나타낸다).

결혼 데이터와 출산 데이터는 유사점이 많지만 결혼이 늘 출산으로 이어지지는 않는다는 점에서 이 둘은 다르다. 이것은 집단4와 집단5를 가르는 핵심 차이이기도 하다. 집단4와 집단5는 결혼 연령도 비슷하고 결혼율도 비슷하지만 집단5가 집단4보다 아이를 낳은

그림2.3 대졸 여성 중 출산을 하지 않은 사람 비중: 연령 및 출생 집단별

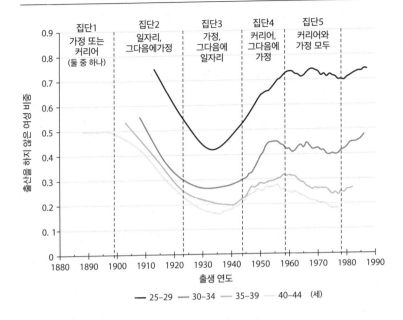

여성의 비중이 높다(첫 출산 연령이 조금 더 높기는 하다).

집단1의 여성들은 절반 이상이 아이가 없었다.[24] 집단2는 결혼율에서도 전환기였듯이 출산율에서도 매우 낮은 집단1과 매우 높은 집단3 사이의 전환기에 해당한다. 집단3이 되면 집단1과는 완전히 다른 패턴을 보인다. 집단3은 결혼한 사람 중 90% 이상이 아이가 있는데,[25] 이는 다섯 개 집단 중 가장 높은 비중이다. 또 집단3은 생식 가능 연령이 끝났을 무렵까지 아이를 가진 적이 없는 여성 비중이 17%에 불과하다. 또한 아이가 있는 사람들 중에서 [출생 연도별] 평균 출산아 수가 최고를 치는 것도 집단3에서 관찰되는데, 여성 1명당 3.14명이었다.[26]

집단4의 여성들은 아이 갖는 것을 나중으로 미뤘고, 자녀가 있는 여성 비중도 집단3에 비해 크게 낮다. 집단4의 후기에 해당하는 여성들 사이에서는 35세 이전에 아이를 가진 비중이 45%에 불과하다. 이 당시에 출산을 이렇게 늦은 나이까지 미뤘다는 말은 그 이후에도 아이를 갖지 못한 여성이 많았으리라는 것을 시사한다. 실제로 출생 연도별로 보았을 때 생애 동안 출산을 하지 않은 여성 비중이 28%로 정점을 찍는 것이 집단4에서 관찰된다. 이 숫자들은 대학원에 진학했거나 명문대를 나온 여성만이 아니라 대졸 여성 전체에 대한 것이다.

집단5도 집단4처럼 출산을 늦은 나이까지 미뤘다. 하지만 시험관 아기와 같은 의료적 개입술이 발달한 덕분에 어쩌면 영영 잃었을지도 모를 것을 보충할 수 있었다. 집단5 여성들의 평균 출산아 수는 여성 1명당 1.8명이며, 출산 경험이 있는 여성들 사이에서만 보면 여성 1명당 2.2명이다.[27]

흑인 대졸 여성의 출산율도 전체 인종을 모두 포함한 표본에서의 출산율과 매우 비슷하다. 결혼율의 경우에는 집단4와 집단5 세대에서 흑인과 백인 사이에 차이가 있었지만 출산율은 이 세대에서도 비슷하다.

결혼한 대졸 여성의 경제활동 참가labor force participation도 집단 간 차이를 알아보는 데 유용하다.[28] (다섯 개 집단의 인구통계학적 데이터 및 경제적 데이터는 표 2.1에 요약되어 있다). 하지만 경제활동 참가율은 결혼과 출산만큼 집단별로 크게 변동성을 보이지는 않는다. 여성의 고용은 가령 출산처럼 집단을 거치며 오르락 내리락 하지 않는데, 여성

표 2.1 대졸 여성 다섯 개 집단별 결혼, 출산, 고용

대학 재학 또는 졸업 연도 [괄호는 출생 연도] 열망/성취	(A) 결혼하지 않음 (30세 이전까지)	(B) 결혼하지 않음 (50세 이전까지)	(C) 자녀 없음 (44세 이전까지)	(D) 결혼한 적이 있는 사람 중 경제활동 참가율 (25-29세)	(E) 결혼한 적이 있는 사람 중 경제활동 참가율 (45-49세)
집단1: 1900-1919 [1878-1897] 가정 또는 커리어 (둘 중 하나)	53%	32%	50%	~20%	30%
집단2: 1920-1945 [1898-1923] 일자리, 그다음에 가정	38%	19%	36%	28%	58%
집단3: 1946-1965 [1924-1943] 가정, 그다음에 일자리	16%	9%	18%	35%	73%
집단4: 1966-1979 [1944-1957] 커리어, 그다음에 가정	21%	9%	27%	76%	85%
집단5: 1980-2000 [1958-1978] 커리어와 가정 모두	27%	12%	21%	83%	84%

전체적으로 꾸준히 증가하는 추세였기 때문이다.[29] 흑인 대졸 여성만 예외인데, 이들은 여성의 직업과 고용 데이터가 존재하기 시작한 초창기부터도 고용률이 유독 높았다.

그림 2.4는 25-49세를 다시 세 연령대로 나눠 집단별 고용률을 보여 준다.[30] 학력과 고용에 대한 정보가 인구총조사에 포함된 것이

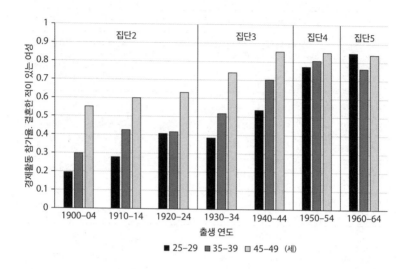

그림 2.4 결혼한 적이 있는 대졸 여성의 경제활동 참가율: 연령 및 출생 집단별

1940년부터여서 집단2부터 나와 있다. 집단2와 집단3 사이에서 첫 번째 경계선을 볼 수 있다[집단2의 고용률이 전체적으로 집단3보다 낮다]. 집단2는 젊은 여성들 사이에서는 경제활동 참가율이 낮지만(결혼한 여성들만을 대상으로 한 그래프이며, 따라서 젊은 여성들도 결혼한 여성들이다) 나이가 들면서 경제활동 참가율이 높아진다. [집단2의 후기 여성들과 집단3의 초기 여성들을 보면] 집단3은 아이를 가진 여성이 많아서 젊은 시절에는 집단2만큼 경제활동 참가율이 낮지만 아이가 학교에 들어가고 나면 경제활동 참가율이 비약적으로 높아진다. 어마 밤벡, 진 커크패트릭, 필리스 슐래플리 등 집단3의 몇몇 유명인들도 그런 사례였다.

집단3 여성들은 40대 말이 된 시점에 75-85% 정도가 바깥일을 하고 있었다(흑인 여성들의 경우에는 88-93%). 즉 집단3은 아이를 많이 낳았고 젊었을 때는 임금 노동에 많이 종사하지 않았지만, 나이가 들어서는 상당히 높은 경제활동 참가율을 보였다. 이때의 경제활동 참가율은 일찍부터 커리어의 경로를 밟아 간 집단4와 집단5의 여성들만큼 높다.

이 책에서 우리의 분석 대상은 대졸 여성이다. 여기에서, 전체 인구 대비 대졸 인구의 규모, 그리고 대졸 여성 대비 대졸 남성의 규모에 대해 몇 가지 언급해 둘 필요가 있을 것 같다. 이 책에서 '대졸'은 거의 언제나 4년제 대학을 졸업하고 학사 학위를 취득한 경우를 의미한다. 다만, 때로는 여성들이 2년제 교육 대학을 졸업하는 경우(특히 2년제 교육 대학이 교사가 되는 주된 경로였던 경우)가 고려되어야 할 수 있다.

남녀를 막론하고 1900년에는 대학을 나오는 사람이 매우 드물었다. 20세기로 접어들 무렵 젊은 층 인구 중 대학을 졸업하는 사람 비중은 3%로, 30명 중에 한 명꼴도 되지 않았다. 흑인은 이보다도 훨씬 더 낮았다. 그러던 것이, 한 세기를 빨리 돌려 1990년 출생자들을 보면 여성 거의 두 명 중 한 명이 대졸이다.[31](그림 2.5와 온라인 부록 그림 4A(2장) 참고). 흑인 여성의 경우에는 백인 여성의 추세를 20년 정도 시차를 두고 따라가고 있다.[32]

이 한 세기를 거치는 동안 대졸자 증가 속도는 일정하지 않았고 약간 감소한 경우도 있었다. 특히 두 개의 두드러진 예외가 있어서 설명이 필요하다. 첫째, 남성 대졸자 비중이 1960년대 중반과 후반에 급격히 증가하다가 갑자기 감소하는데, 증가와 감소 모두 베트남 전쟁으로 설명이 가능하다. 급격한 증가는 징집 유예 제도에 대한 반

그림 2.5 30세 시점의 성별 대졸자 비중

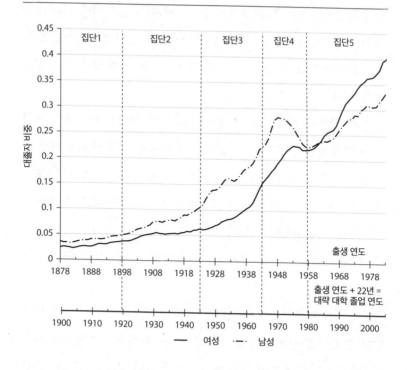

응이었다. 대학생 신분일 수 있는 운 좋은 사람들은 졸업 전까지 징집을 피할 수 있었기 때문이다. 그 이후에 대졸자 비중이 예외적으로 감소한 것은 징집이 줄고 미국의 베트남 군사 개입이 중단된 것과 관련이 있다.[33]

　두 번째로 설명이 필요한 지점은 여성 대졸자 수가 남성 대졸자 수를 추월하는 시점이다.[34] 과거에는 남성이 여성보다 대학을 훨씬 많이 갔고 1950년대와 1960년대 졸업 세대에서는 더욱 그랬다. 하지만 여성은 곧 남성을 따라잡았고 1980년 무렵이면 추월했다(흑인 여성은 그보다 10년쯤 전에 이미 흑인 남성을 추월했다). 그 이래로 계속해서

72

여성이 남성보다 대졸자가 많으며 격차도 계속 벌어져 왔다.

　대졸자 추이를 보는 데는 두 가지 방법이 있다. 하나는 앞에서 본 방식으로, 같은 해에 태어난 사람 중 대졸자 비중을 보는 것이다.[35] 하지만 대학생은 나이가 다양해서 30세인 학생이 20세인 학생과 나란히 강의실에 앉아 있는 모습을 드물지 않게 볼 수 있다. 대학에는 늘 다양한 나이대의 학생이 존재했지만, 특히 20세기 중반에는 제대 군인들(거의 다 남성)이 캠퍼스로 대거 돌아오면서 이 현상이 더욱 두드러졌다.

　대졸자의 추이를 보는 또 다른 방법은 각 학년도에 실제로 대학에 다닌 사람 수를 보는 것이다. 이 지표는 캠퍼스와 강의실에서 벌어지는 사회적 상호작용을 더 잘 이해하게 해 준다. 강의실, 도서관, 기숙사, 학생회관, 파티장 등 대학의 제반 공간에서 실제로 성비가 어땠을지 가늠해 볼 수 있기 때문이다.

　대학의 남녀 성비를 보면, 1940년대 중반부터 1960년대 중반까지는 남성이 상당히 많았다. 이를테면 1940년대 말에 대학에는 여학생 한 명당 남학생이 무려 2.3명에 달하기도 했다. 출생 연도 기준으로는 여성 한 명 당 남성 1.5명인 것과 차이가 크다.[36] 두 숫자가 차이나는 이유의 상당 부분은 제대 후 학교로 돌아온 남성들 때문인데[37] 결혼한 사람도 있었지만 대부분은 미혼이었고, 이들이 돌아와 성비가 높아지면서 대학에 다니는 여성들이 배우자를 찾기가 훨씬 더 용이해졌다.

　이 기간에 남녀 공학 대학이 늘었다는 점에도 주목할 필요가 있다. 시대마다 대학이 청춘남녀에게 의미하는 바는 다른데, 남녀가 같은 캠퍼스에서 지내는지도 여기에 영향을 미치는 요인이었다. 19세기 말부터 1910년경까지는 대학생의 상당수가 남대 혹은 여대를 다녔다(어떤 지역은 특히 더 그랬다). 1900년 졸업생의 경우 여성의 40%가 여대를, 남성의 46%가 남대를 다녔다.[38] 하지만 공학에 다니는 대학생(모든 학부생 기준) 비중이 빠르게 늘어서 1930년대가 되면 이미 상당한 비중을 차지하게 되고 남대 혹은 여대를 다니는 비중은 30% 아래로 떨어진다. 대부분의 명문 대학에서 남녀가 통합되기 직전인 1966년 무렵에는 여성 학부생의 8%, 남성 학부생의 5%만 여대와 남대를 다니고 있었다.

하지만 [공학이든 아니든] 20세기 내내 대학은 연애 상대를 찾는 장이기도 했다. 남대와 여대는 학교끼리 연계되어 있는 경우가 많았고 주말에는 연계된 학교들 사이를 운행하는 버스가 다녔다. 심지어 공학 중에서도 여학생이 적은 대학들은 지리적으로 가까운 여대와 비공식적으로 관계를 맺고 있었다. MIT와 웰슬리를 오가는 버스는 사람들 사이에서 "포옹 셔틀cuddle shuttle"이라고 불렸다.

한편, 20세기 들어 대학 진학률이 급격히 높아지면서 대학에 가는 사람들의 인구 구성이 크게 달라졌을 것이고 그것이 집단1부터 집단5까지의 변화를 설명하는 주요인이지 않겠는가 싶을 수도 있을 것이다. 이를테면, 1900년 무렵에 대학에 간 여성은 이후 세대에 비해 부유한 가정 출신이 많았고 결혼을 하지 **않아도** 될 만큼 경제적 여력이 있는 사람들이었기 때문에 결혼율이 낮았던 것 아닌가? 1950년대에 대학에 들어간 여성 중에는 아이를 갖고 싶어 하는 여성이 다른 세대보다 많았던 것 아닌가? 최근에는 커리어를 매우 중요시하는 사람들이 대학에 많이 가는 것 아닌가? 하지만 대졸 여성들의 결혼과 출산이 세대 집단별로 차이를 보이는 주요인은 어떤 유형의 여성들이 주로 대학에 갔는지, 어떤 유형의 집안이 딸을 대학에 많이 보냈는지가 아니다. 다섯 개 집단이 보이는 차이는 더 근본적인 변화들을 반영한다.

동일한 계층 출신이고 동일한 대학을 다닌 여성들을 시대별로 비교해 보면 이 사실을 확인할 수 있다. 비슷한 출신 배경과 비슷한 성향을 가진 여성들 사이에서도 다섯 개 집단을 거치면서 상당한 차이가 나타나고, 이 차이는 각 집단 간 구분선과 일치한다. 즉 가정 배경을 통제한 뒤에도 결혼, 출산, 고용과 관련해 대졸 여성들의 선택과 우선순위의 패턴은 전체 집단에서 발견되는 패턴과 일치한다.

래드클리프/하버드 출신 여성들을 생각해 보자.[39] 이들에 대해서는 놀라울 정도로 상세한 데이터가 존재한다. 그리고 이들은 시대를 막론하고 미국의 젊은 여성 중 가장 똑똑하고 가장 성취욕이 높은 사람들이었다고 볼 수 있을 것이다.

그리고 우리가 살펴보고 있는 한 세기의 대부분 기간 동안 이들은 부유한 집안 출신이 많았다. 1880-1940년에는 [대학 진학을 목적으로 하는] 명문 사립고preparatory school에 가면 '명문 사립대'에 진학하기가 매우 유리했다는 점과도 관련이 있다. 1940년대에 표준 시험이 시작되고 1950년대에 빠르게 확산되면서 명문 사립고를 가야 할 필요성이 줄긴 했지만,[40] 그래도 래드클리프 여대생 중 명문 사립고 출신은 1900년대 초 졸업생부터 1970년대 말 졸업생까지[41] 거의 안정적으로 45% 수준을 유지했다.

즉 래드클리프 여성들은 한 세기 내내 대체로 동일한 사회 계층 출신이었지만 결혼과 출산의 경향은 일반적인 대졸 여성 집단이 보여 주는 추세와 매우 비슷한 변화를 보였다.[42] 연령별, 출생 집단별 미혼 여성 비중도 대체로 비슷하고, 결정적인 터닝포인트가 발생한 시점도 거의 동일하다. 결혼 데이터의 유사성은 집단3 세대에서 가장 두드러진다. 1940년대 말에서 1960년대 초까지의 시기에 래드클리프 졸업생들도 결혼을 이른 나이에 했고 많은 수가 결혼했다. 명문대 출신이 아닌 대졸 여성들과 패턴이 그리 다르지 않은 것이다. 마찬가지로 출산 데이터에서도 이들은 전체 집단과 유사한 패턴을 보인다.[43]

하버드 경제학자 프랭크 타우식Frank Taussig의 딸이며 개척적인 소아심장학 전문의인 헬렌 타우식Helen Taussig은 제1차 세계대전 무렵에 래드클리프를 다녔다. 헬렌은 집단1 중 커리어 쪽 경로를 간 사람들의 전형적인 특성을 가지고 있었으며 결혼도 하지 않았다. 한편, 저명한 시인인 에이드리언 리치Adrienne Rich는 래드클리프를 졸업하고 1년 뒤인 1953년에 결혼해 세 아들을 내리 낳았다. 그리고 남편이 사망하고 나서 평생의 여성을 만났다. 리치는 집단3의 전형적인 모습을 (전형적이지 않은 부분도 있지만) 보여 준다. 퓰리처상을 받은 저널리스트 린다 그린하우스Linda Greenhouse는 집단4의 전위라 할 만하다. 그린하우스는 래드클리프를 졸업하고 12년 뒤인 34세에 결혼했고 38세에 첫아이를 낳았다.

이렇듯이 래드클리프 여성들도 결혼과 자녀에 대해서는 여타의 대졸 여성들과 거의 동일한 추이를 보인다. 또한 이러한 유사성이 나타나는 이유는 대졸 여성 대다수가 명문 여대를 다녔기 때문이 아닙니다. 가장 초기를 제외하면 여대를 졸업한 여성은 전체 대졸 여성 중 늘 작은 비중이었다.[44] 요컨대, 어떤 유형의 여성이 대학에 가느냐는 다섯 개 집단 사이의 커다란 차이를 설명하는 데에 설명력이 크지 않다.

그렇다면 무엇이 커리어와 가정과 관련해 집단1부터 집단5 사이에 이렇게 대대적인 변화를 일으켰을까? 이 변화의 양상은 한 세기에 걸쳐 점진적으로 세대 간 천이succession of generations가 벌어지는 가운데 중간중간 경제와 사회의 근본적인 변화와 맞물려 불연속적인 도약 지점들을 보인 것이라고 표현할 수 있을 것이다.[45] 각 집단은 앞 집단에서 바통을 이어받아 자기 세대 만큼을 더 달리면서 장애물을 피하고 장벽들을 넘었다. 또한 각 세대는 계속해서 달라지는 제약들에 직면했고, 가정용 장비, 피임약, 보조생식술 등 그들이 가는 길을 더 부드럽게 골라 주는 테크놀로지의 각기 다른 발달에 접했다.

그 길을 따라서, 특히 1960년대 말과 1970년대 초에, 고용, 승진, 소득, 가정 생활과 관련해 여성들의 불만이 끓어올랐고 혁명적으로 분출했다. 전국 수준에서의 운동은 더 지역적인 단위로, 그리고 가정집에서 열리는 더 친밀하고 사적인 '의식 고양 모임consciousness-raising groups'으로 이어졌다. 각 세대는 자신의 목표를 성취할 더 나은 방법을 모색했고 자기 몫의 성공을 일궈 냈다.

다섯 개 집단을 아우르는 긴 여정에서 '여성'의 열망만 달라진 것이 아니었다. 교육과 커리어의 면에서 남성들이 이상적인 배우자로 여기는 여성상도 달라졌다. 집단1의 경우에는 대졸 여성이 50세까지 결혼할 확률이 대학을 가지 않은 여성보다 20%포인트나 낮았다. 그런데 집단3의 경우에는 대졸 여성이 결혼할 확률이 대학을 다니지 않은 여성보다 5%포인트만 낮았다.[46] 그러다가 집단 4에서는 역전이 되어서, 대졸 여성이 대학을 다니지 않은 여성보다 결혼할 확률이 5%포인트 더 높아졌다. 대졸 남성이 대졸 여성과 결혼하는 경우가 늘어난 것이 한 가지 이유였다.

교육 수준과 성취 욕구가 비슷한 사람끼리 결혼하는 경우가 많아지면서 부부(동성 커플도 포함해서) 모두가 야심찬 커리어를 갖는 경우도 많아졌다. 회사 일에 온콜 상태여야 하는 커리어를 성공적으로 일구면서 가정에서의 요구사항도 24시간 챙긴다는 것은 부부 중 누구에게라도 지극히 어려운 일이다. 집단1부터 집단5까지 부부가 어떻게 공동의 의사결정을 내려왔는지를 이해하는 것은 현재의 세대가 이제까지를 발판삼아 어떻게 더 나은 경로를 만들 수 있을지 알아내는 데 매우 중요하다. 오늘날 가장 힘든 과제이자 가장 커다란 목표 중 하나는 공평한 부부 관계 속에서 커리어와 가정을 모두 달성하는 것이다. 그것이 언젠가는 달성되리라 본다면, 우리의 질문은 이렇게 될 것이다. 현 세대는 이 바통을 들고 어디에 도달하게 될까?

그럼, 먼저 다섯 개의 집단을 하나씩 만나 보기로 하자.

3장
두 갈래 길

시카고 대학 박사 과정생이던 1971년에 나는 커다란 상자를 들고 컴퓨터 센터로 걸어가는 은발의 여성을 종종 본 적이 있다. 수백 개의 펀치 카드가 든 그 상자에는 코드가 딱 한 줄 담긴 것도 있었을 것이다. 통계 분석을 하나만 수행하려 해도, 가령 평균을 계산하려면, 이 모든 코드가 정확한 순서대로 있어야 했다. 겨울이면 그 노년의 여성은 회색 롱코트를 입고 검정 고무로 된 목이 짧은 방수용 덧신을 신고서 눈을 헤치며 교정을 지나갔다. 그런 날에는 굉장히 조심조심 걸었는데, 상자가 떨어지기라도 하면 코드가 엉망이 될 것이었기 때문이다.

내가 본 여성은 마거릿 길핀 리드다. 당시에 75세로, 시카고 대학 경제학과 정교수직에서 10년쯤 전에 은퇴한 상태였다. 우리 대학원생들 사이에서는 "고대인 중 한 분"으로 통했다.[1]

그 겨울날들에 나도 리드 교수가 들고 가던 것과 비슷한, 펀치카드들이 든 커다란 상자를 들고 컴퓨터 센터를 오갔다. 나는 목이 높은 가죽 부츠에 유행하는 짧은 코트 차림이었다. 코트는 미니스커트를 채 가리지 않는 정도의 길이였다. 아마 추웠겠지만, 나는야 패션 감각이 있는 젊은 여성이었다. 당시에 그는 내게 나이 차이보다도, 패션 감각의 차이보다도 더 멀리 있는 존재였다. 리드 교수의 연구가 훗날 내 사고와 연구의 핵심이 될 수많은 개념과 관련 있는 줄을 그때는 전혀 몰랐다. 더 중요하게, 여성의 경제적 역할이 어떻게 달라져 왔는지를 내가 이해하는 데 그의 삶이 도움을 주리라고는 생각지도 못했다.

놀라운 분이라고는 생각했다. 리드 교수는 노년까지도 지치지 않고 연구를 계속하고 있었고, 굉장히 중요한 연구인 것 같았다. 하지만 그와 대화를 나눠 본 적은 없다. 내게 리드 교수는 지나간 시대의 유령 같은 존재였다.[2]

"고대인 중 한 분"으로서, 리드 교수는 과거의 대졸 여성과 오늘날 내 학생들인 대졸 여성 사이를 잇는 긴 다리에 판자를 놓은 사람 중 하나라고 말할 수 있을 것이다. 그가 밟아 온 경로는 커리어를 갖는 데는 성공했지만 결혼은 하지 않은, 혹은 결혼을 했더라도 아이는 없는 여성들이 지나간 좁은 차선이었다. 그것보다 약간 더 넓은 차선에는 집단1 여성 중 커리어를 갖지 않은 사람들이 있었다. 이들은 대부분 결혼을 했고, 결혼한 이들 대부분은 아이를 가졌다. 이 기다란 다리 위의 차선들은 시간이 지나면서 달라졌다. 어떤 차선은 넓어졌고 어떤 차선은 좁아졌다. 그리고 현재에 가까워질수록 커리어를 가진 여성들이 가는 차선에 결혼한 여성도 많이 있게 되었고 아이가 있는 여성도 많이 있게 되었다. 본질적으로, 차선들이 합쳐지기 시작했다.

박사 과정 시절의 내가 충분히 선견지명이 있었더라면, 그래서 리드 교수와 대화를 나누었더라면 얼마나 좋았을까? 경제학에서 그가 얼마나 중요한 연구를 했는지 알아차리지 못했다니 나는 얼마나 어리석었는가? 여성들의 긴 여정에 그가 기여한 공헌을 제대로 알지 못했다니 얼마나 딱한 일인가?

1992년에 게리 베커Gary Becker는 결혼, 이혼, 출산, 시간 배분 같은 가정 영역의 사안에 경제학적 분석을 적용해 노벨상을 받았다. 그보다 무려 반세기나 앞선 1934년에 마거릿 리드는 박사 학위 논문을 《가내 생산의 경제학Economics of Household Production》이라는 제목의 책으로 출간했다. 원래의 박사 학위 논문은 [그가 재직하던] 아이오와 스테이트 칼리지에서 교재로 쓰이고 있었는데, 저명한 출판사에서 책으로 출간되면서(교과서로 쓰이기 좋게 질문거리도 포함되었다) 다른 대학에서도 사용할 수 있게 되었다. 리드의 연구는 무보수 가사 노동의 가치를 측정하고 기혼 여성이 집에서 일하는 것과 밖에서 임금을 받고 일하는 것 사이에서 어떻게 선택을 하는지 알아본 초창기 연구에 속한다. 리드가 연구를 시작한 시점은 결혼한 여성들이 노동시장에서 (주로 다양한 화이트칼라 직종에서) 막 고용되기 시작하던 때였다. 따라서 리드의 연구는 당대에 막대한 시의성이 있었다.

리드의 목표는 여성이 수행하는 무보수 노동을 국민소득 계상에 포함시키는 것이었다. 리드는 여성의 노동이 갖는 경제적 중요성을 '국민소득'이라는 언어로 보여 주었다. 그때는 국민계정이라는 분야 자체가 막 생겨나던 때이기도 했다. 이제는 국민총생산GNP, 국내

총생산GDP, 국민소득, 실업률 같은 경제 지표가 너무 익숙해서 자주 잊곤 하지만, 이것들은 사실 굉장히 최근에 나온 개념들이다. 이 개념들을 정립하는 데 누구보다 혁혁한 공로를 세운 사람은 사이먼 쿠즈네츠Simon Kuznets라는 경제학자다.

쿠즈네츠는 1922년에 러시아에서 미국으로 온 이민자로, 1926년에 컬럼비아 대학에서 박사 학위를 받았고 1년 뒤에 전미경제연구소National Bureau of Economic Research, NBER 연구자가 되었다.[3] NBER은 국가 경제 통계의 기초를 제공하기 위해 1920년에 세워진 기구로, 사무실은 뉴욕에 있었다(미국은 1930년대부터 국가 경제 통계를 산출하게 된다). 쿠즈네츠는 1971년 노벨상 수상자이며 내 지도교수 로버트 W. 포겔Robert W. Fogel(포겔도 노벨상을 받았다)의 지도교수였다. 그래서 자랑스럽게도 나는 쿠즈네츠가 나의 학문적인 할아버지라고 생각한다.

미국 경제가 최악의 불황으로 추락하던 1930년대 초에 의회는 NBER에 국가의 산출이 정확히 얼마나 감소했는지 알아내기 위해 쿠즈네츠를 좀 빌려 달라고 요청했다.[4] 불황의 피해 규모를 알 수 있다면 의회가 어떻게 대처해야 할지도 알아낼 수 있으리라고 생각한 것이다. 또한 상무부는 대공황 같은 특수한 시기만이 아니라 모든 시기에 국가의 생산 역량(가령 국민소득)을 측정하기 위해 보다 일반적인 국민계정 체계가 필요했다. 쿠즈네츠는 두 가지 과제 모두에 적임자였다.

리드가 한창 여성의 무보수 노동을 국민소득 계상에 포함하려 노력하고 있었을 때, 쿠즈네츠도 국민소득이라는 이 새롭고도 중요한 개념에 대해 자신의 공식을 만들고 있었다. 쿠즈네츠가 의회 보고서의 초안을 썼을 무렵 마거릿 리드는 박사 논문을 쓰고 책을 출간했다. 여기에서 리드는 한 국가가 얼마나 많은 생산을 하고 있는지 계상할 때 가내 노동도 포함해야 한다고 주장했다.

여성 및 기타 가족 구성원이 가내 노동을 통해 생산하는 재화와 서비스는 거의 모든 이의 소비에서 상당한 부분을 차지한다. 쿠즈네츠도 가내에서 무보수로 생산을 하고 돌봄을 제공하는 사람들의 노동을 공식 통계에 포함시킬지를 두고 굉장히 많이 고민했다(의회 보고서와 그의 이후 저술들을 보면 알 수 있다). 하지만 결국에는 포함시키지 않기로 했다.

그 이유를 쿠즈네츠는 의회 보고서에서 이렇게 설명했다. "이 커다란 서비스군은 국민소득에서 제외하는 것이 가장 낫다고 판단되었다. 그 서비스들의 가치를 추산하는 데 사용할 수 있는 믿을 만한 토대가 없기 때문이다."[5] 하지만 마거릿 리드는 가내 노동이 포함되어야 한다고 주장했고, 그 이후로 약 90년 동안 많은 학자들이 리드가 제시한 것과 비슷한 논리에서 가내 노동 계상을 주장해 왔다.

이 논리의 핵심 주장은 모든 유형의 무보수 돌봄 노동이 단지 돈을 받지 않고 국민소득 통계에 잡히지 않는다는 이유만으로 가치 절하되고 있다는 것이다.[6] 가내 노동을 포함시켜야 한다고 주장하는 사람들, 특히 돌봄 노동자 일반, 구체적으로는 여성 돌봄 노동자들이 더 나은 대우를 받아야 한다고 주장하는 사람들에 의해 경제 전체에 걸쳐 무보수 돌봄 노동의 가치를 추산하려는 시도가 여러 차례 있어왔다. 가장 최근의 추산치들을 보면 규모가 어마어마하다(국민총생산의 20%가량). 일찍이 리드는 이러한 계산을 위한 몇몇 기법을 제시했다. 그럼에도, 오늘날 널리 쓰이고 있는 국민소득 계상 방식은 쿠즈네츠의 방식이며 이 방식은 가내에서, 또 그 밖의 곳에서 이뤄지는 무보수 노동을 포함하지 않는다.

1930년대에는 리드와 쿠즈네츠의 학문적 경로가 교차했지만, 1940년대 중반에 그들은 생활 비용 지수(오늘날 용어로는 소비자 물가 지수consumer price index, CPI)와 관련된 중요하고도 논쟁적인 작업에서 함께 일했다. 마거릿 리드는 학계와 정책 분야의 상층에서 활동했다. 당대에 리드는 중요한 인물이었다. 하지만 박사 과정생이던 시절의 나는 리드를 그저 특이한 분이라고만 생각했다. 당시 시카고 대학 경제학과에는 남성 교수밖에 없었고 리드는 오래전에 시카고 대학 경제학과 교수직에서 은퇴한 여성이었다. 리드는 내가 대학원생 시절에 알던 유일한 여성 경제학자이기도 했다. 하지만 그때 나는 리드가 여성의 노동에 대해, 그리고 돌봄 노동 및 가내 노동이 전체 경제의 소득에 기여하는 바에 대해 얼마나 시대를 앞서간 사고를 했는지 알지 못했다.

어떤 기준으로 보더라도 마거릿 리드가 성공적인 커리어를 일궜다는 데는 의심의 여지가 없다. 리드는 1931년에 시카고 대학에서 박사 학위를 받았고 1934년에 아이오와 스테이트 칼리지Iowa State College(나중에 종합 대학이 되면서 아이오와 스테이트 대학Iowa State University으로 이름이 바뀐다)에서 교수가 되었다. 2차 대전 동안 연방 정부 기관에서 일했고 이어서 또 다른 연방 정부 기관에서 1948년까지 일했다.[7] 그다음에 일리노이 주립대 어바나 샴페인 캠퍼스에서 교수가 되었고, 1951년에 시카고 대학 경제학과와 가정경제학과에서 정교수가 되었다. 그리고 학계에 있는 동안 굵직한 저서를 네 권이나 냈고 저명한 경제학 학술지들에 여러 편의 논문을 게재했다.

마거릿 리드는 가정경제학계의 마리 퀴리였을까? 아마 그렇게 부를 수 있을 것이다. 그런데 이렇게 부를 만한 사람이 리드 외에도 더 있다. 시카고 대학에서 리드의 지도교수였던 헤이즐 커크Hazel Kyrk 가 그중 한 명이다.

헤이즐 커크도 리드처럼 시카고 대학에서 박사 학위를 받았다 (리드보다 11년 이른 1920년에 받았다). 또한 둘 다 아이오와 스테이트 칼리지에서 가르쳤고 여러 정부 기관에서 일했다. 커크는 1925년에 시카고 대학의 교수가 되었고 1941년에는 정교수가 되었다. 내가 하버드 대학 경제학과에서 여성 최초로 테뉴어 교수가 되기 반세기 전이었다. 리드의 커리어와 커크의 커리어가 보여 주는 유사성은 매우 놀랍다. 개인적인 삶의 유사성도 마찬가지로 놀랍다. 리드는 내가 보기에는 특이한 사람이었지만 당대의 집단1 여성 중에서는 (뛰어났던 것은 틀림없지만) 특이한 사람이 아니었다.

리드와 커크 모두 결혼하지 않았고 아이도 없었다(커크는 사촌의 10대 딸을 자신의 집에 데리고 있으면서 돌본 적이 있다[8]). 그들이 결혼을 하고 싶어 했는지, 결혼 전망이 어떠했는지, 동성 애인이나 파트너가 있었는지, 젊은 시절에 아이를 갖고 싶어 했는지에 대해 나는 자료를 가지고 있지 않다.[9]

두 사람 모두 생애의 늦은 시기에 커리어를 성취했다. 집단1의 많은 이들이 마찬가지였다. 리드와 커크는 35세 무렵에 박사 학위를 받았고 50대 중반에 정교수가 되었다. 커리어의 성취가 이렇게 늦었다는 것은, 결혼한 여성에게는 이 정도로 커리어를 성취하는 것이 (꼭 불가능하지는 않았더라도) 매우 어려웠으리라는 것을 말해 준다. 아이가 있는 여성은 더더욱 어려웠을 것이다.

리드와 커크가 늦게서야 커리어에 시동을 걸어야 했던 이유는 부유한 가정 출신이 아니어서 대학 때 스스로 벌어 생계를 유지해야 했기 때문이다.[10] 흔히 20세기 초에 대학을 다닌 여성들은 고위층 집안 출신일 것이라고 여겨지는데, 북동부 지역 출신의 여성들에게는 맞는 말일 수 있지만 중서부와 서부에서는 꼭 그렇지도 않았다. 리드는 캐나다 마니토바 출신이고, 커크는 오하이오 출신이다.

리드와 커크는 20세기가 되기 전에 태어나서 1차 세계대전 전에 대학을 졸업한, 당시 전체 여성 중에서는 소수인 여성들과 비슷한 삶을 살았다. 그들은 커리어를 성취했다. 최고의 지위와 명성이 따르는 커리어는 아니었더라도, 제자와 동료들에게 인정을 받았고 학문과 정책에 크게 기여했다.

장벽과 제약

앞에서 보았듯이 1910년 정도에 대학을 졸업한 전체 여성 중에서 30%는 결혼하지 않았고 50%는 아이가 없었다.[11] 심지어 결혼한 사람 중에서도 29%가 아이가 없었다. 역사적으로 보면 이 숫자는 놀랄 만큼 높은 것이다. 뒷 세대인 1925-1975년생 대졸 여성 중에서는 50대까지 결혼을 하지 않은 사람이 12%가 채 되지 않는다.[12] 요컨대, 집단1과 그 이후 집단들 사이에는 한 세계만큼의 차이가 존재한다.

이 숫자들은 부유한 집안 출신이거나 북동부의 명문 여대 졸업생인 사람들만이 아니라 1900-1919년에 대학을 졸업한 여성 전체를 대상으로 한 것이다. 학문, 예술, 문학 등에서 괄목할 만한 업적을 남긴 여성들로만 한정해 보면 숫자가 또 다르다. 집단1 전체에서도 미혼인 여성과 아이가 없는 여성의 비중이 이미 매우 높은데, 뛰어난 공헌을 남겨 '위인' 목록에 이름을 올린 여성들(가령 마거릿 리드나 헤이즐 커크 같은 여성들) 사이에서는 이 숫자가 심지어 더 높다.

미혼, 비출산 여성의 비중이 집단1에서 유독 높은 것은 표본에 '선택 편향selection bias'이 작용해서가 아니다. 즉 집단1의 대졸 여성이 이후 집단들의 여성과 결혼 성향이 원래부터 달라서 발생한 차이가 아니다.[13] 1910년에 대학을 졸업한 여성들은 1930년이나 1950년에 졸업한 여성들과 내재적으로 다르지 않다. 그런데도 이들의 삶이 차이를 보이는 이유는 각 집단이 서로 다른 장벽과 제약에 직면했기 때문이다. 그들에게 주어진 선택지가 달랐던 것이지 그들의 선호 체계가 달랐던 것이 아니다.

사회적 규범과 고용상의 규칙은 기혼 여성이 일자리(커리어는 고사하고) 갖는 것을 가로막기 일쑤였다. 20세기 전반기에 기혼 여성의 고용을 가장 크게 제약한 제도로 두 가지 유형을 꼽을 수 있다.

하나는 기업이나 정부가 특정 직종(가령 교사)에 기혼 여성을 고용하지 않거나 미혼인 직원이 결혼을 하면 퇴사하게 하던 제도다. 이러한 '기혼 여성 고용 제한' 제도는 다음 장에서 상세하게 다룰 것이다. 어쨌든 이 제도는 집단1에 교사나 학계 종사자가 많았는데도 결혼한 사람 중에서는 교사나 학계 종사자가 적었던 이유를 설명해 준다(흑인 여성은 예외적으로 교사가 적지 않았는데, 뒤에서 설명할 것이다).

　두 번째 유형의 규제는 아내가 남편과 동일한 기관, 부서, 기업, 정부 기관 등에서 일하지 못하게 하는 '가족 채용 금지anti-nepotism' 규칙이다. 가족 채용 금지 제도는 대학에 1950년대까지도 존재했고 (훨씬 더 늦게까지 존재한 곳도 있다), 이는 뒷 세대에 비해 앞 세대 집단의 결혼한 여성 '위인' 중 학계 종사자의 비중이 적은 이유를 설명해 준다. 가족 채용 금지 제도는 많은 여성이 자신이 열정을 느끼는 분야에서 재능을 발휘하지 못하게 했다. 이들은 결혼을 유지하려면 커리어를 박탈당해야 했다.

　경제학자 도로시 울프 더글러스와 역시 경제학자이자 훗날 일리노이주 출신의 미국 상원의원이 되는 폴 더글러스가 결국 갈라서게 된 데도 가족 채용 금지 제도가 영향을 미친 것으로 보인다. 폴이 시카고 대학 교수가 되고서 도로시는 시카고에서 교수가 될 수 없었다. 그래서 도로시는 네 아이와 함께 스미스 칼리지로 갔고 폴은 애머스트 대학으로 갔다[둘 다 매사추세츠주에 있다. 옮긴이]. 도로시 본인도 경제학자였으므로 그저 유명한 경제학자의 아내가 되는 것만으로는 만족할 수 없었다. 그런데 애머스트 대학이 폴에게는 성에 차는 곳이 아니었고 둘의 결혼은 곧 파경을 맞는다.[14]

　당시 가내 노동의 막대한 부담을 생각할 때, 공식적이거나 비공식적인 장벽이 없었다고 해도 커리어와 가정을 둘 다 갖기는 어려운 일이었을 것이다.[15] 1920년이면 도시 가구 대부분에 전기가 들어오지만 현대적인 냉장고, 세탁기, 청소기, 건조기, 전자레인지 같은 것은 없었다. 소득이 충분히 높은 집에서는 가사 일을 맡길 인력을 고용할 수 있었지만, 그런 경우라 해도 가계를 운영하려면 할 일이 엄청나게 많았다.

일반적인 가내 노동 문제를 차치하더라도, 20세기의 첫 20년 동안 가정에는 사느냐 죽느냐의 중대한 문제들이 있었다. 피임 방법이 초보적이었으므로 대체로 원하는 수보다 많은 자녀를 출산하게 되는 데다가, 영유아 사망률이 높았기 때문에 가정에서 여성에게 요구되는 바가 한층 더 많았다.[16] 미국에서 현대적인 도시 위생 시스템이 막 완성되어 가던 1900년에 8명 중 한 명의 아기가 출생 첫해를 넘기지 못하고 사망했고, 1915년에도 여전히 영아 10명 중 한 명이 사망했다. 항생제가 존재하지 않던 시절이라 엄마도 아기도 감염으로 사망하는 비중이 매우 높았다. 부, 교육, 사회적 지위도 이렇게 불필요하게 목숨을 잃는 상황을 막지 못했다.

학문, 문학, 예술에서 괄목할 만한 업적을 남긴 집단1 여성 중에서 아이가 있는 사람의 무려 9%가 적어도 한 명의 자녀를 일찍 잃었다.[17] 미국 전체적으로 보면 농촌 아기들이 도시 아기들보다 사망률이 낮았고 교수의 아기들보다도 사망률이 낮았다.[18] 일자리나 커리어가 있는 엄마는 아기가 아프면 자신을 비난했을 것이고 아이가 목숨을 일찍 잃기라도 하면 더더욱 그랬을 것이다.

여성 위인들

'커리어'의 의미를 다섯 개 집단 전체에 걸쳐 일관성 있게 정의한다는 것은 본질적으로 주관적인 작업일 수밖에 없다. 나는 개개인의 소득, 직종, 특허, 칭호와 같은 것을 일일이 확인해 업적을 가늠하기보다 여러 학자들이 수천 명의 대상자를 검토해서 괄목할 만한 업적을 남긴 '위인the notable'을 선별해 책으로 편찬해 놓은 것을 사용하기로 했다. 그 책이 바로 앞에서 언급한《미국의 여성 위인들》이며, 비범한 성취를 일군 여성들에 대한 인물 정보를 제공한다. 다루는 시기에 따라 총 다섯 권으로 되어 있으며, 해당 시기에 사망한 여성들의 정보를 담고 있다.[19]

각각의 인물 소개는 그 인물이 활약한 분야의 전문가가 집필했다. 생년월일, 출신 대학, 결혼한 해(결혼을 했을 경우), 자녀(출산과 입양 모두), 커리어에서의 성취 등 해당 여성이 살아간 삶의 여러 측면을 간략하게 소개하고 있다. 가장 최근에 나온 권은 1999년에 편찬되었다. 따라서 집단1과 집단2(각각 1878~1897년과 1898~1923년 출생)에 대해서만 분석에 충분한 만큼의 인물이 포함되어 있다. 앞에서 언급했듯이 각 권이 편찬된 시기까지 사망한 사람의 정보만 담겨 있기 때문이다.[20]

집단1의 대졸 여성은 당대의 평균적인 여성들과 달랐고 '위인' 목록에 올라온 여성은 더더욱 달랐다. 우선 결혼을 살펴보면, 역사 대부분의 시기 동안 미국인들은 남녀를 막론하고 놀랍도록 젊은 나이에 결혼했다. 영국, 프랑스, 독일과 비교해 보면 더욱 두드러진다. 미국 가구들은 다른 나라 가구들에 비해 상당히 많은 소득을 올렸고 소득 불평등도 (안 믿기겠지만) 다른 나라보다 낮았다. 미국에서는 평범한 남녀가 풍성하고 풍부한 땅에서 결혼하고 가정을 꾸릴 수 있었다. 미국 역사 대부분의 시기 동안 전체 여성 중에서 평생 결혼을 하지 않은 사람은 10명 중 한 명꼴도 되지 않았다. 집단1이 속한 시대의 대졸이 아닌 여성들도 마찬가지였다. 하지만 이 시대의 대졸 여성들은 결혼한 사람 비중이 훨씬 낮았고 '위인' 목록의 여성들은 훨씬 더 낮았다.

집단1의 대졸 여성 전체에서 미혼인 사람은 30%였고, '위인'으로만 한정해 보면 이보다도 1.5배나 높은 44%였다.

심지어 출산에서 드러나는 차이는 결혼에서 드러나는 차이보다 더 크다. 모든 교육 수준을 통틀어 이 시기의 여성 전체 중에서는 평생 아이를 낳지도 않고 입양하지도 않은 사람이 20% 정도에 불과했다. 그런데 대졸 여성 전체(주목할 만한 업적이 있는 여성과 그렇지 않은 여성 모두) 중에서는 50%가 아이가 없었고 '위인'인 여성 중에서는 거의 70%가 아이가 없었다(즉 10명 중 세 명만 아이가 있었다).[21] 이 시기의 대졸 여성은 명백히 다른 여성들과 뚜렷이 구별되는 집단이었다. 집단1은 동시대의 대졸이 아닌 여성들과도 많이 달랐고 다른 시대의 대졸 여성들과도 많이 달랐다.

집단1의 대졸 여성 중('위인'인 여성도 포함해서) 아이가 없는 사람들은 대부분 결혼을 하지 않아서 아이가 없는 것이었다. 결혼하지 않은 여성도 입양을 해서 아이를 가질 수는 있었을 것이고(금전적으로 여유가 있다면 더욱 가능했을 것이다), 실제로 사례도 있다. 오늘날에는 입양을 원하는 부부에 비해 입양을 기다리는 국내 아동이 적지만, 20세기 초에는 입양을 기다리는 아이들이 많았다. 당시에는 일반적으로도, 또 특히 이민자 여성들 사이에서 출산율이 상당히 높았고, 결혼하지 않은 상태에서 임신한 여성은 아이를 입양 보내는 것 외에 다른 방법이 거의 없었다.

'위인'인 여성 중 아이를 입양한 사례는 결혼한 사람들 가운데서 많이 찾아볼 수 있다. 미혼인 경우에는 사례가 더 적지만 없지는 않다. 헤이즐 커크는 오벌린에서 강의를 하던 1920년대에 메리 에밀리 싱클레어의 집에서 하숙을 했는데, 싱클레어는 시카고 대학에서 수학으로 박사 학위를 받은 최초의 여성이다. 싱클레어는 30대 중반에 오벌린에서 교수로 재직하면서 아기를 두 명 입양했고(여아 한 명, 남아 한 명), 안식년을 활용해 입양한 아기들을 돌볼 수 있었다.[22] 하지만 커리어가 있는 미혼 여성 중 아이를 입양해 키우면서 커리어도 활발히 유지할 수 있는 여성은 많지 않았을 것이다.

집단1의 대졸 여성들은 한 가지 명백한 패턴을 보여 준다. '아이를 가질 것인가 아니면 커리어를 가질 것인가'의 양자택일 패턴이다. 집단1에서 '위인' 목록에 들어간 100명 중 결혼한 적이 있는 사람은 56명, 아이가 있는 사람은 31명에 불과하다. 그들에게는 가정과 커리어를 결합하는 것이 거의 불가능했다. 다행히도 지금은 가정과 커리어를 결합하는 것이 그때보다 훨씬 쉬워졌다.

하지만 '위인' 목록에 오른 여성은 특수한 집단이다. 《미국의 여성 위인들》 편찬 위원회는 수천 명을 더 검토해 명단을 추렸다. 검토된 사람들 모두가 중요한 업적을 남긴 사람들이었다. '위인' 목록에 올라가기에는 충분하지 않았지만 모종의 형태로 커리어를 일군 대졸 여성을 모두 추적하기란 불가능한 일일 것이다.

집단1에서 '커리어'를 일군 여성 모두에 대한 정보를 우리가 알고 있다면, 오늘날의 많은 여성이 추구하는 것, 즉 '커리어와 가정 둘 다'를 가진 여성의 비중이 얼마였을지 정확하게 계산할 수 있을 것이다. 또 가정은 가졌지만 커리어는 가지지 못한 사람들의 비중도 알 수 있을 것이고 그 밖에 커리어와 가정의 여러 조합에 대해서도 비중을 구할 수 있을 것이다.

이 계산은 위에서 살펴본 두 개의 퍼센트 수치에서 출발한다. 집단1의 대졸 여성 전체 중 30%는 결혼을 하지 않았고 50%는 아이를 갖지 않았다. 이것은 커리어를 가진 사람만의 숫자가 아니라 대졸 여성 전체에 대한 숫자다. '위인' 목록에 있는 여성들(이들은 모두 커리어를 성취했다) 중에서는 절반 약간 넘는 수가 결혼했고 3분의 1에 약간 못 미치는 수가 아이를 가졌다.

집단1의 대졸 여성 전체 중 커리어를 달성한 사람의 비중을 알 수 있다면 집단1 여성들의 성취를 전반적으로 파악하는 데 필요한 여러 가지 계산을 해 볼 수 있다. 집단1의 대졸 여성 중 최대 30% 정도가 4, 50대 이전에 커리어를 성취했다고 가정해 보는 것은 그리 불합리한 게 아닐 것이다. 이 숫자를 사용해서 계산해 보면, 집단1에서 50대까지 커리어와 가정[아이]을 둘 다 이룬 여성의 비중은 9%에 불과하며, 커리어와 결혼을 둘 다 이룬 사람은 17% 정도다.[23](집단3부터 집단5까지는 연령대별로 커리어와 가정을 모두 성취한 사람 비중을 더 간단히 계산할 수 있다. 그림 7.1을 참고하라).

따라서 마거릿 리드와 헤이즐 커크는 그 시대에 커리어를 가진 다른 사람들과 그리 다르지 않았다. 그들이 25주년 대학 동창회를 했다면(커크는 1935년, 리드는 1945년이 25주년이다) 비슷한 인생 스토리를 가진 꽤 많은 사람을 만나게 되었을 것이다. 그들의 동창생 중 21% 정도는 커리어는 있지만 아이가 없었을 것이고, 13% 정도는 커리어는 있지만 결혼을 하지 않았을 것이다. 동창 중 절반만이 자식 손주 사진을 보여 주었을 것이고 30%는 동반할 남편이 없었을 것이다.[24]

1940년대 말 이전에는 동창회에 아이가 없는 여성들이 인구 비례보다 훨씬 많이 참석했다는 자료가 있다. 이들은 동지애적인 유대감을 위해 참석했을 것이다. 하지만 이것은 곧 달라져서 1950년대와 1960년대 졸업생들 사이에서는 거꾸로가 된다. 즉 아이가 있는 사람이 아이가 없는 사람보다 동창회에 더 많이 나오게 된다.[25] 우정보다는 자식과 손주 자랑을 할 수 있다는 것이 동창회 참석의 주된 동기가 되기 시작한 것이다.

집단1의 대졸 여성 중 상당수가 '커리어'를 갖지 못했다. 아이가 없는 사람들 중에서도 그렇다. 하지만 그들이 고용된 적이 없다는 말은 아니다. 결혼하지 않은 사람들 대다수는 대학 졸업 후 거의 대부분의 시기 동안 일해서 돈을 벌었다.[26] 스스로를 부양할 수 있었다는 점이야말로 그들이 결혼하지 않고 독립성을 유지할 수 있게 해 준 핵심 요인이었다.

집단1 중 '위인'에 속하는 사람들은 학자, 저널리스트, 작가, 공무원, 교사로 일했다. 이들 직군이 3분의 2나 된다. 하지만 이들의 직업은 결혼 여부와 자녀 유무에 따라 달랐다. '위인' 중 결혼한 여성 사이에서는 학자와 교사가 적고 작가, 저널리스트, 변호사, 예술가가 많았다. 아이가 있으면 다른 직업보다 작가와 저널리스트가 될 가능성이 더 컸다. 이유는 명백하다. 학계와 교직이 기혼 여성의 고용을 제한하는 경우가 많았기 때문이다. 작가나 예술가는 그러한 제약이 없었으므로 결혼 생활과 더 수월하게 결합할 수 있었다.

20세기 중반의 로맨스 영화에 여성 저널리스트가 주인공으로 많이 나오는 데는 이유가 있다. 캐서린 헵번Katharine Hepburn과 스펜서 트레이시Spencer Tracy가 나오는 영화 〈올해의 여성Woman of the Year〉은 도로시 톰슨Dorothy Thompson의 실제 삶을 모델로 했다는 설이 있다.

라디오에서 나치 독일 관련 뉴스를 담당했던 미국 저널리스트 도로시 톰슨은 당대에 '위인' 목록에 이름을 올린 기혼 작가와 저널리스트 중에서도 특히나 비범한 사람이었다. 저명한 작가와 저널리스트의 또 다른 사례로는 《대지The Good Earth》의 노벨상 수상 작가인 펄 신텐스트리커 벅, 〈네이션The Nation〉지 편집자 프리다 커치웨이Freda Kirchwey, 〈뉴욕 헤럴드 트리뷴New York Herald Tribune〉의 회장 헬렌 로저스 리드Helen Rogers Reid, 〈뉴요커〉의 픽션 에디터 캐서린 사전트 앤젤 화이트 등이 있다. 이들은 궁극적인 것을 성취했다. 독보적인 커리어를 달성했을 뿐 아니라 결혼도 했고 아이도 있었다.

영화 〈올해의 여성〉에서 주인공 테스 하딩과 샘 크레이그는 많은 저명인사 부부가 그렇듯이 결혼 생활에서 스트레스를 겪는다. 할리우드 버전에서는 결국 화해를 하지만 실제 상황은 꽤 다르다. 집단1의 '위인'들은 이혼율이 비교적 높았다. 표본 크기가 작긴 하지만 첫 결혼의 4분의 1 이상이 이혼으로 끝났다. 이들이 이혼한 시기는 1940년 이전이고 이때는 미국에서 이혼율이 눈에 띄게 증가하기 전이었으므로, 25%라는 비중은 상당히 높은 것이다.[27]

집단1의 여성 '위인'들은 여성들이 투표권을 위해 싸우고 마침내 획득한 시기인 '진보의 시대Progressive Era'가 절정일 때 성년에 도달했다. 이들은 빈곤, 불평등, 인종, 이주 등 당대의 핵심적인 사회 경제적 이슈들(한 세기 뒤인 지금도 이것들은 여전히 핵심적인 사회 경제적 이슈들이다)을 탐구했고 그에 대해 행동에 나섰다. 이 여성들 중에는 아버지나 할아버지가 주 정부와 연방 정부에서 활약한 유력 정치 가문 출신도 있고, 부모, 조부모가 노예해방 운동을 했거나 엄마가 여성 참정권 운동에 참여했던 사람도 있다. 또 본인이 여성 참정권 운동에 참여한 사람도 있다.

이 시기에 학계에 종사한 여성들도 대부분 주요 대학의 교수가 되고 저명한 학술지에 논문을 게재했지만, 상아탑에만 머물러 있지 않았다. 이들은 사회복지관을 세우고 운영한 활동가들이었고, 학계와 정책 분야를 오가며 정책 제안을 한 제도 개선 운동가들이었으며, 공장 노동자, 죄수, 이주민을 직접 만나 데이터를 수집한 실증 분석가들이었다.

이들 중 상당수가 시카고 '헐 하우스Hull House' 설립자이자 1931년에 노벨 평화상을 받은 제인 애덤스Jane Addams와 관계가 있었다. 헐 하우스에 직접 거주하면서 일한 사람도 있는데, 영향력 있었던 정치경제학자 이디스 애봇Edith Abbott과 아동노동 금지를 위해 맹렬히 싸운 활동가이자 13년 동안 미국 아동국을 이끈 동생 그레이스 애봇Grace Abbott이 그런 사례다.[28]

시카고, 아이오와 스테이트, 컬럼비아, 하버드/래드클리프, 웰슬리 등 몇몇 대학이 이 시대 여성 '위인'들의 삶에서 두드러지게 큰 역할을 했다. 특히 시카고 대학의 가정경제학 및 가정관리학과(1956년에 없어진다)가 집단1의 '위인'들을 많이 배출했다.[29](다른 대학의 비슷한 명칭을 가진 학과에서도 많은 여성 '위인'이 배출되었다).

집단1의 '위인' 중에는 놀라운 활동가가 많다. 가장 유명한 사람을 꼽으라면, 역시 제인 애덤스에게 영향을 받은 사회개혁가 프랜시스 퍼킨스Frances Perkins를 들 수 있을 것이다. 퍼킨스는 1913년에 결혼을 했고 곧 딸을 낳았다. 하지만 남편이 심각한 정신질환에 걸렸고 곧 상태가 빠르게 악화되었다. 남편의 병으로 프랜시스는 일을 해야만 하게 되었고, 또한 일을 할 수 있게 되었다. 프랜시스는 빠르게 뉴욕주 정치계의 상층으로 올라갔고 프랭클린 델라노 루즈벨트Franklin Delano Roosevelt가 주지사이던 시절에 뉴욕주의 산업국장이 되었다.[30]

그리고 1932년에 대통령이 된 루즈벨트는 퍼킨스를 노동부 장관으로 임명했다. 퍼킨스는 1945년까지 노동부 장관을 지내 최장수 노동부 장관이 되며, 20세기의 가장 중요하고 가장 광범위한 영향을 미친 사회 법안들을 만들었다. 이를테면, 미국의 사회보장 시스템, 특히 실업보험 관련 법제들을 만드는 데 기여했다.

하지만 아이도 있는 기혼 여성 프랜시스 퍼킨스가 노동부 장관까지 될 수 있었던 가장 결정적인 이유는 남편이 가정을 부양할 수 없었기 때문이었다(그리고 남편이 병이 나기 전에 이들은 재산을 많이 잃은 상태였다). 남편이 일을 할 수 있었던 동안에도 프랜시스는 (법정 싸움까지 벌이며) 자신의 원래 성을 유지했다. 뉴욕 시청 공직자이던 남편의 일과 자신의 일이 구분되도록 하기 위해서였다. 여성이 단지 일자리를 갖기 위해 이렇게 어려운 의사결정들을 해야 했다는 것은 미국이 가진 인적 자원이 얼마나 막대하게 낭비되고 있었을지 짐작케 한다.

당시의 젊은 여성들이 어떤 열망과 포부를 가지고 있었는지에 대해서는 1960년대 이후의 젊은 여성들에 대해 존재하는 것만큼 상세한 자료가 없다. 하지만 1890년대부터 1920년대 사이에 나온 기사와 설문조사 결과 등을 통해 그들이 가졌던 꿈과 동기를 엿볼 수 있다. 19세기 말부터 존재하는 이러한 자료들은 대학 다니는 여성들의 건강에 대한 우려에서 작성된 것이 많다.

어떤 이들은 대학이 여성을 신체적으로 허약하게 만들어서 여성이 결혼, 출산, 육아에 적합하지 않게 된다고 주장했다.[31] 지금 보면 어처구니없어 보이고 심지어는 당대에도 많은 이들에게 조롱을 산 주장이지만, 대졸 여성의 결혼율이 대학에 가지 않은 여성들에 비해 크게 낮은 것은 사실이었기 때문에 많은 이들이 이유를 궁금해했다.

당대의 심리학자 밀리센트 신Milicent Shinn도 지적했듯이, 그 이유는 대학 나온 여성들이 거칠고 모험적인 삶을 살아서가 아니었다.[32] 이들 대다수는 교사로 일했다. 이들의 결혼율이 낮은 진짜 이유는 자신에게 구애하는 첫 번째 남자에게 정착하지 않아도 되었기 때문이다. 그들은 선택할 수 있는 여지가 있었다.

대학을 나오지 않은 여성들과 달리 대졸 여성들은 생계를 위해 결혼해야 할 필요가 없었다. "대학을 나온 여성들은 평균적인 여성에 비해 결혼에 대한 기준이 더 까다로웠고 그 기준에 안 맞는데도 그저 앞에 있는 남성을 받아들여야 한다는 압력이 덜했다. 자신의 생계를 스스로 책임지면서 살아갈 수 있었기 때문이다." 신은 "대학 나온 여성들 사이에서는 불행한 결혼이 사실상 존재하지 않는다"고 주장했다(아마 이 대목은 실증 근거 없이 한 말일 테지만).[33]

하지만 신은 대졸 여성의 결혼율이 낮은 데는 수요 쪽 요인도 있다고 덧붙였다. "남자들은 똑똑한 여자를 싫어한다."[34] 어쨌든, 대졸 여성들은 다른 여성들에 비해 더 까다로울 수 있었다. 결혼한 여성이 할 수 있는 일이 크게 제약되어 있던 시절에, 그렇게 할 수만 있다면 싱글로 남는 게 많은 이들에게 더 나은 선택지였다.

[여성 최초로 대서양 횡단에 성공한 비행사] 아멜리아 이어하트Amelia Earhart는 출판업자 조지 퍼트넘George Putnam과 결혼하면서 이 점을 명확히 밝혔다. 결혼식 날 이어하트는 퍼트넘에게 이렇게 편지를 썼다. "내게 결혼이 얼마나 머뭇거려지는지 알아주셨으면 합니다. 내게 굉장히 의미 있는 일을 할 기회를 결혼이 깨뜨릴지도 모른다는 생각이 든다는 것을 말입니다."[35] 퍼트넘은 이어하트가 일을 할 기회를 깨뜨리지도 않았고 6년 뒤에 세계 일주 비행에 나서는 것도 막지 않았다. 불행히도 이어하트는 이 비행 도중 대서양에서 실종되고 만다.

대졸 여성이 스스로 생계를 유지할 수 있었기 때문에 결혼하지 않은 것이라는 개념은 1928년에 〈하퍼스 매거진Harper's Magazine〉에 게재된 캐서린 버먼트 데이비스Kathrine Bement Davis의 글에서도 확인할 수 있다. 이 글은 대학을 졸업한 지 적어도 5년이 된 대졸 여성 중 미혼인 여성 1,200명에 대한 설문조사 결과를 토대로 작성되었다. 표본에 포함된 여성 대부분은 30대 이상이었고, 대다수가 경제적으로 스스로를 부양하고 있었다.[36] 왜 결혼을 하지 않았느냐는 질문에 다양한 답변이 있었지만 가장 공통적인 것은 "딱 맞는 남자를 만나지 못해서"였다. 이는 그들이 경제적인 이유만으로 누군가에게 정착하기보다는 상대를 더 까다롭게 골랐다는 것을 보여 준다.

더 높은 직업적 소명을 위해 결혼하지 않았다고 답한 경우는 거의 없었다.[37] 그들이 결혼하지 않은 것은 결혼이 독립성의 포기를 의미하기 때문이었다. 이들이 자신의 직업을 오늘날 우리가 생각하는 의미에서의 '커리어'라고는 생각하지 않았을 수도 있다. 하지만 이들은 집 울타리 밖의 삶을 가지고 있었고, 결혼을 했더라면 거의 아무도 그럴 수 없었을 것이다.

이 연구에 대해 글을 쓴 캐서린 버먼트 데이비스는 독특하고 수수께끼 같은 인물이다. 개인적인 삶은 거의 알려져 있지 않지만 〈뉴욕타임스〉(1930)의 표현을 빌리면 그가 "저명한 사회 문제 연구자"였다는 것은 알려져 있다.[38] 데이비스는 범죄학, 특히 매춘 여성에 대한 연구에 관심이 있는 심리학자였다.[39] 존 D. 록펠러 주니어John D. Rockefeller Jr.는 그를 고용해 록펠러 재단이 설립한 사회위생연구소 프로그램을 위해 매춘의 원인을 연구하도록 했다. 데이비스는 1918년부터 1928년까지 사회위생연구소를 이끌었다.

이 연구를 하면서 데이비스는 인간의 성생활에 대한 관심사를 탐험할 수 있게 되었다. 1920년대의 어느 시점에 록펠러 재단은 데이비스의 방대한 연구에 자금을 지원했고, 이는 훗날 윌리엄 매스터스William Masters와 버지니아 존슨Virgiia Johnson이 성생활에 대한 임상 연구를 할 수 있는 길을 닦았다. 사실 데이비스가 대졸 여성에 대한 〈하퍼스 매거진〉 글에서 인용한 자료는 섹슈얼리티에 대해 본인이 직접 수행한 조사의 자료였다.[40]

대졸 여성들 사이에 결혼율과 출산율이 낮다는 점이 당시에 사회적 관심사가 된 데는 어두운 이면이 있다. 데이비스는 당대의 저명한 우생학자이기도 했다. 1890년대에 반이민자 정서가 높아지고 있던 상황에서, 우생학자들은 대졸 여성의 낮은 결혼율과 출산율을 우려했고 이 여성들이 일종의 "인종적 자살"을 함으로써 미국이 가장 좋은 유전자를 잃게 만들고 있는지 모른다고 지적했다.

데이비스의 조사와 비슷한 시기에 이루어진, 하지만 이보다 훨씬 덜 음침한 또 다른 조사가 있다. 1928년에 개교 50주년을 맞아 래드클리프 칼리지 졸업생 전체에 대한 설문조사가 이뤄졌다. 이 조사는 대졸 여성들이 커리어와 가정에 대해 품고 있었던 열망에 대해 많은 것을 알려 준다.[41] 1910년대에 졸업한 사람들은 일자리와 결혼을 결합할 수 있는 가능성에 대해 낙관적이지 않았다. 하지만 불과 10년 뒤에 졸업한 사람들은 훨씬 더 낙관적이었다.

여성이 "성공적으로 커리어와 결혼을 결합할 수" 있느냐는 질문에 1910년대 졸업생이면서 결혼을 한 사람 중에서는 20%만 "절대적으로 그렇다"고 답했는데 10년 뒤에는 35%가 그렇게 답했다. 10년 사이에 결혼한 여성들이 결혼과 커리어를 함께 추구할 수 있다는 데 대해 더 낙관적이 된 것이다. 이것은 결혼과 커리어를 결합할 수 있을 것으로 보느냐는 질문에 "절대적으로 그렇다"고 말한 답변만 친 것이고 또 다른 많은 사람들이 "희망적이다"라고 답했다. 이 답변까지 포함하면 1910년대 졸업생의 경우에는 50%가 여성이 결혼과 커리어를 둘 다 성취할 수 있다는 데 대해 긍정적으로 답했고, 10년쯤 뒤인 1920년대 졸업생의 경우에는 70%가 그렇게 답했다.

커리어와 결혼을 결합할 수 있다는 데는 낙관적이었지만, 커리어와 가정[아이]을 결합할 수 있다는 데 대해서는 그만큼 확신하고 있지 못했다. 커리어와 가정을 둘 다 성취하는 것이 가능하다는 데에 "절대적으로 그렇다"고 답한 사람은 겨우 10%였고 "희망적이다"라고 답한 사람까지 합해도 3분의 1 정도밖에 되지 않았다. 아이가 이미 있는 사람들 사이에서도 이 비중은 비슷했다.

"무언가를 더" 원하는 대졸 여성들에게 상황은 분명히 나아지고 있었다. 하지만 많은 이들에게 커리어와 가정을 둘 다 일구겠다는 열망은 수십 년이 지나서야 현실성 있는 열망이 된다.

집단1의 대졸 여성들은 커리어와 가정 모두를 향한 한 세기간의 여정을 시작했다. 많은 면에서 그들은 마법 같은 순간에 일하고 살아갔다. 그들은 사회복지관을 세웠고 공직자로, 의사로, 교도소 관리자로, 그 밖의 여러 역할로 활동했다. 그들은 참정권을 위해 싸웠고, 노동착취 공장과 아동노동을 근절하기 위해 싸웠고, 최저임금제와 노동시간 단축을 위해 싸웠고, 산아제한을 위해 싸웠다. 하지만 이들 대부분이 성공할 수 있었던 유일한 이유는 (종종 젊은 나이에) 선택을 했기 때문이었다. 그들은 자신의 열정을 추구하기로 선택했고 단체를 만들었고 서로서로를 지원했다. 대학에서 비슷한 지향을 가진 젊은 여성들을 가르쳤고 그들에게 머물 곳을 제공했다. 이들의 이야기는 너무나 다양해서 하나의 대표 사례로 이야기하기 어렵다.

각 세대는 나름의 형태로 성공을 달성했고 다음 세대에게 바통을 넘겨주었다. 바통을 이어받은 세대는 앞 세대에게서 교훈과 지침을 얻었다. 또한 앞 세대의 의사결정에서 경고도 얻었다. 하지만 많은 경우에 여성들이 내린 의사결정은 실수가 아니었다. 각 세대에게 주어진 제약들과 미래의 전망을 가늠할 수 있는 당대 여성들의 역량 하에서 적합하고 타당하게 내려진 결정들이었다.

젊은 세대는 윗 세대와 공존했다. 내가 대학원생일 때 학교에서 마거릿 리드를 보았듯이 말이다. 나는 노년의 리드를 보았다. 하지만 리드가 젊었을 때 직면했을 장벽과 그로 인해 리드가 내려야 했던 선택들은 알지 못했다. 리드 세대의 여성 대부분은 그러한 장벽을 리드만큼 잘 극복해 낼 수 없었다.

어떤 장벽들은 이제 사라졌다. 여성들은 더 이상 가사 일에 그렇게 많은 시간을 쓰지 않는다. 피임법이 너무 원시적이라서 차라리 연애를 포기해야 하는 일도 없다. 헤이즐 커크는 소득이 불충분해서 대학 가는 것을 나중으로 미뤄야 했지만 이제 그런 경우도 크게 줄었을 것이다. 가내 영역에서, 그리고 생식과 재생산의 영역에서 수많은 테크놀로지의 변화가 일어나 여성을 허드렛일에서 해방시켰고 취약함에서 해방시켰다. 이러한 변화들이 바로 리드의 연구가 드러내려 했던 매커니즘이었다. 하지만 많은 장벽이 남아 있었고 지금도 남아 있다. 경제학 박사 학위를 받은 최초의 흑인 여성 새디 모젤 알렉산더는 인종 차별 때문에 학계에서 자리를 잡지 못하고 변호사가 되었다.[42]

집단1에서부터 오늘날까지 역사가 어떻게 이어져 왔는지를 보면, 개인 수준의 통제 범위를 넘어서는 더 큰 요인들의 중요성이 드러난다. 이러한 요인들은 지각판을 움직이는 지질학적 변동과 비슷하다. 지각판이 움직이면 그 위에 있는 사람들이 처하게 되는 선택지들이 재배열된다. 전반적으로 이 요인들은 경제 성장을 가져왔고, 소득 분포를 변화시켰고, 특정 분야에서 노동 수요를 증가시켰고 특정 분야에서는 감소시켰다. 오늘날의 상황을 더해 본다면, 로봇과 기계화, (특히 중국과의) 교역의 막대한 증가, 그 결과로 발생한 비숙련 노동에 대한 수요 감소와 고숙련 노동에 대한 수요 증가 같은 요인도 포함해야 할 것이다.

마거릿 리드가 컴퓨터 센터로 걸어가던 모습을 내가 볼 수 있었다는 것은 우리가 같은 순간에 존재했다는 뜻이다. 나는 리드의 사그라들지 않는 연구 의지와 헌신을 존경했지만, 그와 동시에 내 삶이 리드의 삶과는 매우 다르리라고 믿었다(눈을 헤치며 컴퓨터 센터에 걸어가는 것만 빼고). 나는 리드를 통해 여성도 당시에 시카고 대학에서 나를 지도했던 남성 교수님들과 똑같이 연구에 헌신과 열정을 가질 수 있다는 것을 알 수 있었다. 내가 리드로부터 얻은 것은 단지 먼 시대의 롤 모델이 아니었다. 나는 리드에게서 가능한 것에 대한 비전을 얻었고 부족한 것을 성취하고자 하는 열망을 얻었다. 과연 리드는 내게 유령 같은 존재였다. 과거를 상기시켜 주는 존재이자 미래의 희망을 보여 주는 존재로서 말이다.

4장
중간 다리 집단

내가 메리 매카시Mary McCarthy의 반¥자전적인 소설《그룹The Group》을 처음 읽은 것은 열일곱이 된 여름이었다. 1933년이라는 상서롭지 못하던 시기에 [뉴욕의 명문 여대] 바사 칼리지를 졸업한 여덟 명의 젊은 여성 이야기를 담은 소설이었다. 1963년에 출간되고서 곧바로 〈뉴욕타임스〉 베스트셀러 목록 꼭대기에 올랐고 2년이나 그 자리를 지켰다. 어떤 나라들에서는 곧바로 금서가 되기도 했다. 〈가디언〉의 보도에 따르면 "섹스, 피임, 모유 수유에 대한 노골적인 묘사" 때문이었다고 한다.[1]

다른 금서들에 비하면 점잖은 책이긴 했지만 나는 이스트 브롱크스의 집[부모님 집]과 내가 아르바이트를 하던 로어 맨해튼을 지하철로 오가는 동안 갈색 포장 종이로 표지를 싸서 가리고서 조심스럽게 그 책을 읽었다. 내가 여름 아르바이트를 하던 곳은 그리니치 빌리지 근처의 5번가에 있는 맥밀란 출판사였는데(그곳 단행본 사업부에서 문서 타이핑과 기타 잡다한 일을 했다),《그룹》의 시작 장면인 결혼식이 열린 '세인트 조지 성공회 성당'에서 멀지 않은 곳이었다. 주급 65달러는 소소한 지출에 더해 가을에 코넬 대학 신입생이 될 내가 대학생이 되어 입을 옷을 사는 데 충분한 소득이었다. 소설 속 여성들처럼 나도 "고풍스러운 맥도걸 거리와 팻친 플레이스, 워싱턴 뮤즈" 같은 곳들을 젊은이다운 천진난만한 눈을 하고서 돌아다녔다.[2](하지만 점심시간에만 그럴 수 있었다).

《그룹》은 평범한 소설이 아니었다. 베스트셀러였기도 하거니와, 새로운 문학 스타일을 선보인 책이기도 하고, 캔디스 부시넬 Candace Bushnell의 《섹스 앤 더 시티*Sex and the City*》를 비롯해 여러 작품에 영감을 주기도 했다. 반세기 뒤인 오늘날에도 이 책은 삶의 의미와 자아 정체성에 대해, 또 커리어와 가정에 대해 대졸 여성들이 가진 열망을 이야기하면서 여러 세대의 공감을 얻고 있다.

여덟 명의 여성은 꽤 중요한 일자리, 가능하다면 커리어를 가질 수 있기를 꿈꾸면서 대학을 졸업한다. 한 명은 출판계로 진출하기를 원했고 한 명은 수의사가 되고 싶어 했고 한 명은 미술사 교수가 되고 싶어서 대학원에 진학했다. 다른 이들은 유통업체의 상품기획, 사회복지, 교직, 혹은 뉴딜과 관련된 흥미로운 행정직 등에서 단기적인 일자리를 잡았다. 이들 모두 유의미한 무언가를 하고 싶었다. 생산적인 사람이 되고 싶었고 가치 있는 시민이 되고 싶었다.

모두가 대학 졸업 후에(적어도 어느 정도 동안이라도) 일을 하겠다고 선언했고 엄마처럼 "늘어진 봉오리"가 되는 데 굴복하지 않겠다고 선언했다. 다들 사회적으로 명망 있는 집안 출신이었고 1910년경에 태어났다. 저자인 매리 매카시 본인도 이 무렵에 태어났다. 이들은 집단2의 여성들이었다. 1880년대에 태어난 엄마들은 집단1에 속했고 '가정이냐 일자리(혹은 가능하다면 커리어)냐' 중에서 양자택일을 해야 했다. 소설 속 등장인물의 엄마들은 모두 가정을 택했다. 이 엄마들 중 누구도 의미 있는 '커리어'를 가지고 있지 않았고, 바깥일을 가져 본 적이 있는 사람은 두 명뿐이었다.

딸들은 엄마가 살아온 삶의 양식을 거부했고 "엄마 아빠처럼 되는 것은 (…) 최악의 운명일 것"이라고 생각했다. 바사 칼리지를 졸업한 여덟 명의 주인공은 "뻔한 상류 계층의 지루하고 번드르르한 남자 중 하나와 억지로 결혼하느니 생선 껍질로 연명하면서 가난하게 사는 게 낫다"고 생각했다. 그들은 단지 아내가 되는 것을 넘어서는 삶을 살고 싶었고 자신이 속한 상류 계층을 벗어나 더 넓은 사회의 사람들을 만나겠다고 다짐했다.

옛 질서는 새 질서에 길을 내주고 있었다. 백악관에는 민주당 대통령이 있었고, 다들 "행복한 날들이 다시 돌아왔다"고 고양되어 있었다. 부모들은 공화당 지지자였지만, 누구에게나 이 변화는 좋은 것으로 보였다. 내 딸은 나보다 많은 것을 성취할 수 있으리라는 낙관주의를 새로이 장착한 엄마들 본인도 야망을 가지라고 독려하며 딸들을 키웠다.

이 여덟 명의 주인공이 대공황이 정점일 때 일자리를 잡았고 직장 생활을 꽤 오랫동안, 심지어 결혼한 뒤에도 한동안 유지했다는 것이 놀라워 보일 것이다. 이때는 실업률이 매우 높았을 뿐 아니라 이 시절의 젊은 대졸 여성들은 기혼 여성의 취업을 제약하는 수많은 장애물에 직면해 있었다. '기혼 여성 고용 금지'나 '가족 채용 금지' 같은 장벽은 불황이 오기 전에도 있었지만 대공황이 깊어지면서 크게 확대되었다.

《그룹》의 여성들은 대졸 여성들이 밟아 온 한 세기의 역사에서 중요한 전환기에 존재했다. 그들은 집단1(낮은 결혼율과 더 낮은 출산율)과 집단3(높은 결혼율과 높은 출산율)의 중간 다리 집단이었다. 그런데 이들의 삶의 한복판에 대공황이라는 경제적 재앙이 닥쳤다. 소설 속의 대졸 여성들은 삶에서 무언가 특별한 것을 이루겠다는 계획을 가지고 있었지만 결국 그들이 꿈꾸었던 것보다 음울하고 따분한 무언가로 타협해야 했다.

20세기 초 무렵이면 여성들의 열망이 새롭게 재조직되어 있었다. 대졸 여성들은 의미 있는 일자리를 원했고 가능하다면 '커리어'도 원했다. 하지만 그들은 결혼도 하고 아이도 갖고 싶었다. 엄마 세대는 두 기둥 중 한쪽만 꿈꿀 수 있었고 많은 사람들이 하나를 포기하는 어려운 선택을 해야 했다. 커리어를 갖는다는 말은 가정을 꾸리기를 포기한다는 말이었다. 가정을 갖는다는 말은 (커리어는 물론이고) 유의미한 일자리를 포기한다는 말이었다. 하지만 딸들은 둘 다 잡고자 했다. 그 이후로 지금까지 대졸 여성들이 계속 그래 왔듯이 말이다. 집단2는 엄마 세대가 직면했던 '솔로몬의 선택'과 같은 선택지에서 멀어지는 쪽으로, 그리고 커리어와 가정이라는 쌍둥이 열망을 함께 추구하는 쪽으로 바늘의 방향을 돌렸다.

하지만 아직 세상은 어린아이가 있는 대졸 워킹맘을 받아들일 준비가 되어 있지 않았다. 《그룹》의 등장인물 거의 모두가 결혼하고 아이를 갖는다. 그리고 대부분이 커리어 목표를 (적어도 우리가 소설에서 볼 수 있는 한) 옆으로 제쳐 둔다. 그렇긴 해도, 그들은 결혼을 한 뒤에도 일할 수 있는 역량을 이미 획득한 상태였다. 그리고 이 역량은 대공황이 닥치기 전에 화이트칼라 사무직 일자리가 대거 생겨난 덕분에 가능했다.

집단2의 여성들이 보이는 삶의 양상은 굉장히 편차가 크다. 집단2의 초기에 해당하는 여성들은 집단1의 여성들과 비슷한 삶을 살았다. 즉 이들은 결혼율과 출산율이 낮았다. 그런데 집단2의 후기에 속하는 여성들의 삶은 집단3과 비슷하다. 이들은 결혼도 많이 했고 아이도 많이 낳았다. 1912년에 태어난 메리 매카시는 딱 중간이라고 할 수 있다. 그 시기에 태어난 많은 여성처럼, 그리고 그 이전에 태어난 많은 여성과는 달리, 메리는 아이가 있었다(그리고 네 번 결혼했는데 물론 이것은 일반적이지 않았다).

집단2 내부에 커다란 차이가 존재하므로 집단2를 다시 두 개의 세부 집단으로 나눠 보는 것이 유용할 것이다. 1898-1914[집단2 전기]년에 태어난 여성과 1915-1923[집단2 후기]년에 태어난 여성들로 나눠 보면[3] 대졸 여성들의 결혼 및 출산과 관련해 이 시기에 벌어진 커다란 변화를 더 잘 이해할 수 있다. 그림 4.1은 집단1과 집단2 각각에 대해 대졸 여성 전체, 그리고 '위인' 목록에 들어간 여성들의 결혼과 출산 데이터를 보여 준다.

'위인'에 속하는 여성들은 모두 뛰어난 커리어가 있었다. 이 시대에 대해 남아 있는 다른 데이터들에서는 '커리어 우먼'을 많이 찾아내기 어렵지만, 여기에서 '위인' 목록에 오른 사람들은 그냥 커

그림 4.1 대졸 여성의 결혼과 자녀: 대졸 여성 전체 및 '위인'인 대졸 여성

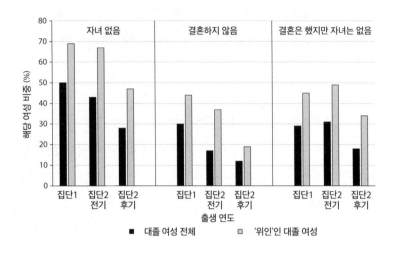

리어 우먼도 아니고 독보적인 업적을 남긴 사람들이다. 따라서 집
단1과 집단2의 '위인'들이 대졸 여성 전체에 비해 자녀가 훨씬 적
었다는 것은 놀랄 일이 아니다. 마찬가지로 '위인' 목록의 여성들은
미혼인 비중도 더 높다. 정작 주목할 점은, 결혼과 출산이 시간에 따
라 보이는 패턴이 '위인'인 여성들과 대졸 여성 전체가 놀랍도록 비
슷한 추이를 보인다는 점이다.

집단1의 경우, '위인'의 44%, 대졸 여성 전체의 30%가 결혼을
하지 않았다. 그런데 집단2의 후기가 되면 미혼 비중이 '위인'은 19%,
대졸 여성 전체는 12%로 떨어진다. '위인'은 비범한 성취를 한 사람
들이지만 이들의 결혼율도 대졸 여성 전체와 거의 비슷해진 것이다.
다시 이는 대졸, 비대졸을 모두 포함한 여성 전체와도 크게 다르지
않다.[4] 더 이상 대졸 여성들은 사회적 표준에 부합하지 않는 사람들

로 보이지 않으며, 가장 비범한 대졸 여성들도 전보다 훨씬 덜 특이해 보인다.

자녀가 있는 사람의 비중도 집단1에서 집단2로 넘어가면서 증가했다. 집단1의 대졸 여성은 절반 정도만 아이가 있었고 '위인' 중에서는 이보다도 비중이 적었지만, 집단2의 후기가 되면 대졸 여성들은 훨씬 덜 특이한 집단으로 보이게 된다. 결혼한 사람 중 아이가 없는 사람은 대졸 여성 전체의 경우 19%, '위인' 중에서도 3분의 1정도에 불과했다. 결혼율만큼 여성 전체와 비슷해지지는 않았지만, 사적 영역의 삶은 대졸 여성, 심지어 '위인'인 대졸 여성도 전에 비해 여성 전체와 훨씬 더 비슷해지고 있었다.

집단2의 마지막 무렵이 되면 걸출한 업적을 남긴 여성 중 결혼한 사람 비중이 더 높아지고 결혼한 사람 중 전보다 많은 사람이 아이를 갖게 된다. 커리어에서 성공한 여성이 결혼도 하고 아이도 가질 수 있게 해 준 모종의 변화가 있었음이 틀림없다. 사실 이 여성들 상당수는 가정을 먼저 가진 다음에 커리어에서 성공했다. 《그룹》에 나오는 여성들처럼 이들은 이전 세대 여성들보다 높은 기대와 열망을 가지고 대학을 졸업했다. 그들은 일찍부터 가정과 가족을 넘어선 곳에서 정체성을 추구했다. 하지만 가정과 가족을 가지려는 열망도 가지고 있었다.

집단2는 '낮은 결혼율, 낮은 출산율'의 세대에서 '높은 결혼율, 높은 출산율'의 세대로, 또 여성 참정권을 쟁취해 낸 세대에서 베이비 붐 엄마들의 세대로 이어지는 중간 다리에 해당한다. 이렇게 극적인 변화는 설명이 필요하다. 무엇이 달라졌길래 대졸 여성들이 가정

밖에서의 정체성을 목표로 삼으면서 가정을 갖는 것도 함께 추구할 수 있게 된 것일까?

아주 많은 것이 달라졌다. 하지만 이 수많은 요인 중 여성들과, 또 사회경제적 변화에 대한 여성들의 요구와 직접적으로 관련된 것은 거의 없다. 우선, 테크놀로지의 엄청난 발달로 가정과 기업이 크게 달라졌다. 1920년대 무렵이면 도시 주거지에는 전기가 거의 다 들어와 있었고, 따라서 냉장고, 세탁기, 청소기 같은 현대적인 가정용품이 확산될 수 있는 여건이 형성되었다. 기업은 가정보다 먼저 전기가 들어와서 공장과 사무실에 다양한 새 장비들이 빠르게 도입되었다.

기업, 소비자, 정부는 새로운 제품을 구매했고 새로운 기술을 도입했다. 그 결과 경제가 특정한 방향으로 변화했고 성장했다. 여기에서 정부 규제는 여성의 고용을 확대하거나 사회적 규범의 제약을 없애는 데 기여한 바가 별로 없다. 정부가 한 것이 있다면, 지역 당국이 1930년대에 기혼 여성 고용 금지를 오히려 더 확대한 것이었다.

앞에서 언급했듯이, 여성의 역할이 달라지는 데 큰 영향을 미친 기술적인 변화 중 하나는 다양한 노동 절약적 도구의 등장이었다. 이러한 도구들의 가격이 매우 낮아지면서 평범한 집에서도 노동을 대체할 새로운 장비들을 구매할 수 있게 되었다. 1925년 이전에는 존재하지 않던 냉장고가 1940년대가 되면 전체 가구의 70%에 보급되었고, 진공청소기는 50%의 가구에, 세탁기는 60%의 가구에 보급되었다. 또 20세기 초에 미국의 가정들은 중앙난방으로 겨울을 나기 시작했고, 수도꼭지에서 나오는 오염되지 않은 식수를 사용할 수 있었으며, 도시에 하수 시스템이 마련되고 수세식 화장실 설치비가 낮아지면서 간단히 물을 내려 오수를 처리할 수 있게 되었다. 이렇게 더 평범하고 덜 센세이셔널한 혁신들은(다른 가정용품들이 미친 영향보다 주목은 별로 받지 못했지만) 어마어마한 시간을 절약해 주었다.[5]

이 모든 혁신이 도시 가구를 혁명적으로 변모시켰다. 여성이 가내 생산에 쓰는 시간의 가치가 줄었고 가내 노동의 부담에서 벗어나 집 밖에서 더 생산적인 일을 할 수 있는 여지가 생겼다.

하지만 노동시장에서도 별도의 변화들이 일어나지 않았다면 기술 혁신의 영향은 훨씬 작았을 것이다. 노동시장에서 일어난 변화들은 20세기 초에 화이트칼라 노동자 수요를 극적으로 증가시켰고, 여성 본인, 남편, 그리고 그들이 속한 공동체가 여성의 바깥 노동(보수를 받는 노동)에 대해 생각하는 바를 완전히 변화시켰다. 이러한 변화 역시 (가정에 도입된 기술 혁신과 종류는 다소 다르지만) 일련의 기술 혁신 덕분에 생겨날 수 있었다.

물론 미국 역사 내내 여성들은 다양한 종류의 화이트칼라 노동을 했다. 하지만 20세기 초의 시기는 신체보다 두뇌를 쓰는 일, 힘보다 재주를 쓰는 일에서 노동 수요가 폭발적으로 증가했다는 데서 이전 시기와 차이가 있다. 1900년 이전에 여성들은 교사, 사서, 기자, 작가, 간호사로 일했고 석박사 학위가 있는 여성들은 공직자, 의사, 학자, 변호사로 일했다. 사무원, 타자수, 경리부기원 같은 단순 사무직종은 비중이나 중요성이 크지 않았다.[6] 1900년대에 들어서기 전까지는 말이다. 1900년 이후 이 대목에서 전례가 없을 만큼 빠른 변화가 일어났다. 전문 서비스 직종에 종사하는 여성은 1900년에서

1930년 사이 3.5배 증가한 반면, 단순 사무 직종에 종사하는 여성은 그 기간에 8배가 넘게 늘었다.[7]

1900년에는 일하는 여성 전체 중 17%만 화이트칼라 일자리에 종사하고 있었고 그중 상당 비중(35%)이 교사였다.[8] 당시 교사 대부분은 미혼이었다(《초원의 집 Little House on the Prairie》의 로라처럼). 다른 화이트칼라 여성 노동자도 대개 마찬가지였다. 20세기 초입에 노동시장에 참가한 여성들은 대체로 젊은 미혼 여성이었고 화이트칼라 직군에서는 더욱 그랬다. 그러나 일의 속성과 요구사항이 달라지면서 여성 화이트칼라 노동자들의 구성도 달라지기 시작했다.

1930년 무렵이면 일하는 여성의 45%가 기업의 사무직, 정부기관, 백화점, 그리고 교직을 포함한 전문 서비스 직종 등 다양한 화이트칼라 직군에 종사하고 있었다. 1900년 이래로 여성 노동 인구 전체 중 교직이 차지하는 비중이 늘었지만 화이트칼라 직군 전체가 막대하게 팽창했기 때문에 화이트칼라 노동에 종사하는 여성 중 교사의 비중은 35%에서 절반인 18%로 줄었다.

대체로 미국에서 중등교육이 크게 확대되면서 교사 수가 늘었지만 다른 모든 화이트칼라 직종에서 그보다 더 크게 고용이 팽창했다. 제조업, 보험업, 유틸리티 분야(특히 전화 회사), 금융, 유통, 통신 판매업(시어스나 몽고메리워드 같은 회사들) 등 거의 모든 산업에서 평범한 화이트칼라 노동자들에 대한 수요가 급증했다.

'사무실에서의 산업 혁명'은 사무직 일자리의 수와 노동 수요를 크게 증가시켰다. 이제는 더 이상 한 명의 '비서'가 회사의 모든 것을 속속들이 알고 있지 않았다. 1910년대와 1920년대에 조직 내에서 방대한 분업이 일어나면서 그림이 완전히 달라졌다. 기업들은 대대적으로 규모가 커졌고 비서의 역할은 다양한 업무로 분화되고 특화되었다. 타자수, 속기사, 경리부기원, 그리고 고속계산기, 석판인쇄기, 구술 장비 같은 온갖 종류의 기계를 다루는 '오퍼레이터' 등이 사무실을 가득 채웠다. 비서는 여전히 존재했지만 갑자기 그 외에 거대한 보병 군단이 추가로 생겨났다.

19세기 중후반에 기계화와 복잡한 분업화가 진전되면서 미국의 제조업[공장]이 근본적으로 달라졌다. 이것은 대량생산 방식에 획기적인 혁신을 가져온 미국에서의 산업혁명이었다. 그리고 20세기 초에 이와 비슷한 기술적 전환이 사무실, 유통매장, 그 밖의 수많은 영역에서도 벌어졌고 마찬가지로 혁명적인 영향을 가져왔다.

직업의 종류만 달라진 게 아니라 모든 연령대에서 노동시장에 진입한 여성의 비중도 증가했다. 사무직과 판매직에서 노동 수요가 증가하면서 더 괜찮은 임금을 지급하는 일자리가 많아졌다. 임금 수준이 높아지면서 여성들이 노동시장에서 얻을 수 있는 가치가 가내에서 노동을 할 때의 가치보다 높아지기 시작했고, 따라서 더 많은 여성이 노동시장에 참여할 유인을 갖게 되었다. 사무실의 변모는 경제적 혁명이라 부르기에 손색이 없었고 여성에게는 더욱 그랬다.

물론 변모된 사무실에는 남성 노동자도 있었지만 이 변화가 남성의 삶에 미친 영향은 여성에게 미친 영향에 비하면 훨씬 작았다. 1900년에는 일하는 남성 전체 중 17%가 화이트칼라 종사자였고 이는 여성과 비슷한 비중이었다. 그런데 1930년에는 남성 중 화이트칼라 노동자도 25%로 증가하긴 했지만 여성에서의 증가폭보다는 훨씬 낮았다. 남성 화이트칼라 노동자 증가폭은 8%포인트인 반면 여성은 28%포인트나 증가했다. 즉 화이트칼라 노동자에 대한 수요를 폭발적으로 증가시킨 요인들은 남성보다 여성에게 훨씬 큰 영향을 미쳤다.[9]

사무직과 유통 분야에서 노동 수요를 크게 증가시킨 경제적 혁명은 문해력과 수리력이 시장에서 갖는 가치를 크게 높이는 결과도 가져왔다. 학교 교육 연수를 늘림으로써 개인이 얻는 금전적 수익이 요즘(가령 1980년대 이후) 대학 교육을 받음으로써 개인이 얻는 금전적 수익이 늘어난 것과 비슷한 양상으로 증가했다. 사무직 일자리에는 말을 빠르게 받아 적을 수 있고 이해가 가능하게 서신을 작성할 수 있는 노동자가 필요했다. 맞춤법 체크 프로그램이 없어도 철자가 잘못된 것을 가려낼 수 있고 엑셀 프로그램이 없어도 스프레드시트 표를 작성할 수 있는 노동자에 대한 수요가 치솟았다. 여기에는 교육을 받은 똑똑한 노동자가 필요했다.

화이트칼라 노동자에 대한 수요가 늘면서 농촌의 초등학교나 8학년까지만 있던 19세기 도시의 초등학교 수준을 넘어서는 교육에 대한 수요도 높아졌다. 노동시장에 생겨난 새로운 수요와 맞물려 '고등학교 운동high school movement'이 벌어졌다. 이는 1910년 무렵에 미국 전역에서 중등교육이 급격하게 확대된 것을 일컫는 말이다. 고등학교 운동은 20세기 초입에 시작되었지만 일부 지역에서는 전조 격이라 할 수 있는 '아카데미 학교 운동'이 먼저 벌어지기도 했다. 여기에서 수업료는 학부모들이 냈는데, 부모가 중등교육에 학비를 낼 의향이 있었다는 말은 고등학교 운동이 진정으로 풀뿌리에서 일어난 움직임이었음을 말해 준다.

1910년에서 1940년 사이 미국 각지에 고등학교가 우후죽순처럼 생겨났고 중등교육이 급격히 확산되었다.[10] 1910년에는 18세 인구의 10%만 고등학교를 졸업했는데 1940년에는 18세 인구 절반 이상이 고등학교를 졸업했다. 젊은 층 중에서 고등학교를 졸업한 사람 비중은 남부가 아닌 지역에서 더 높았다. 교육에 대해서 말하자면, 미국에서 남부 지역은 늘 다른 지역보다 템포가 늦었다. 그리고 흑인보다 백인의 고등학교 졸업자 증가세가 빨랐다. 흑인은 백인 학생들과 분리되어 자금이 거의 지원되지 않는 흑인 학교에 다녔고 인문계 고등학교가 아예 없는 학군에 살기도 했다. 또한 고등학교 진학률과 졸업률은 산업 단지가 들어서지 않은 곳에서 더 높았다. 산업 시설이 있으면 청소년(남성)들이 학교보다는 공장에 가서 돈을 벌게 되기 때문이다.

청소년들은 곳곳에 생겨난 고등학교에 대거 진학했다. 그리고 1920년대에는 미국의 모든 주에서 남성 청소년보다 여성 청소년의 고등학교 진학률과 졸업률이 더 높았다. 여학생들은 고등학교 생활에 더 잘 적응했고 졸업하는 비중도 더 높았다. 오늘날 여성이 남성보다 대학 진학률과 졸업률이 더 높은 것과 비슷하다. 능력을 펼칠 여건만 주어진다면 여성이 남성보다 학교 환경에서 더 좋은 성과를 내는 것으로 보인다.

'좋은' 사무직 일자리가 급격히 많아지면서 합리적인 수준의 교육을 받은 여성은 이전 세대 여성들의 주된 일터였던 공장이나 가내 서비스업보다 육체적으로 덜 힘들고 여러 면에서 더 안전한 일자리를 찾을 수 있게 되었다. 사무직의 노동 환경은 공장보다 깨끗하고 편안했다. 사무직의 모든 것이 덜 더럽고 덜 위험하고 덜 혐오스러웠다. 게다가 보수도 일반적으로 더 높았다.

여성이 취업할 수 있는 일자리가 공장이나 가내 서비스업 위주이던 때는 여성이 바깥일을 하는 것에 사회적 낙인이 붙었고 결혼한 여성은 더욱 그랬다. 결혼한 여성이 취업할 수 있는 자리가 위험하고 불결한 자리뿐이라면, 사지 멀쩡한 남편이 있는데도 바깥일을 하는 아내는 다른 사람들(가령 이웃이나 교회 사람들)에게 남편이 게으르고 무능한 놈팡이라는 인식을 줄 수 있었다. 그런 남편은 아내가 아이와 가정을 돌보는 데 써야 할 시간을 못 쓰게 만들 뿐 아니라 아내의 건강까지 해치는 남편인 셈이었다.

남성이 노동시장에 나가서 돈을 벌고 그 돈으로 아내와 아이를 부양하도록 유도하는 사회적 규범들이 생겨났다.[11] 남성들이 종사하던 일자리도 상당히 험한 일이던 시기에 만들어진 규범들이었다. 이러한 규범들은 남편과 아버지가 술집 같은 데서 낭비적인 활동을 하면서 고된 노동으로 지친 몸을 달래는 것을 책망하려는 목적을 가지고 있었다. 이 당시의 노동은 거의 모든 사람에게 험하고 힘들었고, 따라서 사회의 취약한 사람들을 보호하고 사회의 다른 이들에게 부담이 가는 것을 막으려는 취지의 사회적 기준들이 생겨났다.

그런데 갑자기 대부분의 사람들에게 노동 여건이 개선되었다. 화이트칼라 일자리는 노동 시간도 더 짧았고 노동 환경도 덜 험했다. 노동이 더 쾌적한 여건에서 이뤄질 수 있게 되고 여성의 교육 수준이 높아지면서, 결혼한 여성이 바깥일을 하는 데 대한 낙인도 줄었고 어

떤 곳에서는 아예 사라졌다.[12]

화이트칼라 고용이 증가하면서 단순 사무직뿐 아니라 모든 직종에서 여성이 수행하는 노동의 구조가 달라졌다. 대졸 여성들에게도 마찬가지였다. 이들은 결혼 전과 아이들이 다 크고 난 뒤에만이 아니라 결혼을 하고 나서도 어느 정도 일을 계속할 수 있게 되었다. 대졸 여성의 평균적인 결혼 연령이 1940년대까지는 여전히 다소 높은 편이었으므로(그때 급격하게 낮아진다), 결혼을 하고도 어느 정도 계속 일할 수 있다는 것은 아이가 태어나기 전까지 꽤 상당한 기간 동안 직장 생활을 할 수 있게 되었다는 말이었다. 이제 대졸 여성은 일자리를 갖고 충분히 경력을 쌓고 나서 아이를 가질 수 있었다. 그리고 아이가 크고 나면 예전과 비슷한 일자리로 돌아올 수 있었다.

20세기 초입에 대학을 졸업한 집단1의 여성들은 결혼을 독립의 상실이라고 여겼고, 충분히 그럴 만했다. 하지만 10-20년이 지나서 1920년대에, 그리고 그 이후에 졸업한 여성들은 결혼을 다른 각도로 보게 되었다. 이들은 결혼 후에도 적어도 한동안은 일을 포기하지 않을 수 있었다. 화이트칼라 직군이 전반적으로 팽창하면서, 교육 수준이 가장 높은 여성들까지 포함해 거의 모든 여성에게 게임의 장이 달라졌다.[13]

메리 매카시의 《그룹》에는 주인공들이 대학을 졸업하고 7년 뒤인 1940년까지의 이야기만 있어서, 제2차 세계대전을 거치면서, 또 그 이후에 이 여덟 명의 여성이 어떤 삶을 살았을지는 알 수 없다. 하지만 현실 세계에서의 그 또래 여성들에 대해 말하자면, 상당수가 제2차 세계대전 직후에 노동시장에 돌아왔다. 이때 그들은 30대 후반이었고, 47세가 되었을 때는 27세였을 때보다 두 배나 더 많이 고용되어 있었다.

1910년 무렵에 태어난 사람 중 결혼한 적이 있는 대졸 여성의 경우 20대 후반에는 일하는 사람의 비중이 30%가 안 되었지만 30대 후반에는 40% 이상이 되었고 40대 후반에는 60% 정도가 일을 하고 있었다(그림 2.4, 표 2.1 참고).

20년 사이에 이들의 고용률이 두 배가 된 것은 두 가지 요인으로 설명할 수 있다. 첫째, 27세인 여성 중 많은 수가 영유아가 있는 엄마였을 것이고, 20년 뒤에는 아이들이 커서 독립을 했을 것이다. 하지만 둘째로, 개인의 라이프 사이클 수준을 벗어나서 벌어진 중요한 외부 요인도 있었다. 그중 하나는 시장에서 그들이 가진 능력에 대한 수요가 늘어난 것이었다. 세밀하게 분석해 보면, 이 여성들의 경제활동 참가율 증가분이 이 두 요인으로 각각 반씩 설명된다.[14] 절반은 여성 개개인의 라이프 사이클 면에서의 변화로 설명되는데, 20대에서 40대가 되면서 가정에서의 의무, 특히 아이에 대한 의무가 줄어든 것이다. 그리고 나머지 절반은 경제의 더 일반적인 변화를 고려해야 설명할 수 있다.

경제에 일련의 변화가 일어나면서 서비스업(가령 유통) 같은 몇몇 분야에서 노동 수요가 증가했고 농업 등 몇몇 분야에서는 노동 수요가 감소했다. 앞에서 보았듯이, 이렇게 노동 수요가 증가하고 감소한 '분야'가 달라지면서, 20세기 초에 화이트칼라 직종이 팽창했고 여성이 남성보다 이 변화에 더 크게 영향을 받았으며 그 영향은 학력이 가장 높은 대졸 여성들에게까지 미쳤다.

《그룹》의 등장인물들이 바사 칼리지에 입학하는 1929년 무렵이면, 그들은 자신이 졸업 후에 일자리를 가질 것이고 한두 해 뒤에는 결혼할 것이며 그 이후에도 한동안은 더 일자리를 유지하게 되리라고 기대할 수 있었다. 그다음에 어느 정도 노동시장을 떠났다가 다시 노동시장에 돌아올 것이었고 가능하다면 커리어를 노려볼 것이었다. 그들의 미래는 엄마들, 집단1의 여성들과 매우 다를 것으로 여겨졌다.

하지만 1930년대에 미국에는 먹구름이 드리워 있었다. 이 먹구름은 거의 모든 미국인의 고용에 타격을 입히게 되며, 결혼한 여성의 고용 전망이 특히 어두워진다. 가장 전망 있던 여성들이라 해도 마찬가지였다. 실업률이 두 자릿수가 되었고 때로 앞자리가 2로 올라가기도 했다. 미국은 이렇게 높은 전국 실업률을 겪어 본 적이 없었다(다행히 그 이후로도 이 정도의 전국 실업률은 겪어 본 적이 없다. 코로나 시대의 실업률은 2020년 4월에 15%까지 치솟았다가 빠르게 내려가서 2021년 겨울에는 6% 정도가 되었다).

단순히 일자리가 부족한 것만이 문제가 아니었다. 대공황은 기혼 여성들의 고용 추세에서 시계를 거꾸로 돌려 버렸다. 결혼한 여성, 특히 교육 수준이 높은 기혼 여성들이 고용에서 진전을 이루고 있던 바로 그 시기에, 기혼 여성의 고용을 금지하는 규제가 확대되었다. 여성의 고용 전망이 확대되고 있었고 교직에서 기혼 여성에 대한 고용 제약을 없애야 한다는 여론도 커지는 중이었지만, 갑자기 이 모든 것이 과거의 일이 되었다.

기혼 여성 고용 금지

대공황 전에도 많은 직종에 기혼 여성의 고용을 금지하는 제도가 있었고, 이는 교직에서 특히 두드러졌다. 하지만 1930년대 초에 실업률이 치솟고 식량 배급 줄이 길게 늘어서고 경제적 좌절과 절망이 커지면서, 이러한 제도가 적용되는 정도가 한층 강해졌다. 10년간 이어진 대공황은 결혼한 여성을 좋은 일자리에서 배제하기 위해 '기혼 여성 고용 금지 제도'가 더 많은 곳에 적용되고 더 적극적으로 적용되게 만들었다.

'기혼 여성 고용 금지'는 기업과 정부기관(가장 중요하게는 학교지구school district)에서 적용하던 고용 및 해고 정책으로,[15] 두 가지 유형이 있었다. 하나는 채용 시에 기혼 여성을 배제하는 '채용 금지'이고, 다른 하나는 미혼인 직원이 결혼을 하면 해고하는 '유지 금지'[결혼 퇴직]다.

미국의 학교지구에는 유지 금지 형태보다 채용 금지 형태의 규제를 가진 곳이 더 많았다. 유지 금지 정책이 명시적으로 있으면 학교는 실력이 검증된 교사의 고용을 무조건 중단해야 하는 문제가 생길 수 있었다. 그래서 학교는 명시적으로 유지 금지 정책을 두기보다는 결정권자의 재량에 따라 임의로 결혼 퇴직을 적용하곤 했다. 어느 교사를 해고하고 싶을 때 결혼을 사유로 드는 것은 매우 편리한 방법이었다.

대공황 시기에 이러한 정책을 두는 학교지구와 기업이 늘어났고 높은 실업률은 기존에 존재하던 제도를 더 적극적으로 적용하는 것을 정당화했다. 사지 멀쩡한 남편이 있는 기혼 여성은 남편에게 부양받을 수 있으므로 다른 사람들(미혼 여성, 과부 그리고 모든 남성)에게 일자리가 더 필요하다는 논리였다. 대공황이 시작되기 직전에 여러 주에서 기혼 여성 고용 금지 제도를 없애고 학교지구들이 이러한 제도를 시행하지 못하게 해야 한다는 목소리도 높아지고 있는 추세였지만, 대공황은 이 흐름을 거꾸로 돌려 버렸다.[16]

기혼 여성 고용 금지 제도가 가졌던 중요성을 생각할 때, 이 제도가 어느 정도나 광범위하고 강도 높게 적용되었는지 알아볼 수 있는 자료가 매우 적다는 점은 놀랍다. 기업에 대해서는 이와 관련해 체계적인 데이터가 존재하지 않는다. 학교의 경우에는, 1920년대에 학교지구가 12만 곳이 넘었고 각자가 교사의 고용과 해고에 대한 정책을 별도로 가지고 있었다. 다행히, 학교지구들에 대해서는 전미교육협회National Education Association가 여러 시점에 진행한 설문조사가 있어서 네 개의 중요한 시점에 얼마나 많은 교사가 이러한 제도가 있는 학교지구에서 일하고 있었는지 가늠할 수 있다.

첫 번째 시점은 시장이 붕괴하기 직전인 1928년이다. 이때를 네 개 시점의 기준점으로 잡을 수 있을 것이다. 어떤 학교지구도 대공황을 미리 예상하고 이런 규제를 만들어 놓지는 않았을 테니 말이다. 두 번째 시점은 불황이 시작된 1930-1931년이다. 세 번째 시점은 미국이 2차 대전에 들어간 1942년이다. 네 번째 시점은 전후 경제 호황이 시작된 1950-1951년이다.

경제가 아직 괜찮았던 1928년에 도시에 사는 미국인의 60%는 '채용 금지' 형태의 정책이 있는 학교지구에 살고 있었고 50% 정도는 '유지 금지' 형태의 정책이 있는 학교지구에 살고 있었다(그림 4.2).

그림 4.2 기혼 여성 고용 금지 제도(채용 금지와 유지 금지): 공립학교 교사, 1928-1951년

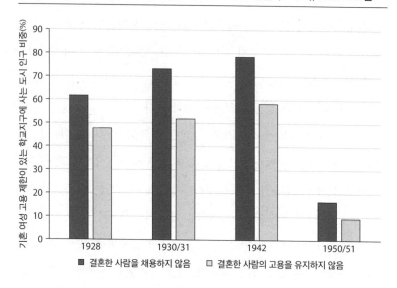

그러한 곳에서 학교 당국은 교육자로서 흠 없는 자격 요건을 가진 사람을 단지 결혼했다는 이유로 채용하지 않았고 경험 많고 뛰어난 교사를 사지 멀쩡한 남편이 있다는 이유만으로 해고했다.

　대공황 중에 실업률이 높아지면서 기혼 여성을 교사로 채용하지 않는 정책이 확대되었고, 이제 도시 인구의 73%가 '채용 금지' 정책을 두고 있는 학교 교구에 살고 있었다. 1942년에는 제2차 세계대전으로 실업률이 거의 제로가 되었지만 심지어 더 많은 도시 인구(약 80%)가 채용 시 기혼 여성을 배제하는 학교지구에 살고 있었다. 실업률은 이미 낮아졌지만 학교지구들이 이 제도가 차별적일 뿐 아니라 교육의 목적에 해가 된다는 것을 인식하는 일은 더디게 이루어졌다.

　기업들이 사무직 여성 노동자에게 적용한 기혼 여성 배제 정책에 대해서는 정보가 더 적다. 하지만 대공황의 시작과 끝 시점의 몇몇 큰 도시의 기업에 대한 자료가 존재한다. 이에 따르면, 대공황이 잦아들던 1940년에 여성 단순 사무직 노동자의 40% 정도가 기혼 여성 채용을 금지하는 제도가 있는 회사에서 일하고 있었고 25% 정도가 결혼 시에 퇴직해야 하는 제도가 있는 회사에서 일하고 있었던 것으로 보인다.[17] 명시적인 사규가 없더라도 경영자가 결혼을 빌미로 여직원을 퇴사시키는 경우까지 고려하면 실제 숫자는 더 높았을 것이다. 교육받은 기혼 여성은 대공황기에 일자리를 얻는 것이 매우 힘들었다. 그렇다면, 그전에는 어땠을까?

대공황 이전에 사무직 노동자에게 적용되었던 기혼 여성 고용 제한에 대해서는 자료가 별로 없지만, 구할 수 있는 데이터들로 미루어 보건대 명시적인 정책으로 이러한 제도를 두는 기업은 대공황 전에도 존재했고 대공황이 심화되면서 한층 더 크게 증가한 것으로 보인다.[18] 요컨대, 기혼 여성에 대한 명시적인 고용 제한은 1930년대 전에도, 중에도, 후에도 있었고, 이는 교육받은 기혼 여성이 가질 수 있는 일자리를 심각하게 제한했다.

집단1과 집단2의 유색인종 대졸 여성은 결혼율과 고용률이 백인 여성과 매우 상이한 모습을 보인다. 이 시기 흑인 대졸 여성들은 일을 했고 결혼도 했고 아이도 가졌다. 세 가지 모두 함께 말이다. 집단1의 백인 대졸 여성들이 대체로 일을 하거나 결혼을 하거나 중 하나를 선택했고 둘 다 하는 경우는 매우 드물었던 것과 대조적이다.

집단1의 백인 여성 중 미혼은 30%였지만 흑인 여성 중 미혼은

10% 미만이었다. 집단2의 경우에는 흑인 여성의 미혼 비중은 10%로 집단1에서와 비슷했고 백인 여성은 집단1의 절반인 15%로 떨어졌다. 하지만 여전히 흑인 대졸 여성의 미혼 비중이 더 낮다.

또한 흑인 대졸 여성은 백인에 비해 훨씬 높은 경제활동 참가율을 보였다. 1940년에 집단2의 흑인 여성 중 결혼한 적이 있는 사람은 65%가 노동시장에 있었는데 백인 여성은 이 숫자가 30%였다.[19] 흑인 여성과 백인 여성의 차이는 50대까지 이어진다. 집단2 여성들의 고용과 결혼이 인종에 따라 크게 차이가 난 이유는 무엇일까?

기혼 대졸 여성의 고용이 흑인과 백인 사이에 차이나는 한 가지 이유는 흑인의 가구 소득이 더 낮았다는 데서 찾을 수 있다. 여러 이유에서 흑인 남편들은 백인 남편들보다 훨씬 돈을 덜 벌었고, 따라서 아내들이 돈을 벌어야 가구의 생계가 유지될 수 있었다. 하지만 이 요인은 결혼한 사람 중에서 일하는 사람이 많은 이유만 설명할 뿐이지 결혼한 사람이 왜 많은지는 설명하지 못한다.

다른 이유는 흑인 여성들이 늘 일을 해왔다는 사실과 관련이 있을 것이다. 예전에 노예로 일했던 흑인 여성들은 자유인이 된 뒤에도 계속해서 일했고, 따라서 흑인 공동체에서는 '일하는 아내'가 있는 가정에 대한 사회적 낙인이 백인 공동체에서보다 훨씬 덜했다.[20] 하지만 이 요인도 완전한 설명이 되지는 못한다. 결혼한 여성이 농업이나 가내 서비스업에 종사하는 것에 대한 낙인이 흑인 공동체가 백인 공동체보다 덜했더라도, 대졸 여성들은 이러한 분야와는 매우 다른 분야에서 고용 기회를 가지고 있었다.

흑인 대졸 여성과 백인 대졸 여성이 보인 결혼과 고용의 차이는 인종 분리가 행해지던 남부 지역에서 기혼 여성 고용 금지가 훨씬 덜 두드러졌기 때문으로 설명할 수 있다. 1940년 이전에는 흑인 인구 대부분이 남부에 살았다. 그런데 남부의 학교지구들 중에는 기혼 여성 고용 금지 제도가 존재하지 않는 곳이 다른 지역보다 많았거나 존재한다 해도 실제로 적용되는 정도가 훨씬 느슨했던 것으로 보인다.

앞에서 언급한 전미교육협회의 설문조사 결과에는 정보가 총계적으로만 나와 있고 지역별이나 인종별로는 나와 있지 않다. 다행히 '사해 사본'처럼 듬성듬성한 이 자료의 빈 부분을 채워줄 수 있는 다른 자료가 있다. 기혼 교사 비중에 대한 자료다. 어느 학교지구에 기혼 교사 비중이 높다면 기혼 여성의 고용을 제약하는 제도가 덜 엄격한 곳이라고 볼 수 있을 것이다.

1920년에 35세 이상 흑인 여성 교사 중 기혼자 비중은 50%였다.[21] 남부의 백인 교사 중 기혼자 비중보다 두세 배나 많은 것이었고 북부의 백인 교사에 비하면 여섯 배도 넘는 것이었다. 1940년에도 35세 이상 흑인 교사 중 절반이 기혼이었다. 이 무렵이면 백인 교사 중 기혼자의 비중도 증가하긴 했지만 여전히 흑인 교사보다는 크게 낮았다. 즉 백인 교사보다 흑인 교사 중에 결혼한 사람이 훨씬 더 많았고, 이는 집단2 세대에서 흑인 교사들에게는 기혼 여성 고용 금지 제도가 백인에게보다 제약이 덜 되었다는 의미이다.

남부에서는 기혼 여성 교사에 대한 채용 제약이 더 적었던 것이 분명해 보이고 흑인 학교들에서는 더욱 그랬던 것 같다. 남부에서, 특히 흑인 학교들에서 기혼 여성 배제가 엄격하게 적용되지 않았던 이유 중 하나는 다른 지역에 비해 교사 공급이 부족했기 때문이다.

남부의 학교지구들은 최대한 많은 교사가 필요했고 흑인 교사는 더욱 많이 필요했다. 곧 비슷한 이유에서 미국의 다른 곳들에서도 기혼 여성 배제 정책은 모든 교사에게 과거의 일이 된다.

애니타 랜디Anita Landy와 밀드레드 배스덴Mildred Basden은 세인트루이스의 공립학교 교사로, 흠잡을 데 없는 자격 요건을 갖추고 있었다. 둘 다 교사 자격증을 따자마자 일을 시작해서(랜디는 1929년에 중학교 영어와 수학 교사로, 배스덴은 1935년에 9학년 영어 교사로) 해마다 계속해서 일했다. 1941년까지만 말이다.

1941년 여름에 랜디는 '시카고 컵스' 선수 출신인 아서 웨이스Arthur Weis와 결혼했고 같은 해 여름 배스덴도 결혼했다. 개인적으로 기쁜 일이었겠지만, 몇 달 뒤에 둘 다 세인트루이스 교육 위원회에서 날아온 서신을 받았다. 결혼 축하 메시지가 아니라 1897년부터 존재해 온 규정상 그들을 해고한다는 통지서였다. 해당 규정은 다음과 같이 명문화되어 있었다. "교육 위원회에 고용된 모든 숙녀의 결혼은 사직으로 간주한다."[22] 랜디와 배스덴은 이 처분에 불복해 재심사를 청구했다.

과거에는 이런 식의 해고가 별로 관심을 받지 못하고 지나갔겠지만, 이제 시대가 달라졌다. 여성들은 전시 산업에서, 또 남성들이 전장에 나가서 일손이 필요하게 된 많은 민간 기업에서 일하고 있었다. 많은 분야에서 기혼 여성 고용을 금지하는 제도를 없애야 한다는 여론이 커지고 있었다. 하지만 변화에 대한 반발도 있었고 1944년에 두 여성 모두 패소했다.

이들은 곧바로 주 대법원에 상고했다. 미국의 많은 학교지구가 기혼 여성 고용 제한을 철폐하고 있던 1947년에, 미주리주 대법원은 두 여성의 손을 들어주는 판결을 내렸다. 그사이 6년 동안 애니타 웨이스는 결혼 퇴직 제도가 없는 교외의 한 학교지구에서 교사로 일했고, 베스텐은 교직을 떠나 집에서 할 수 있는 작은 사업을 시작했다. 둘 다 아이도 둘씩 낳았다. 웨이스는 복직이 확정되자 교외의 학교지구를 떠나 세인트루이스의 원래 학교로 복귀했다. 그래야 "원칙에 맞는" 일이라고 생각해서였다.

1950–1951년이 되면 '채용 금지' 유형의 정책을 두고 있는 학교지구에 사는 인구는 17%로, '유지 금지' 유형의 정책을 두고 있는 학교지구에 사는 인구는 10%로 줄어들고, 곧 이러한 제도는 미국에서 완전히 없어지게 된다.

학교지구뿐 아니라 많은 기업도 기혼 여성의 고용을 제약하는 제도를 철폐했다. 인사 정책 자료가 기록으로 남아 있는 회사는 많지 않지만, IBM은 기록이 남아 있다. 1951년 1월 10일에 IBM 부회장 겸 재무책임자는 세심하게 제작된 기업 인장이 박힌 공식 레터지에 이렇게 발표했다. "다음 사항은 즉각 발효되며 추가적인 공지가 있기 전까지 진행함. 1) 여성 직원은 결혼을 이유로 회사로부터 퇴직을 요구받지 않는다. 2) 회사는 채용 시에 기혼 여성도 고려한다. 상기의 항목들은, 가족을 부양하는 경우가 아닌 한 기혼 여성을 직원으로 고용하지 않았던 회사 정책의 일시적인 수정에 해당한다."[23] '일시적'이라는 단서를 붙인 것은 기혼 여성을 다시 해고해야 할지 모를 때를 대비해서였을 것이다.

제2차 세계대전 이후 학교와 기업의 사무직에서는 결혼 퇴직이 줄어들었지만 몇몇 직종에는 계속 남아 있었다. 그중 하나가 항공 승무원이다. 1964년 민권법으로 직장에서 성별에 의한 차별은 금지되었지만 결혼 여부로는 차별할 수 있었다. 결혼 퇴직이 여성에게만 적용되면 위법이었지만 남성과 여성 모두에게 적용되면 합법이었다.

유나이티드 항공은 고객들에게 비행이 더 신나는 경험이 되게 하겠다는 취지에서 '현지 색'을 더하기 위해 호놀룰루 노선에 하와이 토착민 남성 승무원들을 고용했다. 이 남성들에게는 결혼 퇴직이 적용되지 않았다. 1968년에 유나이티드 항공은 1964년 민권법 제7편을 위반했으니 결혼 퇴직 정책을 없애라는 판결을 받았고, '친절한 하늘'은 조금 더 친절해졌다.[24] 그런데 남성 승무원도 동일하게 결혼 퇴직이 적용되었던 몇몇 다른 항공사에서는 이 정책이 더 오래 유지되었다.

경제 불황 전에 기혼 여성 고용 금지 제도는 왜 존재했을까? 그리고 대공황이 지나간 이후에도 왜 지속되었을까? 교사의 경우, 학교지구들은 이 정책으로 잃는 것보다 얻는 게 많았다. 이 시기의 상당 기간 동안 젊은 여성 교사는 언제나 구할 수 있을 정도로 공급이 많았다. 결혼한 교사는 나이가 더 많았고 교직 경험은 더 풍부했겠지만 고용 비용이 더 들었으며 남편이라는 추가적인 부담 요인이 있었다. 학교지구와 교장들은 온순한 노동력을 원했고 곁에서 적극적으로 목소리를 내는 강력한 지지자가 없는 노동자를 원했다(교사 노조가 생기는 것은 더 나중이다). 게다가 당시에 기혼 여교사 대부분은 결혼을 하면 얼마 뒤에(아이가 생겼을 때) 어차피 일을 그만두었다.

1930년대에 이 제도를 옹호하는 논리는 다양했다. 한 기업은 여

134

성이 "결혼을 하고 나면 효율성이 떨어지고, 너무 많은 경우에 태도를 신경쓰지 않는다"고 했다. 때로는 고용을 담당하는 의사결정자가 전통적인 사고를 가지고 있는 것이 문제였다. 필라델피아의 한 출판사 관리자는 "남성들이 너무 이기적"이라며 "남성들은 마땅히 아내를 부양해야 한다"고 주장했다. 놀랍지 않게도, 이 출판사('기독교 교육 장로교 위원회')는 "결혼한 여성은 가능하다면 가정에 있기로 해야 한다"고 보았다.[25]

하지만 여성의 노동은 곧 달라지기 시작했다. 노동시장이 더 '타이트'해졌다. 즉 노동 수요가 공급을 초과했다. 학교지구와 기업들은 기혼 여성에 대한 차별적인 고용 제약을 지속했을 때 얻는 것보다 잃는 것이 더 많아지기 시작했고, 때로는 '임신 퇴직'이 그 자리를 대신하기도 했지만 기혼 여성에 대한 고용 제약은 빠르게 사라졌다.

한편, 가족 채용 금지 등 또 다른 장벽들은 정부, 은행 등 여러 분야에서 지속되었는데, 이런 분야에서는 가령 "은행에서 두 직원 사이에 담합할 수 있는 가능성"이 있으므로 가족 채용 금지가 중요한 안전장치라고 여겨졌다.[26] 가족 채용 금지는 학계에도 존재했다.

교육경제학자 메리 진 보우먼Mary Jean Bowman과 교육사회학자 C. 아놀드 앤더슨C. Arnold Anderson은 둘 다 아이오와 스테이트 대학의 부교수였다. 이들은 이 대학에서 만나서 결혼했다. 그리고 1943년 무렵 경제학자 시어도어 슐츠Theodore Schultz(나중에 노벨상을 받는다)를 포함해 아이오와 대학의 여러 저명한 교수와 함께 이 대학을 사직했다. '올레오 마가린 논쟁'이라고 불리는 사건 때문이었다.[27] 낙농업계의 로비 단체가 이 대학 교수들에게 마가린이 버터의 좋은 대체재라고 결론지은 연구 보고서의 내용을 수정하도록 압력을 넣었다. 전쟁 중에 낙농품 공급이 크게 줄어서 버터의 대체제가 필요한 상황이었는데도 말이다(이런 면에서 아이오와의 낙농업계가 옥수수 업계 로비보다 힘이 강했던 것 같다). 총장은 낙농업계의 편을 들었고 명백한 학문의 자유 침해에 항의해 경제학자들이 대거 아이오와 대학을 떠났다. 이때 떠난 많은 저명한 경제학자가 시카고 대학으로 옮겨 갔다.

하지만 보우먼과 앤더슨은 동료들과 함께 시카고 대학으로 가지 못했다. 시카고 대학이 가족 채용 금지 규정을 가지고 있었기 때문이다. 보우먼과 앤더슨은 워싱턴 D.C.로 가서 전쟁 중에 미국 정부에 필요한 중요한 일들을 수행했고 이어 켄터키 대학 교수가 되었으며 슬하에 아들 하나를 두었다. 마침내 시카고 대학이 1958년에 가족 채용 금지를 없앴을 때 이들은 시카고 대학으로 와서 예전의 동료들과 다시 함께 일할 수 있게 되었다.

'위인' 목록에 오른 여성 중 학계 종사자(연구자 포함) 비중은 집단1보다 집단2에서 현저하게 높고 집단2 중에서도 더 나중에 태어난 사람들 사이에서 더 높다. 보우먼과 앤더슨의 사례가 보여 주는 것처럼, 한 가지 이유는 1950년대에 부부가 함께 채용될 수 있는 문이 더 넓게 열린 것이다. 이에 더해, 집단1에 비해 집단2의 학계 종사자들이 더 많이 결혼했다. 이들은 교수와 연구자가 될 수 있었던 데서만 그친 것이 아니라, 결혼 생활과 교수직 그리고 그 일에서 얻는 정체성과 충족감을 함께 유지할 수 있었다.

연쇄적으로 펼쳐지는 삶

집단2의 '위인' 중 결혼을 하고 아이가 있던 여성은 종종 커리어 면에서의 영광의 시기를 늦은 나이로 미뤄야 했다. 이유는 각기 다양했지만, 대부분 아이를 돌보고 남편의 커리어를 위해 내조를 해야 했던 것과 관련이 있었다. 인구학자 이레네 반스 타우버Irene Barnes Taeuber는 동료 인구학자 콘래드 타우버Conrad Taeuber와 결혼했고 아이를 둘 낳았다. 이레네는 아이들이 어렸을 때 파트타임으로 일하다가 1930년대에 콘래드를 따라 워싱턴 D.C.로 갔다. 훗날 이레네는 일본의 인구학적 역사를 고찰한 혁신적인 책을 출간해(1958년) 인구학 분야에 족적을 남기며 55세이던 1961년에 선임 연구원으로 승진한다.

집단2의 대졸 여성들은 생애의 각 국면에 각기 다른 유형의 삶을 '연쇄적으로' 살았다. 그들의 엄마들이 대체로 한 가지 유형의 삶만 살았던 것과 대조적이다(엄마들은 결혼하고 아이를 가졌다). 여기에서 엄마와 딸 들은 메리 매카시의《그룹》에 나오는 두 세대다. 앞으로 보겠지만, 다음 세대인 집단3의 여성들은 '일자리-결혼-아이-다시 일자리'의 연쇄적인 삶을 의도적으로 계획했다.

우리 여정의 초기 세대 중에서 에이다 콤스톡보다 연쇄적인 삶을 성공적으로 일군 사람은 찾아보기 어려울 것이다. 콤스톡은 1897년에 스미스 칼리지를 졸업했고 미네소타 대학의 여성 담당 학장이 되었으며 나중에 스미스 칼리지의 학장이 되었다. 이어서 총장 권한 대행이 되었고 마침내 1923년에 57세로 래드클리프 칼리지 최초의 전임 총장이 되었다.

래드클리프에는 자체의 교수진이 없었다. 하버드 교수들이 하버드 캠퍼스에서 남학생들을 가르치고 교정을 가로질러 와서 래드클리프의 여학생들에게 동일한 과목을 가르쳤다. 1943년에 에이다는 하버드와 래드클리프 학생들이 수업을 같이 들을 수 있게 통합하는 야심 찬 작업을 진행했다. 이때는 하버드의 많은 남학생이 전쟁에 참여하고 있었기 때문에 캠퍼스에 남학생이 많지 않았다. 교수들이 교정을 가로질러 가기보다 래드클리프 여학생들이 교정을 가로질러 와서 하버드 남학생들과 함께 자유교양 과목들을 들었다. 이렇게 날마다 교정을 지나 저쪽 캠퍼스로 이동하면서 여학생들은 남학생들과 동일한 발판에 올라갈 수 있었다. 1943년은 하버드와 래드클리프가 진정한 공학으로 바뀌는 전환의 시작점이었다.[28] 또한 1943년은 에이다 콤스톡의 삶에서도 두 가지의 중대한 변화가 벌어진 해였다.

에이다는 남녀 모두의 삶에 앞으로 오랫동안 커다란 변화를 가져올 일을 성취했다고 생각하고서 그해에 래드클리프 총장직에서 은퇴했다. 에이다의 삶에서 하나의 국면이 닫히고 새로운 국면이 열렸다. 래드클리프에서의 마지막 공식 출근일 1주일 뒤인 6월 14일, 에이다는 하버드 광장의 크라이스트 처치에서 월리스 노테스테인 Wallace Notestein과 결혼했다. 월리스는 예일 대학의 영국사 교수였고 둘은 미네소타 시절부터의 오랜 친구였다. 에이다는 67세, 월리스는 65세였고, 둘 다 첫 결혼이었다.

이들의 결혼 소식은 다음날 〈뉴욕타임스〉 동정란에 실렸다. 그 페이지에는 또 다른 신혼부부들의 소식도 있었다. 신랑들은 주로 군 복무 중이었고 신부들은 주로 이제 막 대학을 졸업한 사람들이었다. 한 신부는 1942년에 노스캐롤라이나 여대를 졸업했다. 또 한 명은 아직 스미스 칼리지에 재학 중이었다. 또 한 명은 1940년에 스위트 브라이어 칼리지를 졸업했다. 1930년대 말에 졸업한 사람도 소수 있었다. 이들은 새로운 미래를 몰고 올 파도였다. 다행히 얼마 후의 신랑들은 군 복무 중이 아니게 되지만 신부들은 이때 연령이 크게 낮아지고서 이 추세가 한동안 유지된다.

에이다 콤스톡은 집단1의 여성 중 커리어 쪽 경로를 택한 사람들의 삶을 살아왔지만 장년의 나이가 지난 1940년대 초에 더 젊은 사람들과 함께 거대한 인구통계학적, 경제적 변화의 파도를 탔다. 이때는 집단2의 마지막 여성들이 대학을 졸업하던 시기였다. 에이다는 대졸 여성들이 미국 역사상 가장 젊은 나이에 결혼하고 아이를 갖기 시작하던 바로 그때 첫 결혼을 했다. 에이다가 보여 준 '연쇄적인' 삶의 전개는 훗날 집단4의 여성들이 목표로 하는 유형의 연쇄적인 삶의 전조였다. 에이다는 먼저 커리어를 가졌고 그다음에 결혼했다.

에이다는 인생은 길고 많은 경로를 포괄할 수 있음을 다시금 상기시켜 준다. 에이다와 윌리스는 코네티컷주 뉴헤이븐에서 윌리스가 90세로 사망할 때까지 26년간 부부로 살았다. 에이다는 97세에 사망했다.

5장

베티 프리단이
틀린 것과 맞은 것

1950년대의 인기 TV시트콤 〈허니무너The Honeymooners〉는 전후 1950년대에 우후죽순 지어진 똑같은 모양의 규격형 주택보다는 1930년대의 저소득층 임대주택 아파트와 더 비슷해 보이는 세트장에서 라이브로 방송되었다. 배경은 1950년대이지만 더 이전 시대의 이야기처럼 보인다. 버스 운전사인 랠프 크램든과 아내 앨리스는 빠듯한 수입으로 살아가느라 고전한다. 랠프의 가장 친한 친구인 노튼과 아내 트릭시도 마찬가지다. 두 부부 모두 아이가 없다. 쥐꼬리만한 소득으로 먹고살기가 힘들지만 앨리스도 트릭시도 바깥일을 하지 않는다. 원한다면 할 수도 있었을 것이다. 이때는 여성이 할 수 있고 보수도 꽤 괜찮은 일자리가 많았다. 하지만 랠프가 해고되고서 앨리스가 일자리를 찾으려고 하자 랠프는 이렇게 말한다. "당신이 내아내인 동안에는 절대로 일할 수 없어. 나도 자존심이 있다고."[1] 앨리스가 이겨서 (종종 이들의 언쟁에서는 앨리스가 이긴다) 비서로 일자리를얻는데, 일주일밖에 지속하지 못한다.

1950년대에 아마도 안 본 사람이 없을 드라마 〈아이 러브 루시I Love Lucy〉에서 루실 볼Lucille Ball이 분한 주인공 루시도 직업이 없다. 간혹 밴드 리더인 남편 리키 리카도(루실의 실제 남편 데시 아너즈Desi Anarz가 연기했다)의 전업주부 아내 역할에서 코믹하게 벗어나는 경우가 있긴 하지만 말이다. 루시가 진지하게 일자리를 갖는 것에 대해 리키는 이렇게 선포한다. "고려할 여지도 없는 일이야."[2] 독재적인 남편상을 묘사하는 데서 〈허니무너〉가 조금 더 극단적이긴 하지만 두 드라마 모두 여성의 역할에 대한 묘사나 부부 생활에 대한 묘사가 특이한 것은 아니다.

1950년대의 또 다른 인기 드라마들은 아이들을 중심으로 하고 있으며 더 삶에 만족스러워 하는 것 같아 보이는 부부가 나온다. 매우 적절한 제목을 가진 〈아빠는 다 알아Father Knows Best〉에서 앤더슨 부부(세일즈맨인 짐과 아내 마거릿)는 세 아이가 일으키는 일상의 문제들을 다뤄 나간다. 첫 방영 때 세 아이 중 둘은 10대였다. 〈비버는 해결사Leave It to Beaver〉는 전형적인 교외의 이상적인 가족상을 보여준다. 전업주부인 아내 준 클리버, 오전 9시부터 오후 5시까지 근무를 하는 회사원 워드 클리버와 두 아들 월리, 비버가 주인공이다. 이 드라마는 어린 비버의 시점으로 전개된다.

마거릿 앤더슨과 준 클리버는 1950년대 중반의 완벽한 주부다. 그들은 영구적인 전업주부 역할을 행복하게 여긴다. 준은 옷을 갖춰 입고 화장도 하고서 부엌을 청소한다. 쾌활하고 침착하고 분별 있고 신중한 현모양처 준과 마거릿은 아이들과 관련한 문제를 해결하는 것 외에는 별다른 야망을 가진 것처럼 보이지 않는다.

1940년대 이전에 결혼한 여성들은 아이가 없는 경우에도 바깥일을 할 것으로 기대되지 않았다. 아이가 생기면 거의 대부분 전업주부가 되었고 아이가 태어나기 전부터 그러기도 했다. 하지만 1940년대 말부터 여성들의 역할이 달라지기 시작한다. 〈허니무너〉는 점증하는 여러 긴장을 코믹하게 터치하기 위해 흘러간 시절 같아 보이는 부부의 모습을 보여 준다. 젠더 역할과 관련해서는 〈아이 러브 루시〉도 코믹한 기조를 이어가지만, 1950년대의 풍요로움을 반영하는 설정을 배경으로 하고 있다. 그리고 〈아빠는 다 알아〉와 〈비버는 해결사〉는 새로이 이상화된 가족상을 보여 준다.

마거릿, 준, 앨리스, 루시는 허구의 인물이다. 그러면 현실의 여성들은 어떠했을까?

베티 프리단의 《여성성의 신화》는 그럴 만하게도 대대적인 환호를 받았다. 수백만 권이 팔린 이 책은 2세대 여성운동에 불을 지핀 책으로 꼽힌다. 여기에서 프리단은 TV 속 여성들이 꼭 허구라기보다 실제 상황을 반영하고 있다고 말한다. 프리단에 따르면, 이 시기의 미국 여성들은 커리어 우먼이 존재했던 이전 시기와 달리 가정으로 후퇴하며 뒷걸음쳤다. 프리단은 1950년대의 대졸 여성들이 "진정으로 여성다운 여성은 커리어, 대학 교육, 정치적 권리를 원하지 않는 법"이라는 말을 누누이 들어왔다고 지적한다.[3]

아이러니하게도 프리단은 여성들에게 더 좋은 시대를 과거에서 찾고 있다. 프리단은 1950년대를 퇴행기로 보았다. 과거에는 교육받은 똑똑한 여성들이 대학에 들어가서 학업을 끝까지 마쳤는데, 1950년대의 여성들은 이를 거꾸로 돌리고 있다는 것이었다. 《여성성의 신화》에서 프리단은 1950년대에 "60%의 여성이 결혼하려고 대학을 도중에 그만두었고", "대학에 간 여성 세 명 중 두 명이 학업을 마치기 전에 그만두었다"고 언급했다. 프리단은, 한때는 젊은 여성들이 보수를 받는 일자리를 가짐으로써 커리어에 대한 야망을 키웠는데 갑자기 "미국의 젊은 여성들이 집 밖에서 일하는 경험을 전혀 하지 않게 되었다"고 일갈했다. 또한 그는 한때는 여성이 전문직에 많이 진출했는데 이제는 "전문 직종에 점점 더 적게 진입하고 있다"고 한탄했다.[4]

하지만 위와 같은 설명은 모두 사실이 아니며 사실과 거리가 멀다. 대부분의 미국인에게 이전 시기는 당대보다 장밋빛이 아니었고 실제로도 전혀 더 낫지 않았다.[5] 1950년대에 여성들은 이전 시기보다 대학을 더 많이, 훨씬 더 많이, 졸업했다. 1920년 근처에 태어난 여성들은 5.8%만 4년제 대학을 마쳤지만 1940년 근처에 태어난 여성들은 12%가 4년제 대학을 마쳤다.[6] 대학을 졸업하는 비중만 높아진 게 아니라 대졸 여성 중 전문 석박사 학위 과정에 진학하는 여성의 비중도 훨씬 높아졌다.

그러므로 1950년대 대졸 여성이 이전 시기에 비해 전문 직종에 "점점 더 적게" 진출하고 있었다는 것은 사실과 다르다. 1940년대 중반에 대학을 졸업한 여성 중에서는 전문 석박사 학위를 받는 비중이 30% 정도였지만 1960년대 중반에 졸업한 여성 중에서는 43%로 늘었다.[7] 여성 전체 중에서 보면 전문 석박사 학위를 받은 여성의 비중이 이 기간에 무려 세 배가 되었다.[8]

여성의 역할과 야망은 퇴행하고 있지 않았다. 오히려 확장되고 있었다. 그리고 여성이 더 많은 것을 실제로 해낼 수 있는 기회와 역량도 확장되고 있었다.

프리단은 주로 최고 명문 대학을 졸업한 여성들에 대해 이야기하고 있다. 프리단의 메시지에서 핵심은, 뛰어난 능력과 매우 높은 의지를 타고난 여성들이 "여성다움에 대해 잘못 알려진 신화"를 추구하느라 꿈을 포기하고 있다는 것이었다. 프리단은 최고 학벌을 가진 소수의 대졸 여성들로만 논의를 한정함으로써 이들의 야망이 시간에 따라 어떻게 달라졌는지 살펴보았다. 이것 자체는 좋은 방법론일 수 있는데, 문제는 프리단의 분석이 틀렸다는 데 있다. 1920년대와 1930년대에 래드클리프 졸업생 중 전문 석박사 학위를 취득한 사람은 7% 정도였는데 1950년대 초 졸업생 중에서는 12%, 1950년대 말 졸업생 중에서는 18%로 늘었다 "여성다움에 대한 신화"가 팽배했다는 시대에 명문대를 졸업한 여성들은 이전 세대보다 더 높은 비중으로 석박사 학위를 취득했다.[9]

대학에 간 여성들이 남편감을 찾자마자 학업을 포기하고 있다는 개념은 어떤가? 1970년대 중반 무렵까지 여성이 남성에 비해서는 대학을 도중에 그만두는 비중이 높긴 했다. 하지만 결코 프리단이 말한 것처럼 대거 중퇴를 하지는 않았다(프리단은 "3분의 2"가 학업을 그만둔다고 주장했다). 그리고 대학을 도중에 그만두는 비중은 이 세대의 여성들이 이전 세대에 비해 (더 높은 게 아니라) 더 낮았다.[10]

프리단은 명문대에 들어간 여성들의 재능을 잃게 되는 것을 종종 한탄한다. 하지만 래드클리프 입학생/졸업생 정보를 통해 명문대 여성들의 실제 데이터를 보면 1920년대에서 1960년대 초 사이에 대학 중퇴율이 감소했음을 알 수 있다. [프리단이 한탄한 내용과 관련해서] 여기에서 지표로 삼기에 적합한 중퇴율은 '3학년이 된 학생 중 학위를 마치지 않은 사람들'로 계산하는 것일 텐데(아마도 남편감을 만나서 학교를 떠난 경우라고 생각해 볼 수 있을 것이다), 전간기에는 15% 정도였다가 1950년대에는 7%로 줄었고 10년 뒤에는 다시 3%로 줄었다.[11] 즉 1960년대 무렵이면 래드클리프에 입학해 3학년이 된 여학생 거의 모두가 학업을 끝까지 마치고 학사 학위를 취득했다.

이들의 젊은 시절 야망은 어떠했을까? 졸업 후 곧바로 직업을 가진 사람의 비중으로 이것을 가늠해 보면, 1950년대의 여대생 중 거의 4분의 3이 졸업 후 6개월 시점에 적어도 한 개의 전일제 일자리를 가지고 있었다. 결혼한 상태인 경우에도 그랬다. 즉 1950년대 대졸 여성들은 야망이 부족하지 않았고, 이는 이른 나이에 결혼한 여성들도 마찬가지였다.

하지만 그들이 가정을 더 우선순위에 놓았던 것은 사실이다. 여기에 대해서는 프리단의 분석이 옳다. 이들 대부분은 졸업 직후에 결혼을 했고, 곧이어 아이를 낳았다. 대부분 졸업 직후에 직장도 가졌지만 아이가 생기면 거의 모두가 노동시장을 떠났다. 하지만 아이가 생겼을 때 가정으로 들어간 것과 아이들이 학교 갈 나이가 되었을 때 노동시장에 돌아온 것 모두 신중하게 세운 인생 계획에 따른 결정이었다. 〈아빠는 다 알아〉나 〈비버는 해결사〉 같은 드라마만 보면 으레 갖게 되는 고정관념과 달리, 이 여성들은 영구히 가정에 묶여 있거나 안주해 있지 않았다.

대졸 여성에게 1900년대 초는 1950년대보다 좋은 시기가 아니었다. 집단1과 집단2의 여성들 상당수가 결혼을 하지 않았다는 점이 이를 말해 준다. 1900년대 초에 대학을 졸업한 여성 중 3분의 1은 결혼하지 않았고 절반이 아이가 없었다. 이와 달리 1950년대에 졸업한 집단3의 여성들은 훨씬 더 높은 비중으로 결혼을 했고 아이를 가졌다. 이는 이들이 이전 집단보다 (더 적은 선택지가 아니라) 더 많은 선택지를 가지고 있었음을 뜻하는 것이다. 이들은 가정을 먼저 갖고 그다음에 일자리(때로는 커리어)를 갖기로 선택할 수 있었다

그렇다고 1950년대가 완벽했다는 이야기는 아니다. 전혀 완벽하지 않았다.

앨리스, 트릭시, 루시는 대졸자가 아니다. 대졸 여성들은 교육 수준이 더 낮은 여성들보다 나은 선택지를 가질 수 있었다. 노동자 계급의 기혼 여성이 바깥일을 하면 남편이 게으르거나 돈을 너무 적게 번다는 신호일 수 있었겠지만 대졸 여성의 남편인 대졸 남성에게는 그런 낙인이 적용되지 않았다. 대졸인 남편들은 썩 괜찮은 소득을 벌어 왔을 것이고 아내가 추가 소득을 올려도 자존심에 별로 영향을 받지 않았을 것이다.

대졸인 남편들은 랠프가 앨리스의 취업을 반대했던 것만큼 강하게 아내의 취업을 반대하지 않았을 뿐 아니라 대체로 반대하지 않는 입장이었다.[12] 하지만 1950년대와 1960년대 초의 대졸 여성들은 아이가 아직 어린데 일을 하러 나가는 것에 대해 그들 스스로가 의구심을 가지고 있었다. 1957년 졸업생인 한 여성은 "내가 일을 안 하는 주된 이유는 가정과 식구들에게 내 시간이 필요하다고 생각하기 때문"이라고 말했다. 일하는 것을 시도해 본 적이 있는 또 다른 여성은

이렇게 한탄했다. "베이비시터에게 맡기는 것의 안 좋은 영향이 아이에게 드러나는 것 같았어요. 그래서 내가 집에 있는 게 낫겠다고 생각했죠. 교사로 일하던 때가 그리울 거예요."[13] 1957-1961년에 대학을 졸업한 엄마 중 아이가 태어나고 학교 갈 나이가 되기 전에 바깥일을 한 사람은 30%정도에 불과했다.[14]

이들의 노동시장 참여가 저조했던 것은 구매 가능한 가격대에서 양질의 아동 돌봄 서비스를 구할 수 없었다는 점과도 관련이 있다. 지금도 그렇지만 그때도 미취학 아동이 있으면 어지간히 높은 임금을 받지 않는 한 아이 봐주는 사람에게 돈 주고 소득세 내고 나면 남는 게 별로 없었다. 한 여성은 이렇게 말했다. "합리적인 가격대에서 좋은 베이비시터를 구할 수 있었다면 둘째가 태어난 뒤에도 일을 했을 거예요. 그렇지만 내가 버는 돈이 베이비시터에게 다 들어가는 상황이라면 바깥일을 하는 것이 합리적이지 않죠."[15]

하지만 40세 정도가 되면 이들의 경제활동 참가율이 급격히 오른다. 이 나이대에서는 10명 중 7명꼴로 보수를 받는 노동에 종사하고 있었고 대부분 전일제였다. 막내가 초등학교에 가고 나면 대부분이 노동시장에 재진입했다. 그리고 이들 거의 모두는 이러한 재진입을 생애의 훨씬 더 일찍부터 계획했다. 가령, 학부 전공은 이와 같은 장기 인생 계획을 염두에 두고 선택한 것이었다.

1940년대 이후에 대졸 여성들이 어떤 장벽에 직면했든 간에 그 장벽은 이전 세대 여성들이 직면했던 장벽보다는 가벼웠다. 1940년대 초만 해도 기혼 여성의 고용을 금지하는 규정이 명시적으로 존재하는 경우가 흔했고, 어느 면으로 보자면 교육 수준이 낮은 여성들보다 대졸 여성들이 더 강력한 고용 장벽에 부딪혔다.

공립학교 교사를 생각해 보자. 1950년대 무렵이면 교직은 대졸 여성들이 가장 주로 갖는 직업이 되어 있었다. 특히 교직은 학교 다니는 아이가 있는 여성들에게 인기 직종이었다. 여성 교사는 자신의 아이가 학교를 마치고 집에 돌아올 때 자신도 퇴근해서 집에 있을 수 있었다. 아이가 방학일 때 교사인 엄마도 집에 있을 수 있었다. 둘째를 갖는다든지 해서 휴직이 필요할 때도 예전 지위를 거의 잃지 않으면서 복귀할 수 있었다.

하지만 앞 장에서 보았듯이 1940년대 초에는 미국의 많은 학교지구에서 기혼 여성이 교직에 진입할 수 없었다. 화이트칼라 직종 전반이 마찬가지여서, 광범위한 사무직에 기혼 여성의 고용을 제약하는 제도가 만연해 있었고 교직도 예외가 아니었다.

사실 이런 제도는 기업보다 학교에서 더 먼저 도입되었다. 미국 경제가 여전히 호황이었고 아무도 대공황을 예상하지 못했던 1928년에도 학교지구의 절반은 여성 교사가 결혼하면 해고했고 10곳 중 6곳은 기혼 여성을 교사로 채용하지 않았다. 이어서 1930년대에 대공황이 닥치자 결혼한 여성 교사들의 고용 전망은 한층 더 나빠졌다.

대공황 전에 기업은 학교보다는 기혼 여성 고용에 조금 더 우호적이긴 했지만, 불황이 막 시작된 시점에 기업의 3분의 1 정도가 여성 직원이 결혼하면 해고했고 절반 정도가 채용 시에 기혼 여성을 고려하지 않았다. 그리고 불황이 깊어지면서 기혼 여성의 고용 전망은 기업에서도 더 악화되었다.[16]

한편 1940년대 이전에 흑인 대졸 여성은 백인에 비해 교직에서 기혼 여성 배제 정책의 영향을 덜 받았다. 앞 장에서 보았듯이, 남부의 학교지구들은 이러한 제도를 가진 곳이 더 적었고 가지고 있었더라도 더 느슨하게 적용했다.

[기혼 여성의 고용을 막는 또 다른 제약도 있었다] 앞에서 언급했듯이 경제학자인 도로시 울프 더글러스는 남편(폴 더글라스, 나중에 상원의원이 된다)이 시카고 대학 경제학자였기 때문에 시카고 대학 경제학과 교수가 될 수 없었다. 시카고 대학이 가족 채용 금지 제도를 두고 있었기 때문이다. 그래서 도로시는 스미스 칼리지로 갔고 폴은 시카고 대학을 떠나 애머스트 칼리지로 옮겼다.[17] 도로시가 베티 골드스타인(훗날의 베티 프리단)의 교육에 중요한 역할을 했다는 점을 여기에서 짚어 둘 필요가 있을 것 같다. 도로시는 베티가 스미스 칼리지 학부생일 때 경제학 교수였고 급진적인 경제사상과 페미니스트 사상을 소개했다.[18]

이와 같은 제약들이 있었지만 1940년대를 거치면서 기혼 여성의 고용 기회가 확장되었다. 전쟁 물자에 대한 수요가 급증하고 징집으로 남성 민간인 노동력이 줄면서 1930년대의 두 자릿수 실업률은 과거의 일이 되었다. 차별적인 고용 정책이 대공황 시기에는 (심지어 그전에도) 많은 이들에게 말이 되는 정책으로 보였지만 이제 갑자기 종말을 고하게 되었다.

1950년대가 되면 기혼 여성 고용 금지 정책은 주 법원들의 여러 판결을 통해 거의 사라진다.[19] 하지만 이 제도가 종말을 고하게 된 주된 이유는 시대의 변화였다. 세상이 바뀌면서, 설령 명목상으로 규제가 남아 있는 경우에도 실행되지 않았다. 원래 기업에서는 명문화된 규정으로 존재하기보다 고용주가 임의로 행사하는 관행이었던 경우가 많았는데, 이제 이런 관행은 계속 지켜지기 어려웠다. 1956년에 한 대규모 보험사가 언급했듯이, "전에는 기혼 여성 채용을 인사부에서 좋아하지 않았지만 (…) [이제는] 보험회사들이 필요한 노동력을 확보하려면 기혼 여성을 고용해야" 했다.[20]

제2차 세계대전 중과 전후 시기에 여성 노동력에 대한 수요가 크게 증가하면서 교육 수준을 막론하고 모든 여성이 여기에 영향을 받았다. 그리고 고등학교를 졸업하고 나서 학업을 더 이어갈 것인지를 결정할 때 많은 여성에게 대학이 예전보다 더 좋은 선택지로 보이게 되었다. 대졸 여성은 일자리를 가질 수 있었고 결혼도 할 수 있었고 아이도 가질 수 있었다. 결혼한 여성들에게 대학 졸업장은 벽에 거는 장식품을 훨씬 넘어서는 유용성이 있었다.

주립 대학의 학비와 등록금은 낮은 편이었지만 그래도 대학 교육의 비용은 만만치 않았다. 일단 귀한 시간[4년제인 경우 4년]을 들여야 하는 데다 종종 집을 떠나 살아야 해서 방값 등 생활비도 들었다. 하지만 대학 졸업장이 결혼 이후에도 다양한 일자리에 진출할 수 있는 통로가 되면서 여성들에게 대학 교육이 갖는 가치가 높아졌다. 1940년대와 1950년대에 여성의 대학 진학률이 급격히 오르기 시작했고 남성과 여성의 대졸자 비중 격차도 줄어들기 시작했다. 남녀의 격차가 줄어드는 추세는 그 이후로도 오랫동안 이어진다(1980년 정도가 되면 여성이 남성을 추월한다. 하지만 이 부분은 이 장의 주제에서 벗어난다).[21]

1950년대에 대학 졸업장은 여성에게 여러 형태로 이득을 가져다주었는데, 대부분의 이득은 고용 가능성이 높아진다는 것과 관련이 있었다. 졸업 후 곧바로 일자리를 잡는 데서도 그랬지만 대학 교육이 줄 수 있는 이득의 상당 부분은 미래에 발생했다. 대학 졸업장(과 교사 자격증)은 결혼 생활이 예기치 않게 파경에 이를 때를 대비하는 보험이나 마찬가지였다. 당시에 널리 쓰이던 표현으로, 일자리는 "뒤로 넘어질 때 받쳐 줄 안전장치"였다. 이혼, 장애, 사망은 어느 집에나 예기치 않게 올 수 있었으므로 남편에게 불시에 무슨 일이 닥치지 말란 법이 없었기 때문이다. 1957년 졸업생인 한 여성은 이렇게 말했다. "결혼한 여성에게 교육은 일종의 보험이라고 볼 수 있습니다." 또 다른 여성은 교육을 "안전망"이라고 표현했다.[22]

하지만 이 시기 여성 대부분은 남편이나 부부 관계에 불행이 닥치든 아니든 간에 일생 중 적어도 꽤 한동안 바깥일을 했다. 결혼하기 전에도 일했고 결혼 후에도 아이가 태어나기 전까지는 계속 일했다. 그리고 일반적으로 아이가 학교를 가고 나면 다시 일했다.

이 시기 여성들에게 대학 학위는 단지 장식품이 아니었고 대학 교육은 단지 예비용이 아니었다. 또한 (대졸 여성이 대졸 남성을 만날 가능성이 훨씬 높기는 했지만) 대학 시절도 대학에 다니는 남자를 만나기 위한 시기만은 아니었다. 프리단의 묘사를 비롯해 이 시기 대졸 여성에 대한 많은 묘사를 보면 대학 재학 중에 남편감을 만나 학교를 그만두고 결혼한 사람이 진정한 승자였으리라고 생각하게 된다. 하지만 그렇지 않았다. 그 여성이 결혼하게 될 남성의 교육 수준 면에서 보나,[23] 그 여성의 커리어 면에서 보나, 그 여성의 전반적인 삶의 후생 면에서 보나,[24] 1950년대에 대학에서 남편감을 만나 중퇴하고 결혼한 여성은 진정한 승자가 아니었다.

이렇듯 1950년대에 대학을 나온 여성들이 대학 교육을 훗날 노동시장에서 유용하게 사용했지만, 대학이 남자를 만나기에 매우 좋은 장이었던 것도 사실이긴 하다. 대졸 여성의 배우자는 대졸 남성이 압도적으로 많다. 그리고 대졸 남성은 대졸이 아닌 남성에 비해 재정적으로 더 안정적이다. 게다가 제2차 세계대전과 한국전쟁에 참전했던 군인을 지원하는 제대군인원호법 덕분에 남성 대학생이 급증했다. 제2차 세계대전 징집으로 남학생이 줄어들기 전에 대학의 남녀 성비는 여성 한 명에 남성 1.3명이었는데, 제대 군인들이 돌아온 뒤에는 2.3명이 되었다.[25] 상당수가 제대군인원호법 수혜자였다. 늘 대졸 여성은 대졸 남성과 결혼할 확률이 더 높았지만 1950년대-1970년대에는 이 확률이 한층 더 극대화되었다.

1950년대 중반-1970년대 초에 대학을 졸업한 여성은 고졸 여성에 비해 대졸 남성과 결혼할 확률이 60%포인트나 높았다(고졸 여성은 대졸 남성과 결혼할 확률이 10%였지만 대졸 여성은 약 70%였다).

대졸 기혼 여성 중 남편도 대졸인 사람의 비중은 점점 더 증가해서, 1930년대 초 졸업생 중에서는 50%였는데 1950년대 졸업생 중에서는 75%가 되었다. 1950년대 말-1970년대 초에 졸업한 사람 중에서도 이 비중은 계속 높게 유지되다가[26] 그 이후 제2차 세계대전 종전 직후 수준인 65%로 낮아진다.

《여성성의 신화》시대의 대졸 여성은 프리단이 묘사한 것보다는 물론이고 일반적으로도 이전 세대의 대졸 여성들보다 주체적 역량을 더 많이 가지고 있었다. 그들은 자신의 삶을 계획했다. 고용 장벽은 무너지기 시작했다. 결혼한 여성도 다양한 직군과 지위에서 일할 수 있게 되었다.

하지만 여전히 많은 제약이 있었다. 특히 아이가 어린데도 바깥일을 하는 여성은 사회적으로 크게 비난받았다.

변화의 조류

전후에 경제가 호황을 맞으면서 미국의 젊은 층과 중장년층 모두가 새로이 삶을 조정하기 시작한 무렵, 향후 수십 년간 미국 사회에 영향을 미치게 될 일련의 인구통계학적 변화들이 일어났다. 너무나 대대적인 변화여서 오늘날에도 미국 경제와 사회에 영향이 이어지고 있다. 베이비 붐은 다른 모든 이에게 영향을 미친 것처럼 대졸여성의 삶에도 영향을 미쳤다. 베이비 붐의 원인에 대해 많은 가설이 제시되어 왔지만 정확히 왜 결혼 연령이 급감했는지, 왜 출산율이 급증했는지, 왜 이 변화가 그만큼의 기간 동안 지속되다가 갑자기 끝났는지에 대해 여전히 우리는 확실히 알지 못한다.

이 변화는 미국 역사에 전례가 없는 일이었고 결혼 연령과 가족규모에 새로운 표준을 만들었다. 반세기 뒤의 우리는 전후 시기를 영광의 시기로 낭만화하지만, 출산과 결혼에 대한 어느 시계열 자료를 봐도 1950년대와 1960년대는 예외적인 시기였고, 많은 이들이 주장하는 바와 달리 생활 수준은 그 이후 시기보다 훨씬 낮았다. 하지만 긴 경제 불황과 전쟁 뒤였으므로 그 시기를 살아간 사람들에게는 훈풍이 부는 좋은 시절이었다.

전후 미국에서 벌어진 주요 인구통계학적 변화 중 첫 번째는 결혼 연령이 크게 낮아진 것이다. 대공황기에는 결혼이 뒤로 미뤄지는 추세였다. 그때는 실업률이 높았고 20%를 넘기는 때도 자주 있었다. 불황은 일반적으로 결혼 연령을 높이고 더 일반적으로 결혼율을 낮추는데,[27] 1930년대의 불황은 거의 10년이나 이어진 불황이었다. 하지만 대공황이 야기한 인구통계학적 변화는 전후에 "옛 정상으로 돌아가자"고 할 만큼 크지는 않았다.

1940년대의 결혼 연령 하락 폭은 1930년대의 결혼 연령 상승 폭보다 훨씬 컸다. 또한 전후의 다른 나라들에 비해서도 훨씬 정도가 크고 대대적이었다. 다른 나라들에서도 전쟁 중의 잃어버린 시간을 보충하기 위해 사람들이 많이 결혼하고 일찍 결혼했지만, 미국인들은 그에 비해서도 두드러지게 일찍 결혼했고 종전 직후에만이 아니라 이후 20년 동안 계속 그랬다.[28]

미국에서는 결혼과 출산에 가히 열풍이 불었다고 할 만했다. 그리고 1900년대 초에 대학을 졸업한, 더 나이가 많은 여성 중 일부도 이 시기 결혼 열풍의 파도에 올라탔다. 결혼 붐은 미국이 제2차 세계대전에 들어가면서 시작되었다. 앞에서 본 에이다 콤스톡도 대학 총장으로서 매우 성공적인 커리어를 일구고서 67세인 1943년에 결혼했다. 웰슬리 칼리지의 7대 총장이었고 제2차 세계대전 중에 WAVES(Women Accepted for Volunteer Emergency Service, 긴급여성자원부대)를 최초로 이끌기도 한 밀드리드 맥아피Mildred McAfee는 45세이던 1945년에 결혼했다. 맥아피는 거의 혼자서 WAVES의 기틀을 탄탄하게 세운 사람이다. 그 일을 마치고서, 맥아피는 하버드 대학 종교학과 학장과 결혼했다.

전후의 대대적인 인구통계학적 변화 중 두 번째는 여성의 첫 출산 연령이 낮아진 것이다. 또 아이를 더 이른 시기에 낳았을 뿐 아니라 더 많이 낳기도 했다. 잘 알려진 대로, 그 결과가 종전 직후에 시작된 베이비 붐이다. 이 시기의 베이비 붐이 충분히 예측 가능한 현상이었다고 보는 사람도 있다. 전쟁 중에는 남성들이 전장에 나가 있었으므로 각 가정이 출산을 미룰 수밖에 없었을 것이기 때문이다. 하지만 결혼 연령이 낮아진 것이 단지 대공황이 끝난 것만의 결과가 아니었듯, 출산의 증가도 단지 제2차 세계대전이 끝난 것만의 결과가 아니었다.

미국에서 베이비 붐은 1946년에 시작되어 1964년까지 이어졌다. 그보다 앞서 1942년에 미니 붐이 한 차례 있었는데, 짧은 기간 동안 아이가 있는 남성은 징집을 연기할 수 있는 기회가 제공되던 때였다. 우리가 살펴보고자 하는 여정과 관련해서 가장 중요한 점은, 베이비 붐이 고학력 여성을 포함한 모든 여성에게 영향을 미쳤다는 사실이다. 그래서 대졸 여성들도 대졸이 아닌 여성들과 비슷하게 높은 비중으로 결혼을 했고 아이를 많이 낳았다.

여성들이 이른 나이에 결혼을 하면서 1950년대에 '젊은 엄마'가 많아졌다. 대졸 여성의 60%가 30세 이전에 첫아이를 낳았다.[29] 여성국에서 대졸 여성을 대상으로 진행한 '1957년 졸업생 조사'에서도 이 경향을 읽을 수 있다. 64%가 졸업 후 7년 안에 아이를 낳았고 생애 동안 아이를 낳지 않은 여성은 17%뿐이었다.

늘 대졸 여성은 고졸 여성이나 대학을 중퇴한 여성보다 결혼 연령이 높았고 결혼하는 사람의 비중도 더 적었다.[30] 가령, 1900년대 초에 대학을 졸업한 여성들은 대졸이 아닌 여성들보다 늦게 결혼했고 30%는 결혼을 하지 않았다. 하지만 1950년대 대졸 여성들은 1900년대의 대졸이 아닌 여성보다도 일찍 결혼했고 더 높은 비중으로 결혼했다.

1950년대에 졸업한 대졸 여성 중 결혼하지 않은 사람은 8%에 불과하며 결혼한 사람들은 이른 나이에 결혼했다. 4분의 3 정도가 30세가 되기 전에 결혼했고 첫 결혼 연령의 중앙값은 겨우 23세였다. 1950년대 졸업생의 절반이 대학 졸업 후 1년 안에 결혼했다는 뜻이다. 1957년 졸업생을 대상으로 한 조사에 따르면 거의 40%가 졸업 후 6개월 안에 결혼했다.

1950년대에 대학을 졸업하자마자 결혼한 여성이 많았다는 것은 많은 이들이 대학에서 남자를 만나고 연애하고 약혼했다는 뜻이다. 프리단을 포함해 많은 논평가들이 졸업 직후에 결혼한 여성들이 대학 시절 진지하게 학문에 임했을지 의문을 제기했다. 앞에서 보았듯이 프리단은 대학을 중도에 그만둔 여성의 비중을 아주 과장했고 이들이 얼마나 진지하게 미래의 일자리를 계획하고 그것을 실행에 옮기기 위해 얼마나 노력했는지는 크게 평가를 절하했다.

대학에서의 공부는 전공한 분야에서 갖게 될 직업을 통해 결실을 맺는 경우가 많다. 무엇을 전공하는지는 그 학생이 준비하고 있는 직업이나 커리어가 무엇인지 말해 주는 지표가 된다.[31] 1950년대 무렵이면 대졸 여성 10명 중 4명은 교육학을 전공하고 있었다(교직 과정과 교육 대학 포함). 간호학, 아동발달학, 영양학, 사서학, 사회복지학도 여성에게 인기 있는 전공이었다. 다 합해서, 1950년대에 대학을 졸업한 여성 전체의 절반 정도가 이후의 직업과 직접적으로 관련 있는 분야를 전공했다.

직업과 밀접한 분야의 교육을 받고 졸업한 사람의 실제 비중은 이보다 더 클 것이다. 교육학을 전공하지 않은 사람 중에서도 많은 수가 교직 과목을 듣고 교사 자격증을 땄기 때문이다. '1957년 졸업생 조사'를 보면, 학부 전공이 교육학인 경우는 33%였지만 10명 중 6명 이상이 졸업 전에 교사 자격증을 땄다.[32]

요컨대, 1950년대에 대학을 졸업한 여성의 절반 이상이 졸업 시점에 장래에 아이를 갖고 가정을 꾸리는 것과 부합할 수 있는 일자리(노동 시간과 일정이 가정 생활과의 병행을 허용하고, 노동 수요가 많으며, 위험이 낮은 일자리)를 가질 능력을 갖추고 있었다. 교사, 간호사, 사회복지사 등 이 시기 대졸 여성들이 주로 택한, 그리고 지금도 많은 여성들이 택하는 직업은 승진 기회가 적고 대졸 학력이 필요한 다른 직종에 비해 보수도 낮은, 소위 '여성의 일'이다. 하지만 이 직종들은 매우 매력적일 수 있는 요소들도 가지고 있었다.

여성들은 장래에 노동시장에 다시 돌아올 것을 염두에 두고 의도적으로 이러한 분야를 전공했다. 1940년대 이전에는 이들 직종 상당수가 기혼 여성에게 열려 있지 않았다. 하지만 전후에는 이를테면 공립학교가 기혼 여성도 일할 수 있는 직장이 되어 있었다. 또한 출산이 늘었다는 것은 차차로 교사에 대한 수요도 많아지게 되었다는 뜻이다. 가정 생활을 늘어난 일자리 기회와 결합하고자 하는 여성들이 노동시장에 나오면서, 출산의 증가는 점차 교사의 공급이 증가하는 결과로도 이어졌다.

장래에 일자리를 잡을 생각이 없었다면 왜 대학생의 절반 이상이 특정한 직업과 직접적으로 관련된 전공을 택했겠는가? 교사가 될 가능성이 현실적으로 존재하지 않았다면 왜 60%가 넘는 여성이 교사 자격증을 땄겠는가? 문학, 예술사, 외국어, 음악 같은 전공이 어쩌면 더 흥미로웠을지도 모르지만 1950년대에 대학을 졸업한 여성 대부분은 가정 생활과 양립 가능한 종류의 직장을 잡을 수 있는 전공을 선택했다. 집단3에 속하면서 석사 학위를 가진 한 여성은 "교직은 가정도 갖고 싶은 여성에게 완벽한 커리어였다"고 말했다. "나는 13년 동안 일을 쉬었다가 아무 불이익 없이 다시 돌아올 수 있었습니다."[33]

일반적으로 말해서 1950년대 대학을 졸업한 여성들이 장기적인 '커리어'를 추구했다고는 볼 수 없다. 하지만 미래 어느 시점에 노동시장에 들어올 수 있기 위해 준비했고 실제로 대부분 노동시장에 들어왔다. 1950년대에 대학을 졸업한 여성들은 '가정을 먼저 꾸리고 나서 그다음에 일자리를 갖기로' 계획했고, 대체로 계획대로 되었다.

게임 플랜

종전 시기부터 1960년대 중반까지 미국인들이 전업주부가 있는 가정을 찬미했다는 점에서는 베티 프리단의 분석이 맞았다. 1920년대부터 1950년대까지 등장한 노동 절약적 장비들이 집을 깔끔하게 유지하는 데 들어가는 시간을 전에 비해 크게 줄여 주었다는 점을 짚은 데서도 프리단은 옳았다. 실제로 이러한 제품을 개발하고 판매하는 곳들은 여성들에게 호소력 있게 판촉하고자 할 유인이 있었다. 가구 광택제 '플레지'는 거실 탁자를 얼굴이 비칠 만큼 반짝반짝하게 만들어 준다고 광고했다. 부엌과 욕실 세제를 만드는 곳은 조리대를 위생적으로 유지할 수 있고 변기도 식기만큼 깨끗하게 관리할 수 있다고 광고했다. 하지만 전문직을 향한 대졸 여성들의 야망이 이전 시기에 높아졌다가 이 시기에 후퇴했다고 본 데서는 프리단이 틀렸다.

수백만 명이 《여성성의 신화》를 읽었다. 이 책은 혁명의 핸드북이라 해도 과언이 아니었다. 그런데 왜 프리단이 개진한 많은 주장이 정확하지 않았을까? 한 가지 이유는 프리단이 1950년대 대졸 여성의 성취를 더 이른 시기 대졸 여성 중 결혼을 하지 않고 아이도 없었던 여성들하고만 비교했기 때문이다. 그러면 이전 세대 대졸 여성 전체의 성취 정도를 충실히 가늠할 수 없게 된다. 이전 세대에서 커리어를 일군 사람들은 대부분 결혼을 하지 않았거나 아이를 낳지 않았다. 결혼을 하고 아이를 낳은 사람들은 대개 일을 하지 않았다. 하지만 1950년대에 대학을 졸업한 여성들은 둘 다 할 수 있는 역량이 있었다. 이들은 생애에서 순차적으로 둘을 모두 획득했다.

1950년대에 대학을 졸업한 여성들은 이전 세대 여성들보다 많은 선택지가 있었다. 1900년대 초에 졸업한 여성들은 결혼율도 출산율도 가장 낮았다. 이것은 인상적인 커리어를 성취하는 것으로 온전히 보상할 수 없었다. 그들은 종종 커리어냐 가정이냐 중 양자택일의 선택에 처했고 너무나 많은 여성이 둘 다 갖지 못했다. 또한 뒤를 돌아보며 분석하다 보니 프리단은 1950년대에 대학을 졸업한 여성들이 가지고 있었던 열망을 온전히 볼 수 없었다. 프리단의 책이 너무 일찍 출간되어서 1950년대에 대학을 졸업한 여성들이 앞으로 일구게 될 성취까지는 볼 수 없었던 것이다. 프리단은 이 여성들이 짠 게임 플랜이 결실을 맺는 것을 관찰할 수 없었다.

노동 연령이 끝날 무렵이면 1950년대에 대학을 졸업한 여성들은 커리어 면에서도 1900년대 초에 대학을 졸업한 여성들보다 훨씬 큰 성공을 거뒀다.[34] 그리고 커리어와 가정을 결합하는 데서는 훨씬 더 성공적이었다. 이들의 생애는 많은 국면을 포함하고 있었는데, 프리단은 이들의 생활이 가정에 한정되어 있던 국면에서만 이들을 관찰했다. 그리고 그 국면에서 많은 여성들이 가지고 있었던 좌절과 한탄을 책에 담았다. 하지만 이 여성들은 시간 안에 응결되어 있지 않았다. 대부분은 프리단이 그 책을 출간하기 한참 전부터 그 생활에서 벗어날 계획을 세워 놓고 있었다.[35]

1950년대와 1960년대에 이뤄진 설문조사 자료들을 통해 그들의 야망과 성취를 가늠해 볼 수 있다. 이 조사들은 당대 대졸 여성들에 대해 대표성 있는 대규모 표본을 대상으로 수행되었다. 조사 설계자들은 전국적으로 대표성 있는 표본을 만들기 위해 대상자를 신중히 선정했고 통계적 가중치를 부여했다. 이 조사들은 소수의 대학만을 대상으로 한 소규모 조사가 아니라 학사 학위를 수여하는 미국 내 모든 교육 기관을 아우르도록 설계되었다. 아래에서 살펴볼 것은 대표적인 두 개의 조사인데, 하나는 1957년에 대학을 졸업한 여성을 대상으로 한 것이고 다른 하나는 1961년에 대학을 졸업한 여성과 남성을 대상으로 한 것이다.

1957년 졸업생

1958년 1월, 미국 노동부 여성국Women's Bureau은 1957년 6월에 졸업한 대졸 여성을 대상으로 설문조사를 실시했다.[36] 그리고 7년 뒤에 동일한 여성들에 대한 후속 조사가 이루어졌다. 후속 조사는 대졸 여성 중 아이를 키우느라 노동시장을 떠났다가 재진입에 어려움을 겪고 있어서 추가적인 교육이 필요한 사람들이 있을지 모른다는 우려에서 시행되었다.

1957년 졸업생에 대한 첫 조사는 졸업 후 6개월 뒤에 진행됐으며 약 6,000명이 설문에 답했다.[37] 1957년에 8만 8,000명이 학사 학위를 받았으므로 이 표본은 전체 대졸 여성의 7%에 해당한다. 당시로서 매우 방대한 표본이었고 여성국의 매우 중요하고 대단한 작업이었다.

응답자들은 153개의 대학(종합대학university과 칼리지college 모두 포함) 출신이었고 여대와 공학이 섞여 있었다. 조사를 담당한 사람들은 1957년 대졸 여성의 전국 분포와 일치하도록 표본을 지역별로, 또 학교 유형과 크기별로 할당했다. 따라서 이 표본을 당시 대졸 여성 전체를 대표하는 표본이라고 간주해도 무방하다. 1964년에 이뤄진 후속 연구에서는 약 5,000명이 응답했다.

두 조사 모두에서 대졸 여성들이 졸업 후에 대학원에 진학하고 일자리를 갖겠다는, 일부는 커리어를 갖겠다는 계획을 염두에 두고 있었음을 알 수 있다. 물론 그들은 가정에 우선순위를 두었다. 하지만 그들이 가정 영역에만 머물러 있었다는 말은 아니다.

이들은 일찍 결혼한 편이지만 결혼 전에, 그리고 결혼 후에도 한동안 일자리를 가지고 있었다. 1957년 6월에 졸업을 하고서 6개월 뒤에 40%가 결혼한 상태였고 결혼한 사람 중 4분의 1이 아이가 있었다. 하지만 전체 중 82%가 졸업 후 곧바로 고용되었고 대부분 전일제였다(일하면서 야간 학교에 다니는 사람도 있었다). 일을 하고 있었던 사람 중 열에 여섯은 교사였다. 전체 중에서 7%만이 일자리를 구하지 않고 있었고 대체로 어린아이가 있는 경우였다.[38]

그렇다면, 프리단은 어쩌다가 1950년대에 대졸 여성들이 청교도적 노동 윤리를 잃었다고 생각하게 되었을까? 아마도 대부분이 일을 하고 있긴 했지만 '커리어'를 계획하고 있다고 답한 사람은 18%에 불과하다는 사실이 말해 주는 현실과 관련이 있을 것이다. 응답자 대부분은 결혼을 하거나 아이가 생기면 일을 그만둘 것이라고 답했고 실제로 그렇게 했다. 하지만 일을 그만둘 계획을 가지고 있던 사람들은 나중에 다시 돌아올 것이라고도 계획하고 있었고[39] 실제로 돌아왔다. 이들은 마거릿 앤더슨이나 준 클리버가 되고자 한 것이 아니었다.

결혼을 하고 어린아이가 생겼을 무렵인 졸업 후 7년 시점에도 그들은 여전히 그 계획을 가지고 있었을까? 대체로는 그랬다. 졸업 후 7년 뒤에 85%가 결혼을 했고 78%가 아이가 있었다. 대부분은 아이가 미취학 연령대였다. 당시의 사회적 규범은 어린아이가 있는 엄마들이 바깥일을 하지 못하게 압력을 가했고 어린이집 같은 서비스도 거의 없었다. 그런데도 미취학 연령대 아동이 있는 엄마들 또한 26%가 일을 하고 있었다.

이 대목은 강조할 필요가 있다. 이들은 야망 없는 여성들이 결코 아니었다. 대졸 여성 절반이 일을 했고 이중 거의 20%가 대학원에 진학했다. 다만 그들은 스스로를 '커리어 우먼'이라고 부르려 하지는 않았다. 한 여성은 이렇게 말했다. "나는 주부이고 엄마입니다. 커리어 우먼 같은 유형은 아니에요. 하지만 가르치는 일을 좋아합니다."[40]

이는 이들이 전업주부로 남고 싶어 했다는 의미가 아니었다. 대부분은 가족을 부양하기 위해 일을 한다고 말했지만 13%는 현재의 일자리가 '커리어'를 갖기 위한 것이라고 답했고 추가적인 25% 정도가 언젠가 커리어를 추구하고 싶다고 말했다. 중요하게도, 1964년에 (당시 고용 상태인 사람도 포함해서) 80% 이상이 미래에 고용이 되어 있기를 희망하고 있었다.

이들에게 가장 큰 제약은, 아이가 어릴 때는 **마땅히** 엄마가 집에 있어야 하고 엄마가 일을 하면 아이에게 "해롭다"고 보는 사회적 규범이었다. 방대한 표본을 대상으로 진행되는 일반사회조사General Social Survey, GSS는 1977년부터 조사 대상자 전체에게 "아이가 미취학 연령대일 때 엄마가 바깥일을 하면 아이에게 좋지 않다"라는 언명에 동의하는지 묻는 항목을 포함하고 있다. 그림 5.1에서 볼 수 있듯이 이 언명에 동의하는 사람 비중은 남녀 모두 출생 연도가 뒤로 가면서 점차 감소했다. 20세기 초에 태어난 사람들의 경우, 남성의 80%와 여성의 70%가 '그렇다'고 답했는데 20세기 말에는 여성의 20%와 남성의 30%만 '그렇다'고 답했다.[41] 응답자들이 설문에 답한 연령이 차이가 나므로 이 데이터에는 젊은 시절에 갖게 된 사회적 규범과 나이가 들어서 갖게 된 사회적 규범이 혼재되어 있다. 하지만 개개인의

그림 5.1 "아이가 미취학 연령대일 때 엄마가 바깥일을 하면 아이에게 좋지 않다"라는 언명에 동의하는 사람 비중: 모든 교육 수준의 남성과 여성 전체 중

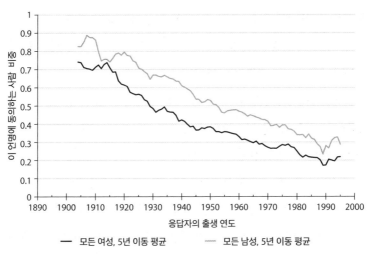

출처: GSS 마이크로 데이터 1977-2016년까지.

생각이 시간이 지나면서 달라지는 것을 감안하더라도 생각의 변화를 가장 잘 설명하는 요인은 출생 연도였다.

남편이 아내에게 부과하는 제약은 어땠을까? 앨리스와 루시의 독재적이지만 코믹한 남편(랠프와 리키)은 아이가 없는데도 아내가 일하는 것에 반대한다. 하지만 앨리스와 루시는 대졸자가 아니었고, 1964년에 대학을 졸업한 아내들은 상황이 이들보다 훨씬 나았다. 이들의 남편은 83%가 아내가 일하는 것에 반대하지 않거나 미래에 일을 하기 위해 준비하는 것에 반대하지 않았다.[42] 어린아이가 있는 가정에서도 아내가 바깥일을 하는 것에 반대하는 남편은 21%에 불과했다.

아내가 일하는 것에 반대한 남성들은 대개 아내가 현재 일을 하지 않고 있고 일자리도 구하지 않고 있었다. 이 경우에 남편의 반대는 이 여성들이 일을 하지 않는 데 결정적인 요인이 아니었을 것이다. 서로 비슷한 성향인 사람들끼리 결혼하는 경우가 많다고 볼 때, 부부 모두가 아내의 자리는 가정이라고 생각하는 사람이었을 가능성이 크기 때문이다. 하지만 한 여성은 자신의 남편이 "엄마와 아내로서의 역할이 내게는 전일제 일이나 마찬가지이며 그것으로 끝이어야 한다고 생각한다"고 말했다.[43]

이러한 도덕 규범과 선호가 널리 퍼져 있었어도, 1957년에 졸업한 대졸 여성들은 '게임 플랜'을 가지고 있었다. 이는 가정에 집중하는 기간 동안 이들이 갑갑해하지 않았다는 말도 아니고 노동시장에 재진입하려 했을 때 그 시장이 평평한 운동장이었다는 말도 아니다. 1957년과 1864년 조사 모두 응답자들이 "더 하고 싶은 말을 자유롭게 적어 주세요"라는 항목이 포함되어 있어서 이들이 어떤 불만을 가지고 있었을지 엿볼 수 있다. 두 시점 사이에 이들의 어조는 상당히 달라졌고 1964년이면 많은 이들이 프리단이 물꼬를 튼 저항의 목소리를 내고 있었다.

졸업 후 6개월 뒤에, 1957년 졸업생인 여성들은 삶에 만족했고 밝은 분위기였다. 대학은 대체로 좋은 경험이었다. 이제 막 삶의 출발점에 선 이들은 신혼이었거나 곧 결혼할 예정이었고 머지않아 아이도 생길 터였다. "6월에 결혼할 예정"이라는 한 여성은 "대학에 가지 않은 여성보다 내가 여기에 더 폭넓게 준비되어 있다고 생각한다"고 언급했다. 또 다른 여성은 "사회복지 분야의 커리어를 원한다"

며 "결혼을 한다면 아이가 초등학교에 들어갔을 때 일터로 복귀하고 싶다"고 말했다.[44]

대다수는 첫 직장에 다니고 있었는데 대학 때부터 준비한 직장이었다. 많은 이들이 대학에서 받은 자유교양 교육이 일생에 한 번 있을 만한 기회였다고 생각했다. "전공과 관련 있는 좋은 일자리도 중요하지만 자유교양에 대한 배경 지식에서 얻을 수 있는 개인적인 만족은 더욱 중요합니다." 어떤 이들은 이러한 폭넓은 교육이 좋은 배우자와 좋은 엄마가 되는 데도 중요하다고 생각했다. "매칼래스터 칼리지는 (…) 여성이 직업에 대해서도 준비되게 해 주지만 정치, 문화, 종교 과목 들도 필수로 배워야 해서 지식과 정보를 갖추고 지역 사회 공동체에서 적극적인 아내가 되도록 준비시켜 주기도 합니다." 한편 정반대로 말하는 사람도 있었다. "대학에서 받은 교육은 삶을 더 잘 누리게 해 주고 일자리를 얻는 데 유용한 것들도 알려 주어서 더할 나위 없이 소중했지만, 아내로서의 의무들을 수행하는 데는 거의 쓸모가 없었습니다."

대부분 대학 시절을 좋은 추억으로 기억했지만 직업 훈련, 기업 세계에서 필요한 지식, 더 일반적으로 커리어를 쌓는 데 필요한 지식을 충분히 제공하지 않는다는 비판도 있었다. 놀랍게도, 많은 여성이 대학 교육이 단순 사무 기술을 필수 과목으로 두고 있지 않은 것을 비판했다. "무대 예술 전공자도 무대에서의 경력을 시작할 수 있으려면 속기와 타자를 배우도록 장려되어야 합니다." 또 교육을 전공한 사람들은 "강의만 내내 듣는 게 아닌, 실제 교실 상황을 실습해 보는 경험"이 부족했다고 불만을 표했다(이것은 연령대를 막론하고 일반적으로 제기된 불평 중 하나다).

졸업 후 7년이 지난 시점인 1964년 조사에서는 더 다양한 답이 나왔다. 3분의 1 정도가 주관식 문항에 답을 했는데, 응답과 응답자가 크게 두 범주로 명백하게 갈린다. 대다수가 속한 한쪽 부류는 당시에 일을 하고 있거나 곧 다시 일할 예정이었다. 나머지 더 소수의 부류는 자신이 마거릿처럼 계속 전업주부일 것이라고 생각하고 있었다.

다수 집단의 대표적인 응답은 다음과 같았다. "내가 아는 대부분의 여성과 마찬가지로 나는 학교를 좋아했고 일하는 것도 좋아했습니다. 지금은 아이 키우느라 일을 쉬고 있지만 막내가 학교를 가면 일터로 돌아갈 것이고 은퇴 전까지 25년 정도 만족스러운 일을 하면서 보낼 생각입니다. 아마도 교직에서요." 4분의 3 정도는 삶에 만족하는 것 같았다. 그렇지 않은 4분의 1 정도는 고용 차별, 임금 차별에 대해 불만을 표했고, 가장 흔하게는 돈이 많이 드는 세상에서, 그리고 아이를 돌봐 주는 서비스가 없는 세상에서 바깥일과 엄마로서의 의무를 결합하려 할 때의 어려움을 토로했다. 한 여성은 이렇게 기록했다. "나는 [정신적으로] 어려움을 겪는 사람들을 돕는 일을 했고 일은 내게 지속적인 만족의 원천이었습니다 (⋯) [하지만] 괜찮은 어린이집을 찾을 수가 없었고 (⋯) 결국은 부담을 다 감당할 수가 없었습니다."

한편, 준과 마거릿 같은 소수 집단의 대표적인 응답은 다음과 같았다. "현재로서는 사랑하는 남편과 아이들에게 '고용되어' 있는 것이 더없이 행복하고, 빵 굽고 바느질하고 청소와 빨래를 하고 아이들과 놀아 주고 책을 읽어 주고 아이들과 여행을 하느라 매우 바쁘게 시간을 보내고 있습니다." 이 집단이 다수 집단보다 더 만족도가 높아 보였다. 다수 집단은 시간 제약에 대해 불평하거나 일터로 돌아가기를 고대하고 있었다.

1961년 졸업생

1957년 졸업생들에게서 볼 수 있는 이야기는 특이한 것이 아니다.[45] 4년 뒤 한 민간 기구에서 남녀 대졸자를 모두 포함해 더 대규모의 조사를 진행했다.[46] 1957년 졸업생들처럼 1961년 졸업생들도 당대의 많은 제약과 사회적 규범을 따랐지만 그러한 한계 내에서도 미래를 계획하고 있었다.

최초의 조사와 첫 번째 후속 조사 모두 몇 권으로 요약이 되어 있는데 그중 하나는 몹시 적절하게도 〈위대한 포부Great Aspirations〉라는 제목이 붙어 있다.[47] 하지만 이 조사는 당대의 컴퓨터로 분석을 하기에는 규모가 너무 컸다. 그래서 이제까지 일부만 분석되었고 책에 기록된 내용은 주로 남성 응답자들에게 초점을 맞춘 것이어서 여성에 대해서는 논의가 많이 이뤄지지 못했다. 최근에 나는 이 정보의 광맥을 재발견해 분석에 사용할 수 있었다.[48]

〈위대한 포부〉 프로젝트는 남녀 대졸자들이 대학원 교육을 지속할 생각이 있는지 알아보기 위해 수행되었다. 또 특별히 여성들이 직면하는 사안들에 대해서도 조사를 했는데, 대졸 여성들의 열망, 성취 그리고 사회적 규범에 대한 인식을 드러내 주는 질문들을 담고 있었다.

1957년 졸업생 여성들처럼 1961년 졸업생인 여성들도 전업주부로만 사는 것을 훨씬 넘어서는 야망을 품고 있었다. 거의 모두 졸업 후에 일을 하고 싶어 했다.[49] 대부분은 졸업 후 얼마 지나지 않아 결혼을 했고 곧이어 아이를 낳았지만[50] 일터로 복귀할 생각을 가지고 있었고 이를 위해 교육과 훈련에 투자했다.[51]

졸업한 지 7년이 된 1968년에 장기 목표로 '주부'를 생각하고 있는 사람은 17%뿐이었다. 졸업 직후 10%였던 것보다는 늘어났지만 그래도 낮은 수준이다. 전업주부로 어린아이를 돌보고 있는 동안에도 무려 83%가 전업주부를 장기 목표로 생각하지 않았다.

70% 정도는 향후 10년 동안 아이와 가정이 가장 높은 우선순위일 것이라고 말했다. 하지만 그와 동시에 무려 50%가 결혼 후 10년이 지나면 '커리어'가 중요해질 것이라고 예상하고 있었다.

1957년 졸업생들과 비슷하게 이들 중 많은 수가 졸업하고 얼마 되지 않아 결혼했다. 졸업 후 1년이 되기 전에 결혼한 사람이 42%나 되었다.[52] 7년 후에는 84%가 결혼한 상태였고 결혼한 사람 중 81%가 아이가 있었다.

졸업을 앞두고 있었던 1961년 봄에 응답자들은 대학에 들어올 때 가지고 있었던 포부가 무엇이었는지에 대해서도 이야기했다. 남녀 모두 상당한 비중의 응답자가 입학 당시에 언젠가 대학원 과정을 밟을 생각이었다고 말했는데, 졸업하고 1년 뒤에 여성의 약 20%, 남성의 약 35%가 대학원에 다니고 있었다. 마지막 후속 조사가 이뤄진 졸업 후 7년 시점에는 여성 30%와 남성 40%가 대학원 과정을 마쳤거나 대학원에 다니고 있었고, 1961년 학부 졸업생 전체 중 여성의

40%와 남성의 50%가 생애 중에 석사 이상의 학위를 받았다.[53]

오늘날 대졸 여성 중 대학원에 진학하는 여성의 비중은 남성과 비슷하다. 남녀가 비슷하게 로스쿨에 가고 의학대학원에 가고 박사 과정에 진학한다(MBA는 여성 비중이 약간 적다). 오늘날에 비하면 1950년대 말과 1960년대 초에 대학원에 진학하는 대졸 여성 비중이 낮았지만 프리단 등 당대의 저술가들이 묘사한 것보다는 훨씬 높았다.

그런데 어쩌다가 우리는 이 여성들을 마거릿 앤더슨이나 준 클리버와 비슷했을 것이라고 여기게 됐을까? 이제까지 보았듯이 1950년대에 대학을 졸업한 여성들이 가정을 최우선 순위에 두었기 때문일 것이다. 1964년에 이뤄진 조사에서 1961년 졸업생 중 결혼을 하고 전일제 일자리도 갖고 있었던 여성의 37%가 여전히 자신을 "주부"라고 묘사했다.

여성 응답자들은 성 역할 고정관념이 일으키는 제약에 대해서도 이야기했다. 〈위대한 포부〉 조사는 성 역할 규범에 대해서 묻는 질문을 포함하고 있는데, 그중 하나는 1977년 이후로 GSS에서도 질문하고 있는(앞에서 언급한 바 있다) 다음 항목이었다. "아이가 미취학 연령대일 때 엄마가 바깥일을 하면 아이에게 좋지 않다." 여성 60%, 남성 66%가 이 언명에 강하게 혹은 약하게 동의한다고 답했다.[54] 당대의 사회적 규범에 얼마나 동의하는지 알아보기 위한 질문 중에는 여성의 '커리어'에 대한 견해를 묻는 것들도 있었다. 여성의 4분의 3이 "아내는 자신의 커리어를 갖는 것보다 남편의 커리어를 내조하는 것이 더 중요하다"에 동의한다고 답했다. 또한 그만큼의 비중이 "결혼한 여성은 자신의 커리어에 대해 장기적인 계획을 세울 수 없다. 남편의 커리어에 따라 달라질 것이기 때문이다"라는 언명에 동의한다고 답했다.

이것은 당대에 일반적으로 받아들여지던 생각이었다. 엄마가 늘 집에 있지 않으면 미취학 연령대의 어린아이에게 해가 된다고 본 당대의 믿음이 어린아이가 있는 여성들이 일하는 것을 가로막은 주요인이었다. 하지만 아이를 돌봐 주는 시설이 충분하지 않았던 것 또한 중요한 요인이었다. 그런데 그런 시설들은 수요가 충분하지 않아서 충분히 존재하지 못했다. 전형적인 닭이 먼저냐 달걀이 먼저냐의 문제였다. 엄마가 일하면 어린아이에게 해롭다는 인식을 없애기 위해서는 돌봄 시스템에 커다란 변화가 필요했다.

나의 엄마는 뉴욕에서 존경받는 초등학교 교장 선생님이셨는데, 내가 젊었을 때, 심지어는 내가 40대가 되어서까지도(이때는 엄마의 손주인 내 조카들이 아이를 낳아 키우고 있을 때였는데도) "학교 갈 나이가 되지 않은 어린아이는 엄마가 돌보는 것이 가장 좋다"고 말씀하셨다. 엄마 본인도 내가 학교에 들어가기 전에는 교사 일을 시작하지 않으셨다. 엄마가 정말로 그렇게 믿으셨는지 또 아직도 그 시절의 규범에 여전히 순응하고 계신지 나는 알지 못했다. 그러다가 최근에 엄마에게 물어본 적이 있다. 이제 100세가 되신 엄마는 양질의 어린이집이 있으면 미취학 연령대 아이라도, 아니 더 어린 아기라고 해도 엄마가 바깥일을 하러 간 동안 얼마든지 잘 돌봐질 수 있을 것이고 어쩌면 더 잘 돌봐질 수 있을 것이라고 하셨다. 한때 엄마는 '집에 있는 엄마'의 대안을 상상할 수 없었다. 이제 엄마는 대안을 상상할 수 없었던 시절이 있었다는 것을 상상하지 못하셨다.

설문에는 남편의 커리어가 여성에게 얼마나 중요한지에 대한 문항도 두 개 포함되어 있었다. 이 질문은 부부의 상대적 소득과 관련이 있다. 아마도 남편이 아내보다 많이 벌었을 것이므로 남편의 커리어를 존중하는 것이 가구 소득을 높일 수 있는 길이었다.

이러한 개념들이 야망 없는 여성만 갖고 있었을 낡은 사고방식으로 보일지도 모르지만, 그렇지 않았다. 대학원에 가서 석박사 학위를 받을 계획이던 여성도 아이가 어렸을 때 엄마가 일을 하는 것은 가능하다고 생각하지 않았다. 당시의 돌봄 인프라 상황을 생각해 보면 실제로 불가능했을 것이다. 분명히 당시 여성들의 최우선 순위는 가정이었지만 그들의 레이더 안에는 일자리 또한 (그리고 아마도 커리어도) 들어와 있었다. 1950년대에 대졸 여성들은 준이나 마거릿이 직면한 것과 마찬가지의 제약에 직면하기는 했지만 그것을 깨고 나오는 것을 계획했다. 그리고 계획대로 깨고 나왔다.

집단3 중에서 유명인들은 "가정, 그다음에 커리어"의 경로를 일구었다. 하지만 구불구불한 길을 돌고 돌아서 그렇게 할 수 있었다. 많은 이들이 중년의 나이에 뒤늦게 재능과 열정을 꽃피웠다.

위트 있는 글로 유명한 작가 어마 봄벡은 1927년에 태어났고 1949년에 데이턴 대학을 졸업했으며 대학 때 만난 빌 봄벡과 그해에 결혼했다. 가정을 꾸리면서 작가로서의 커리어를 시작했지만 세 아이를 키우던 10년 동안은 펜을 놓아야 했다. 하지만 그다음에 매우 성공적인 전국적 칼럼니스트가 되었고 교외의 가정 생활을 다룬 재치 넘치는 글로 인기를 얻었다.

최초의 여성 유엔 대사를 지낸 진 커크패트릭은 1926년에 태어났고 세 아이가 있었다. 대학 졸업 후 20년 뒤에 행정학 박사 학위를 받았고 40대에 정계에서 활발하게 활동했다. 그리고 1981년에 유엔 대사가 되었다.

1936년에 태어난 그레이스 나폴리타노Grace Napolitano는 결혼하고 다섯 아이를 키웠다. 그리고 35세에 포드 자동차에서 일을 시작해 20년 동안 이곳에서 일한 뒤, 50세에 시의원에 출마했고 67세에 미국 하원의원이 되었다.

캐리 미크Carrie Meek는 1946년에 플로리다 A&M 흑인 대학을 졸업했다. 하지만 대학원은 다른 곳에서 다녀야 했다. 당시에 플로리다주에서는 흑인이 석박사 과정에 진학할 수 없었기 때문이다. 나중에 교육자이자 활동가로서 마이애미에서 지역사회 활동을 했고 54세에 플로리다주 의원으로 선출되었으며 1992년에 [남북 전쟁 직후의] '재건 시대Reconstruction Era' 이래 최초로 플로리다 출신 흑인 연방 하원의원이 되었다. 미크가 은퇴를 한 뒤에 아들 켄드릭Kendrick이 그 자리에 선출돼 엄마의 뒤를 이었다.

필리스 슐래플리는 잘 알려진 보수주의자, 반공주의자, 반페미니스트 여성이다. 베티 프리단과 논쟁을 벌인 것으로도 유명하다. 예외처럼 보이는 슐래플리의 삶도 실은 당대의 전형을 보여 준다. 1924년에 태어난 슐래플리는 대통령제에 대해 널리 알려진 책을 썼고 활발한 보수주의 활동가였으며 여섯 아이가 있었다. 그리고 페미니즘에 반대하는 운동을 진전시키기 위해 54세에 로스쿨을 졸업했다(남편의 지지를 받지는 못했다). 아이러니하게도 여성이 전업주부로 아내와 엄마 역할에만 집중해야 한다는 개념을 지지하기 위해 본인은 늦은 나이에 커리어를 시작했다.

봄벡, 커크패트릭, 미크, 나폴리타노, 슐래플리처럼 늦은 나이에 **커리어**를 일군 여성은 소수였다. 하지만 아이들이 컸을 때 **일자리**에 나온 여성은 소수가 아니었다. 그리고 여기에 곧 더 다수인 집단이 결합하게 된다. 1960년대 말과 1970년대 초에 대학을 졸업하기 시작한 집단4의 여성들이다. 이들은 생애의 나중으로 미루기보다 처음부터 커리어를 일구겠다는 포부를 가지고 있었다.

1950년대에 대학을 졸업한 여성들이 중년에 노동시장에 다시 들어온 것은 그들이 세운 장기적인 인생 계획의 일환이었다. 하지만 이들의 대대적인 노동시장 재진입은 사회의 더 큰 변화와 맞물려 이뤄진 것이기도 했다. 그리고 이 변화는 여성들이 커리어와 가정을 동시에 추구하는 새로운 시대를 불러왔다.

1950년대에 대학을 졸업한 여성들은 우리가 살펴보는 여정의 중간 지점에 해당한다. 그들은 이전 세대보다 많은 선택지를 가지고 있었고, 이후의 여성들은 다시 이들보다 더 많은 선택지를 가지게 된다.

1950년대 초에 결혼한 대졸 여성은 교사가 될 수 있었고 파트타임으로도 일할 수 있었다. 1960년대 초에 실시된 설문조사들을 보면, 대졸인 그들의 남편들은 대졸인 아내의 고용을 대체로 반대하지 않았고 일부는 반겼다. 대졸 여성들은 마침내 가정과 일자리를, 그리고 어떤 경우에는 가정과 커리어를 달성할 수 있었다.

이들은 이전 집단보다 많은 것을 성취했다. 전문직에도 더 높은 비중으로 진출했고 커리어와 가정을 둘 다 성취한 여성의 비중도 더 높았다. 이들은 전보다 많이 대학을 중퇴하지도 않았고 분명히 야망이 부족하지도 않았다.

하지만 어마 봄벡은 이렇게 풍자했다. "삶이 체리가 든 사발이라면, 지금 나는 구덩이에서 무엇을 하고 있는 것인가?" 1957년 졸업생들을 대상으로 한 1964년의 후속 조사에서 응답자들이 털어놓은 이야기들을 보면 대졸 여성들이 이 시기까지 성취해 온 진보의 어두운 면을 읽을 수 있다. 남성이 많은 분야를 전공한 몇몇 여성은 이렇게 한탄했다. "[화학공학을 전공한 사람을 뽑는] 일자리를 구할 때마다, 다 이렇게 쓰여 있습니다. (…) 여성들이 공학을 선택하도록 독려해야 한다고 말이에요. (…) 눈물이 나는 동시에 웃기기도 합니다." 또 다른 응답자는 이렇게 언급했다. "전통적으로 남성의 일로 알려진 분야에서 여성을 고용하는 것에 대해 고용주가 갖고 있는 편견을 경험한 적이 있습니다. (…) '소위' 능력주의 시스템으로 돌아간다고 하는 공무원직에서도 말이에요."[55]

집단3의 여성을 가장 크게 제약한 것은 엄마가 '이기적인 커리어 우먼'이면 어린아이에게 피해가 간다는 통념이었을 것이다. 똑똑한 아내가 정말로 일을 하고 싶다면, 엄마가 집에 없어서 아이가 힘들어 해도 그렇게 해야 하는가? 아니면 아이를 위해 엄마가 열망을 희생해야 하는가? 많은 응답에서 이 딜레마를 읽을 수 있다. 한 응답자는 이렇게 언급했다. "교직에 복직해서 학교에서 근무 중인 동안 아이를 돌봐주는 사람에게 들어가는 비용은 (…) 바깥일을 하는 것이 재정적으로는 그리 가치 있는 일이 못 되게 만듭니다." 여기에 더해, 아동 돌봄 인프라가 부족하고 가격대도 감당 가능한 범위가 아니었기 때문에 '집에 있는 엄마'라는 표준 모델에서 벗어나기는 더욱 힘들었다.

이 세대 여성들이 느낀 공허와 좌절이 바로 베티 프리단이 그의 베스트셀러에서 드러내고자 한 주제였다. 그 책에서 프리단은 "이게 다야?"라는 말로 이를 잘 요약하고 있다. 하지만 가정에 묶여 있어야 하는 상황은 영원한 것이 아니었다. 이들은 '가정, 그다음에 일자리'의 순서로 '연쇄적으로 펼쳐지는 삶'을 계획했다(소수는 '가정, 그다음에 커리어'의 단계를 밟을 수 있었다).

집단3 여성들의 삶에 교육이 미친 영향에 대해서는 프리단의 분석이 맞았다. 하지만 이들의 열망에 대해서는 틀렸다. 프리단의 책은 여성들이 더 큰 성평등과 더 큰 부부간 공평성을 향해 나아가는 경로의 중간 지점에서 나왔다. 프리단은 대졸 여성에게 더 좋았던 시기를 찾고자 과거로 돌아갔다. 하지만 과거는 이들에게 더 좋은 시기가 아니었다. 변화는 이미 일어나고 있었다. 그리고 프리단이 책에서 묘사한 바로 그 여성들도 이 변화의 이득을 일부 누릴 수 있었다. 프리단이 한 공헌은 독립을 향한 여성들의 열망에 불을 붙이고 그들에게 현 상태를 변화시킬 수 있다는 자신감을 준 것이다. 이 연료는 1960년대와 1970년대 졸업생들이 미국의 삶의 모습을 대대적으로 바꾸게 될 '조용한 혁명'을 일구는 데 일조했다.

6장
조용한 혁명

〈메리 타일러 무어 쇼The Mary Tyler Moore Show〉의 주인공 메리 리처즈는 '조용한 혁명'의 전위라 할 만하다. 극 중에서 메리는 1970년에 남자친구와 헤어지고 미니애폴리스로 가서 지역 TV방송국 저녁 뉴스의 보조 프로듀서로 꿈꾸던 일자리를 얻는다. 메리는 30세의 미혼 대졸 여성이고 싱글 생활에 만족하고 있다. 메리의 목표는 연애도 활발하게 하면서 커리어도 성공적으로 일구는 것이다. 메리는 두 영역 모두에서 훨훨 난다. 메리는 재능과 의지와 매력이 있다. 여기에 더해 비밀 무기까지 있는데, 바로 피임약이다.

〈메리 타일러 무어 쇼〉가 시즌7까지 가는 동안 메리는 10여 명과 연애를 하고 두 명과 약혼을 한다. 시리즈 내내 메리는 중서부 토박이의 상징이면서 전국적으로 사랑받는 캐릭터였다. 하지만 아직 어떤 TV프로그램도 피임이라는 주제를 이야기하지 못하고 있었다. 〈메리 타일러 무어 쇼〉의 작가는 이 말하기 어려운 주제를 어떻게 다룰 수 있었을까? 시즌2에서 매우 조심스럽게, 그리고 코믹한 톤으로 피임약이라는 주제를 방송에 내보낼 수 있었다.

그 화 방송에서 메리의 부모가 메리가 사는 아파트에 들른다. 그리고 돌아가는 길에 메리의 엄마가 문을 나서며 [아빠와 메리가 있는] 거실 쪽을 보고 말한다. "약[pill] 먹는 거 잊지 마!" 그러자 메리와 아빠가 동시에 대답한다. "알았어." 메리는 당황하고 아빠는 뭔가 못마땅한 얼굴로 메리를 바라본다. 피임약이 처음으로 시트콤에서 언급된 이때는 1972년이었다[영어에서 일반적인 알약을 뜻하는 pill에서 p를 대문자로 표기한 Pill이 피임약을 뜻하는 말로 사용된다. 옮긴이].

피임약은 1960년에 FDA 승인을 받았고 이듬해에 처방약으로 시장에 나왔다. 거의 곧바로 수백 만의 기혼 여성이 피임약을 사용하기 시작했다. 하지만 많은 주가 미성년인 미혼 여성이 부모 동의 없이 피임약 구하는 것을 사실상 금지하고 있었고, 많은 주에서 성인의 기준은 21세였다. 1969년에 성인 연령이 20세보다 낮은 주는 7개밖에 없었다. 믿거나 말거나 이러한 주 법들은 100년이나 된 것이었고 빅토리아 시대에 매매춘을 단속하기 위해 만들어진 연방 법률이 촉발한 법들이었다.[1]

1960년대 말과 1970년대에 많은 주에서 성년 연령을 낮추는 법이 통과되었고 일부 주에서는 법정 소송을 통해 미성년자의 권리가 확대되었다. 그런데 이러한 법적 변화를 가져온 요인은 섹스나 피임과는 관련이 없었고 피임약과도 관련이 없었다. 이 변화의 가장 중요한 요인은 수정헌법 26조가 통과된 것이었다. 이 조항으로 연방 차원에서 투표 연령이 18세가 되었고 이어서 36개 주가 성년 연령을 18세로 낮췄다.

1972년이면 적어도 12개 주가 16세 이하의 결혼하지 않은 소녀도 부모 동의 없이 피임약(혹은 다른 형태의 피임 수단)을 처방받을 수 있게 규정을 완화했다. 1974년이 되면 이는 27개 주로 확대되며, 43개 주에서 대학 신입생이 피임약을 살 수 있을 만큼 성인 연령이 낮아진다.[2]

'피임약의 어머니'는 두 명을, '피임약의 아버지'는 적어도 네 명을 꼽을 수 있지만 오랫동안 피임약은 고아 신세였다. 어느 업체도 생산을 하려고 하지 않았기 때문이다. 하지만 일단 생산되고 나자 모두가 피임약을 원했고, 일단 소비자들이 받아들이고 나자 제약회사들이 수익을 노리고 앞다투어 피임약 시장에 들어왔다.

먹는 알약으로 임신을 막는다는 개념은 산아제한 운동의 개척자이자 많은 논란을 불러일으키기도 한 미래주의적 개혁가 마거릿 생어Margaret Sanger의 꿈이었다. 1916년에 생어는 브루클린에 산아제한을 돕기 위한 진료소를 열었다가 체포되었다. 피임 제품을 널리 전파시키지 못하게 한 주 법을 직접적으로 위반한 것이었기 때문이다. 하지만 생어는 위축되지 않았고 길었던 평생에 걸쳐 모든 인종의 여성들이 피임을 할 수 있게 하는 데 헌신했다(생어의 삶이 온전히 고결하지만은 않았다[3]).

생어의 꿈은 여성이 아침에 오렌지주스 마시면서 간단히 복용할 수 있는 알약을 만드는 것이었다. 주스 한 모금과 함께 꿀꺽 삼키기만 하면 섹스할 때 임신 걱정을 할 필요가 없고 피임을 남성에게 의존해야 할 필요도 없는 것이다! 하지만 현실에서 이 꿈은 생어가 노년이 되고서야 모양이 잡히기 시작한다. 1937년까지는 배란의 생

화학적 과정이 알려져 있지 않았다. 합성 호르몬에 대한 과학적 지식은 1940년말이 되어서야 알려지기 시작했다. 과학적 지식의 부족만 장벽이 아니었다. 가톨릭의 가치와 여전히 청교도적이던 미국의 가치에 반하는 일에 사용될지도 모를 프로젝트였던지라 자금을 대려는 곳이 없었다. 거대 제약회사들도 (적어도 이 시기에는) 이 모험에 나서는 데 몸을 사렸다.

1949년에 생어는 캐서린 덱스터 매코믹Katharine Dexter McCormick을 설득해 꿈의 알약 개발에 연구 자금을 대도록 했다. 매코믹이 피임약의 두 번째 어머니다. 1904년에 MIT에서 생물학으로 학사 학위를 받고[4] 농기계 업계의 거물인 매코믹 집안 사람과 결혼했다. 1947년에 남편의 사망으로 막대한 유산을 상속받게 된 매코믹은 그중 일부를 그레고리 핀쿠스Gregory Pincus의 피임약 연구에 후원했다. 한편, [제약회사] 신텍스의 화학자 칼 제라시Carl Djerassi가 여성 호르몬의 일종인 프로게스테론의 인공 합성 버전을 만드는 데 성공했고 이어 [제약회사] G. D. 설G. D. Searle의 프랭크 콜튼Frank Colton이 1953년에 관련된 또 다른 호르몬을 합성하는 데 성공했다. 얼마 후 핀쿠스와 존 록John Rock이 합성 호르몬을 사용해 배란을 막는 법을 테스트했다. 이렇게 해서, 말하자면 피임약의 원형이 탄생했다. 가톨릭 신자인 록은 나중에 생리 주기를 본떠 21일간 먹고 일주일간 쉬는 복용법을 제시했다(어떤 이들은 교황의 검열을 통과하기 위해 '21-7' 사이클을 제시했다고 보지만, 록이 정말로 의도한 것은 여성들이 임신하지 않았음을 확인할 수 있게 하려는 것이었다).

〈메리 타일러 무어 쇼〉 주인공 메리 리처즈는 결혼은 하지 않았지만 성년은 되고도 남은 나이였다. 그런데도 TV에서 혼전 섹스라는 개념이 언급되는 것을 미국인들이 받아들이는 데는 시간이 걸렸다. 심지어 〈아이 러브 루시〉의 루시와 리키 같은 부부도 침실에 트윈베드가 두 개 있는 것으로 나왔다. 하지만 1972년 무렵이 되면 대부분의 시청자에게 메리의 라이프스타일이 과도하게 자극적이라고 여겨지지 않게 되었다. 이제 사람들은 TV 시트콤에서 피임약이 언급되어도 자연스럽게 받아들일 준비가 되어 있었다. 또한 커리어 지향적인 여성이 자신의 권리와 자신이 마땅히 받아야 할 임금을 주장하는 모습도 자연스럽게 받아들일 준비가 되어 있었다.

메리는 곧 미국을 휩쓸게 될 거대한 운동에 자기도 모르는 사이에 보병으로 나서게 된 수많은 사람 중 한 명이었다. 이 '조용한 혁명'으로, 매우 짧은 기간 사이에 미국의 사회, 교육, 결혼, 가족이 영원히 달라지게 된다. 전미여성기구National Organization for Women 및 더 급진적인 여성 단체들[5]의 여성 해방 행진과 시위 등을 포함해 1960년대 말과 1970년대 초에 있었던 더 시끄럽던 혁명과 달리, 조용한 혁명은 자신의 삶이 역사에 미치고 있는 중요성을 알지 못한 채로 수많은 사람들이 이루어 낸 혁명이었다. 이들이 수행한 역사적인 역할의 흔적은 역사를 되돌아보는 시점이 되고 나서야 분명하게 읽힐 수 있었다.

'조용한 혁명'은 행복의 공식을 근본적으로 바꾸었다. 피임약은 더 시끄러운 종류의 혁명에서 여성들이 목청 높여 요구했던 여성 해방의 한 부분을 가능하게 해 주었다. 집단4의 여성들이 법조계, 의학계, 학계, 금융계, 경영계 등 경력 초기에 굉장히 많은 시간을 먼저 투자해야 하는 종류의 커리어에 진입할 수 있게 해 준 것이다. 이러한 커리어를 꿈꾸는 여성은 [결혼과 육아에 매이기 전에] 자유와 시간이 필요했다. 그렇다고 남자를 만나고 연애를 하는 것을 포기할 생각은 없었다. 메리 리처즈도 그랬듯이 말이다.

집단4의 젊은 여성들이 보고 자란 집단3의 여성들은 대학을 졸업하고서 금방 결혼을 했고 아이를 많이 낳았다. 하지만 아이가 크고 나면 다시 노동시장에 진입할 계획을 가지고 있었고 대부분 계획대로 했다. 대학 시절에 그들은 훗날 노동시장에 재진입할 때 유리할 만한 분야(가령 교직)를 전공으로 택했다.

엄마는 나에게 언니처럼 교사 자격증을 따라고 수없이 잔소리를 하셨다. 교사 자격증이야말로 "뒤로 넘어질 때 받쳐 줄 안전장치"라는 것이었다. 그것은 당시에 안전한 일자리를 뜻하던 표현이었다. 아이들이 크고 나서 혹은 남편이 (사별이나 이혼으로) 예기치 못하게 떠났을 경우 의지할 수 있는 일자리 말이다. 그러면 나는 이렇게 대답하곤 했다. "뒤로 넘어지려면 소파에 넘어져야지. 자격증이 아니라." 전형적인 집단4의 주자였던 나는 전통적으로 여성의 직업이라고 여겨져 온 안전하고 안정적인 일자리를 원하지 않았다. 불안정성을 수반하더라도 더 흥미있는 일을 하고 싶었고 매우 경쟁이 치열하고 변화무쌍한 분야에서 박사 과정을 밟고 싶었다.

1970년대 초에 대학을 졸업한 여성들은 10년 전쯤 대학을 졸업한 여성들과 이보다 더 다를 수가 없을 만큼 달라 보인다. 하지만 이두 집단은 복잡하고 긴밀하게 얽혀 있다. 둘 중 앞 세대의 많은 여성이 아이가 학교에 갈 나이가 된 1970년대 무렵이면 노동시장에 재진입했다. 이때는 둘 중 뒷 세대의 여성들이 막 대학을 졸업하던 시기였다. 젊은 여성들은 앞 세대 여성들이 살아온 길을 보며 자랐다. 앞 세대 여성들은 대학을 졸업하고 노동시장에 들어갔다가 아이가 생겼을 때 노동시장을 떠났고 몇 년 뒤에 다시 돌아왔다. 그들이 돌아온 일자리는 여성이 많고 상대적으로 임금이 적은 일자리였다.

집단4의 젊은 여성들인 우리는 훨씬 더 잘해 나갈 수 있으리라고 생각했다. 우리는 미래에 대해 새로운 비전이 있었다. 우리는 커리어를 가정보다 앞 순서에 둠으로써 자아실현을 하고 소득도 많이 올리고 오랫동안 지속할 수 있는 전문직에 진출할 수 있는 기회를 늘릴 참이었다. 우리는 높은 사회적 지위와 높은 소득을 가질 수 있는 직종, 늘 남성들이 가졌던 직종에 이전 어느 세대 집단보다도 많이 진출할 것이었다. 이 말은, 학부 졸업 직후의 시기에 맹렬한 시간 투자가 필요하다는 의미였다. 다시 이는 결혼을, 더 중요하게는 출산을 미뤄야 한다는 의미였다. 집단4인 우리는 이것이 가능했다. 집단3의 여성들에게는 없었던 것, 바로 경구피임약이 있었기 때문이다. 또한 우리는 피임약을 젊은 미혼 시절에 구할 수 있었고, [결혼과 출산을 미뤄서] 전문직 진출을 위한 교육과 학위 과정에 시간을 투자할 수 있었다.

앞 세대의 어느 대졸 여성 집단도 커리어 지향적인 직종에 집단4처럼 많이 진출하지 못했다. 성취감과 충족감을 얻을 수 있는 커리어는 집단4인 우리가 대학을 졸업하고 새로운 삶의 기점에 서 있었을 때 상상한 성공의 정점이었다. 우리는 산을 오를 참이었다. 집단3이 달성한 것은 공원 길을 걸은 것에 불과했다...고 물색없게도 우리는 이렇게 생각했다.

1970년대 초 무렵에 집단3의 기혼 여성 중 90%가 아이가 있었다.[6] 이러한 상황을 보고 자란 집단4에게 아이를 낳아 가정을 꾸리는 것은 인생의 여러 목표 중에서 비교적 달성하기 쉬운 일로 보였다. 앞 세대 여성들은 임신을 하는 데 아무 문제가 없어 보였다. 그러니 우리도 언제든 마음만 먹으면 쉽게 임신이 되리라고 생각하지 않을 이유가 없었다. 집단4의 여성들은 우선 커리어의 발판을 다지는 데 쏠 시간이 필요했다. 그렇게 하고 나면, 그다음에 아이를 낳아서 행복한 가정 생활을 인생에 추가하는 일은 어렵지 않을 것 같았다.

피임약이 행복의 공식을 얼마나 크게 바꾸었는지 이해하려면 피임약이 없던 시절에 결혼이 왜 그렇게 이른 나이에 이루어졌는지 생각해 볼 필요가 있다. 결혼을 미루고자 할 때 남자와 연애 자체를 하지 않는 것도 한 방법이겠지만, 현실에서 일은 그렇게 될 리가 없고 그랬던 적은 한 번도 없었다. 그리고 연애를 하면 늘 (혼전) 섹스가 있었고 피임 없이 하는 섹스는 러시안룰렛이나 마찬가지였다. 그리고 피임약이 있기 전에는 피임을 한다고 해도 도박이었다(콘돔 같은 차단식 피임법을 생각해 보라). 여성이 통제할 수 있고 편리하며 효과도 신뢰할 만한 피임법(피임약이나 IUD 삽입술 등)이 없었으므로, 임신 가능성은 매우 현실적인 위험이었다. 이른 나이에 결혼하는 것은 종종 임신의 결과였고, 임신을 하면 거의 언제나 결혼으로 이어졌다. 요컨대, 진정으로 효과적인 피임법이 없던 시절에 여성들은 성생활이 활발해지는 시기가 되면 곧 결혼을 했다.

과거에 혼전 성관계가 얼마나 많았는지는 추산만 해 볼 수 있다. 역사학자들이 결혼 기록과 출산 기록을 조사해 대략적으로나마 추산해 본 바에 따르면, 1700년에서 1950년까지 250년(!) 동안 신부가 결혼식날 임신한 상태였던 경우가 적어도 20% 정도였을 것으로 보인다.[7] 혼전 임신이 수치스러운 일로 여겨져서 숨겨야 하는 것이었던 시절에 나온 숫자가 무려 20%인 것이다.

그리고 임신은 빙산의 일각일 뿐이다. 20%의 여성이 결혼식날 임신한 상태였다면, 혼전에 성관계를 했는데 운이 좋아서, 혹은 나름의 방법을 써서 다행히 임신을 피할 수 있었던 경우는 20%보다 훨씬 많았을 것이다. 아니면 낙태를 해야 했을 텐데, 낙태는 합법도 아니었고 안전하지도 않았다. 그래서 임신은 거의 틀림없이 '속도 위반' 결혼으로 이어졌다.

더 최근 시기에 대해서는 여성의 첫 성관계 연령에 대한 직접적인 데이터가 존재한다. 이 데이터는 피임법이 불완전하던 시대에 결혼 연령이 계속해서 낮은 수준을 유지하기에 충분할 만큼 많은 혼전 성관계가 있었음을 보여 준다. 1960년에 미혼 여성의 첫 성관계 연령 중앙값은 20세, 즉 대학교 3학년 정도의 나이였다(중앙값이므로, 1960년에 미혼 여성 중 절반은 20세보다 일찍 첫 성관계를 했다는 말이다).

1970년 무렵이면 첫 성관계 연령 중앙값은 대학 1, 2학년 정도 나이인 18.5세로 내려간다.[8] 그리고 1980년에는 17.5세, 1990년이면 16.5세가 된다. 첫 성관계 연령이 낮아진 것은 여성이 통제할 수 있고 효과도 좋은 피임법에 더 많은 여성이 접근할 수 있게 되었기 때문이다. 피임약이 있기 전에는 첫 성관계 연령이 20세로 상대적으로 높은 편이긴 했지만 결혼을 늦은 나이로 미루기는 어려울 만큼 이른 나이였다.

여성이 통제할 수 있고 효과도 믿을 만한 피임법이 없는 상황에서, 임신 가능성에 대처하기 위해 상대 남성에게 결혼 약속을 확실히 받아 내기 위한 장치들이 생겨났다. "결혼을 전제로" 만나기, 반지 교환하기, (남성들 사이에서 자신의 여자라고) 공인하기, 목걸이 선물하기 (이것도 남성들 사이에서 공인하기 위한 방식이었다), 그리고 최종적으로 화려한 반지를 끼워 주면서 약혼하기와 같은 각 단계는 이 여성이 임신을 한다 해도 안전하게 보호받을 것이라는 신호를 공개적으로 선언하는 의미를 가지고 있었다. 아기 아버지가 누구인지 모두가 알 것이므로 아기 아버지는 (때로는 억지로라도) 결혼 서약을 할 수밖에 없었다.

하지만 이 안전장치 자체가 이른 결혼을 의미했다. 당사자들이 결혼을 나중으로 미루고 싶어 한다고 해도 말이다. 사람들에게 (특히 부모에게) 누군가를 만나고 있다고 말하면 즉각적으로 다음 단계에 대한 예상과 기대를 불러일으켰고, '결혼할 수도 있는' 관계는 '꼭 결혼해야 하는 관계'로 쉽게 넘어갔다. 마찬가지로, 누군가와 시험 삼아 함께 지내보는 것은 영원히 함께 살기로 하는 서약으로 쉽게 넘어갔다.

그랬던 것이 피임약을 포함해 피임 수단이 발달하면서 결혼을 더 늦은 나이에 할 수 있게 되었다. 합법적이고 안전한 낙태도 마찬가지의 효과를 냈다. 이러한 변화를 통해 젊은 연인들은 임신 가능성에 대한 보험으로 서둘러 결혼해야 할 필요가 없어졌다. 이른 나이에 결혼하는 것, 그것도 상황의 강요에 의해 그렇게 하는 것에는 여러 가지 단점이 있었다. 우선 많은 결혼이 오래가지 못했다. 특히 많은 주의 이혼 관련법들이 혼인의 해소가 더 용이해지게 하는 방향으로 달라지면서 더욱 그랬다. 1970년대에 이혼이 급격히 증가했는데, 대부분은 이른 나이에 결혼한 사람들이었다. 피임약이 가져다준 여러 이득 중 하나는 결혼 연령을 높임으로써 이혼 가능성을 낮춘 것이다.[9] 또 다른 이득은 여성들이 결혼과 출산을 연기하면서 엄마가 되기 전에 석박사 학위나 전문 학위를 받고 커리어의 토대를 다질 수 있게 되었다는 점이다.

이렇게 여성들에게 일에 쏟을 수 있는 시간이 새로이 주어지면서 여성들의 역량도 강화되었다. 하지만 아무도 집단4의 여성들에게 그 시간에 기한이 있다고 경고해 주지 않았다. 아직 의학계에서는 35세가 넘으면 임신 가능성이 급감한다는 우려가 나오지 않았다. 노산으로 선천성장애아 출산 가능성이 높아질 수 있다는 생각은 아직 누구의 머릿속에도 존재하지 않았다. 집단4의 여성들은 임신을 막는 게 문제였지 임신을 하는 게 문제가 아니었다. 이들은 엄마가 되는 것은 나중으로 미뤄도 아무 문제가 없을 것이라고 생각했다.

출산을 늦추는 것이 유발할 비용은 알지 못했지만 결혼을 늦추는 것이 유발할 비용은 어느 정도 알고 있었다. 일찍 결혼하지 않으면 별 볼 일 없는 남자만 남은 상황에 처하게 될지 몰랐다. 다들 일찍 결혼하는데 혼자만 결혼을 미뤘다가는 앞으로도 계속 결혼을 못할 가능성이 커지고 자신에게 딱 맞는 남자와 결혼할 가능성도 낮아질 터였다. 하지만 주의 법들이 바뀌고 피임약이 미혼 여성 사이에 널리 사용되기 시작하면서, [피임약을 먹지 않는 여성도 포함해] 모든 여성의 결혼 연령이 올라가기 시작했다.

새로운 재료를 갖게 된 집단4의 여성들에게 성공적인 삶의 조리법은 다음과 같이 바뀌었다. "결혼은 잠시 옆에 놓아두시고요, 고등교육을 조금 넣어 주세요. 커리어를 넣어 잘 섞으시고요, 10년 정도 부풀게 두시면서 충분히 인생을 살아 주세요. 그러고 나서 가정[아이]을 넣어 부드럽게 마무리하세요." 많은 여성들이 이 행복 공식을 받아들이면서 모든 여성의 (피임약을 사용하지 않는 여성도) 결혼 연령이 높아졌다. 그에 따라 결혼을 미루는 것이 유발할지 모를 비용[결혼할 남자가 없어지는 것 등]은 낮아졌다.

메리 리처즈가 상징하는 1970년대 초의 젊은 여성들에게는 커리어가 먼저였고, 그다음이 결혼이었고, 그다음이 가정을 꾸리는 것이었다. 168회의 에피소드가 방영된 뒤, 메리는 드디어 WJM-TV(미니애폴리스에 있는, 극중의 방송국)의 저녁 뉴스 프로듀서로 승진한다. 37세까지 메리는 커리어를 성공적으로 쌓아왔다. 드라마가 끝난 뒤에 메리가 결혼을 했을지, 아이는 낳았을지, 우리는 알 수 없다. 하지만 메리가 그 집단의 다른 여성들과 같다면 꽤 높은 확률(약 30%)로 결혼을 했을 것이다. 하지만 아이를 가질 확률은 훨씬 낮았을 것이다 (10% 미만).[10]

1950년부터 1972년까지 대졸 여성의 결혼 연령 중앙값은 23세였다. 오늘날 내 수업을 듣는 학생들에게는 충격적이고 심지어는 공포스럽게까지 느껴질 것이다. 그렇게 어린 나이에 결혼을 했다면 여성들이 (남성들도) 대학 시절에 배우자감을 만나야 했을 것이다. 1950년대와 1960년대의 여대생들은 "4학년 봄이 되기 전에 반지를 받지" 못할까 봐 걱정했고, 남편감을 찾는 것은 대학 시절에 해야 할 매우 중요한 일이었다.

집단3의 여성 중 적어도 절반은 결혼을 너무 일찍 하는 바람에 커리어를 시작하거나 대학원에 가는 데 투자할 시간이 없었다. 이들은 학부를 졸업하자마자 대학원 지원서나 입사 지원서가 아니라 청첩장을 돌렸다. 커리어 계획을 세우는 것은 더더욱 언감생심이었다. 결혼이 그렇게 이르다는 말은 대학 시절에 학업이 최우선 순위가 아닐 수도 있다는 말이기 때문이다. 학업을 하는 와중에 남편감을 만나야 했으니 말이다.

결혼을 하고 나면 여러모로 선택지가 제약되었다. 많은 경우에 어디에 살 것인지를 남편과 조율해야 하는 문제가 생겼는데, 남편의 일자리나 대학원 진학 기회가 가장 좋은 곳으로 정해지는 것이 대부분이었다. 또한 집단3의 많은 여성에게 결혼은 빠르게 출산으로 이어졌다. 결혼을 일찍 하는 것도, 아이를 일찍 갖는 것도, 집단4의 새로운 성공 공식에는 포함되지 않았다.

1972년 무렵부터 대졸 여성의 첫 결혼 연령 중앙값이 높아지기 시작했고, 5년 만에 2년 이상 높아져서 1977년 졸업생들은 절반이 25세 이후에 결혼을 하게 된다. 졸업 후에 미혼으로 몇 년을 더 있을 수 있게 된 여성들은 로스쿨에도 갈 수 있었고 경영대학원에도 갈 수 있었다. 첫 결혼 연령은 그 이후로도 계속 더 높아져서 1982년이면 4학년 봄이 되기 전에 반지를 받는 사람이 거의 없게 된다. 10년 전만 해도 절반 정도가 4학년 봄이 되기 전에 반지를 받았는데 말이다.

내가 태어난 해인 1946년은 집단4의 시작점이다. 그해에 태어난 대졸 여성의 결혼 연령 중앙값은 23세에 약간 못 미쳤다. 그러면, 나와 함께 대학을 졸업한 여성들도 그렇게 일찍 결혼했을까? 코넬 대학 동창회에 가서 내 동기들의 결혼은 그와 달랐는지 알아보기로 했다. 나는 동창회에서 "전환점의 세대A Pivotal Generation"라는 제목으로 이 주제에 대한 강연을 했다. 강연 준비 차 25주년 졸업생 명부를 살펴보면서, 재능 있고 학업에 출중했던 여성 동기들을 하나하나 떠올려 보았다. 이들은 졸업 후 한두 해 만에 결혼을 했을까? 아니면 좋은 대학에서 유의미한 커리어를 준비하는 데 도움이 되는 교육을 받고 졸업했으니만큼 1960년대 말쯤 되어서 결혼을 했을까?

졸업생 명부에서 얻을 수 있는 정보로 분석해 본 결과, 내 동기들의 3분의 1 정도가 졸업 후 1년 반 안에 결혼했고 절반이 3년 안에 결혼한 것으로 나타났다. 그때면 24세 정도다. 그러므로, 답은 '아니오'였다. 이들은 전국 평균에 비해 그리 늦은 나이에 결혼하지 않았다. 내 4학년 룸메이트 한 명은 졸업 직전에 결혼했고 또 다른 한 명은 그보다 1년 뒤에 결혼했다. 나는 그 사실을 까맣게 잊고 있었다. 나는 내가 집단4에서 선두가 아니라 중간쯤에 있는 사람인 줄 알았다. 하지만 나의 동기들은 과거와 미래에 각각 한 발씩을 담그고 있었다. 절반은 일찍 결혼했고 절반은 늦게 결혼했다. 하지만 결혼을 일찍 한 사람들도 더 원대한 커리어를 목표로 삼는 트렌드에 동참했다. 내 룸메이트 중 한 명은 아동발달학 교수가 되었고 또 한 명은 뉴욕주 타운십 판사이자 노동중재인이 되었다.

10년 뒤에 태어난 대졸 여성(1956년 출생)의 결혼 연령 중앙값은 나 때보다 2.5년 늦어진 25.5세였다. 집단4는 과거와 명백한 단절

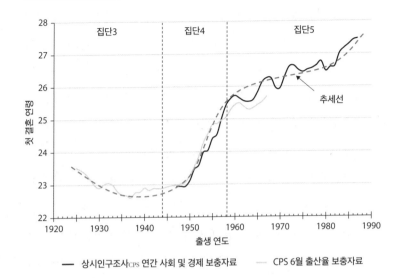

그림 6.1 출생 연도별 대졸 여성의 첫 결혼 연령 중앙값: 1925-1988년

을 보인다. 그림 6.1의 결혼 연령 추이를 보면 집단4에 접어들면서 급격하게 높아지는 것을 볼 수 있다. 그리고 결혼 연령 증가는 이때 한 번 도약한 데서 끝난 것이 아니었다. 첫 결혼 연령은 그 이후로도 오랫동안 계속 높아져서 최근에 대학을 졸업한 여성들 사이에서는 28세 정도가 되었다.[11] 집단5도 집단4에서 시작된 트렌드를 계속 이어갔다.

이혼율도 1960년대에 증가하기 시작했다. 사유를 대도록 하던 데서 '상호 합의'로 이혼할 수 있게 허용하는 쪽으로 주의 이혼법들이 달라졌기 때문이다. 어떤 주에서는 더 나아가 '일방 이혼'(당사자 중 한쪽이 혼인 관계를 일방적으로 종료하는 것)도 가능해졌다. 재산 분할은 주 법에 의해, 또 종종 법원에서의 소송 끝에 별도로 결정된다.

이혼율의 증가, 특히 이른 나이대 이혼의 증가와 첫 결혼 연령의 상승이 결합해, 여성의 일생 중 결혼 상태가 아닌 기간이 길어지게 되었다. 집단3 세대의 여성들은 25-50세 사이의 기간 중 80%를 결혼한 상태로 보냈는데, 집단4의 후기가 되면 그 25년 기간 중 65%만 결혼한 상태로 보내게 된다[대졸, 비대졸 포함].[12] 이러한 변화는 여성의 정체성이 가정과 가족 중심으로 형성되던 데서 직업 세계와 훨씬 더 밀접하게 관련되는 쪽으로 달라지게 했다.

일방 이혼이 도입되면서[13] 1970년대의 부부들은 서로에게, 그리고 가정에 투자를 줄였다. 여성들은 집안일에만 집중하기보다는 교육과 직업 훈련의 형태로 자신이 지닐 수 있는 인적 자본에 더 투자하고 싶어 했다. 여성들은 더 적은 수의 자녀를 낳았고 더 많이 노동시장에 나왔으며 남편의 커리어에 내조하는 데에만 집중하지 않게 되었다.[14] 경제적인 독립은 여성에게 전보다 훨씬 더 가치 있는 것이되었다.

1970년대 말에 사회적 생활의 면에서 또 하나의 중요한 변화가 일어났다. 이 변화는 집단4의 여성들이 [누군가의 아내가 아니라] 스스로의 정체성을 주장하려 했음을 보여 주는 신호다. 이들은 결혼을 미루고 커리어를 추구했을 뿐 아니라 소위 '처녀 시절 이름'을 결혼 후에도 계속 유지했다(혹은 유지하려고 노력했다). 역사 내내 거의 모든 곳에서 기혼 여성은 남편의 성을 따랐다(가문이 굉장히 중요했던 문화권에서만 예외였다). 그렇게 하지 않는 사람들은 영화배우나 작가 정도였다. 나는 어렸을 때 그것이 매우 이국적이라고 생각했다. 나도 그렇게 해야지! 하지만 어떻게? 자동차 면허증을 등록할 때나 사회보장번호를 신청할 때나 결혼을 할 때 자동차국과 사회보장국과 시댁에서 뭐라고 할 것인가?

'미즈Ms.'라는 호칭이 받아들여지고 널리 쓰이게 되면서 1970년대 초의 여성들은 자신의 원래 성을 유지할 수 있게 되었다. 옥스퍼드 영어 사전에 따르면 '미즈'의 사용은 1952년으로도 거슬러 올라가지만 널리 쓰이게 된 것은 글로리아 스타이넘이 1972년에 잡지 〈미즈〉를 펴내면서였다.[15]

1990년 무렵이면 최근 결혼한 대졸 여성 중 20%가량이 결혼 후에도 자신의 성을 유지했다.[16] 여성들의 결혼 연령이 높아지고 여성들이 결혼 전에 커리어를 다지게 되면서 원래의 성을 유지하려는 움직임이 증가했다. 그들은 '이름을 어떻게 할지' 정하기 전에[결혼하기 전에] 직업에서 '이름을 날릴' 수 있었다.

'조용한 혁명'이 여성의 삶을 면모시킨 속도는 놀랍도록 빨랐다. 하지만 이 전환은 갑자기 벌어진 것이 아니었다. 이 혁명을 일군 사람들은 아주 이른 시기부터 준비를 하고 있었다. 이들은 그들 앞에 있었던 '세대 간 천이'를 관찰했고 자신의 세대가 어떻게 다를 수 있을지 가늠했다. 이들은 자신의 노동시장 전망에 대해 더 정확한 기대를 형성할 수 있었고 그에 부합하는 야망을 가지고 있었다.

집단4의 여성들이 생애에서 이룬 성취는 청소년 시절이던 1960년대에 장래의 고용에 대한 기대를 재설정하는 것에서부터 시작되었다. 앞 세대가 이미 생애 중 더 오랜 기간 노동시장에 참여하기 시작했으므로 집단4는 자신들도 그러리라고 예상할 수 있었다. 이들은 단기적인 일자리들을 여러 차례 갖는 게 아니라 장기적인 커리어를 갖고자 했고 이를 위해 이른 나이부터 준비를 시작했다. 고등학교에서 과학과 수학 수업을 더 많이 들었고 표준 시험에서도 점점 더 높은 점수를 받았다.[17]

이들의 경로는 역사적 진전의 논리적인 전개를 보여 준다. 미래의 고용에 대한 예상, 여성에 대한 사회적 규범, 여성의 삶의 만족을 결정하는 요인, 이 각각이 1960년대와 1970년대를 거치면서 변화했다. 이러한 변화는 폭풍의 끝을 알리는 무지개처럼 새로운 사회로의 이행을 알리는 신호였다. '조용한 혁명'의 일원인 집단4의 여성들은 역사의 긴 행진에서 새로운 목표를 형성했다. 그런데 그 목표를 성취하기 위해서는 결혼과 출산을 미룰 필요가 있었다. 연애와 성생활을 활발히 하면서도, 또 여전히 결혼의 전망을 버리지 않으면서도 결혼과 출산을 미룰 수 있게 해 준 결정적인 한 가지가 딱 적시에 나타나지 않았더라면 '조용한 혁명'은 가능하지 않았을 것이다.

혁명의 알약

1960년에 FDA는 '에노비드'라는 약의 생산을 승인했다. 회사가 지은 제품명은 에노비드였지만 다들 이 약과 그 이후에 나온 비슷한 약들을 통칭해 '필the Pill'이라고 불렀다. 1965년 무렵이면 30세 이하 기혼 여성 중 40% 이상이 피임약을 복용하고 있었다. 하지만 젊은 미혼 여성들은 피임약을 거의 구할 수 없었다. 법적 요인과 사회적 요인 모두가 이들이 피임약 구하는 것을 가로막았다.

〈굉장한 마이즐 여사The Marvelous Mrs. Maisel〉의 주인공은 이렇게 풍자한다. "피임약이라고 불리는 새로운 것이 있대. 작은 알약인데,

먹으면 임신 걱정 없이 섹스를 할 수 있다는 거야. 그런데 결혼한 여성만 그 약을 먹을 수 있다네? 그들은 원래 섹스할 생각이 없는 사람들이잖아. FDA가 유머 감각이 없다고 누가 그래?" 하지만 범인은 각 주의 법이었지 FDA가 아니었다.

1960년대 말 이전에는 보통법에 의해 어떤 주에서도 의사가 부모의 동의 없이 미성년인 미혼 여성에게 피임 용도로 피임약을 처방할 수 없었다. 하지만 1972년에 수정헌법 26조(1971)가 통과되면서 대부분의 주에서 성년 연령이 18세로 낮아졌다.[18] 그리고 많은 주에서 의회에서의 입법과 법정에서의 소송을 통해 "성숙한 미성년mature minor"도 피임 관련 서비스를 받을 수 있게 되었다. 가족계획 서비스가 미성년으로까지 확대된 데 더해 적합한 성관계에 대한 공동체의 규범이 달라지면서, 실질적인 효과가 더 잘 발휘될 수 있었다. 젊은 미혼 여성들은 '법적으로' 피임을 할 수 있게 되었을 뿐 아니라 '실제로' 피임약을 사러, 가족계획 서비스를 받으러, 또 성병 검사 등 의료 서비스를 받으러 갈 수 있었다.

1960년대에는 주 법들이 피임 도구 판매를 직접적으로 규제하고 있었던 것도 큰 장벽이었다. 1960년대에 30개 주가 산아제한 관련 제품의 광고를 금지하고 있었고 22개 주는 몇몇 방식의 피임 제품 판매를 금지하고 있었다. 대학 당국들은 주 법을 위반하게 될까 봐 피임약 제공과 관련해 법에 모호한 부분이 있을 경우, 이를 (요청 기반의) 가족계획 서비스를 명시적으로는 제공하지 않는 이유로 삼았다. 제공하더라도 그런 서비스가 있다고 널리 알리지 않았다. 성년 나이가 낮춰지고 나서야 대학 당국들이 학부생에게 가족계획 서비스를 제공했다.

여러 가지의 법적인 변화 이후, 젊은 미혼 여성들 사이에 피임약이 급속히 확산되었다. 1976년에 18, 19세 미혼 여성 중 피임을 해본 적이 있는 여성은 73%가 피임약을 복용한 경험이 있었다. 건강에 미칠 악영향에 대한 우려도 높아졌지만 피임약은 그 후로도 한참 동안 가장 대표적인 피임 수단으로 사용되었다.

1960년대 말과 1970년대 초에는 피임약이 집단4의 젊은 여성들 사이에서 생애에 걸친 출산 수에 영향을 미치지는 않았다(집단4의 더 나중으로 가면 출산 수가 줄어든다).[19] 그보다는 결혼과 출산의 타이밍이 크게 달라졌고, 출산을 계획해서 하게 되었다. 그리고 미혼인 여성이 많아지면서 전체적으로 많은 사람들이 결혼을 늦출 수 있게 되었고[20] 첫 결혼 연령이 늦어지면서 중요한 파생 효과가 나타났다. 결혼을 늦출 수 있게 된 여성들은 대학에서 학업에 더 진지하게 임하게 되었고, 독립적인 미래를 계획하게 되었으며, 결혼하고 가정을 꾸리기 전에 자신의 정체성을 형성하게 되었다.

대개 '혁명'이라고 하면 커다란 사건으로 촉발되지 작은 알약으로 촉발되지는 않는다. 피임약이 조용한 혁명에 크게 영향을 미쳤다는 주장은 여러 변화들이 벌어진 타이밍, 그리고 첫 결혼 연령과 커리어 변화에 대한 경제통계학적 분석에 바탕을 두고 있다. 1960년대와 1970년대 초에 여러 주에서 미성년자의 권리를 확대한 법적 변화들은 젊은 미혼 여성 사이에 피임약이 확산되는 것을 촉진했다. 법적 변화가 일어난 시기가 주마다 달랐으므로 **법적 변화가 피임약 확산의 원인이었다고 결론 내릴 수 있다.** 또한 법과 정책을 일찍 바꾼

주가 늦게 바꾼 주보다 더 진보적이거나 더 보수적이거나 하지는 않았다. 어느 주에서 이러한 법적 변화가 있었는지는 정치적, 종교적, 사회전통적 요인 등과 딱히 체계적으로 관련되지 않은, 무작위적인 것이었다고 볼 수 있었다. 따라서 그런 요인들은 주된 원인이 아니었다고 판단할 수 있다.

법적인 변화들은 젊은 미혼 여성이 피임약을 구할 수 있는 다양한 경로를 열어 주었다. 대학은 가족계획 클리닉들을 두고 의료, 상담, 피임법을 제공했다. 가족계획연맹Planned Parenthood 지부와 산부인과 병의원들은 폐쇄당할지도 모른다는 두려움 없이 피임약을 처방할 수 있었다. 피임약을 복용하는 여성이 늘고 결혼 연령이 높아지면서 피임약을 먹지 않는 여성도 괜찮은 남자가 다 없어지면 어쩌나 하는 걱정을 할 필요가 없게 되었다. 또 결혼 연령이 높아지면서 더 많은 여성이 개인의 삶에서 막대한 비용을 치르지 않고도 대학원에 진학할 수 있었다(등록금 비용은 치러야 했지만). 더 많은 이들이 폭넓고 밀도 있는 직무 경험을 통해 경력을 쌓아 나가야 하는 종류의 커리어에 진출하기 시작했다.

1960년대 말과 1970년대 초의 시끄러운 혁명은 어떤 방식으로 조용한 혁명에 영향을 미쳤을까? 시끄러운 혁명은 새로운 법을 제정하는 방식을 통해서는 아니었을지라도 여성들의 역량을 강화하고 여성들 사이에 공동의 의식을 확장함으로써 조용한 혁명을 촉진했을 것이다. 석유지질학자로 뒤늦게 경제학에 관심을 갖게 된 집단4의 일원 베티 클라크Betty Clark는 이렇게 언급했다. "페미니즘은

[우리에게] 일하고 싶다는 열망을 주었습니다. 하지만 효과적인 피임 수단은 [우리에게] 일할 수 있는 능력을 주었습니다." 버클리 경제학 교수 브래드 들롱Brad Delong의 묘사에 따르면, 어느 날 베티는 "우연히 브래드 들롱의 경제학 개론 수업[동영상]을 발견해" 듣게 되었는데 마침 그날 들롱이 피임약이 미친 사회 경제적 영향을 다룬 내 연구에 대해 강의를 했다고 한다. 그 강의를 듣고 베티는 자신의 개인적인 경험을 들롱에게 이메일로 적어 보냈다.[21]

종종 혁명은 일군의 전제조건들이 형성되어 개개인을 각성시키고, 그들에게 불을 지피고, 그들이 지금까지와는 다르고 지금보다 더 나은 삶이 존재한다는 것을 믿게 하면서 시작된다. 혁명은 복잡다단한 사건이어서 여러 요인을 명료하게 분해하기 어렵다. 그런데 이 경우에는 기원이 된 요인들이 비교적 분명하다. 기원은 오래전으로 거슬러 올라간다. 그리고 이것은 쿠데타가 아니었다.[22] 여러 전제조건이 있었고 그중 어느 것도 독자적으로는 혁명을 추동하고 끌고 가기에 충분하지 않았다. 가령, 피임약만으로는 혁명이 발생하지 못했을 것이다. 하지만 조용한 혁명이 세를 얻고 지속되는 데는 피임약이 꼭 필요했다.

집단4의 여성들은 들끓는 사회적 변화를 보면서 자랐다. 그들이 어린 시절이던 1960년대 초에는 아직 냉전 시기 사고방식이 팽배했고 아이들은 부모의 권위와 국가의 권위에 복종했다. 하지만 1960년대 말에 젊은 여성이 된 이들은 상당수가 반전 운동에 참여했고 여성 해방 운동에서 행진을 했다. 물론 다른 시대에도 커다란 사회적 변화가 있었지만 그때는 조용한 혁명이 생기지 않았다. 이 시대에 조용한 혁명을 가능케 했던 특유의 토대는 여성의 경제활동 참가율이 대폭 증가한 것과 여성들이 일을 하고자 하는 의지가 매우 강해진 것이었다. 다시 이는 전체 노동자의 임금이 높아진 것 등 일군의 또 다른 요인들로 인해 일어난 변화였다.

1970년에 16세인 여성을 생각해 보자. 이 여성에게는 35세인 이모가 있다. 이모는 대졸이고 12살과 9살인 두 아이가 있다. 이모는 이제 막 교직으로 복귀했다. 이모 친구들도 대부분 아이 키우는 동안 일을 쉬었다가 교사, 사회복지사, 영양사, 간호사, 편집자 등으로 노동시장에 복귀하고 있었다. 우리는 데이터를 통해 이 시점에 이모 친구의 절반이 고용되었고 대부분 전일제로 고용되었다는 것을 알고 있다.

1980년이 되면 45세가 된 이모 세대의 고용은 80%로 증가한다. 이모 또래 여성들은 10년 정도를 노동시장에서 떠나 있었지만 40대 중반이면 다시 복귀해 10년째 일하고 있는 중이었다. 그리고 그중 많은 이들이 60대에 은퇴할 때까지 계속 일했고 더 오래 일한 사람도 있었다. 하지만 오랜 기간 일을 하기는 했어도 직장에서 높은 자리로 승진하지는 못했다. 그러기에는 준비가 되어 있지 못했다. 젊었을 때 그들은 노동시장에 진입했다가 나갔다가 재진입하기에 좋은 종류의 직업을 갖는 쪽으로 준비했다. 그들의 소득은 젊었을 때 가졌던 일자리의 유형에 의해 제약되었다.

이모 세대에서 여성의 경제활동 참가율이 증가한 것은 조카 세대에 조용한 혁명이 일어날 수 있는 중요한 전제조건이었다. 집단4의 젊은 대졸 여성들은 집단3의 대졸 여성들이 직장을 잡고 일하는 것을 보았다. 또한 이들은 집단3의 여성들 중 정작 자신이 그렇게 긴 기간 동안 노동시장에 있게 될 것을 미처 생각하지 못한 사람들이 있는 것도 보았다. 많은 이들이 미래의 노동시장에 적합한 교육과 훈련을 추가로 받는 데 투자하지 못한 상태였다. 젊었을 때 결혼과 출산을 미룰 수 있는 능력이 없었기 때문이다. 또한 어떤 이들은 가정을 꾸리기 시작한 이후에 학교로 돌아가지 못했고 어떤 사람은 나이 들어 학업을 다시 시작하는 것이 쉽지 않았다.

집단4의 여성들은 젊었을 때부터 자신이 생애 중 오랜 기간 동안 노동시장에 있으리라는 것을 알았고(실제로 그렇게 된다), 그에 따라 더 길고 연속적인 고용을 염두에 두고 그것을 위해 준비했다.

하지만 경제활동 참가율이 높아진 것 자체는 조용한 혁명의 주된 결과가 아니었다.[23] 직종의 변화와 커리어 지향에서의 변화가 여기에서 진정한 변화였다. 사실 고용률 자체의 추세에서는 커다란 단절이 없었다. 한 가지 예외는 영아가 있는 여성들의 경제활동 참가율이 1970년대 초부터 1990년대까지 급증한 것이다.[24] 어린아이가 있는, 심지어 영아가 있는 여성들도 바깥일을 하게 되었다. 여성들이 보수가 좋은 직업을 가질 수 있었고 이런 종류의 직업은 단절 없이 장기간 일할 때 보상이 컸기 때문이다. 이것이 조용한 혁명의 본질이었다.

넓어진 지평

1970년 정도부터 집단4의 여성들은 장래에 그들이 하게 될 직장 생활이 앞 세대 여성들과 크게 다르리라고 더 정확하게 예상하기 시작했다. 따라서 그들은 승진 기회가 거의 없는 직종의 일자리를 짧게 갖는 것이 아니라 생애에 걸쳐 그 일을 하면서 함께 성장해 갈 도전적인 커리어를 위해 준비할 수 있게 되었다.

집단4의 여성들이 10대 시절에 장래의 일에 대해 어떤 기대를 갖고 있었는지는 여러 설문조사 결과에서 확인할 수 있다. 그중 규모가 가장 크고 가장 잘 알려진 것은 '전국 여성 청소년 종단 조사National Longitudinal Survey of Young Women'와 '전국 청소년 종단 조사National Longitudinal Survey'다. 14-24세 인구를 대상으로 전자는 1968년에, 후자는 1979년에 시작되었다(이 책에서는 둘 다 NLS로 표기했다). 두 조사 모두 "35세가 되었을 때 무엇을 하고 있을 것 같습니까? 가정주부로 가족을 돌볼 것 같습니까, 아니면 일을 하고 있을 것 같습니까?"와 같은 질문이 포함되어 있었다.

조사가 시작된 1968년에 젊은 여성들은 대체로 35세에 자신이 일하고 있을 것이라고 생각하지 않았다. 일하고 있을 것이라고 생각한 사람은 33%뿐이었다. 실제로 이 당시에 이들의 엄마들 중 일자리가 있는 사람은 30% 정도였다. 1960년대의 10대들은 엄마 세대 여성들의 노동시장 참가를 보면서 자신의 장래 고용 전망을 가늠했다. 1960년대 말에 14세이던 소녀는 엄마와 엄마 친구들을 보면서 자신의 미래를 투사해 보았을 것이다(1978년에 18세이던 소녀들도 마찬가지였을 것이다). 당시 이들의 예상은 그림 6.2에 나와 있다.

어렸을 때 엄마를 보면서 자신의 미래를 가늠했다는 것은 충분히 이해할 만한 일이다. 이 여성들은 한동안은 뒤를 보았다. 하지만 곧 앞을 보기 시작했고 주위에서 일어나고 있는 변화들에 반응하기

그림 6.2 연령 및 연도별 여성 청소년의 장래 고용에 대한 예상

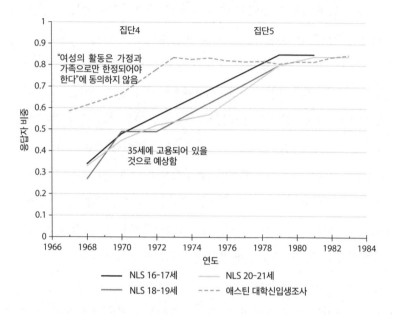

주: NLS 조사에는 35세 시점에 자신이 임금 노동에 종사할 것이라고 예상하는지 물어보는 항목이 포함되어 있다. 그림은 백인 여성의 응답을 나타낸다. 시간에 따른 각 연령 집단 평균이 선으로 이어져 있다. 즉, 1968년 조사의 14-15세는 1970년 조사의 16-17세가 되며 1979년 조사의 16-17세와 연결된다. '애스틴 대학신입생조사Astin Freshman Survey'에는 다음의 언명에 동의하지 않는지 여부를 묻는 항목이 포함되어 있었다. "결혼한 여성의 활동은 가정과 가족으로만 한정되는 것이 가장 좋다." 애스틴 조사의 데이터는 대학 신입생인 여성을 대상으로 하고 있으며 대다수가 18세였다.

시작했다. 그들이 생각하는 자신의 미래 전망은 1970년대를 거치면서 크게 달라졌다. 1975년이 되면 35세에 자신이 일을 하고 있을 것이라고 대답한 비중이 1968년의 두 배가 되었고 1980년이 되면 80%가 그렇게 답했다. 33%에서 80%로의 변화가 불과 12년 사이에 벌어진 것이다.[25]

많은 이들이 엄마를 비롯해 집단3의 여성들이 불행하고 만족스럽지 못하고 취약한 삶을 살았다고 여기기 시작했다. 1970년대 말이 되면 젊은 여성들, 가령 이 조사에서 1979년에 대학 신입생이 된 여성들은 그것과 다른 길이 있다는 것을 알게 되었다. "나는 엄마처럼 불행하게 되고 싶지 않습니다. 아이가 너무 많아서 엄마는 아빠에게 의존하게 되었습니다. (…) 아빠는 엄마가 일하는 것을 원하지 않았습니다." "엄마는 일을 하지 않으셨는데, 나는 엄마가 일을 하셨더라면 더 좋았을 거라고 생각합니다." "엄마는 [내가 10대일 때] 전업주부이셨어요. 나는 그것이 건강한 삶이라고 생각하지 않습니다. 엄마가 자녀 때문에 불행해지고 자신의 삶을 희생한다면 좋은 일이 아닙니다." "나는 엄마가 일을 하셨더라면 얼마나 좋았을까 하고 생각합니다. (…) 내가 더 컸을 때 동생들도 같은 말을 했습니다. '바깥일을 하시지 그러세요?'라고요."[26]

나이에 상관없이 NLS의 모든 응답자가 매년 자신의 미래 고용에 대한 기대를 점점 더 위로 조정했다. 이는 1970년대에 모든 연령대의 젊은 여성들에게 미래의 전망이 달라졌다는 것을 의미한다. 이러한 변화는 당대에 벌어지고 있던 사건들에서 영향을 받았다. 즉 단순히 10대이던 소녀가 나이가 들어가면서 독립을 더 중요하게 여기게 되어 생긴 변화만은 아니었다.

응답자들이 실제로 35세가 된 1980년대 초에 이 나이대 기혼 여성의 경제활동 참가율은 75% 정도였고[27] 대졸 여성의 경우에는 80%가 넘었다.[28] 소녀이던 1968년에 상상했던 자신의 미래인 '33%의 고용률'을 훨씬 넘어선 것이다.

젊은 여성들은 지평을 넓혔고 곧 자신의 삶이 부모와는 매우 다르리라고 생각하게 되었다. 아마도 이들 1970년대 초의 젊은 여성들은 이 당시 페미니즘이 다시 부상해 옛 방식과 구닥다리 규범에 도전했기 때문에 자신의 미래에 대해 더 대담한 추측을 할 수 있었을 것이다. 그리고 장래의 고용에 대한 기대가 달라지면서 1970년대 초의 젊은 여성들은 대학을 중퇴하지 않고 끝까지 마치게 되었을 것이다(뒷받침하는 몇몇 실증 근거도 찾을 수 있다[29]).

여성 청소년들이 35세 무렵에 자신이 하게 될 일에 대한 예상을 바꾸게 된 이유 중 하나는 여성이 바깥일을 한다는 개념이 이들 사이에 더 잘 받아들여지고 있었기 때문이다. 1967년에는 대학 여성 신입생 중 "결혼한 여성의 활동은 가정과 가족으로만 한정되어야 한다"는 언명에 동의하는 사람이 41%였다. 하지만 7년 뒤인 1974년에는 83%가 동의하지 않았다(다른 말로, 1974년에는 83%가 집안일로만 한정되지 말아야 한다는 데 동의했고 1967년에는 59%만 그렇게 동의했다. 그림 6.2를 참고하라). 밥 딜런Bob Dylan의 노래 가사를 빌리면, 많은 면에서 과연 "시대가 달라지고the times they [were] a-changin" 있었다.

집단4의 젊은 여성들은 말로만 직업의 세계에 더 많이 관여하겠다고 한 것이 아니었다. 그렇게 하기 위해 행동으로도 나섰다. 자신이 생애의 긴 기간에 걸쳐 바깥일을 할 것이고 진정한 '커리어'를 가질 수도 있을 것이라고 생각하게 되면서 이들이 학교에서 미래를 준비하는 방식도 달라졌다. 많은 젊은 여성들이 이미 고등학교 시절부터 더 준비되어 있었기 때문에 대학을 마치고 전문 학위 과정에 진학할 수 있었다.

1955년에는 대학을 준비하는 과정에서 여성이 남성보다 크게 뒤처져 있었다. 여성들은 고등학교에서 남학생들이 듣는 수학 과목의 70%만 들었다. 하지만 1970년 무렵이면 80%를 들었고 1990년 근처가 되면 남학생과 동일한 수학 과목을 들었다. 과학 수업에서도 남학생과의 격차가 좁혀졌다.

수업만 더 들은 것이 아니라 수학과 읽기에서 남학생 점수 대비 여학생 점수의 비율도 올라가기 시작했다. 1990년 무렵이면 고등학교 졸업반 여학생들은 남학생과의 수학 점수 격차를 크게 줄인 상태였고 읽기에서는 상당히 앞서 있었다.[30] 경쟁력 있는 수학 점수, 전보다 더 다양하게 이수한 과학 과목, 더 월등한 읽기 점수로 무장했으니 여학생들은 대학 진학률과 졸업률에서도 남학생과의 격차를 크게 줄일 수 있을 터였다. 그리고 1940년대 말경 출생자부터 시작해서(집단4의 시작점이다) 실제로 그렇게 되었다. 이 변화는 너무나 대대적이어서, 이전까지 압도적으로 존재했던 대학 진학 및 졸업에서의 남녀 격차가 빠르게 사라졌고 1980년대 초면 남녀가 역전되었다.

너무나 중요하고 극적인 변화인 만큼, 잠시 뒤로 돌아가서 우리의 여정 전체에서 대학 졸업률이 어땠는지 살펴볼 필요가 있다(그림 2.5 참고). 1877-1910년대에 태어난 여성들(집단1과 집단2)은 남성과 대학 진학률이 비슷했다. 부분적으로는 여성들이 2년제 대학에 가는 경우가 많았기 때문이다. 4년제 졸업률은 남성이 더 높았지만 그리 많이 높지는 않았다.[31]

그러다가 1910년대 말-1920년대에 태어난 사람들 사이에서 대학 진학률과 졸업률의 커다란 성별 격차가 나타났다. 남성들의 대학 진학률이 급증한 이유 중 하나는 제2차 세계대전과 한국전쟁 참전 후 제대한 군인들에게 여러 가지 제대군인원호법이 제정되어 인센티브를 주었기 때문이다. 남성들은 여성들에 비해 상당한 이득을 얻을 수 있었고 1940년대와 1950년대(집단3)에 매 출생 연도 집단에서 여성보다 남성이 거의 두 배 많이 대학을 졸업했다. 제대군인원호법 이후 1960년대에는 남성 대학 졸업자 수가 여성의 1.5배 정도였다.

그런데 바로 이때 믿을 수 없는 전환이 시작되었다. 대학에 가는 여성이 급격히 증가하기 시작한 것이다. 집단4의 시작 즈음이 되면 남성 졸업자는 여성 졸업자의 1.3배에 불과했고 1980년대 초가 되면 여성이 남성을 추월한다. 교육에서 젠더 격차가 역전된 이 놀라운 현상은 집단5 세대가 대학에 가기 시작할 때 발생했다.

1970년에는 남성 대학생과 여성 대학생의 전공이 매우 달랐다. 여성의 절반, 혹은 남성의 절반이 전공을 바꿔야 동일한 분포가 될 수 있었다.[32] 하지만 1985년에는 30%만 전공을 바꾸면 동일한 분포가 될 수 있었다. 아직 동등하지는 않았지만 큰 진전이었다. 마찬가지로 1970년에는 여성 신입생과 남성 신입생이 직업에 대해 매우 상이한 선호를 가지고 있었지만 1985년이면 이 차이 또한 상당히 줄어든다(1학년 때 말한 직업 선호는 다음 학년 때 어떤 전공을 택하는지와 크게 관련이 있었을 것이다).[33]

커다란 변화 하나는 집단4의 여성들이 커리어 지향에 맞게 전공과 수업을 택하기 시작한 것이었다. 집단4 여성들이 막 대학을 졸업하기 시작한 1970년에는 여성 졸업자의 3분의 2가량이 교육학과 자유교양(각각 40%와 22%) 분야를 전공했다.[34] 남성의 경우에는 둘

그림 6.3 전문 석사 학위 과정 졸업자 중 여성 비중: 의학대학원, 법학대학원, 치의학대학
    원, 경영대학원

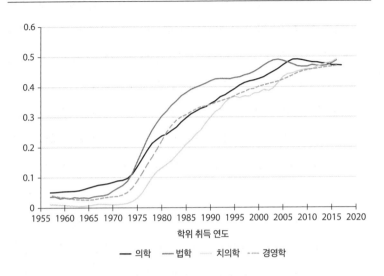

을 합쳐서 24%였다. 하지만 1982년이 되면 남성과 여성 모두 교육학
과 자유교양을 벗어나[35] 경영 쪽으로 이동했다. 1967년에는 여성 졸
업자의 5%만 경영을 전공했는데 1982년에는 이 숫자가 21%가 되
었다.[36] 하루아침에 일어난 변화라고까지는 말할 수 없겠지만 매우
빠르게 일어난 변화였음에는 틀림없다.

　여성들은 '일자리' 위주이고 '소비' 위주인 전공을 벗어나 '커리
어' 지향적이고 '투자' 위주인 전공 쪽으로 옮겨갔다. 집단4의 여성들
은 자신의 미래를 위해 무엇이 필요한지 알고 있었다. 셰익스피어는
나중에라도 읽을 수 있지만 회계학은 시기를 놓치면 공부하기 어려
울 수 있었다. 교사 자격증은 나중에도 딸 수 있지만 과학자가 되거
나 공인 회계사가 될 기회는 다시 갖기 어려울 수 있었다.

또한 1970년 정도부터 여성들은 전문 석박사 과정에 더 많이 들어가기 시작했다(그림 6.3 참고). 1960년대 말에는 로스쿨 학생 20명 중 1명만 여성이었지만 1980년이 되면 3명 중 1명이 되며 2000년대 초가 되면 로스쿨에 거의 동수의 남학생과 여학생이 들어오고 거의 비슷하게 졸업한다. 유사한 추세가 의학대학원에서도 나타났다. 여성 대졸자 중 MD 학위를 취득한 사람 비중은 1970에서 1979년 사이에 3배가 되었다. 의학과 법학 외에도 집단4의 여성들은 치의학, 경영학, 수의학, 안경광학, 약학 등 여러 전문 학위 과정에 대대적으로 진학했다.

1970년대 초에 모든 전문 석사 과정에서 여성이 대거 진출하는 전환이 거의 동시에 벌어졌다. 이에 더해 이 증가는 명백하고 급격했다. 집단4의 여성들이 자신의 뚜렷한 흔적을 남기기 시작하고 있었다.[37]

이러한 변화의 타이밍과 관련해, 교육 영역에서 차별 금지 관련법이 제정되고 그러한 법을 정부가 실제로 집행하게 된 것이 주된 요인이었을 가능성이 제기되기도 했다. 하지만 이 요인이 영향을 미쳤음을 확인할 수 있는 탄탄한 실증 근거는 얻기 어려웠다.[38] 그런데 이 변화가 1972년 교육법 수정조항 제9편(Title IX)이 법적으로 효력에 들어가기 전에 시작되었고 실질적으로 적용되기보다는 한참 전에 시작되었다는 것을 생각하면, 교육 영역에서 차별 금지 관련 법의 제정과 실행이 이 변화의 원인이었다고 볼 수는 없을 것 같다. 교육법 수정조항 제9편이 여성의 고등교육 진출을 촉진하는 데 영향이 없었다는 말은 물론 아니다. 하지만 이것은 여성들이 전문직 학위 과정에 대거 진출하게 된 것의 유일한 원인이 아니고 주된 원인도 아니다.

여성들이 진출하는 직종은 빠르게 달라졌다. 한때는 대졸 여성들이 교사, 간호사, 사서, 비서, 사회복지사가 되었다. 1970년에 30-34세 여성 대졸자의 68%가 이와 같은 직종에 종사했다. 그런데 20년 뒤에는 30%로 줄었다. 전통적인 '여성' 직업군에서 여성이 대대적으로 빠져나간 것을 그림 6.4에서 볼 수 있다. 집단4에서 그래프의 선이 급강하한다. 하지만 교직에서 여성의 대대적인 이탈은 대졸 여성 중에서의 비중이 그렇다는 것이지 절대 수가 감소한 것은 아니다. 교사가 되는 여성의 수는 크게 달라지지 않았지만 대학을 나온 여성 자체가 더 많아졌으므로 비중으로 볼 때 크게 줄어든 것이다. 하지만 이 그림에 포함된 다른 분야들은 대부분 절대 수도 감소했다.

여성들은 전통적으로 여성의 분야이던 직종에서 나와 변호사, 경영자, 의사, 교수, 과학자 등 전문 직업군으로 들어갔다. 1990년에 30-34세 대졸 여성 전체 중 30%가 이러한 새로운 직군에 종사했다. 1970년에는 이 숫자가 불과 13%였다. 1970년에서 1990년 사이 전통적인 직업군과 새로운 직업군이 차지하는 비중이 막대하게 달라진 것이다. 1990년 이후로는 이 연령대 집단에서 두 직업군 간 비중이 지금까지 비슷하게 유지되고 있다.

집단4의 여성들은 자신이 하게 될 일이 장기적인 커리어의 일부가 될 것이라고 생각하기 시작했다. 그들은 직업 혹은 커리어를 삶의 만족에서 핵심적인 부분으로 여기기 시작했고 일터를 자신의 사회적 환경에서 핵심적인 부분으로 여기기 시작했다. 더 이상 이들은 가정에 소득을 얼마나 더 보탤 수 있느냐만 고려해 취업을 결정하지 않았다. 이들의 일은 단순히 남편의 임금에 더해 추가 소득을 올리기 위한 것이 아니었다. 이제 이들은 일을 할 것인가 아닌가를 결정할 때 자신의 열망과 자아에 대한 의식을 중요하게 고려하게 되었다.

그 결과, 여성들은 노동시장을 떠나지 않는 것에 더욱 중요성을 부여하기 시작했다. 일을 그만두는 것은 정체성의 상실을 의미했다. 실업이나 은퇴가 대부분의 남성에게 사회적인 소속감과 특권의 상실을 의미하듯이 말이다. 집단4의 여성들이 60대와 70대가 된 2010년대에 이들은 이전 어느 집단보다 해당 연령대에서 일하고 있는 사람의 비중이 높았다.[39] 은퇴해도 될 만큼 재산이 있어도 일을 계속했고 남편이나 파트너가 은퇴한 뒤에도 일을 계속했다. 집단4 여성들을 대상으로 한 심층 연구들을 보면 대부분 60대 이상의 시기에 이전 집단들에 비해 두 배나 많이 고용되어 있는 것으로 나타난다. 게다가 일을 계속하기 위해 파트타임 일자리로 옮겨간 것도 아니었다. 그들은 원래의 커리어를 계속 유지하고 있었다.

소득이 더 낮은 여성들 사이에서도 직업에 자아 정체성을 부여하는 현상은 마찬가지로 나타났다. 1994년에 저명한 인류학자 릴리안 루빈Lillian Rubin은 이렇게 언급했다. "보편적으로 내가 인터뷰한 모든 여성이 일하는 것을 필수적인 부분으로 여기고 있었다. 일에서 자기충족감과 만족감을 어느 정도 이상 느끼는 경우에는 거의 모든 사람이 그것을 포기하지 않고 싶어 했다." 또한 루빈은 노동시장에 여성들이 더 많이 남아 있게 된 것이 남성과 동등한 처우를 요구하는 데로도 이어졌다고 덧붙였다. "이제는 모든 여성이, 20년 전에는 이

그림 6.4 30-34세 대졸 여성의 직업: 1940-2017년

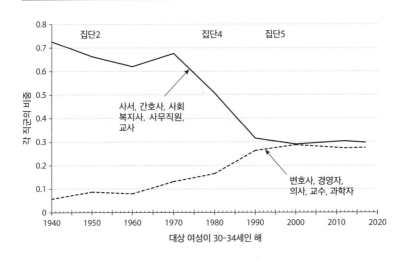

개념을 받아들이기 미심쩍어하던 여성들까지도, 주저 없이 동일임금의 원칙을 받아들이고 있다."[40]

집단4의 젊은 여성들에게 지평이 넓어지고 정체성이 달라지면서, 일의 세계와 커리어에 대해 준비를 더 잘 갖추게 되었다. 커리어 지향적인 전공과 석박사 학위는 소득에도 반영되었다. 1950년대부터 내내 정체되어 있었던 남성 대비 여성의 소득 비율이 1980년 정도부터 올라가기 시작했다. 이러한 증가의 상당 부분은 여성들이 직무 경력을 쌓게 된 것과 시장에서 가치를 인정받을 수 있는 종류의 역량을 획득한 것 덕분이었다. 매년 직무 경력이 늘어갈 때마다 그들은 더 많은 보수를 받았다. 여성들이 직무 경력을 통해 역량을 쌓을 수 있고[41] 승진 기회가 있는 종류의 일에 종사하는 경우가 많아지면서 노동시장 경험은 더욱 가치 있는 것이 되었다.

하지만 이러한 이득에는 비용이 없지 않았다. 결혼을 미룬다는 것은 출산도 미룬다는 것을 의미했다. 다시 이는 어떤 이들에게는 더 적은 수의 아이를 낳는다는 것을 의미했고 또 어떤 이들에게는 아예 아이를 못 갖는다는 것을 의미했다. 집단3에서 집단4로의 변화는 매우 가팔랐다. 1943년에 태어난 대졸 여성(집단3의 마지막) 중에는 40대 초반에 아이가 없는 사람이 19%였는데, 불과 4년 뒤인 1947년 생의 경우 25%가 40대 초반에 아이가 없었다. 1955년생이 아이가 없는 사람 비중이 가장 높은데, 28%나 된다. 예상하시다시피, 대학원 학위가 있는 여성들 사이에서는 아이가 없는 여성이 이보다도 더 높아서 33% 정도였다.[42]

출산을 미뤘던 많은 이들에게 생물학적 시간이 다하고 말았다. 결혼 연령이 높아지고 커리어를 더 많이 추구하게 되었다는 것은 가정을 꾸리는 일이 나중으로 밀려났다는 의미였다. 집단4의 여성들은 가정을 꾸리는 것(그들의 또 다른 꿈)을 '미루고 있다'고 생각했지만 사실은 미루고 있는 것이 아니라 '포기하고 있는' 것일 수도 있다는 것을 깨닫지 못했다. 이들은 (그리고 다음 세대 여성들도) 뒤늦게야 이것을 깨달았다. "믿을 수가 없어. 아이 갖는 걸 까먹다니!" 로이 리히텐슈타인Roy Lichtenstein의 유명한 그림에 나오는 여성은 이렇게 한탄한다. 1964년에 완성된 리히텐슈타인의 팝아트는 집단4의 여성들을 상징하는 포스터가 되었다. 집단4의 우리들은 집단3의 여성들보다 잘해 나갈 수 있다고 자신만만해 했다. 그리고 많은 면에서 실제로 그렇게 해 나갔다. 하지만 많은 이들이 아이 갖는 걸 '까먹고' 있었다.

7장
혁명을 보조하는 보조생식술

배우이고 코미디언이며 뛰어난 작가인 티나 페이Tina Fey는 집단5에 속한다. 집단5의 성공한 대졸 여성이 많이들 그렇듯이, 티나는 아이를 늦게 낳았다. 첫째를 낳았을 때는 35세, 둘째를 낳았을 때는 41세였다. 엄마가 된다는 것은 티나가 제작하고 출연한 시트콤 〈30록30 Rock〉과 그가 출연한 영화 〈베이비 마마Baby Mama〉(2008), 〈어드미션Admission〉(2013) 등에 반복적으로 등장하는 주제다.

〈베이비 마마〉에서 주인공 케이트 홀브룩으로 분한 티나는 영화 시작 장면의 내레이션에서 자기 세대의 고통을 이렇게 설명한다. "나는 내가 해야 할 일을 다 했어요. (…) 우리 회사의 최연소 부회장이 됐죠. 나는 선택을 했어요. 어떤 여성은 임신을 하고 어떤 여성은 승진을 하고 그런 거죠." 그 내레이션은 첫 데이트의 저녁식사 장면으로 이어지고 티나는 이렇게 말한다. "나는 지금 아이를 원해요. 나는 서른일곱이라고요." 상대 남성의 표정을 보고 티나는 아차, 첫 데이트인데 너무 나갔구나 한다. 상대 남성은 황급히 일어나 택시를 타고 꽁무니를 뺀다. 극중에서 티나는 인공수정과 대리모까지 시도해 보는데, 마침내 옛 방식으로 임신에 성공한다. 그리고 자신의 커리어도 계속 유지하면서, 전직 변호사이고 현재는 대안적인 라이프스타일을 시도하는 동네 주스 가게 사장과 결혼도 한다. 티나 페이가 연기하는 캐릭터는 다들 평범하게 살지 않는다.

인기 시트콤 〈30 록〉에서 티나가 분한 주인공 리즈 리몬Liz Lemon도 집단5의 여성들이 느끼는 불안을 계속해서 이야기한다. 마지막 몇 화에서 주인공은 42세가 되고 남자친구와 결혼을 하며 여덟 살인 쌍둥이를 입양하고 TV 작가 일을 그만둔다. 하지만 리즈는 전업주부의 삶이 불행하고 돈 벌어 오는 아빠로 사는 남편 크리스도 불행하다. 그래서 크리스는 리즈에게 이렇게 말한다. "당신, 일하고 싶어 해도 괜찮아. 둘 중 하나는 일해야지. 우리는 그걸 단지 거꾸로 하는 것일 뿐이야. 이제 당신이 아빠 해."[1]

모두가 리즈 리몬이나 크리스 크로스만큼 운이 좋은 것은 아니다. 일반적인 방법들이 다 실패하고 난 뒤에도 늦은 나이에 아이를 갖고 가정을 꾸리는 영화 속 인물 같은 경우가 현실에 없지는 않지만 모두가 그렇게 운이 좋지는 못하다. 그렇긴 해도 전보다 많은 여성이 어떤 경우에는 순전히 본인의 의지와 운에 의해, 또 때로는 비싸고 감정적으로도 힘든 시술의 도움으로, 늦은 나이에 아이를 갖는 데 성공하고 있는 것도 사실이다. 집단4에서 출산율이 가장 낮았던 때에는 대졸 여성 전체 중 28%가 45세 시점에 아이가 없었다.[2] 그런데 집단5에서는 이 비중이 약 20%까지로 낮아진다. 이것은 놀라운 전환을 말해 주는 것이기도 하지만, 여성들이 성취해 온 바 중에서 이제까지 잘 이야기되지 않았던 부분에 대해 말해 주는 것이기도 하다.

내가 아직 테뉴어를 받지 못한 조교수였던 1970년대에 젊은 여성 교수 중에서 아이 갖는 문제에 대해 이야기하는 사람은 아무도 없었던 것 같다. 사적인 자리에서도 그랬다. 이때는 젊은 여성 교수가 매우 소수였는데, 1980년대에는 젊은 여성 교수가 더 많아지기는 했지만 역시 그들이 임신했을 때 내가 그것을 알았던 적은 내 기억에 별로 없다. 우리 과 교수(모두 남성) 중 누가 자녀가 있는지는 대체로 알고 있었는데도 말이다. 대부분의 대학은 분명한 출산 휴가 정책을 갖고 있지 않았고 출산이 닥쳐서 일을 쉬는 일정을 실제로 조정해야 할 필요가 생기기 전까지는 거의 아무도 출산 휴가에 대해 물어보지 않았다.

1980년에 나는 우리 과 학과장과 함께 조교수 자리에 채용을 고려하던 후보자 한 명과 저녁을 먹게 되었다. 매우 뛰어난 연구 실적을 가지고 있는 여성이었다(훗날 미국 노동통계국장이 된다). 다소 사회성이 없는 편인 학과장은 그 후보자에게 우리가 채용하려는 조교수 자리에 대해 질문이 있으면 하라고 했다(느긋한 저녁식사 자리에서 하기에 적절한 말은 아니었다). 그러자 그 여성 후보자는 우리 대학의 출산 휴가 정책이 어떻게 되느냐고 물었고 나는 깜짝 놀랐다. 학과장은 이에 대해 구체적인 내용을 하나도 알려 줄 수 없었다.

오늘날 임신한 여성 조교수는 드물지 않다. 어소시에이트 급인 변호사, 중간 관리자급인 경영자, 파트너 심사를 앞두고 있는 컨설턴트 등 커리어의 중반을 향해 달려가고 있는 많은 여성들의 경우도 마찬가지다. 또 많은 기업이 명시적으로 출산 휴가와 육아 휴직을 제도

화하고 있으며 내용도 점점 더 너그러워지는 추세다.[3]

집단5는 1980년대 중반~1990년대 초에 대학을 졸업한 사람들로, 커리어와 가정을 둘 다 이루겠다는 열망을 공개적으로 표현한 첫 세대다.[4] 이 새로운 이상, 그리고 그 이상을 획득하고자 하는 열망을 이들이 솔직하게 표현할 수 있게 된 것은 집단4의 여성들이 커리어를 추구하면서 길을 닦아 놓았기에 가능했다. 이전의 어느 집단도 상당한 다수가 커리어와 가정을 둘 다 성취한 적은 없었다. 집단4는 먼저 커리어에 집중했다. 이것도 그보다 앞선 집단들에서는 상당한 다수가 추구하지 못했던 일이었다. 집단4 여성들의 노력은 커리어 목표 달성을 위한 단계를 밟아 가는 데 초점을 두고 있었다.

집단4는 전문 석박사 과정에 대거 진학했다. 이들은 1960년대 말에 JD 취득자 중 여성이 5%밖에 안 되던 데서 1980년대 초에 이 숫자를 35%로까지 끌어올렸다. 이들은 대학에서 남성과 거의 동수를 이루었고 그다음에는 남성을 추월했다. 이들은 커리어의 사다리를 올라가는 데 온 에너지를 쏟았다.

어쩌면 집단5 역시 같은 길을 갈 수도 있었을지 모른다. 이 길은 이미 많은 장애물이 치워져 있는 길이었다. 하지만 집단5는 집단4에게서 교훈도 얻었다. 커리어의 길은 가정을 위한 길에 여지를 남겨두어야 한다는 교훈이었다. 출산을 미루는 것이 출산을 영영 할 수 없게 된다는 뜻이 될 수도 있기 때문이다.

집단5의 여성들이 열망을 더 직설적으로 표현할 수 있게 해 준 한 가지 요인은 과학과 의학의 발달이었다. 그전까지는 남녀가 나이가 들어가면서 생식 능력이 어떻게 달라지는지에 대해 아무도 알지 못했다. 염색체 손상이라든지 건강한 수정란이 선택되게 하는 방법 같은 것도 마찬가지였다.

여성의 생식 능력이 나이에 따라 어떻게 달라지는지, 이것이 임신 가능성에는 어떻게 영향을 미치는지 등을 실증적으로 파악하려면 성관계 시점과 빈도, 피임 여부 같은 여러 요인을 통제해야 한다. 1982년에 저명한 〈뉴잉글랜드 의학 저널New England Journal of Medicine〉에 자연 실험 조건에서 여러 요인을 통제한 한 연구 내용이 게재되었다. 불임인 남성과 결혼한 2,000명 이상의 프랑스 여성이 기증받은 정자로 여러 간격에 걸쳐 인공수정 시술을 받았다. 모두 동일한 시술이었고 여성들의 나이만 달랐기 때문에 연구자들은 이 데이터를 이용해 여성의 생식 역량이 나이에 따라 어떻게 달라지는지 파악할 수 있었다. 결과는 놀라웠다.

이 여성들의 생식 능력이 31세에서 35세 사이에 크게 떨어지는 것으로 나타났는데, 이는 그때까지의 추정보다 훨씬 이른 연령이었다. 당시에는 통상적으로 여성의 생식 능력이 35세부터 떨어진다고 알려져 있었고 35세 전까지는 크게 감소하지 않는다고 여겨졌다. 그런데 이 연구 결과에 따르면 31세에서는 임신 성공률이 74%였지만 35세에서는 61%로 떨어졌다. 이 연구에 대해, 그리고 저자들이 여성이 아이를 더 일찍 낳아야 한다고 조언한 데 대해 비판이 제기되기도 했지만[5] 지금까지도 이 연구는 인간의 생식 능력에 대한 가장 엄정성 있는 과학 연구 중 하나로 남아 있다. 임신을 결정짓는 많은 요인을 성공적으로 통제할 수 있었던 것이 주효했다.

집단4의 여성들은 출산을 미루는 것이 초래할 수 있는 결과를 전혀 알지 못했다. 하지만 집단5는 더 나은 정보가 있었을 뿐 아니라 "생물학적 시계를 넘어설 수 있는" 방법도 훨씬 더 많이 가지고 있었다. 그들은 출산을 미루는 것이 왜 임신 가능성을 낮추는지에 대한 의학적인 이유를 알고 있었고 그에 맞설 수 있는 수단들도 나오고 있었다. 또한 남편이나 파트너 없이도 아이를 갖겠다는 열망을 가질 수 있고 이룰 수도 있다는 것도 알게 되었다.[6]

인공수정은 사실 꽤 오래된 기술로, 처음에는 새끼를 배지 못하는 가축용으로 쓰였다. 1960년대 초만 해도 미국에서 인공수정으로 태어나는 아기는 매우 적었다(대략적인 추정치밖에 없다[7]). 1970년대 중반에는 결혼하지 않은 여성에게 인공수정 시술을 하는 것이 합법적인지를 두고 문제가 제기되었고, 1979년에도 의사들은 결혼하지 않은 여성에게 인공수정 시술을 해도 되는지에 대해 의견이 일치하지 않았다. 태어날 아기가 법적으로 불확실한 상태가 될 것이기 때문이었다.[8] 하지만 시험관 아기 같은 더 복잡하고 비싼 시술이 개발되고 도입되면서 상대적으로 단순한 인공수정 시술도 추진력을 얻게 되었다. 게다가 인공수정은 혼자서 할 수 있는 시술이었고 성공률도 그렇게 낮지는 않았다.

거의 마흔이 되어 가던 어느 날, 나는 우리 엄마 연세 정도 되어 보이는 여성의 장황한 딸 자랑을 들어야 했다. 그 여성의 딸은 내 또래였는데, 인공수정으로 곧 아이가 태어날 예정이라고 했다. 딸이 시간을 많이 들여야 하는 과정인 '남편 찾기'를 건너뛰고 아이를 가질 수 있었다며, 이제 곧 할머니가 될 이 여성은 새로운 생식 테크놀로지에 개종자를 만들고자 열심이었다.

1980년대까지도 출산을 늦은 나이로 미루는 것이 임신 가능성에 미치는 영향을 언급한 기사는 드물었다. 앞에서 언급한 프랑스 연구가 나오기 전까지는 나이와 생식 능력의 관계에 대한 근거들이 과학적으로 엄정하다고 보기 어려웠다. 불임이라는 주제는 신문, 과학 저널, 대중 서적 등 어디에서도 자주 언급되지 않았다. 1950년대-1970년대에 출간된 의학 논문 중 극히 적은 비중만이 인간 여성의 불임 문제를 다루고 있었다. 그런데 이 비중이 1990년대에는 두 배가 되더니 2000년대 초에는 다시 1990년의 5배로 급증했다. 2000년대에 나온 논문의 대부분은 시험관 아기 같은 난임 치료 시술에 대한 것이었다.[9]

하지만 평범한 대졸 여성이 내용도 어렵고 찾기도 힘든 의학 논문을 읽지는 않았을 것이고 생식과 재생산에 대한 의학 서적을 찾아 읽지도 않았을 것이다. 평범한 대졸 여성은 대중 서적이나 신문, 잡지를 읽었을 것이다. 불임을 다룬 대중 서적은 1980년대에 급증하기 시작했다. 구글 아카이브에서 '불임infertility'과 '시험관 아기IVF'로 검색을 해보면(미국 영어 문서 중 검색) 1980년 이후 10년간 5배나 증가한 것을 볼 수 있다.[10] 젊은 여성들은 이 기간에 〈뉴욕타임스〉에도 불임에 대한 기사들이 굉장히 많아지고 있다는 것을 알아차렸을 것이다.[11] 불임을 다룬 기사는 1980년대를 거치면서 4배가 되었다. 그러다가 1990년대 초 이후에 상대적으로 줄어들지만, 이 주제가 덜 중요해져서는 아니었다.

불임을 언급한 기사는 1980년대 후반에 피크를 치고[12] 그 이후에 여러 의학적 개입법이 개발되어 불임이 잠재적으로 고쳐질 수 있는 것으로 여겨지게 되면서 수그러들었다. 이제 기사와 서적 들은 불임의 무시무시한 결과를 이야기하기보다 의학기술의 발달이 가져다준 긍정적인 전망에 대해 이야기했다. 불임은 여전히 해결되어야 할 문제였지만 '불임'이라는 단어의 사용은 줄어들었다.

어느 시대 어느 사회건 임신에 어려움을 겪는 부부는 늘 있었다. 정확히 어느 만큼의 비중인지는 나이, 임신을 시도한 기간, 시도한 횟수 등 다양한 요인에 따라 다르다. 오늘날 불임 부부 비중이 어느 정도인지는 정확히 추산하기 어렵다. 표본의 선택 편향(임신이 안 되는 사람의 정보만 알게 된다) 때문에도 그렇고, 피임 때문에도 그렇다(많은 사람이 임신을 하기 위해서가 아니라 막기 위해서 애쓴다). 인구학자들은 효과적인 피임법이 존재하지 않던 시절의 역사 자료를 사용해서 건강한 25세 여성과 남성도 12% 정도가 임신을 하는 데에, 혹은 유산하지 않고 임신을 유지하는 데에 어려움을 겪을 수 있음을 보여주었다.[13] 어느 사회에나 불임으로 고통받는 사람들은 존재했고 나이가 많아지면 문제는 더 심각해졌다.

의학적인 문제라고 인식하지 못한 상태에서 불임 때문에 병원에 가 봐야겠다는 생각을 하는 여성은 거의 없었을 것이다. 생식 능력이 나이에 따라 어떻게 달라지는지에 대한 정보를 얻기 위해 잡지를 뒤적거리지도 않았을 것이다. 하지만 대부분의 여성은 여성이 궁금해할 모든 것을 담고 있는 놀라운 건강 지침서 하나를 알고 있었을 것이다. 나는 한 친구가《우리의 몸, 우리 자신Our Bodies, Ourselves》이라는 책을 보여 준 날을 잊지 못한다. 그 책은 곧바로 나의 건강 성경

책이 되었다. 현재 9판까지 나와 있는 이 책은 (인터넷이 있기 전에) 건강 문제에 대해 조언을 구하려는 여성들이 반드시 찾는 책이었다. 1970년의 초판부터 이후의 판들을 보면 여성들이 자신의 신체와 임신, 출산에 대해 갖는 걱정거리와 지식의 변천을 볼 수 있다.

초판은《여성과 여성의 신체: 강좌 Women and Their Bodies: A Course》라는 제목으로 나왔다. 193페이지, 4개 장으로 구성되어 있었고 가격은 75센트였다.[14] 불임에 대해서는 4페이지만 할애하고 있으며 나이를 불임의 요인으로 언급하고 있지는 않다. 지금도 내가 자주 들춰보는 1984년판은 647페이지나 되고 무게도 3파운드나 된다(페이퍼백인데도 그렇다). 여기에는 "불임과 임신 능력 상실"이라는 제목의 절이 있지만, 연령에 대해서는 불임이 증가하는 데 영향을 미칠지 모르는 한 가지 요인으로 다음과 같이 짤막하게만 언급되어 있다. "여성들이 임신 가능성이 다소 떨어지는 30대까지 아이 낳는 것을 미루고 있다."[15]

요컨대 1980년대까지는 여성의 건강, 섹스, 생식에 대한 정보를 담고 있는 대표적인 서적조차 불임에 대해서는 자세히 언급하지 않았고 불임의 요인 중 하나로 연령을 다루지도 않았다. 집단4의 가장 미래지향적이고 똑똑한 여성들조차 출산을 미루는 것이 초래할지 모를 결과를 깊이 생각해 보지 않은 것은 이상한 일이 아니었다. 그들이 어떤 위험을 무릅쓰고 있는지를 누가 그들에게 말해 줄 수 있었겠는가?

집단4의 여성들이 처음으로 결혼과 출산을 미루기 시작했을 때는 경고 벨을 울려 주는 기사를 많이 접할 수 없었다. 경고 벨은 30대가 넘었을 때에서야 울리기 시작했는데 그때는 출산을 미룬 것의 영향이 이미 명백해진 뒤였다. 집단4와 달리 집단5의 여성들은 출산을 미루면 영영 하지 못할 가능성이 높아질 수 있다는 경고 메시지를 적시에, 이 문제에 대해 의학적인 도움을 받는 게 가능해진 바로 그 시점에 접할 수 있었다. 이들은 오늘 미루는 것을 [영영 잃는 게 아니라] 내일 얻을 수 있을 터였다. 하지만 종종 여기에는 매우 큰 금전적, 심리적, 신체적 비용이 수반되었다.

출산을 늦추는 것이 가져올지 모를 막대한 비용을 알게 되었으니 일찍 아이를 갖기로 해서 이 문제를 해결하려 할 수도 있지 않았을까? 하지만 집단5의 여성들은 그렇게 하지 않았다. 출산 연령은 집단5에서 오히려 더 늦춰졌다. 집단4의 여성들은 26세에 31%가 아이가 있었는데 집단5는 이 숫자가 22%에 불과했다.[16] 26세에 아이가 있는 여성 비중이 3분의 1이나 줄어든 것이다. 계획이 어긋날 수 있다는 사실을 인지하기는 했지만, 그에 대한 걱정보다는 언젠가는 아이를 낳겠다는 낙관적인 결심과 그때는 임신을 돕는 기술이 더 발달했을 것이라는 믿음이 더 강했던 것 같다.

30대 중반이 되면 아이가 있는 여성 비중에서 집단5가 집단4를 따라잡으며 30대 중반 이후로는 집단5가 더 비중이 높다. 그리고 40대에는 집단5가 훨씬 더 높다. 집단5의 여성들은 잃어버린 긴 시간이 부과한 제약을 극복하고 30대 후반과 40대 초반에 (심지어는 더 늦게도) 아이를 가질 수 있었다.

집단5에서 볼 수 있는 출산 증가는 상당 비중이, 집단4에서보다도 높은 비중이 석박사 학위와 뛰어난 커리어의 소유자들이라는 데서 더욱 놀랍다. 실제로 고학력자 중 아이가 있는 여성이 집단5에서 크게 늘었다. 집단4의 석박사 소지자 중 자녀가 있는 여성 비중은 70%인데 집단5에서는 75%로 늘었다. 대졸 여성 전체 중에서 보면 40대 초반에 아이를 낳은 여성 비중에서 집단5가 집단4를 3%포인트 정도 능가했는데 석박사 학위자들 사이에서만 보면 5%포인트 능가했다.[17]

집단4의 전문 석박사 학위 소지자 중에서는 아이가 있는 여성의 비중이 집단1과 집단2를 연상시킬 만큼 낮다. 집단4에 속하는 1949-1953년생 여성 중 가장 높은 수준의 전문 석박사 학위가 있는 여성은 무려 40%가 40대까지 아이가 없었다. 하지만 집단5의 최근 데이터를 보면 전문 석박사 학위 소지자 중 아이가 있는 사람 비중이 학부만 졸업한 여성들과 비슷하다.[18]

과거에 일반적이던 출산 연령보다 훨씬 늦은 나이에 첫아이를 낳은 여성을 다들 몇 명씩은 알고 있을 것이다. 사실 꽤 많아서 이제 그런 소식은 크게 놀랍게 들리지도 않는다. 수명이 더 길어졌고 오늘날에는 20세기 중후반보다 여성의 신체 조건과 건강 상태도 더 좋은 경우가 많으므로 첫아이를 늦은 나이에 갖는 것이 그리 이상한 일은 아니다. 또한 늦은 출산을 하는 부부는 대개 금전적으로도 더 풍족하다. 그렇다 하더라도 집단5의 여성들이 보인 두드러진 변화는 여전히 놀랍다.

불임 치료와 관련한 의학의 발달(시험관 아기, 생식세포 자궁관 내 이식, 난자 냉동, 염색체 검사 등)은 이런 것이 없었더라면 아이를 갖지 못했을 많은 사람들이 아이를 가질 수 있게 해 주었다. 하지만 이런 치료는 매우 비싸서 의료보험의 보장 범위에 들어가는지가 중요했다. 집단5가 이룬 진전은, 의료 분야에서 생식 테크놀로지가 발달했고 그에 대해 수요가 있었다는 점만이 아니라 민간 의료보험이 이러한 시술을 보장 범위에 포함하도록 의무화한 주 법들이 제정된 데서도 영향을 받았다.[19]

그렇다면 의료 기술의 발달과 의료보험 보장 범위의 확대가 집단4에서 집단5로 넘어가는 동안의 출산율 증가에 정확히 어느 정도나 영향을 미쳤을까? 쉽게 답하기는 어렵다. 우선 최근까지 여성에게 어떻게 해서 임신이 되었느냐고 묻는 경우가 거의 없었다. 하지만 2011년 이후 질병통제예방센터는 일관된 형태로, 그리고 유용하게도 연령대별로, 불임 시술을 통해서 임신을 했는지 여부를 묻고 있다.

그 조사의 마이크로 데이터를 사용해서 우리는 2018년에 첫아이를 낳은 40세 이상 대졸 여성 중 26%가 그 아이를 적어도 한 가지의 불임 시술 덕분에 임신했다는 사실을 알 수 있었다. 35-39세의 경우에는 11%였다. 상당한 비중이다. 늦은 나이에 아이를 가진 여성들(과 그들의 파트너들)에게 의료 기술 발달과 의료보험 보장 범위의 확대가 실제로 크게 영향을 미쳤음이 틀림없다.

하지만 대졸 여성이 35세를 넘어 첫아이를 출산한 경우는 13%, 40세가 넘어서 첫아이를 출산한 경우는 3% 정도에 불과하다. 즉 비교적 소수의 출산에서 큰 변화가 일어난 것이다. 하지만 그 효과는 상당했고 당사자들에게는 명백히 엄청난 결과였을 것이다.

전체적으로 출산의 증가 중 어느 정도가 새로운 테크놀로지의 발달 및 그것을 이용하게 된 가능성의 확대(의료보험 등) 덕분이었을까? 앞에서 보았듯이, 대졸 여성 중 아이가 없는 여성의 비중은 1955년 출생자들에게서 가장 높은 28%를 기록하고 그 이후로 감소해 1975년 출생자 사이에서는 20%가 되었다. 이 감소는 거의 모두 35세 이상에서 출산이 증가한 덕분이었다. 대졸 여성의 첫 출산 증가 폭 중 37-50% 가량이 재생산 테크놀로지의 발달과 여성(및 파트너)이 그것을 이용할 수 있는 여지를 갖게 된 것(의료보험 보장 범위 확대 등)으로 설명된다.[20] 요컨대 2018년에 있었던 대졸 여성들의 첫 출산 전체 중에서 4%만 인공적으로 보조를 받은 출산이었다 해도, 이 정도로도 집단5의 출산율을 상당히 높이기에는 충분했다.

성공을 어떻게 규정할 것인가?

새천년에 대학을 졸업한 여성들은 전례가 없는 무언가를 성취했다. 이제 40대가 된 집단5의 대졸 여성들은 집단3의 후기, 베이비 붐 엄마들이 40대가 되었을 때만큼 높은 출산율을 보이고 있다. 이는 매우 놀라운 전환이다. 집단5 여성들이 두 번째 베이비 붐을 가져오지는 않았다. 하지만 꽤 풍요로운 출산율을 보이기는 했다. 그것도 굉장히 늦은 나이까지(집단4보다도 더 늦은 나이까지) 출산을 미룬 뒤에, 또한 가정과 커리어 모두를 이루겠다는 목표를 의식적으로 가지고서 말이다.

그럼에도 이러한 묘사에 동의하지 않는 사람도 많다. 이들은 여성들이 어떻게 전과 다름없이 커리어를 포기해야 하는 상황에 내몰리고 있고 어떻게 경력 사다리에서 떨려 나가고 있으며 어떻게 남성 동료들에게 밀쳐지고 있는지 지적한다. 많은 이들이 "실패한 혁명"

을 이야기한다. 각자의 처지에 따라 개개인은 그렇게 느낄 수 있고 여성 혐오가 존재하는 것도 분명하지만, 집단5를 전체적으로 볼 때 "실패한 혁명"이라고는 말할 수 없다. 지난 세기 동안 여성들이 밟아온 여정을 '실패'로 규정하는 것은 매우 협소한 시각이다.

집단3의 초기(1931-1937년생)에 해당하는 여성들은 30대 후반에 겨우 6%만 커리어와 가정을 모두 성취할 수 있었다. 대부분은 가정[아이]에 먼저 초점을 두고 그다음에 일자리(아마도 괜찮은 일자리)를 가진다는 계획을 가지고 있었고, 실제로 84%가 30대 후반에 아이가 있었다. 이는 전체 시기 대졸 여성들 중 가장 높은 비율이다. 이들이 베이비 붐 엄마들의 주축이었다. 이들 중에는 커리어를 추구한 사람이 거의 없었고, 많은 이들이 늦은 나이가 되기 전까지는 노동시장에 나가지 않았다. 이들 상당수가 커리어와 가정 둘 다를 이루겠다고 꿈꾸지 않았다. 하지만 커리어와 가정 둘 다를 성취하는 비중이 이들의 생애를 거치면서 두 배 이상이 되었고, 이는 큰 진전이었다. 그러다가 집단3의 후기(1938-1944년생)에 해당하는 여성들부터 커리어가 더 움직이기 시작했다. 이들의 경우, 아이가 고등학교에 들어갔을 무렵, 혹은 더 커서 독립해서 나갔을 무렵에 커리어와 가정 둘 다를 성취한 비중이 21%였다.

그리고 우리는 집단4의 여성들이 커리어의 성공 사다리를 얼마나 많이 올라갔는지 보았다. 가정 쪽의 성취는 수그러들었지만 커리어 쪽에서는 엄청난 진전을 보였다. 1951-1957년생인 대졸 여성 중 14%가 30대 말에 커리어와 가정을 둘 다 가지고 있었고, 27%는 50대 초에 커리어와 가정을 둘 다 가지고 있었다.

그림 7.1 4개 연령대별 '커리어와 가정' 성취: 1931-1965년

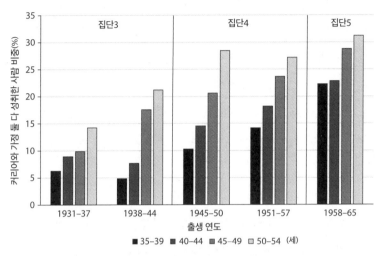

주: '커리어'의 정의와 측정 방법에 대해서는 출처 부록(7장) "'커리어와 가정'의 성취"를 참고하라. 여기에서 '가정'은 (출산과 입양을 모두 포함해) 적어도 한 명의 아이가 있는 경우를 의미한다.

　　마지막으로 집단5는 30대 말에 22%가, 50대에 접어들 무렵이면 31%가 커리어와 가정을 둘 다 가지고 있었다.

　　이 숫자들(그림 7.1 참고)은 꼼꼼히 소화해야 할 부분이 많다. 게다가 '커리어'를 무엇이라 정의하고 어떻게 측정할 것이냐는 매우 까다로운 문제다.[21] 커리어를 갖는다는 말은 연속적으로 여러 해에 걸쳐 특정 수준 이상의 소득을 올리는 것을 포함하는 개념이어야 한다. 소득의 기준점은 동일한 연령과 학력인 남성과 비교 가능한 정도여야 할 것이다. 가령, 해당 남성 소득 분포의 25퍼센타일 선을 기준으로 삼아 볼 수 있을 것이다. 그리고 이 책에서 '가정'은 앞에서 말했듯이 (입양과 출산 모두 포함해서) 적어도 하나 이상의 아이를 갖는 경우를 의미한다.

우리가 살펴본 한 세기의 여정 중 상당 부분은 한탄해야 하는 것과는 거리가 멀고, 실패로 묘사할 만한 것은 더더욱 아니다. 집 단3에서 집단5까지 오면서 커리어와 가정 둘 다를 성취하는 여성은 상당히 증가했다. 이는 팬데믹의 와중에도 우리가 미래에 대해 희망을 가질 수 있게 해 준다. 실제로 재택근무 실험은 앞으로 시간 유연성이 큰 일자리를 택할 때 수반되는 금전적인 손실을 줄여 줄 수 있을지도 모른다.

가장 흥미로운 변화는 뒤쪽 집단의 여성들이 나이가 들어가면서 보이는 집단 내에서의 변화다. 집단 간에는 뒷 세대 집단으로 갈수록 커리어를 성취하는 비중이 높아졌고, 이것은 놀랄 일이 아닐 것이다. 그런데 각 집단 내에서 여성들이 나이가 들어감에 따라 커리어와 가정을 둘 다 이루는 비중이 증가한 것은 30대에서 50대로 나이가 들어가는 동안 더 많은 사람이 가정을 갖게 되어서가 아니었다. 그보다는, 가정이 있는 사람들이 나이가 들어가면서 뒤늦게 커리어를 꽃피운 면이 크다.

집단5에서 아이가 없는 여성들은 이른 나이에 꽤 높은 커리어의 성공률을 보여 주며 이 수준은 계속 높게 유지된다. 연령에 따른 커리어 성공 정도를 보면 아이가 없는 여성들은 남성들과 비슷하다 (커리어 쪽의 성공이 약간 낮긴 하다). 의미심장하게도 남성의 커리어 성공 정도는 나이가 들어감에 따라 그리 달라지지 않는데 여성의 경우에는 크게 증가한다. 아이가 크면서 시간이 자유로워지고 육아의 부담이 줄면서 커리어가 꽃피게 된 것이다.

집단5에 속하는 1958-1965년생 여성들은 35-39세에 커리어와 가정을 둘 다 성취할 확률이 남성의 40%였다. 그런데 50-54세가 되었을 때는 남성의 60%로 높아졌다. 여성들이 남성과의 격차를 생애 내내 계속 줄여간다는 뜻이다. 1945-1950년생인 약간 더 앞 세대의 경우 30대 초반에는 커리어와 가정을 둘 다 성취하는 확률이 남성의 20%, 50대에는 남성의 50%였다.

이들을 통틀어서 커리어와 가정을 둘 다 이룬 여성들이 증가한 것은 대체로 두 가지 요인으로 나누어 설명해 볼 수 있다. 그리고 두 요인은 거의 같은 비중으로 설명력을 갖는다. 커리어와 가정 둘 다 성취할 확률이 증가한 것의 절반 정도는 개인의 라이프 사이클상에서 30대 후반부터 시작해 50대 초반까지 성취가 증가하는 것으로 설명이 되고, 나머지 절반은 각 집단이 우리가 이제까지 살펴본 여러 요인에 의해 진전을 이룬 것, 즉 시대에 따른 변화로 설명된다.

이러한 변화는 여성들이 점점 더 큰 자유를 갖게 된 과정을 말해 준다. 가정에서의 부담이 줄면서 여성들은 바깥일을 더 장시간 할 수 있었고 승진도 할 수 있었으며 더 좋은 자리로 옮길 수도 있었다. 이를테면, 앞에서 보았듯이 삶의 50대까지 추적이 가능한 가장 최근 집단의 경우 30대 후반에는 커리어와 가정을 둘 다 성취한 비중이 22%였는데 50대에는 31%로 증가했다.

하지만 다른 한편으로, 커리어가 뒤늦게 꽃피었다는 것은 아이가 어릴 때 여성들이 커리어의 면에서 부딪히게 되는 어려움을 말해 주는 것이기도 하다. 어린아이가 있는 여성은 커리어를 가진 비중이 낮은데, 이는 소득, 승진, 직종에서 존재하는 성별 격차 그리고, 시간 유연성이 높은 일자리를 택할 때 감수해야 하는 비용에 대해 왜 그렇게 많은 이야기가 쏟아져 나오고 있는지를 설명해 준다. 아이가 있는 여성이 나이가 들어가면서(즉 아이가 크면서) 커리어에서 성공할 수 있는 가능성이 높아진다는 사실은 과거 그들이 젊었을 때[어린아이가 있었을 때] 삶이 어떠했을지에 대해, 그리고 지금도 어린아이가 있는 많은 젊은 여성들이 어떤 삶을 살아가고 있을지에 대해 시사하는 바가 크다.

각 집단을 거치면서 발생한 변화는 전문 직종을 위한 교육이 여성에게 확대되면서 여성들이 노동시장에서 얻을 수 있는 이득이 증가해 온 과정을 보여 준다. 하지만 아이가 있는 여성이 아이가 어렸을 때와 나이가 들었을 때 사이에 보이는 차이, 그리고 아이가 없는 여성과 아이가 있는 여성 사이에 드러나는 차이는 무엇이 여성의 커리어 진전을 늦추고 있는지를 드러내며, 이것이 소득과 승진에서 나타나는 성별 격차의 진짜 문제다.

1980-1984년생을 대상으로 실시한 더 최근의 종단 조사 데이터를 통해 집단5 중에서도 가장 최근에 속하는 세대의 남녀가 커리어와 가정 모두에서 얼마나 성공을 거뒀는지 분석해 볼 수 있다.[22] 이들은 생애의 더 늦은 나이까지 살펴보기에는 아직 나이가 어리다. 하지만 젊은 연령대인 현재 상태에 대해서는 위에서와 비슷한 분석을 해볼 수 있고, 이를 통해 이들이 이전 세대 여성들이 동일한 연령대였을 때보다 많은 것을 성취했는지 알아볼 수 있다.

과연 최근의 젊은 대졸 여성들은 이전 세대 여성들이 비슷한 나이였을 때보다 많이 성취했다. 하지만 앞 세대와 뚜렷한 단절을 보일 만큼 크게 도약을 한 것은 아니다. 이들은 30대 후반 시점에 4분의 1이 조금 넘는 정도가 커리어와 가정을 둘 다 성취했고 40%는 가정 여부와 상관없이 커리어를 성취했다. 이것은 그림 7.1에서의 가장 늦은 집단[1958-1965년생]에 비해 약간 증가한 것이다. 변화는 느리고 꾸준했다. 그런데 남성들의 커리어 성공 정도와 비교해 보면 젊은 시기 여성들의 성취에 변화가 별로 없었다. 여성이 생애 중 나중이 되어서 보이게 되는 진전은 어린아이가 있는 젊은 시기 동안 가정과 직장에서 동시에 쏟아지는 부담 때문에 스스로, 혹은 주위 사람들에 의해 커리어를 진전시키지 못했었다는 것을 보여 주는 증거다. 반면 아이가 있는 남성은, 이 데이터로 보건대, 아이가 어린 시기에도 커리어를 늦추지 않는 것으로 보인다.

집단3에서 집단5까지의 여성 중 연방 의원으로 선출된 여성들에게서도 비슷한 변화를 볼 수 있을까? (집단1인 저넷 랭킨부터 시작하면 좋겠지만 집단1과 집단2는 통계적 분석을 할 만큼의 선출직 당선자 수가 되지 않는다).

연방 의원으로 선출되었으니 모두 명백하게 커리어를 성취했다고 말할 수 있을 것이다. 최근까지는 대부분 늦은 나이에 당선이 되었다. 집단3의 경우 첫 당선 연령의 중앙값은 53세였다(평균도 그렇다). 이들이 의원이 되기 전에 커리어를 갖지 않았다는 말은 아니다. 대부분은 의원이 되기 전에 지역 정치 활동이나 공동체 활동을 했으며 어쩌다 의원이 된 사람은 없다. 하지만 집단3의 여성들은 정말로 늦게 꽃핀 사람들이고 선출직 당선은 그들에게 진정한 커리어의 시작이었다.

집단3의 선출직 의원 상당수가 (정치적으로 활발하지 않았던 다른 여성들과 마찬가지로) 대학을 졸업하자마자 결혼했고 아이들이 어렸을 때는 노동시장을 떠나 있었거나 교사, 간호사, 지역 자원봉사자 등으로 일했다. 오리건주 출신 민주당 의원 달린 올슨 훌리Darlene Olson Hooley가 그런 사례다. 1939년생인 훌리는 고등학교 교사로 일하다가 40대가 되어서야 지역과 주 단위의 정치에 뛰어들었고 58세에 연방 의원에 당선되어 6선을 지냈다. 비슷하게 1931년생인 메릴랜드주 출신 공화당 의원 코니 모렐라Connie Morella는 자신의 세 아이와 일찍 숨진 자매의 여섯 아이를 돌보면서 고등학교와 대학에서 학생들을 가르쳤다. 그리고 56세인 1987년부터 연방 의회에서 8선을 지냈다.

어떤 이들은 지그재그의 경로를 거쳐 연방 의회에 도달했다. 노스 캐롤라이나 출신 민주당 의원 에바 맥퍼슨 클레이튼Eva McPherson Clayton이 그런 사례다. 1934년에 태어난 클레이튼은 원래 의학대학원에 가고자 했지만 민권운동에 자극을 받아 법학대학원에 갔다. 하지만 넷째 아이가 태어난 뒤에는 엄마 역할에 전념하기 위해 일을 그만두었다. 변호사인 남편이 많이 도와준 편이기는 했지만, 클레이튼은 젊은 동료들에게 더 일찍부터 스스로의 필요를 주장하라고 조언한다. "[지금 같으면] (…) 남편에게 더 많이 요구할 것 같아요." 자신이 "슈퍼 맘이 될 만큼은 슈퍼우먼이 아니었다"는 것이다. 하지만 1992년부터 5선을 할 만큼은 슈퍼우먼이었다. 처음 당선된 1992년에 클레이튼은 58세였다. 연방 의원이 되고서 1년 뒤, 그리고 아이들이 다 자라고 나서 많은 해가 지난 뒤, 클레이튼은 이렇게 말했다. "놀랍게도 내가 무엇을 필요로 하는지를 [남편이] 아는 것 같아요. 전에는 그가 그렇게 세심하고 민감하지 않았던 것 같은데 말이에요."[23]

집단4의 여성 의원들도 53세 정도에 의회에 들어갔다.[24] 하지만 이들 중에는 뒤늦게 꽃핀 유형이 거의 없다. 집단3의 여성 의원들과 달리 이들은 더 일찍부터 커리어의 사다리를 올라갔다. 집단4의 여성 의원들은 종종 법학 석사, 박사, 또 그 밖의 석박사 학위가 있었고 의회에 오기 전에 고소득 직종에서 일했다.

미네소타주 출신 공화당 의원 미셸 바흐만Michele Bachman은 1956년생으로, 국세청IRS에서 변호사로 일하다가 세법으로 LLM 학위[법학 석사]를 받았다. 넷째 아이가 태어날 때까지 IRS에서 일하다가 51세이던 2007년에 하원의원이 되어 4년을 의회에서 일했다. 뉴햄프셔주 출신 민주당 의원 매기 우드 하산Maggie Wood Hassan은 1958년에 태어났고 두 아이가 있으며 변호사이자 의료 기관의 경영자였다(아이 중 한 명이 심한 장애가 있었다). 그리고 뉴햄프셔주 의회 상원의원과 주지사를 거쳐 59세이던 2016년에 연방 상원의원으로 선출되었다. 펜실베이니아주 출신 민주당 의원 매들린 딘Madeleine Dean은 로펌을 운영하다가 세 아이를 돌보는 일과 더 병행 가능한 일을 하기 위해 대학에서 영어를 가르쳤다. 그리고 60세인 2019년에 의원이 되었다.

집단5의 여성들은 더 젊은 평균 46세에 의원이 되었다. 하지만 집단5의 여성들이 더 이른 나이에 선출된 것처럼 보이는 데는 단순히 기계적인 이유가 있다. 현재로부터 가장 가까운 세대이기 때문에 '늦게' 선출될 만큼의 나이가 아직 되지 않은 것이다. 집단4의 여성들이 태어나서부터 의원이 되기까지 가질 수 있는 기간을 집단5와 같아지도록 조정하면 두 집단 여성 의원들의 평균 당선 연령은 크게 다르지 않을 것이다. 관찰된 값이 집단4에서 더 높은 것은 단순히 이들이 더 이른 시기에 태어나서 더 나이가 많아진 다음에까지 의회에 진출할 수 있었기 때문이다.[25]

1978년 이후에 출생한 여성 의원들을 하나의 집단으로 묶는다면 이들이 가장 젊은 집단이다(이들은 집단5의 바로 직후 사람들이다. 이 책의 분석에서 적어도 40세가 될 때까지 생애를 추적하기 위해 집단5의 출생 연도를 1978년에서 끊었다). 이들은 의원이 되었을 때의 평균 나이가 35세에 불과하다. 또한 이 집단에는 단일 선거에서 가장 많은 여성 의원이 배출된 해에 당선된 사람들이 포함되어 있다. 2018년에는 34명이, 2020년에는 26명이 의회에 들어왔다.[26] 또한 이 집단에는 최연소에 속하는 의원들도 있다. 알렉산드리아 오카시오-코르테스는 29세에 의원이 되었고, 애비 핀크나우어Abby Finkenauer는 30세에 의원이 되었으며(최근 선거에서는 졌다), 세러 제이콥스Sarah Jacobs는 31세에 의원이 되었다. 이 세 의원이 특히 젊기는 해도 이들의 평균 당선 연령이 젊은 것 또한 단순히 태어난 연도가 가장 늦은 집단이기 때문이다(모두 1978년 이후에 태어났으므로 '늦은 나이'에 선출되는 것 자체가 불가능하다).

이들 가장 최근 집단의 여성 의원들은 대학을 졸업하고 나서 일찍부터 정치 활동을 활발히 했다. 집단4에서 시작된 추세대로, 이들도 일찍 커리어를 꽃피운 사람들이었다.

시간 제약

집단4의 여성들이 엄마 세대보다 나아지겠다고 다짐했듯이 집단5의 여성들도 '둘 다 갖겠다'고 다짐했다. 집단4에게 피임약이 있었다면 집단5에게는 안 좋은 운을 피할 수 있는 다양한 테크놀로지가 있었다. 이들은 타협하지 않고 커리어와 가정을 둘 다 추구했다.

이들도 결혼과 출산을 미뤘고 심지어 집단4보다 더 늦게까지 미뤘다. 전반적으로 커리어에서의 성공은 모든 연령대에서 이전 세대보다 나아졌고 생애 주기 전반에서는 전보다 한층 더 많이 성취했다. 하지만 [어린아이가 있는] 젊은 시기의 경제적 성공 정도는 여전히 낮았다. 가장 학력이 높은 여성들(가령 변호사, 의사, 박사)도 아이가 있으면 파트타임으로 일하는 경우가 많기 때문이다. 그리고 젊었을 때 파트타임으로 일하면 나중에 승진의 경로를 밟기가 어려워진다.

대부분의 종단 데이터가 대졸자에 대해서는 (대학원 졸업자는 말할 것도 없고) 많은 수의 표본을 갖고 있지 않은데 이것을 우리는 어떻게 알 수 있을까?

나는 하버드 학부를 1970, 1980, 1990년 근처에 졸업한 사람들을 대상으로 진행 중인 연구 프로젝트에 참여하고 있다. 이들은 집단4와 집단5에 해당한다. 우리는 이 프로젝트의 이름을 '하버드 앤 비욘드Harvard and Beyond'라고 붙였다.[27] 이 프로젝트에서 우리가 수집한 데이터는 왜 교육 수준이 가장 높은 여성들도 커리어와 가정이라는 두 가지 목표를 달성하는 데 어려움을 겪고 있는지 알아보는 데 도움을 준다. 우리는 학부 졸업 후 15년 시점의 응답을 수집했다. 그 시점이면 늦게 자녀를 출산한 사람들도 이미 출산을 했을 것이기 때문이다. 이에 더해, 이 시점은 많은 이들이 [대학에서] 테뉴어를 받았거나 [로펌이나 회계법인 등에서] 파트너가 되는 등의 중요한 승진을 거쳤을 시점이기도 하다.

하버드 졸업 여성 대다수는 학부 졸업 후 15년 시점에 일을 하고 있었다. 어린아이가 있는 경우도 마찬가지였다. 일하지 않고 있는 사람은 10%뿐이었다. 아이가 있는 여성도 노동시장에서 짧게라도 나가거나 커리어를 늦추는 것으로 보이지 않았다.

하지만 이 데이터는 다른 무엇인가를 드러내고 있었다. 졸업 후 15년 시점에 일을 하고 있는 여성 중 3분의 1이 파트타임으로 일하고 있다고 응답했다. 어떤 이들은 주당 35시간보다 훨씬 많이 일하는데도 스스로가 파트타임으로 일한다고 생각했다. 일반적인 조사 통계에서 전일제와 파트타임을 나누는 기준은 주당 35시간이지만 이들은 자신이 종사하는 직종에서의 일반적인 노동시간과 자신의 노동시간을 비교하고 있었기 때문이다.

"파트타임"으로 일한다고 답한 여성 중 80%는 어린아이가 있었고 고용 상태가 아닌 사람 중에서는 90%가 어린아이가 있었다. 이들과 졸업 동기인 하버드 남성 졸업생은 전일제보다 적게 일하는 사람이 거의 없었으며 대부분은 주당 40시간보다 훨씬 많이 일했을 것이다.

1970년에 졸업했든, 1980년에 졸업했든, 1990년에 졸업했든 간에, 졸업 후 15년 시점에는 30% 정도가 전일제로 일을 하는 동시에 아이가 있었다. 전일제로 일하는 사람을 커리어를 달성한 것으로 간주한다면, 대략 3분의 1 정도가 30대 후반에 커리어와 가정을 둘 다 성취한 셈이다. 50%는 전일제가 아닌 경우까지 포함해 노동시장에 있으면서 동시에 아이가 있었다. 남성의 경우에는 노동시장에 있으면서 동시에 아이가 있는 경우가 65%였다.

30%라는 숫자는 대졸 여성 전체 중에서 커리어와 가정 둘 다를 이룬 여성의 비중(그림 7.1)보다 높다. 데이터를 각 개인이 받은 학위의 종류별로 재분류해 보면 이유를 알 수 있다. 하버드 졸업 여성의 무려 65%가 JD, MBA, MD, PhD 학위를 받았고 두 개 이상 받은 사람도 있다. 하버드 졸업 여성들의 고용 상태와 자녀 유무는 어떤 종류의 학위를 받았는지에 따라 차이가 컸다. 교육 훈련 기간이 길면 학부 졸업 후 15년 시점에 전일제로 일하면서 아이도 있을 가능성이 더 컸다. 석박사 학위가 있으면 학부만 나온 경우보다 고용되어 있을 가능성이 컸고 그중에서도 전일제일 가능성이 컸다. 학부 졸업 후 15년 시점에 커리어와 가정을 둘 다 성취한 비중이 가장 높은 사람들은 의사였고 그다음은 PhD 소지자, 다음은 변호사, 그다음은 MBA였다. 일반석사MA까지만 마친 사람은 전일제로 고용되어 있으면서 동시에 아이도 있을 가능성이 가장 낮았다. MA까지만 마친 하버드 졸업 여성들은 전체 대졸 여성 표본에서와 그리 큰 차이를 보이지 않는다.

전문 석박사 학위 소지자 중에서는 MBA들이 전일제로 일하면서 아이도 있을 가능성이 가장 낮았다. 하버드 학생들을 대상으로 살펴본 '하버드 앤 비욘드'에서 나온 이 결과는 기업과 금융 분야 종사자들을 대상으로 한 또 다른 프로젝트(뒤에서 상세히 살펴볼 것이다)에서 나온 결과에서도 확인되었다.[28] 이 분야들은 시간 사용의 유연성

그림 7.2 대학원 학위 종류별 '커리어와 가정' 성취: '하버드 앤 비욘드' 프로젝트(졸업 후 15년 시점)

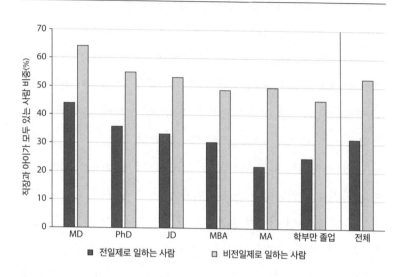

이 가장 적고 근무시간을 줄이거나 짧게라도 휴직을 할 경우 불이익이 가장 큰 분야다.

최고 명문대를 나온 사람들은 학업 면에서 가장 준비가 잘 되어 있고 인맥과 자원이 가장 많으며 커리어와 가정 둘 다를 이룰 의지와 자신 및 주변인들에 대한 기준도 높은 사람들일 것이다. 이들은 전문 석박사 학위 취득 비중이 압도적으로 높다. 하지만 이들조차 대학 졸업 후 15년 시점에 아이가 있으면 전일제로 일하는 사람이 절반 정도에 불과했다. 이들은 커리어에 가장 많은 투자를 했고 가장 높은 수준의 성공을 기대할 수 있을 법한 여성들이다. 이들조차 30대 후반에 아이가 있을 경우 절반 정도만 전일제로 일한다면, 다른 여성들은 아이가 있을 때 커리어에서 더 어려움을 겪으리라고 짐작해 볼 수 있다.

집단5는 단순히 생식을 '보조'해 주는 기술보다 많은 것이 필요했다. 많은 장애물이 없어지고 여성들이 많은 자유를 획득하면서, 이제 늘 여성들 앞에 있었던 근본적인 장애물 하나가 명백하게 눈앞에 드러났다. 그 장애물은 바로 시간 제약이다. 아이는 시간을 필요로 한다. 커리어도 시간을 필요로 한다. 부부간의 공평성(시간을 공평하게 분담하는 것)이 지켜진다면 여성이 커리어와 가정을 둘 다 달성할 수 있게 해 줄지도 모른다. 하지만 [현재의 노동 구조에서] 부부간의 공평성은 정말로 비싼 비용을 감수해야만 달성할 수 있다. 이것이 성별 소득 격차가 사라지지 않고 있는 중요한 이유 중 하나다. 이 책의 남은 여정에서 이에 대해 살펴보기로 하자.

8장
사라지지 않는 격차

앨라배마주 포섬 트로트에 살던 소녀 릴리 맥대니얼Lilly McDaniel
은 변호사가 되고 싶었다. 그 꿈을 실현하지는 못했지만 자신의 이름
을 딴 법이 제정되는 영예를 얻었다. 바로 '릴리 레드베터 공정 임금
복원법Lilly Ledbetter Fair Pay Restoration'이다. 이 법이 만들어지기까지의
이야기는 일터와 임금에서 드러나는 [노골적인] 성차별의 교과서적
인 사례다.

　릴리는 열일곱에 결혼을 하고 곧 두 아이를 낳았다. 10년 뒤에
살림이 빠듯해져서 [세금 환급 신고를 대행해 주는 회사] H&R 블록의
교육 과정을 이수해 세무 대리인이 되었다. 릴리는 새로이 갖게 된
재정적 독립성과 개인적인 보람이 좋았다. 또 일을 해보니 업무 능
력이 매우 뛰어나기도 해서, 14개 지점을 관리하는 역할로 차차 승
진했다. 하지만 아이들이 대학에 가면서 집에 돈이 더 필요해졌다.
41세이던 1979년에 릴리는 가까운 곳에 있는 타이어 회사 굿이어가
처음으로 여성 관리자를 채용한다는 사실을 알게 되었다. 굿이어는

당시에 임금이 높은 회사로 알려져 있었다. 릴리는 그 자리에 지원했고 합격했다.

새 회사에 가자마자 남성 부하 직원들의 맹렬한 불만에 직면했다. 모욕과 괴롭힘에 시달렸고 [상사로부터는] 높은 고과를 주겠다며 성관계를 요구받기도 했다. 릴리는 성적 괴롭힘에 대해 굿이어 타이어를 평등고용기회위원회EEOC에 신고했고 EEOC로부터 소송제기권right-to-sue이 있다는 통지를 받아내는 데 성공했다. 하지만 [강등되었던] 관리자 직위로 복귀되었다는 소식에 소송을 철회했다. 그런데 부당한 대우는 한층 더 가중되었다. 릴리는 날마다 조롱에 시달렸고, 누군가가 자동차를 파손해 놓기도 했으며, 부당한 직무 전환도 당했다.

그래도 회사를 그만두지 않고 계속 다녔는데, 보수가 괜찮았고 릴리의 능력을 인정하는 사람도 많이 있었기 때문이다. 1998년의 어느 날, 릴리를 응원하는 누군가가 매우 중요한 정보가 적힌 종이 한 장을 릴리의 우편함에 몰래 두고 갔다. 이 정보는 더 유명한 릴리의 두 번째 EEOC 소송으로 이어진다. 종이에는 다른 관리자들이 받는 임금이 적혀 있었다. 릴리는 [남성] 동료들에 비해 자신이 얼마나 낮은 임금을 받고 있는지 전혀 모르고 있었다. 중간보다 약간 아래라는 이야기만 들었을 뿐이었다. 릴리는 몇 년 뒤에 자서전에서 "굿이어에서는 모든 게 1급 기밀이었다"고 언급했다.[1] 릴리와 같은 해에 입사한 남성 관리자들은 같은 임금에서 시작했다. 그런데 20년 뒤에 릴리는 그들보다 15-40%를 덜 받고 있었다.

릴리는 세 가지 법률을 근거로 두 번째 EEOC 소송을 제기했다.

1963년의 동일임금법Equal Pay Act, 1964년의 민권법Civil Rights Act 제7편, 그리고 고용연령차별법Age Discrimination in Employment Act이었다. 첫째, 동일임금법에 의거해 릴리는 동일한 노동을 하는데도 자신의 임금이 남성 관리자보다 적다고 주장했다. 둘째, 진급, 직무 전환, 임금 인상 등에서 성별 때문에 제약을 받았다고 주장했다. 셋째, 나이를 이유로 차별을 받아서 더 젊은 직원에게 자리에서 밀려났다고 주장했다. 또한 릴리는 적대적이고 폭력적인 노동 환경에서 고통받았으며 이것이 신체적, 정신적 피해를 야기했다고 주장했다. 굿이어는 반격했지만 배심원단은 굿이어가 릴리에게 미지불급 및 징벌적 손해배상액 380만 달러를 지급해야 한다고 결정했다.

하지만 릴리는 그 돈을 받지 못했다. [굿이어는 항소했고] 제11항소법원은 민권법 제7편에 의거해 소송을 제기하려면 최초로 차별적인 임금을 받은 지 180일 이내에 제기해야 한다고 판단했다.[2] 이 말은 릴리가 자신이 차별적인 임금을 받고 있었다는 사실을 처음 알게 된 때로부터 20년이나 전에 소송을 제기했어야 한다는 뜻이다. 2007년에 연방 대법원도 민권법 제7편의 시효를 이렇게 해석한 항소법원의 판결을 인정했다(레드베터 대 굿이어 타이어 앤 고무 컴퍼니 사건 연방 대법원 판결Ledbetter vs. Goodyear Tire & Rubber Co. 550 U.S. 618). 릴리는 패했다. 미국 여성도 패했다.

대법원의 민권법 해석은 판례를 뒤집는 것이었고 1964년에 민권법이 제정되었을 때 의회가 의도한 바를 왜곡한 것이었다. 루스 베이더 긴스버그 대법관은 [이례적으로] 반대 의견을 법정에서 낭독했다. 긴스버그는 "대법원이 제7편 대해 민권법의 폭넓은 사법적 구제 목적에 부합하지 않는 방식으로 법률의 본뜻을 훼손하는 해석을 내린 것은 이번이 처음이 아니"라고 지적하면서 "또다시 공은 의회의 경기장으로 넘어갔다"고 언급했다.[3] 그리고 2년 뒤에 의회에서의 경기는 성공적으로 치러졌다.

대법원 판결 후 2년 뒤인 2009년에 릴리 레드베터 공정 임금 복원법이 상하원을 모두 통과했다. 이 법은 오바마 대통령이 서명한 첫 번째 주요 법률로, 차별적인 임금을 받고 있는 노동자는 그 일이 처음 발생했을 때만이 아니라 매번 보호받을 수 있도록 정하고 있다.

릴리 레드베터 이야기에는 여러 악당이 등장한다. 릴리의 부하 직원들은 대놓고 릴리의 지시를 무시해서 릴리가 관리자로서 낮은 평가를 받게 만들었다. 낮은 인사고과 때문에 릴리의 상사들은 릴리에게 업무 능력에 따른 임금 인상을 해 주지 않았다. 하지만 상사들도 '고양이 앞발cat's paw' 원칙에 의거해 차별의 가해자라고 볼 수 있었다. 경영진으로서 남성 직원들이 그런 일을 저지르지 않게 규율할 책임을 방기했기 때문이다. '고양이 앞발' 원칙은 우화에서 따온 것인데, 모닥불 속의 군밤을 먹고 싶은 원숭이가 고양이를 속여 자기도 모르게 (앞발을 그을려 가며) 더러운 일을 하게 만든 경우를 의미한다. 속은 고양이(이 경우에는 경영진)도 범죄자다.

여러 나쁜 행위자 외에, 릴리는 남성보다는 여성에게 더 피해를 주는 상황 요인들 때문에도 피해를 보았다. 릴리는 여러 이유에서 협상을 효과적으로 할 수 없었다. 임금 지급이 투명하지 않았기 때문에 자신의 임금이 얼마나 낮은지 알지 못했다. 동료 관리자들에게 얼마를 받고 있느냐고 편하게 물어볼 수 있는 것도 아니었다. 또한 앨라

배마주의 개즈던 안이나 인근에는 릴리가 이직할 만한 다른 회사가 별로 없었는데, 남편의 일자리 때문에, 그리고 아이들, 연로하신 어머니, 집안일을 챙겨야 해서 근처를 벗어나 다른 곳의 일자리를 잡을 수도 없었다.

하지만 이러한 요인들, 즉 상사와 직원들의 차별적인 대우, 여성의 부족한 협상력 같은 요인이 오늘날 성별 소득 격차가 존재하는 주된 이유일까? 단지 여성이라는 이유로, 또는 유색인종 여성이라는 이유로 더 낮은 임금을 받고 그 밖에도 여러 가지 차별을 받은 사람들의 경험을 부인하는 것은 아니지만, 노골적이고 직접적인 종류의 차별은 오늘날 벌어지고 있는 성별 소득 격차의 주된 이유가 아니다. 오늘날 전일제 일자리의 경우 남성이 1달러를 벌 때 여성은 그보다 20센트 정도를 덜 버는데, 노골적이고 직접적인 차별은 이 격차 중 작은 부분밖에 설명하지 못한다.

여기에서 잠깐, 성별 소득 격차란 무엇이며 집단3에서 집단5 사이에 해당하는 지난 반세기간 어떻게 달라져 왔을까? '성별 소득 격차'라는 용어가 널리 쓰이고 있고 보통 하나의 통계 숫자를 지칭하기는 하지만, 사실 남성과 여성 사이에 존재하는 소득 격차는 하나의 숫자로 말할 수 있다기보다는 동태적인 개념으로 보아야 한다. 나이가 들고 결혼을 하고 아이를 가지면서 남녀 간 소득 격차는 커진다.[4] 또한 성별 소득 격차는 직종에 따라서도 크게 차이가 나며 대졸자들 사이에서는 더 그렇다.

이러한 복잡성을 이야기하는 것은 젠더 불평등 문제에 물을 타서 젠더 이슈를 흐지부지 덮어 버리는 게 전혀 아니다. 오히려 반대다. 여성이 성취감을 느낄 수 있는 커리어와 평등한 가정 생활 둘 다를 추구하는 것을 가로막는 진정한 문제들을 드러내서 더 명료해지도록 물을 맑게 거르는 것이다.

통상 이 '격차'는 남성 소득 대비 여성 소득의 '비율'로 표시된다('비율'은 두 값의 상대적 '차이'를 편리하게 나타내는 데 유용하다[5]).

노골적으로 남녀의 보수를 차별적으로 지급한 최근의 유명한 사례로, 배우 미셸 윌리엄스Michelle Williams가 겪은 일을 들 수 있다. 〈올 더 머니All the Money in the World〉(여성 배우에게 충분한 출연료를 주지 않은 영화의 제목으로 참으로 적절하다) 촬영 중에 몇 장면을 재촬영하게 되었는데, 마크 왈버그Mark Wahlberg는 무려 150만 달러를 받은 반면 윌리엄스는 10만 달러밖에 받지 못했다. 윌리엄스가 주연 여배우였고 왈버그는 조연이었는데도 말이다. 재촬영을 하게 된 이유도 케빈 스페이시Kevin Spacey의 성추행 의혹 때문에 대신 크리스토퍼 플러머Christopher Plummer가 촬영해야 했기 때문이었다.

나도 오래전에 남성 동료보다 현저히 적은 보수를 받은 적이 있다(윌리엄스 건처럼 언론을 장식한 것도 아니고 금액도 훨씬 적었지만). 한 저명한 국제기구가 내부 보고서 검토를 내게 의뢰했다. 이 기구는 세 명의 외부 검토자가 필요했는데 두 명은 나이도 지긋하고 저명한 남성 경제학자였으며, 컨설팅을 많이 하는 사람들이었다. 컨설팅을 할 때 이들은 날짜대로 상당한 금액을 청구했다. 나는 그렇게 하지 않았고, 그래서 그 기구가 내게는 표준 보수를 지급했다. 결과적으로 남성 경제학자 두 명은 내가 받은 보수의 두 배를 받았다. 그 기구의 수석 경제학자가 이 사실을 발견해서 결국에는 내 보수도 남성 경제학자들이 받은 수준으로 조정되었다. 아이러니하게도 그 기구가 검토를 의뢰한 보고서는 그곳의 성차별 관련 현황보고서였다.

이런 이야기는 아주 많다. 하지만 차별적인 처우와 여성이 입는 부당한 손해를 모조리 다 없앤다고 해도 성별 소득 격차는 그리 많이 좁혀지지 않는다. 즉 이런 차별을 다 시정한다 해도 여성이 버는 소득은 그리 많이 올라가지 않는다.

성별 소득 격차(영화배우나 경제학자가 겪는 것만이 아니라 더 일반적으로)는 뉴스와 정책 논의에서 늘 중요한 사안이었다. 하지만 어디에 비난이 놓이고 있는가? 고전적인 추리소설처럼 '후더닛 whodonit'[who has done it? '누가 한 짓인가'라는 의미이며 범인을 추적해 나가는 추리소설 장르를 뜻하기도 한다. 옮긴이], 즉 '누구 짓인지'에만 초점을 맞추면서, 범인일 가능성이 있는 악당만 무수히 언급되곤 한다. 게다가 떠올려 볼 수 있는 악당이 매우 많기 때문에, 누가 그 짓을 저질렀고 어떻게 해결할지에 대해 저마다 설들을 보태면서 탐정 노릇을 하는 사람은 더욱 많다.

많은 이들이 성별 소득 격차가 선량한 여성 노동자를 등쳐 먹는 차별적이고 편견 가득한 사람들 때문에 생긴다고 생각한다. 2017년에 진행된 한 설문조사에 따르면 여성 응답자의 42%가 (그리고 남성 응답자의 22%가) 일터에서 성차별을 경험했다고 답했다.[6] 가장 흔하게 언급된 차별의 형태는 임금을 덜 받는 것이었다. 여성 중 25%가 동일한 일을 하는데도 남성보다 임금을 적게 받았다고 답했다(남성은 5%가 동일한 일을 하는데도 여성보다 임금을 적게 받았다고 답했다). 그러니까, 잠재적인 악당 중 하나는 명시적이거나 암묵적인 편견이다.

노동시장에서 편견을 없애자는 것은 일터에서의 성별 불평등을 근절하기 위한 방안으로 제시되는 여러 가지 빠른 해법 중 하나다. 어떤 이들은 개별적으로 관리자나 상사에게 다양성 교육을 받게 해서 편견을 교정하자고 하고, 어떤 이들은 개인 재교육 프로그램은 효과가 제한적이라고 지적하면서 조직 전체 차원에서 편견을 시정하는 작업을 해야 한다고 주장한다.[7] 스타벅스는 2018년 8월 어느 하루 동안 8,000개 매장 문을 모두 닫고 전 직원을 대상으로 편견을 바로잡기 위한 교육을 진행한 것으로 유명하다.[8] 그때의 이슈는 인종차별 문제였지만 성차별에 대해서도 비슷한 방법이 사용될 수 있다.

많이 이야기되는 빠른 해법의 또 다른 사례는 채용 과정과 관련이 있는데, 여기에 오케스트라 오디션 때 연주자가 누구인지 알 수 없도록 가림막을 사용하는 것에 대해 내가 진행했던 연구가 영향을 미쳤다.[9] 그 연구에서 블라인드 오디션이 여성 연주자가 저명한 오케스트라에 들어갈 기회를 크게 넓혀 준 것으로 나타났다. 하지만 조직에서 편견이 작동할 수 있는 메커니즘을 차단해 여성이 좋은 직업에 진입할 수 있게 하는 것이 좋은 시도이긴 해도, 그것만으로는 여전히 성별 소득 격차를 그리 많이 줄이지 못한다.

또 다른 사람들은 여성의 역량을 문제 삼는다. 여성들은 남성보다 협상 능력이 부족하다는 이야기를 누누이 들어왔다. 보스턴 시청은 미국대학여성협회American Association of University Women와 함께 보스턴 지역에서 일하거나 거주하는 여성에게 무료로 임금 협상법 강좌를 제공했다(남성은 대상이 아니었다).[10] 또한 여성들은 남성들보다 적극적으로 경쟁에 달려들지 않고 일자리를 선택할 때 훨씬 위험 회피적이라는 이야기도 많이 듣는다.

의식하지 못한 채로 젖어 있는 편견을 경영자들이 알게 하고 입사 지원서 검토와 면접 등의 채용 과정이 편견이 개입되지 않는 방식으로 이뤄지게 하는 등의 빠른 해법에 대해 기업에 자문을 제공하는 산업이 형성되어 있을 정도다.

어떤 해법은 입법 활동과 관련이 있다. 2018년 7월에 매사추세츠주는 동일임금법을 통과시켰다. 이 법은 기업이 신규 직원이나 입사 지원자에게 이전 직장의 소득을 공개하게 하는 것을 금지하며, 직원이 자신의 임금에 대한 정보를 다른 곳에 말했을 경우 그것에 대해 그 직원에게 보복 조치를 취하는 것을 금지한다.[11] 2017년에 뉴욕주도 비슷한 법을 통과시켰다. 2015년에는 캘리포니아주가 원래 있었던 동일임금법을 공정임금법으로 확대해 노동자들이 동료들의 임금에 대해 이야기할 수 있게 했다. 캘리포니아주, 뉴욕주, 매사추세츠주에 도입된 법들의 의도는 임금에 대한 투명성을 높여서 운동장을 평평하게 하려는 것이다.

또 다른 사람들, 아마도 성별 격차라는 주제에 대해 글을 쓰는 사람들 중 다수는 남성과 여성이 주로 종사하는 직종의 차이를 성별 소득 격차의 가장 큰, 아니면 적어도 주요한 원인으로 꼽는다. 대졸 여성은 교사, 간호사, 회계사 등으로 일하는 경우가 많고 대졸 남성은 경영자, 토목공학자, 세일즈 담당자 등으로 일하는 경우가 많다. 또한 여성은 남성과 동일한 직종과 직위라 해도 임금 수준이 더 낮은 회사에 다니는 경우가 많다. 이 현상은 '직종 분리occupational segregation'라고 불리는데,[12] 마치 집단2와 집단3 시절에 존재했던 결혼 퇴직 제도처럼 법률이나 사규로 정해져 있는 분리 장벽이 존재하는 것처럼 들린다.

한때는 많은 기업이 엄격한 정책을 두어서 여성이 채용될 수 있는 직종과 남성이 채용될 수 있는 직종을 제한했다(꼭 '여성의 일'이 서열이 낮은 일자리이고 '남성의 일'은 높은 일자리였다는 말은 아니다[13]). 신문에 실린 채용 공고에서 이 일자리는 특정 성별(혹은 특정 인종)만 지원할 수 있다고 명시해 놓은 것을 왕왕 볼 수 있던 시절이 있었다. 지금은 이렇게 하면 불법이다.

하지만 여전히 남성과 여성이 주로 종사하는 직종에는 차이가 있다. 따라서 남녀 사이에 존재하는 임금 격차 중 직종의 차이에서 기인하는 것이 어느 정도인지 알아볼 필요가 있다.

다음과 같은 사고 실험thought experiment을 해 보자. 남성들 사이에서, 혹은 여성들 사이에서 필요한 만큼 사람들의 직종을 옮겨서 남성과 여성의 직종별 분포가 같아지게 만들 수 있다고 해 보자. 가령, 전체 노동자의 5%가 트럭 운전사라면 남성 노동자 중에서도 5%가 트럭 운전사이고 여성 노동자 중에서도 5%가 트럭 운전사인 세상을 만드는 것이다. 구체적으로 어떻게 해야 그 세상이 실현될지는 걱정할 필요가 없다. 이것은 사고 실험이니까.

여성과 남성의 소득, 그리고 각 직종별 소득은 원래의 세상과 동일하다고 가정하자. 그러면 성별에 따른 직종 분리가 일으키는 효과만을 알아볼 수 있게 된다. 이 사고 실험은 직종이 성별에 따라 나뉘는 것을 완전히 없앴을 경우 성별 소득 격차에 어떤 영향을 미칠지 상상해 볼 수 있게 해 준다. 여기에서 중요한 가정은 성별, 직종별 소득은 달라지지 않았다는 점이다. 유일하게 달라진 부분은 각 직종에서 상대적으로 여성(혹은 남성)이 차지하는 비중 뿐이다.

구체적으로 이 사고 실험이 어떻게 작동하는지 이해하기 위해 노동시장 전체에 남성과 여성이 동수로 존재한다고 해 보자. 그리고 여성의 30%, 남성의 10%가 교사이고, 반대로 여성의 10%, 남성의 30%가 엔지니어라고 해 보자. 마지막으로 나머지 직종은 여성과 남성이 동일한 분포를 보인다고 가정하자.

남성 사이에서의 직종별 분포와 여성 사이에서의 직종별 분포가 같아지게 하려면 여성 전체 중 20%를 원래 직종에서 다른 직종으로 옮겨야 한다(혹은 여성을 그대로 두고 남성 전체 중 20%를 다른 직종으로 옮겨도 된다). 마술 지팡이가 있어서 여성 교사의 3분의 2를 데려다가 엔지니어로 만들 수 있다고 해 보자. 다시 강조하지만, 이 사고 실험은 사람들의 직종만 옮길 뿐이고, 남녀 교사의 임금과 남녀 엔지니어의 임금은 전과 동일하다. 성별에 따른 직종 분포가 동일해지도록 조정하는 것은 남녀 간 임금 격차를 없애는 한 가지 방법일 것이다. 그리고 그렇게 하면 실제로 격차가 일부 줄어든다. 하지만 줄어드는 정도는 생각보다 작다.

현실에서는 대졸 노동자 중에서 남성 혹은 여성의 40%가 직종을 옮겨야 분포가 같아진다. 모든 학력을 포함한 노동자 전체 중에서는 남성 혹은 여성의 50%가 직종을 옮겨야 분포가 같아진다.[14] 엄청나게 많은 사람을 옮겨야 하는 것이고 각자가 가진 기술이나 선호의 차이를 고려하면 더더욱 불가능한 일일 것이다. 하지만 우리에게는 가상의 마법 지팡이가 있다.

마법 지팡이를 휘둘러 이 엄청난 수의 노동자를 남녀 각각의 직종별 분포가 동일해지게 재배치하는 위업을 달성했다고 해 보자. 그렇게 하더라도 성별 소득 격차 전체 중에서 3분의 1 정도밖에 줄이지 못한다.[15] 직종 분리는 핵심 문제가 아니었던 것이다. 많은 이들이 직종 분리를 성별 소득 격차의 주된 이유라고 보았지만, 직종 분리로 설명되는 부분은 절반도 되지 않는다. 성별 소득 격차가 사라지지 않는 이유는 직종 내에 남녀 간 소득 격차가 있기 때문이다. 거의 모든 직종에서 그렇다.[16] 그리고 직종 내에서의 성별 소득 격차는 교육 수준이 높은 사람들 사이에서 더 크다.

1968년에 집단3 중 더 나이든 사람들과 집단4 중 더 젊은 사람들이 "[남성] 1달러당 59센트"라고 쓰인 피켓을 들고 불평등한 임금에 대해 항의 시위를 했다. 50년 뒤, 집단4와 집단5 여성들이 비슷한 피켓을 들고 있다. "[남성] 1달러당 80센트." 이 숫자들은 어떻게 계산된 것일까? 굉장히 자주 인용되는 숫자이니 이것이 의미하는 바를 정확히 알아보는 것은 중요하다.

일반적인 계산 방법은 전일제full-time 연중고용year-round 노동자(주당 35시간 이상, 1년에 50주 이상 고용된 사람) 전체에서 여성의 연소득 중앙값(가장 소득이 높은 사람부터 가장 낮은 사람까지 일렬로 세웠을 때 한가운데 있는 사람의 소득)과 남성의 연소득 중앙값을 각각 구해 비율을 내는 것이다. 이 비율이 성별 소득 격차다.

널리 인용되고 있는 이 숫자는 대졸자만을 대상으로 했거나 혹인이나 히스패닉 등 특정한 집단만을 대상으로 한 것이 아니라 전체 노동 인구를 모두 포함해 구한 것이다.

이 표준 측정법에는 여러 가지 장점이 있다. 우선, 하나의 숫자로 간단하게 표현된다. 그리고 전일제로 일하는 사람만 포함하고 간헐적으로 일하는 사람은 고려하지 않음으로써 소득 수준이 왜곡되는 것을 막을 수 있다. 또한 평균이 아닌 중앙값을 사용함으로써 남성이 여성보다 초고소득자가 더 많다는 점에도 영향을 덜 받을 수 있다.[17]

하지만 이 지표는 불완전하다. 전일제 노동자를 대상으로 하고 있기는 하지만 전일제 남성 노동자들이 전일제 여성 노동자보다 평균적으로 더 오래 일한다는 사실[따라서 소득이 높아진다]을 조정하지 않았다. 동일한 시간을 일한다 하더라도 상대적으로 남성이 여성보다 온콜 상태로, 또 불규칙한 일정으로 일하는 경우가 많다는 점[따라서 소득이 높아진다]도 감안하지 않았다. 또한 우리의 목적에서 보자면, 대졸자가 아니라 모든 학력을 대상으로 하고 있다는 점도 단점이다.

그래도 여러 장점이 있기 때문에 노동통계국은 1960년 이래 매년 이 지표를 발표하고 있다. 신문 1면에 자주 실리고 수많은 블로그와 논평에 단골로 등장하는 데이터는 언제나 조금 더 상세하게 살펴볼 필요가 있다. 그림 8.1은 1960년부터 현재까지 성별 소득 격차의 추이를 보여 주는데, 격차가 줄어든 것을 알 수 있다. 자, 그러니까 1960년부터 2017년 사이 여성과 남성의 소득 격차는 상당히 좁혀졌다. 하지만 이 숫자에는 이것보다 많은 의미가 담겨 있다.

1960년부터 20년 동안 여성의 소득은 남성의 60%에 머물러 있었다. "59센트" 구호가 왜 그렇게 강력했는지 알게 해 주는 대목이다. 하지만 그 이후로 이 비율은 증가하기 시작해 1990년경이면 70%, 그리고 2000년경에는 75%가 되었다(다시 말하지만, 전일제 노동자 소득의 중앙값으로 구한 숫자다). 현재는 81%다. 남성 대비 여성의 소득 비율이 가장 빠르게 증가한 시기[격차가 가장 빠르게 줄어든 시기]는 1980년대.

그림 8.1의 점선은 대졸 노동자의 성별 소득 격차를 보여 준다. 전체 노동자를 대상으로 한 비율과 대졸 노동자를 대상으로 한 비율이 상당 기간 동안 비슷한 추이를 보이다가, 1990년 이후로 대졸 노동자의 경로가 달라진다. 전체 노동자를 대상으로 한 선은 계속 올라가는데 대졸 노동자를 대상으로 한 선은 정체되어 있다. 이 분기가 발생한 한 가지 원인은 1980년대 이후에 소득 불평등이 크게 증가한

그림 8.1 남성 대비 여성의 연소득 중앙값 비율: 전일제 연중고용 노동자, 1960-2018년

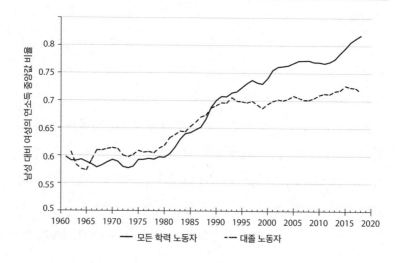

것이다. 대졸 노동자들은 상당히 높은 소득을 올렸지만 대졸 남성 노동자들이 압도적으로 많은 소득을 얻었다.[18] 왜 소득 분포의 맨 꼭대기에 여성보다 남성이 압도적으로 많이 올라갔는지에 대해서는 뒤에서 다시 논의할 것이다.

전체 노동자에 대한 표준 지표로 다시 돌아가 보면, 선이 계속 올라가고는 있지만 2010년대에는 진전이 더디다. 2018년 '동일 임금의 날'에 "성별 격차 해소 정체", "동일 임금의 날이 그리 축하할 만하지 못한 이유"와 같은 제목의 기사들이 신문 지면을 장식한 이유이다.

1980년대에 격차가 줄어든 주된 이유는 남성에 비해 여성이 노동시장에서 높은 가치를 인정받는 종류의 능력과 그러한 직종에 진출하는 데 필요한 교육의 면에서 빠른 향상을 보였고, 그 결과 이전보다 노동시장에 더 영속적으로 참가할 수 있었기 때문이라는 데 (나도 포함해서) 많은 사람들이 대체로 동의하고 있다.

1980년대까지는 성별 소득 격차가 대체로 교육, 훈련, 업무 경력 등의 면에서 남성과 여성이 노동시장에 얼마나 잘 준비되어 있느냐와 관련 있었다. 하지만 2000년 무렵이면 남성과 여성이 노동시장에 얼마나 잘 준비되어 있느냐는 그다지 차이가 크지 않다. 남녀 간 임금 차이는 더 이상 그들이 노동시장에 준비되어 있는 정도가 다르거나 고용주가 어차피 여성은 회사를 오래 다니지 않을 것이라고 생각하거나 해서 발생하는 것이 아니었다.[19] 여성이 남성보다 고용되어 있는 기간이 더 짧긴 했지만, 이 차이도 시간이 가면서 상당히 작아졌다.[20]

여성의 교육과 직무 경력이 늘면서 성별 소득 격차도 줄어들었다. 하지만 꽤 많이 줄긴 했어도 사라지지는 않았다. 집단4와 집단5의 세대인 오늘날 이 격차는 남성 1달러당 20센트 정도다. 집단2와 집단3 세대의 격차에서 절반으로 줄어든 것이다. 그런데 대졸 노동자만 보면 격차가 더 크다. 대졸 여성과 대졸 남성 사이의 격차는 남성 1달러당 27센트다.

한때는 남녀 간 소득의 격차가 교육, 업무 경력, 직무 기술 등 쉽게 측정할 수 있는 요인들에서 기인했다. 이제는 이러한 요인들이 많이 제거되었으므로, 그러고도 남아 있는 격차는 더 우려스럽다. 요즘의 격차는 노골적이고 쉽게 관찰 가능한 요인들 때문이 아니라서 많은 이들이 노동시장에서 여성이 받고 있으리라 으레 여겨지는 부당한 처우에 비난을 돌렸다. 회사의 의사결정자들이 여성에 대해 편견이 있다고 말이다. 또 다른 사람들은 여성들이 협상 기술이 부족하고 충분히 적극적으로 경쟁에 달려들지 않아서라고 그 탓을 돌렸다.[21] 이렇게 비난을 돌리면서 앞에서 언급한 빠른 해법 위주의 대안이 주로 제시되었다. 하지만 진짜 이유는 다른 곳에서 찾아야 한다.

성별 소득 격차는 복잡한 현상이다. 우선, 이것은 매년 하나의 숫자로 딱 나타낼 수 있는 것이 아니다. 남성과 여성의 소득은 시간이 지나면서, 그리고 생애 주기에서 주요 분기점들을 거치면서 달라진다. 여성은 보통 아이가 태어나면 소득에 가장 큰 타격을 입지만 남성은 그렇지 않다. 또 여성은 결혼이나 동거 이후에도 소득에 타격을 입는다. 둘의 커리어를 최적화하기 위해 다른 장소로 이사를 하게 되는 일이 많기 때문이다. 종종 이 결정은 두 사람의 통합 소득을 최대화하는 방향으로 이루어지고, 많은 경우에 남성의 직장을 따라가는 쪽으로 결정된다. 따라서 남성 대비 여성의 소득 비율은 학교를 졸업한 이후에 계속해서, 첫 직장을 잡은 이후에도 계속해서 달라진다.

대학을 졸업하고 첫 직장을 잡는 시점에는 남녀의 소득이 비교적 비슷하다. 그런데 어느 정도가 지나면 소득이 벌어지기 시작한다. 미국 인구총조사와 미국 지역사회조사ACS 데이터를 통해 이를 확인할 수 있다. 그림 8.2는 집단5 세대의 성별 소득 격차를 보여 준다.[22]

그림 8.2 집단5 세대 대졸 남성 대비 대졸 여성의 연소득 비율: 1958-1983년 출생자

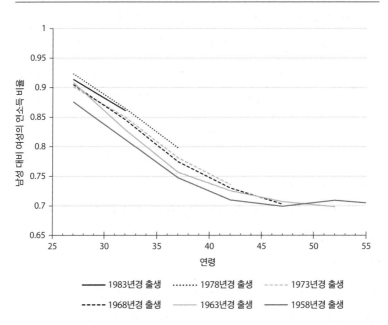

주: 소득 비율은 주당 노동 시간과 연간 노동 주 수, 그리고 학부 졸업 이후의 추가적인 교육을 감안해 조정한 것이다.

집단5는 여성들이 커리어나 가정 중 하나가 아니라 둘 다를 성취하겠다는 야망을 가진 세대다.

집단5 세대 대졸자 중 1978년경 출생자들의 20대 후반 시점 성별 소득 비율을 보자(그림 8.2의 가장 위에 있는 선). 이때는 여성들이 남성 대비 그리 나쁘지 않은 소득을 올렸다. 이들은 남성이 버는 소득 1달러당 92센트를 벌었다. 대학이나 대학원을 졸업한 직후에는 이보다 격차가 더 작았을 것이다.

그림 8.2의 나머지 선들은 집단5 세대 중 다른 출생 연도 집단 대졸자들에 대해 남녀 소득 비율을 보여 준다. 초기의 소득 비율은 출생 연도가 더 이른 사람들 사이에서 조금 더 낮다(즉 소득 격차가 크다). 이보다 더 분명하게 드러나는 특징은 각 소집단 모두 나이가 들어가면서 소득 격차가 벌어진다는 것이다. 어느 해에 태어난 사람들이건 마찬가지다. 집단5 중 1963년경에 태어난 대졸자들의 경우, 20대 후반에는 상대 임금이 남성 소득 1달러당 여성 90센트였는데 30대 후반이 되면 76센트로 줄어들고 40대 중반이 되면 70센트로 줄어든다. 이는 성별 소득 격차를 하나의 숫자만으로 나타낼 수 없는 이유를 말해 준다.

앞에서 보았듯이, 성별 소득 격차는 나이가 들면서 벌어진다.[23] 학교를 졸업하고 몇 년이 지났는지에 따라서도 벌어진다. 또한 개개인에게 성별 소득 격차는 아이를 갖거나 이사를 하는 것 같은 생애 주기상의 다양한 국면에서 증가한다. 따라서 성별 소득 격차는 표준적인 방식처럼 하나의 숫자로 요약해 말하기보다 개인의 라이프 사이클에 따라 달라지는 일련의 숫자들, 일련의 변화로 간주해야 현상을 더 잘 파악할 수 있다.

예를 들어, 1990-2006년에 시카고 부스 경영대학원에서 MBA
를 취득한 사람들을 대상으로 실시한 설문조사 결과를 살펴보자. 표
본의 모든 사람이 동일한 종류의 학위(MBA)를 받았고 동일한 대학
원(시카고 대학 경영 대학원)을 나왔으므로, 교란 변수들은 대체로 통
제된 상태라고 볼 수 있다.[24] 이 표본 중 가장 일찍 졸업한 사람들은
10-16년 전에 MBA를 받았다. 따라서 표본 전체적으로 이들의 직장
경력이 13년 정도 되었을 것이라고 가정해 볼 수 있을 것이다.[25]

MBA를 갓 취득하고 첫 직장을 잡았을 때 여성은 남성 소득 1달
러당 95센트를 벌었다. 하지만 시간이 가면서 차이가 벌어져 13년 시
점이 되면 놀랍게도 64센트로 떨어진다. 그림 8.3은 MBA 취득 후 햇

그림 8.3 MBA의 성별 소득 격차: MBA 취득 후 햇수에 따른 추이

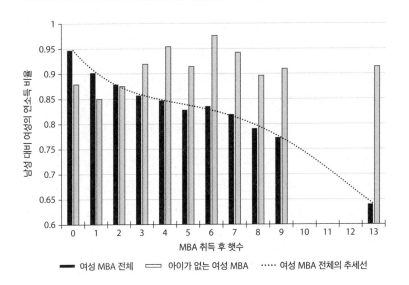

수에 따라 남녀 소득 격차의 추이를 보여 준다(짙은 막대).

열은 막대를 보면 남성 대비 여성의 상대 소득이 왜 이렇게 급감하는지 알 수 있다. 열은 막대는 아이가 없는 여성들의 (표본에 있는) 전체 남성 대비 상대 소득을 나타낸다.[26] 이 막대는 전체적으로 짙은 막대보다 높으며 특히 MBA를 받고 나서 3년 뒤부터 그렇다. 두 막대의 차이는 시간이 가면서 계속 벌어진다. 열은 막대는 등락을 보이기는 하지만(올라갔다가 내려갔다가 다시 올라가는데, 부분적으로는 표본이 작아서 그렇다) 추세를 보이지는 않는다.[27] 반면, 짙은 막대는 분명한 하향 추세를 나타낸다. 즉 6개월 정도의 휴직을 할 필요가 없었던 여성은 계속해서 남성과 거의 동등한 소득을 올리지만(약간 적긴 하다) 아이가 있는 여성은 시간이 가면서 점점 더 격차가 벌어진다.

MBA 취득자들의 시간에 따른 성별 소득 격차를 보면 격차의 증가가 무작위로 나타나는 현상이 아님을 알 수 있다. 이 격차는 대체로 아이를 낳을 때 생긴다. 분석 대상 집단이 모두 동일한 학교(매우 명문인 학교)의 경영대학원 졸업자이고 그들이 학위를 취득한 해에 대한 행정 정보를 구할 수 있었기 때문에 우리는 대상자들의 능력, 학력, 직무 경력 등의 변수를 거의 완벽하게 통제할 수 있었다.

MBA 취득자들 사이에서 발견되는 커다란 성별 소득 격차는 주로 두 가지 요인에 기인한다. 하나는 경력 단절이고 다른 하나는 주당 노동 시간의 차이다. 이 표본에서 여성들은 MBA 취득 후 13년 사이에 남성보다 경력 단절을 길게 겪었다. 이에 더해, 그 13년 사이에 주당 노동 시간이 남성보다 짧아졌다.

경력 연수와 주당 평균 노동 시간이라는 두 가지 요인으로 MBA

취득 후에 시간이 가면서 남녀 간 임금 격차가 벌어지는 이유를 대부분 설명할 수 있다. MBA를 받고 13년 뒤인 시점에 남성 소득 1달러 대비 여성의 상대 소득은 64센트였다.[28] 여기에서 남성과 여성의 경력 연수 차이를 조정하면 73센트로 올라가고 일을 쉰 기간과 주당 노동 시간 차이를 조정하면 91센트로 올라간다. MBA 취득 후 10여 년을 거치며 생긴 격차 대부분이 여성들이 남성보다 더 길게 일을 쉬고 주당 노동 시간이 적다는 요인으로 설명되는 것이다.

경력 연수가 적으면 업무 경험도 적을 것이고 클라이언트도 더 적을 것이다. 그리고 주당 노동 시간이 적으면 총 임금이 적어진다. MBA들의 경력 연수와 주당 노동 시간 모두 남녀 사이에 차이가 크지는 않다. 그런데 이 작은 차이도 소득 면에서 큰 격차를 가져온다.

여성 MBA들이 일을 쉬는 기간은 그리 길지 않다. MBA 취득 후 7년간 고용 상태에 있었던 여성들은 평균적으로 겨우 0.37년만 일을 쉬었다. 이것은 4개월이 조금 넘는 정도다.[29] 남성은 한 달도 안 되는 0.075년간 일을 쉬었다. MBA 취득 후 13년 시점이면 평균적으로 여성은 일을 쉰 기간이 1년 정도, 남성은 6주 정도가 된다. 여성 MBA들도 일을 쉬는 기간이 그리 길지는 않지만 남성 MBA들보다는 훨씬 길다.

MBA들의 노동 시간은 남녀 모두 길다. MBA를 받고 첫 몇 년 동안은 평균 주당 노동 시간이 둘 다 60시간이다. MBA 취득 후 13년이 지나면 여성은 49시간으로 줄어들며, 남성은 여전히 57시간 정도다.

남성 MBA와 여성 MBA 사이의 평균 노동 시간 차이는 일부 여성이 파트타임으로 일하기 때문인 면이 크다. 졸업 후 13년 뒤에 여성의 18%가 파트타임으로 일하고 있었다(MBA들에게 "파트타임"은 주당 30시간 정도 일하는 것을 의미한다). 의미심장하게도, MBA 여성 중 파트타임으로 일하는 여성들은 대체로 자가고용self-employed 상태였다. 기업이나 금융 분야의 MBA 일자리는 파트타임이 거의 없다. 즉 파트타임으로 일하기 위해 많은 MBA 여성들이 자가고용이 되어야 한다.

또 한 가지 중요한 사실로, MBA 취득 후 13년이 되면 여성 MBA의 17%가 고용 상태가 아니다. 이것은 다른 전문 석박사 학위(JD, MD, PhD)를 받은 대졸 여성들보다 훨씬 높은 것이다.[30] 하지만 자신이 현재 "고용 상태가 아니"라고 응답한 MBA 여성 비중은 대졸 여성들이 아이가 생기면 노동시장에서 "손을 떼고 나온다opt out"는 표현[31]이 연상시키는 뉘앙스에 비해서는 훨씬 적다. 그리고 MBA 여성들이 노동시장을 떠나 있는 것은 일시적인 경우가 많다. 즉 대졸 여성들은 대체로 노동시장에서 영구적으로 "손을 떼고 나오지" 않으며, 일을 하던 중에 휴지기를 갖는 것일 뿐이다.

남성 대비 여성 MBA의 상대 소득은 시간이 가면서 줄어든다. 그런데 이것은 그들의 고용이 크게 단절되어서나 크게 교란되어서가 아니다. 즉 아주 오래 일을 쉬었거나 주당 노동 시간이 매우 적은 자리로 옮기거나 해서 생긴 격차가 아니다. 여성 MBA가 남성보다 돈을 훨씬 덜 버는 이유는 고임금을 주는 기업과 금융 분야의 일자리가 아주 짧은 기간의 경력 단절이 있는 사람이나 아주 약간 적은 주당 노동 시간으로 일하려는 사람에게도 매우 큰 불이익을 주는 구조로 되어 있기 때문이다.

여성 MBA가 남성에 비해 경력의 중단이 길고 주당 노동 시간이 적은 주된 이유는 출산과 그 뒤에 이어지는 육아 부담이다. 그리고 우리가 가진 표본에서 일부 MBA 엄마들은 첫 출산을 하고 한두 해 안에 휴직을 했다.

MBA 엄마들은 출산 휴가를 마치고 돌아왔을 때 곧바로 주당 노동 시간을 줄이지는 않는다. 대개 원래의 일자리로 돌아와서 전과 마찬가지로 장시간 일한다. 그런데 한두 해가 지나면 어떤 이들은 노동 시간을 줄이기 시작하고 어떤 이들은 자가고용으로 옮겨 간다. 가장 크게 변화가 있는 시기는 첫 출산 후 3, 4년 시점이다. 이때 여성들의 임금은 평균적으로 출산 이전의 74% 수준으로 떨어진다.

어린 자녀가 있는 몇몇 MBA 여성은 기업이나 금융 분야 일자리의 노동 시간과 노동 강도가 육아와 병행하기에는 너무 과도하다고 판단하게 된다. 이 경고 신호는 둘째 아이가 없어도 울린다. 이 데이터는 자신의 커리어를 원래의 궤도에 돌려놓고 싶은 수많은 여성들을 보여 준다. 그런데 커리어와 가정이 동일한 것을 놓고 경합을 벌이고 있으므로 계속 그대로 갈 수는 없다.

아이가 없는 MBA 여성들은 결혼을 했든 안 했든 간에 아이가 있는 여성들과 경로가 다르다. 아이가 없는 여성(그리고 경력 단절이 없는 여성)도 남성(아이 유무 막론)보다는 적게 벌지만 그 차이는 MBA 취득 후 13년 시점에 1달러당 9센트에 불과했다. 격차가 없는 것은 아니지만[32] 전체 집단이 보이는 36센트의 격차보다는 현저하게 낮다.

*

아이를 낳고 나면 여성들은 아주 많은 이유에서 일을 줄이며 출산 후 몇 년이나 지난 뒤에도 그렇다. 하지만 일을 쉬지도 않고 노동 시간도 줄이지 않기로 선택할 가능성 또한 존재한다. 물론 아이가 있는 여성은 직간접적인 여러 이유로 자의와 상관없이 일터에서 밀려나고 있을 가능성이 크고 상사들(남녀 모두)이 좋은 의도에서 내보이는 가부장주의가 작동하고 있을 수도 있다. 가령 어린아이가 있는 여성 MBA를 힘들고 까다로운 클라이언트를 상대해야 하는 일에서 빼주는 식으로 말이다. 그렇게 해서 도전적인 프로젝트는 남성에게로 넘어간다. 또한 여성들은 큰돈이 걸려 있는 굵직한 클라이언트를 만나는 데서 배제될 수도 있고 회사를 오래 다닐지 불확실하다는 이유로 승진이 가로막힐 수도 있다.

하지만 우리의 MBA 연구는 상사의 편견이나 가부장주의 같은 외적 요인이 아니라 자신의 선택이 주된 요인이라는 설득력 있는 근거를 보여 준다.[33] 이것은 'MBA 맘'들의 고용에 남편의 소득이 미치는 영향을 보면 알 수 있다. 남편이 남성 MBA의 연봉 중앙값보다 돈을 많이 버는 여성 MBA들 사이에서 노동 시간이 가장 크게 줄었고 따라서 연간 소득도 가장 크게 줄었다[34](이런 남편을 '최고소득자 남편'이라고 부르기로 하자). 노동시장에서 가장 많이 이탈한 사람들도 남편이 최고소득자인 경우였다. 남편이 최고소득자인 여성 MBA가 그렇지 않은 여성 MBA보다 출산 2년 뒤에 일을 하지 않고 있을 가능성이 22% 높았고 5년이 지나면 32%가 높았다.[35]

그렇더라도 돈 잘 버는 남편을 뒀다는 사실 자체는 경력 연수, 노동 시간, 고용 상태를 결정하는 핵심 요인이 아니다. 고소득자 남편이 있는 여성도 아이가 없으면 다른 여성과 마찬가지로 오래 고용 상태를 유지했고 장시간 일했다.[36] 여성들이 일을 그만두는지, 그리고 얼마나 장시간 일하는지에 영향을 미치는 데서 '배우자가 고소득인 것'은 [그 자체만으로 영향을 미치는 것이 아니라] '아이가 있는 것'과 상호작용해 영향을 미친다.

아이 돌보는 것을 통째로 남에게 맡길 수는 없고 대부분의 부모는 그러기를 원하지도 않는다. 그런데 남편이 대륙과 대륙을 오가며 일하는 최고소득 직종 종사자라면, 남편이 날마다 집에 있지 못할 수도 있다는 말이다(몇 주씩 집에 있지 못할 수도 있다). 또 집이 교외에 있다는 말은 둘 다 통근을 해야 한다는 말이다. 이것은 지속될 수 없으며, 한쪽이 초고소득자라면 나머지 한쪽의 소득이 상대적으로 덜 중요해진다.

이러한 데이터가 말해 주는 바는 아이가 'MBA 맘'의 고용에 미치는 부정적인 영향은 노동시장에서의 편견(좋은 의도의 편견과 나쁜 의도의 편견 모두) 때문이 아니라 자신이 선택을 내린 결과라는 사실이다. 물론 MBA 맘들이 내리는 선택은 매우 제약적인 조건하에서 내려진다. 이를테면, 기업이나 금융 분야의 일자리가 시간 유연성을 거의 허용하지 않는다는 제약하에서 내려지는 선택이다.

아무리 잘 수행된 연구라고 해도 단 하나의 연구만으로 성별 소득 격차가 지속되는 이유에 대해 논란의 여지없는 설명과 실증 근거를 제시할 수는 없을 것이다. 하지만 많은 다른 연구에서도 위의 연구와 부합하는 결론이 나오고 있다. 내가 참가한 또 다른 연구에서도 위의 MBA 프로젝트에서 발견된 것 같은 결과를 확인할 수 있었다. 이 연구는 미국의 고용주와 노동자에 대해 방대한 기업 단위 데이터와 인구총조사 데이터를 이용해 분석한 연구로, 대졸 여성들의 남성 대비 상대 임금이 취직 이후 7년 동안 낮아지며 결혼한 여성들 사이에서 더 크게 낮아지는 것이 발견되었다.[37] 여성들은 임금 수준이 더 낮은 회사로 옮겨 갔고, 같은 기업에 계속 다니는 경우에는 임금 인상이 남성만큼 이루어지지 못했다.

출산이 그 가구에서 엄마와 아빠의 소득에 어떻게 영향을 미치는지 알아본 연구들에서도 추가로 실증 근거를 찾을 수 있다. 가장 설득력 있고 놀라운 결과를 보여 주는 것은 북유럽 국가들에서 진행된 연구들이다. 이 연구들은 "요람에서 무덤까지"의 근거를 제공하는데, 위의 MBA 연구에서와 매우 비슷한 결론을 내리고 있다. 이 나라들은 정부가 보조하는 어린이집이나 부모 모두에게 허용되는 장기간의 유급 육아 휴직 등 가장 너그러운 가족 정책들을 시행하고 있는 나라인데도 이러한 결과가 나왔다는 점에서 매우 놀랍다.

북유럽 연구들에 사용된 데이터들은 아이가 엄마와 아빠의 소득에 미치는 영향을 정확하게 추산할 수 있게 해 준다. 여러 연구팀이 스웨덴과 덴마크에서 확보 가능한 놀라운 행정 데이터를 사용해 특정 사건(이 경우에는 출산) 직전의 몇 년과 직후 상당 기간 동안의 데이터를 추적했다.[38] 스웨덴 연구는 1990년에서 2002년 사이에 아이가 태어난 가구에서 엄마와 아빠의 데이터를 수집해 출산이 부부 소득 격차에 어떻게 영향을 미치는지 살펴보았다.[39] 덴마크 연구도 비숫한 분석을 했지만 이 경우에는 출산이 비교 가능한 남성 노동자 대비 여성 노동자의 상대 소득에 미치는 영향을 살펴보았다.[40]

예상대로, 여성이 출산을 하면 임금에서 상당한 불이익이 발생했다. 그런데 출산하고 15년이 지난 시점까지도 남편과 아내 사이의 소득 격차는 계속해서 출산 전보다 컸다. 그리고 이 격차는 상당했다. 스웨덴 연구에서, 출산 전에 부부가 동일한 소득을 올리고 있었을 경우 아이가 15살이 되었을 때 남편은 아내보다 32%를 더 벌고 있었다.[41] 이 격차의 상당 부분은 아내가 노동 시간을 줄여서 발생했지만 3분의 1 정도는 시간당 임금이 줄어서 발생했다.

미국은 가정 친화적인 정책이 다른 나라들에 비해 많이 뒤처진 나라다. 스웨덴, 덴마크 연구에서와 동일한 계산을 미국에 대해서는 할 수 없지만(소득 정보와 출산 정보가 연결된 행정 데이터가 없다), 격차가 미국이 더 작으리라고 볼 만한 이유는 없고 더 크리라고 볼 만한 이유는 많다.[42]

이와 같은 연구 결과들(아이를 가질 때 성별 소득 격차가 벌어지고, 여성이 소득 수준이 더 낮은 회사로 옮겨 가거나, 같은 기업에 계속 다닐 경우에는 남성에 비해 임금 인상 정도가 더 낮다는 결과)은 직종에 따라 성별 소득 격차가 어떻게 다른지를 추가적으로 알아봐야 할 필요성을 제기한다. 직종에 따라 성별 소득 격차는 차이가 크다. 그렇다면, 어떤 특성을 갖는 직종이 성평등과 부부간 공평성의 면에서 더 좋은 직종인가? 직업이 여성에게 (더 일반적으로 말해서 부부에게) 더 친화적이거나 덜 친화적이 되게 하는 특성들은 무엇인가?

전문 직종 진출과 관련해 가장 권위 있는 학위를 받은 사람들을 생각해 보자. JD, MBA, MD, 그리고 PhD를 받으면 가장 고소득을 올릴 법한 분야에 들어갈 수 있다. 이 분야들은 소득 불평등이 가장 심한 축에 드는 분야이기도 하고 하루에 더 긴 시간, 1주일에 더 많은 날, 한 해에 더 많은 주를 일하는 사람이 막대한 이득을 얻는 분야이기도 하다. 그런데 이러한 전문 석박사 학위를 가진 여성들도 남성에 비해 소득이 낮고 아이가 있을 경우에는 더욱 그렇다. 아이가 생기면 여성은 남성보다 일을 더 오래 쉬고 아이가 어릴 때는 종종 노동 시간을 줄인다. 그리고 앞에서 본 MBA 연구가 잘 보여 주었듯이 이에 대해 커리어의 면에서 비용을 치른다. 그 비용이 얼마인지는 그들이 하는 일의 종류에 따라 다르다.

아빠들도 비용을 치른다. 부모가 아이와 충분한 시간을 보내고 있다고 생각하는지 알아본 퓨 리서치 센터의 조사에서 아빠의 절반 가량이 아이와 시간을 충분히 못 보내고 있다고 답했다.[43] 이것은 한 번 놓치면 생애의 나중에 보충할 수 있는 시간이 아니다. 많은 노년 남성이 본인의 아이가 어렸을 때 놓친 시간 때문에 손주와 시간 보내는 것을 매우 좋아한다. 부부 중 한쪽이 가정에 특화하고 다른 한쪽이 커리어에 특화할 때 이들 각자가 치르게 되는 비용은 부부간 공평성의 상실을 의미한다.

앞에서 언급한 '하버드 앤 비욘드' 프로젝트(1960년대 말-1990년대 초 하버드 학부 졸업생 대상 연구 프로젝트) 및 기타 관련된 데이터들을 함께 살펴보면 고용에서 단절된 기간이 커리어에 미치는 불이익을 측정해 볼 수 있다. 일을 쉬는 것은 위의 전문 석박사 학위를 받은 사람들이 일반적으로 택하는 직종(변호사, 경영자, 의사, 학자) 모두에서 상당한 불이익을 가져왔다. 이 불이익은 남녀 모두에게 존재했지만 여성이 더 많이 겪었다. 남성보다 더 오래 일을 쉬고 더 많이 노동 시간을 줄이기 때문이다.

일을 쉬는 것이 연소득에 미치는 불이익은 학위의 종류에 따라 상당히 차이가 크다. 학부 졸업 후 15년 시점의 소득 불이익을 측정해본 결과, 의사들이 상대적으로 불이익이 작았고 MBA들이 높았으며 JD 학위와 PhD 학위 소지자들이 그 중간이었다. MBA들이 겪는 소득 불이익은 의사의 1.4배나 됐고 JD와 PhD 들이 겪는 불이익은 의사의 1.2배였다.[44] 왜 경력 단절과 노동 시간 축소가 미치는 불이익이 학위의 종류(따라서 직종의 종류)에 따라 차이를 보이는 것일까?

나는 25-64세 대졸 남녀 수백만 명에 대한 정보를 담고 있는 미국 지역사회조사ACS의 방대한 자료를 활용해 이에 대한 답을 찾아보았다.[45] 미국 인구총조사는 500개의 직종을 조사하지만 여기에서는 115개의 직종만 포함했다. 표본이 대졸, 전일제 노동자로만 한정되어 있기 때문이다. 포함된 직종은 가장 선망받는 직종부터 판매원, 예산분석사, 의료기술자 등 소득이 그리 높을 것으로 여겨지지는 않는 직종까지 다양하다.[46]

어떤 직군은 굉장히 큰 성별 소득 격차를 보이고 어떤 직군은 남녀 소득이 거의 격차 없이 동등하다. 남성 대비 여성 소득 비율을 가장 낮은 직군부터 높은 직군까지 나열한 것을 그림 8.4에서 볼 수 있다. 해당 직군의 평균 주당 노동 시간과 연간 노동 주수, 노동자의 연령, 그리고 학부 졸업 후의 추가적인 교육을 조정한 것이다.

남성 대비 여성 소득 비율이 가장 낮은 곳(가장 격차가 큰 곳)은

그림 8.4 직종별 대졸자의 성별 소득 격차

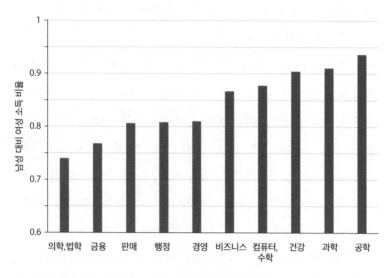

주: 소득은 연령, 노동 시간 및 노동 주수, 학부 졸업 이후의 추가적인 교육 등을 조정한 것이다. ACS 2009~2016년 데이터를 사용했다.

변호사처럼 자가고용이 많이 존재하는 곳, 그리고 금융, 판매, 행정, 경영, 운영 등이었다. 남성 대비 여성 소득 비율이 가장 높은 곳(가장 격차가 작은 곳)은 수학과 과학 분야였고 건강(의사 제외), 과학, 공학 분야도 격차가 작았다. 따라서 직군을 크게 둘로 나누어 볼 수 있다. 가령, 테크 분야[47]의 여성들은 남성 1달러당 94센트를 벌었다. 하지만 금융 분야의 여성들은 남성 1달러당 77센트밖에 벌지 못했다.

　금융 분야가 유독 쇼비니스트적이고 편견이 심하며 테크 분야는 그렇지 않은 것일까? 금융 분야에는 유독 기회주의적이고 편견으로 가득한 상사가 많고 테크 분야는 그렇지 않은 것일까? 어느 분야에나 원칙 없는 상사들은 있기 마련이다. 성별 소득 격차가 직종이나 산업에 따라 왜 차이가 나는지 알려면 각 직종에서 노동이 어떤 특성을 갖는지, 특히 그 직종의 일이 노동 시간과 관련해 노동자들에게 요구하는 바가 어떠한지를 알아봐야 한다.

각각의 직종에 대해 이런 정보를 다 얻는 것은 어마어마한 작업일 것이다. 다행히 대규모 팀이 인구총조사에 포함된 모든 직종에 대해 업무의 일반적인 특징을 정리해놓은 것이 있다. 이것은 O*NET(직업 정보 네트워크)에 데이터베이스화되어 있으며 미국 노동부가 관리한다.

이 데이터를 구체적으로 보기 전에 여성, 특히 아이가 있는 여성이 왜 임금이 더 낮은데도 어떤 일자리를 다른 일자리보다 선호하게 되는지에 대한 일반 이론을 먼저 살펴보자. 이 이론은, 전통적으로 아이와 가정을 돌보는 책임이 남성보다 여성에게 더 많이 지워져왔다는 데 토대를 두고 있다. 이는 남성들이 아이와 상당한 시간을 보내지 않는다는 말이 아니고 현재의 가정 내 성별 분업이 옳다는 말도 아니다. 하지만 현실에서 아이를 위해서, 또 연로한 부모를 위해서 '가정 일에 대해 온콜 상태'인 쪽은 많은 경우 여성이다.

가정에서 지게 되는 부담이 남녀 사이에 차이가 있기 때문에 여성들은 근무 시간이 짧고 온콜 부담이 적으며 일정이 더 예측 가능하고 시간 사용에 유연성이 더 많이 허용되는 일자리를 선호한다. 연장선에서, 여차할 때 내 일을 대신 메워줄 수 있는 동료들과 팀으로 일할 수 있는 일자리, 서비스와 제품이 표준화되어서 필요할 때 내 일을 다른 사람이 대신 메워주기 쉬운 일자리를 선호한다.

하지만 아무리 그런 일자리라 해도 한 사람이 다른 사람의 일을 완벽하게 대체할 수는 없고, 대개 클라이언트들은 자신을 담당하는 사람이 계속해서 모든 과정을 챙겨주기를 원하지 중간에 다른 사람이 대신 맡는 것을 원하지 않는다. 따라서 클라이언트를 만나기 위해 저녁이나 주말에도 일을 해야 하는 일이 생길 수 있다. 그러면 가족과 보내야 할 시간을 잃게 되므로 회사는 이를 보상하기 위해 이런 종류의 일에 더 높은 보수를 지급한다. 일반적으로 남성은 더 장시간을 쏟아붓는 대신 더 높은 임금을 받는 일을 선택한다. 즉 여성에 비해 남성은 시간의 유연성이 허용되는 일자리인지는 덜 고려하고 소득 측면에서 이득이 있는지를 더 고려한다. 하지만 아이가 있는 여성은 그렇게 할 수 있는 여지가 없는 경우가 많다.

1장에서 언급한 가상의 부부 이사벨과 루카스를 다시 생각해 보자. 이사벨과 루카스는 둘 다 '인포서비스'라는 테크놀로지 기업에서 일하고 있었다. 이 회사는 업무와 관련해 온콜 상태일 수 있는 사람이 필요했고 그에 대해 임금을 더 지불할 용의가 있었다. 이런 종류의 일에 회사가 추가로 주는 임금이 연간 2만 달러라고 가정해 보자. 루카스가 그 일자리를 수락하도록 유인을 제공하기에 충분한 액수다. 하지만 이사벨에게는 그렇지 않다. 부부가 둘 다 일터에서 온콜 상태일 수는 없기 때문이다. 이사벨은 처음에는 편찮으신 엄마를 돌봐야 했고 나중에는 아이를 돌봐야 했다.

루카스와 이사벨은 한 명이 회사 일에 집중하고, 다른 한 명이 집에서의 일에 대한 온콜 역할을 전담하기보다 집안일의 온콜 부담을 나눠서 지고 싶었을지도 모른다. 그렇게 하면 가정에서 부부간 공평성을 달성할 수 있다. 하지만 2만 달러라는 추가 소득은 흘려보내기에는 너무 큰돈이다. 기업이 회사에서 상시적으로 온콜 상태일 수 있는 노동자에게 이보다 더 많은 추가 임금을 지불할 의사가 있다면, 그리고 집에 남아 있는 쪽이 일반적으로 여성이라면, 성별 소득 격차는 더 커진다. 하지만 누가 어느 쪽의 온콜을 담당하는지에 성별 편향이 전혀 없다 해도 부부간 공평성이 상실되는 문제는 사라지지 않는다.

이제 실제 데이터로 돌아와서, 장시간 일하는 것의 가치가 상대적으로 높지 않고, 팀이 대체가능한 업무를 하는 인력으로 구성되고, 제품과 서비스가 더 표준화되어 있는 직종에서 성별 소득 격차가 더 작은지 확인해 보도록 하자. 또한 우리의 가설이 맞다면 온콜 상태로 불규칙한 일정에 맞춰 일하는 대가로 상당히 큰 보상을 받을 수 있고, 주요 클라이언트들이 특정한 담당자를 원하고, 팀이 각각 상이하고 보완적인 업무를 하는 인력으로 구성되고, 제품과 서비스가 표준화되어 있지 않은 직종에서는 성별 소득 격차가 크게 나타날 것이다.

O*NET은 각 직종에 대해 신체적 요구 사항도 포함해 수백 가지의 업무 특성을 나열하고 있다. 하지만 우리의 관심사는 신체적인 요구 사항 등은 아니고 시간에 대한 요구 사항과 노동자들 사이의 상호작용, 그리고 노동자와 고객과의 관계다. 인구총조사에 포함된 모든 직종에 대해 O*NET에서 우리의 관심사와 관련된 6가지에 대해 정보를 얻을 수 있다.

- 다른 이들과의 접촉: 해당 업무는 전화, 대면 등으로 다른 이들과 상호 접촉을 하는 것이 얼마나 많이 필요한가?

· 의사결정의 빈도: 해당 업무에서 당신의 의사결정이 다른 사람이나 고용주의 이미지, 평판, 재정적 자원에 얼마나 자주 영향을 미치는가?

· 시간 압박: 해당 일자리는 노동자가 마감 시간을 엄격하게 맞출 것을 얼마나 자주 요구하는가?

· 업무 구조화 정도: 해당 업무는 노동자 입장에서 (업무의 종류, 목적, 우선순위를 스스로 결정할 수 있기보다) 어느 정도나 사전에 구조화되어 있는가?

· 인간관계의 형성과 유지: 일을 하면서 다른 이들과 건설적이고 협업적인 인간관계를 형성하고 유지하는 것이 얼마나 중요한가?

· 경쟁 정도: 해당 일자리는 얼마나 경쟁적인가?

첫 다섯 가지 특성은 시간과 관련된 요구 사항이다. 여성이 남성보다 장시간을 일하기 어렵다면 혹은 특정한 시간대나 특정한 날에 근무하기 어렵다면, 동일한 직위를 가지고 있다 하더라도 남성보다 시간당 임금이 적을 것이다. 이사벨과 루카스는 동일한 직무 타이틀을 가지고 있었고 근무 시간도 같았지만 루카스가 연간 2만 달러를 더 벌었다. 업무에서 온콜 상태일 수 있었기 때문이다. 이사벨의 연봉이 10만 달러였으므로 루카스가 버는 1달러당 83센트밖에 벌지 못한 것인데, 일정이 더 예측 가능해서 집안일에 대해 온콜일 수 있는 여지를 허용해 주는 일이기 때문이다.

공학, 과학, 컴퓨터-수학 분야는 첫 다섯 가지 특성에서 시간과 관련한 요구 사항이 적고 사람들과의 상호작용이 제한적인 일자리다.[48] 이 분야의 노동자들은 주로 각자 자신의 업무를 하고, 클라이언트를 만나야 할 일도 별로 없다. 마감 시간도 다소 유연하고, 날마다 비슷한 유형의 의사결정을 하며, 독립적인 연구자가 재량을 발휘하도록 맡겨지는 종류의 업무를 한다. 이러한 직종은 성별 소득 격차가 작다.

경영, 행정, 판매, 그리고 상당한 자가고용이 존재하는 의사, 치과의사, 변호사 등의 직종은 성별 격차가 큰데, 첫 다섯 개의 특성이 강한 직종들이다. 클라이언트를 만나야 하고, 엄격한 마감 시한을 지켜야 하며, 날마다 달라지는 사안에 대해 의사결정을 내려야 한다.

방대한 전체 직종 중에서 두 가지 분야만 예외였다. 보건 분야와 금융 오퍼레이션 분야로, 보건 분야(물리치료사나 영양치료사 등)는 매번 매우 구체적이고 특수한 업무를 수행하고 시간 요구 정도도 높은 편인데도 성별 격차가 적다. 금융 오퍼레이션(금융 자문, 대출 상담 등)은 시간 요구 정도가 평균보다 낮은 편인데도 성별 격차가 크다.

이 두 직종은 시간 사용에 대한 다섯 가지 특성으로만 보면 우리의 가설에 부합하지 않지만 여섯 번째 특성과 매우 관련이 크다. 여섯 번째 특성은 경쟁에 대한 것으로, 보건 직종은 경쟁이 매우 낮은 편에 속하며 금융 오퍼레이션 직종은 경쟁이 가장 높은 축에 속한다.

이 여섯 가지 특징(시간 요구에 대한 다섯 가지와 경쟁에 대한 한 가지)의 평균 점수는 직종별로 성별 소득 격차의 정도가 차이나는 이유를 '설명'하는 데 도움이 된다.[49] 높은 시간 요구와 상당한 경쟁이 있는 직종은 성별 소득 격차가 크다. 시간 요구와 경쟁이 낮으면 격차가 작다. 여성들은 더 유연하게 조정 가능한 시간을 원하기 때문에 특정한 업종에서 불이익을 받는다.

이 직종들은 소득 불평등과 관련해서도 중요한 특징이 있다. 남성들 사이에서 소득 불평등이 큰 직종은 성별 소득 격차도 크다.[50] 소득 불평등이 큰 직종은 대개 클라이언트나 환자를 만나 상호작용을 많이 해야 하는 일이고, 일하는 시간이 가장 긴 직종이며, 온콜 상태에 있다가 급하게 투입되어야 하는 경우가 많은 직종이다(변호사, 외과의사, 회계사, 최고경영자의 장시간 노동을 생각해 보라).

이런 이유에서, 소득 불평등이 큰 직종은 여성, 특히 아이가 있는 여성이 고소득을 올리기 어려운 직종이기도 하다. 이들은 거래를 따기 위해 적극적으로 경쟁에 달려들고 장시간을 일하며 불규칙한 일정을 소화할 수 있는 사람들보다 소득이 상당히 적어지게 된다.

1970년대 말부터 경제 전반적으로 소득 불평등이 심화되면서 시간 요구의 정도가 높은 직종들이 노동자들에게 더 많은 보수를 주게 되었다. 여성이 진입하기 가장 어려운 직종들이 지난 몇 십 년 동안 '초'고소득을 올릴 수 있는 가능성이 가장 높아진 직종들이었다. 이는 여성들이 학위나 자격증 등의 요건을 전보다 훨씬 더 많이 획득했는데도 대졸자들 사이에서 지난 10년간 성별 소득 격차가 해소되지 못하고 있는 한 가지 이유일 것이다. 여성들은 물살을 거슬러 헤엄치고 있었다. 꿋꿋이 자신의 길을 가고는 있었지만 강한 경제적 급류에 맞서면서 헤엄치고 있었던 것이다.

＊

릴리 레드베터는 스스로를 "동일임금의 할머니"라고 불렀다. 레드베터, 그리고 그와 비슷한 경험을 한 여성들은 성별 소득 격차가 실제로 존재한다는 것을 너무나 잘 알고 있다. 이것은 오늘날 가장 중요한 이슈 중 하나다. 그렇다면, 이 문제를 해소하려면 어떻게 해야 하는가? 앞에서 언급한 여러 해법들(편견이 많은 관리자와 회사를 없애고 여성이 더 경쟁적이 되도록 독려하고 여성들에게 더 효과적으로 협상할 수 있는 방법을 교육하고 다른 이들이 얼마를 버는지 투명하게 공개하는 것 등)로 격차를 어느 정도는 줄일 수 있을 것이다. 하지만 설령 이보다도 더 어려운 해법, 가령 직종 분리를 모조리 없애는 것 같은 해법까지 가능하다 해도 성별 격차 해소에 그리 비중 있는 효과는 내지 못할 것이다.

성별에 따른 소득의 차이는 거의 모든 직종의 안에서도 관찰된다. 이것이 직종 간 성별 격차보다 더 크다. 오늘날 전체적인 성별 소득 격차는 시간이 지남에 따라 벌어지고 출산과 같은 특정한 사건이 생기는 시점에 벌어진다. MBA들의 경우, 표본 전체를 보았을 때는 이 격차가 컸지만 아이가 없고 휴직을 6개월 이상 하지 않은 여성만 따로 보면 격차가 훨씬 작았다.

성별 소득 격차 이야기에서 범인은 두 군데서 찾아야 한다. 하나는 부부가 육아의 책임을 어떻게 분담할 것인가와 관련해 내리는 의사결정이다(이사벨과 루카스를 생각해 보라). 다른 하나는 일시적으로 일터에서 유연성을 갖는 것이 야기할 금전적인 비용이다. 모든 부부에게 이 비용은 선택에서 중요한 제약 조건이 된다. 이 비용이 클수록 부부는 공평성을 포기하고 한 명이 가정에서의 책임을 떠맡는 쪽으로 결정하게 될 것이다.

다음 장에서 범인을 찾는 탐정의 촉수를 약사와 변호사 직종에 적용해 보기로 하자. 이 두 직종은 성별 소득 격차를 일으키는 기저의 원인에 대해 추가적인 사실들을 알려 주며 어떻게 해법을 찾을 것인지 대해서도 추가적인 실마리를 제공해 준다.

9장
변호사와 약사

1960년대 초에 방영된 인기 법정 드라마 〈페리 메이슨Perry Mason〉에는 형사 소송 전문 변호사 페리 메이슨이 사건들을 해결해 가는 이야기가 나온다. 페리는 말투가 부드럽고 사려 깊고 예민하고 체구가 큰 남성이다. 능력자 비서 델라 스트리트의 도움으로 페리는 매 화에서 범죄를 해결하고 억울하게 혐의를 쓴 사람이 누명을 벗게 해 준다. 이 흥미로운 플롯들은 저명한 추리소설 작가 얼 스탠리 가드너Erle Stanley Gardner의 펜 끝에서 나왔다.

델라가 페리의 오른팔이던 1960년대에 여성 JD의 연소득 중앙값은 남성 1달러 대비 57센트였다.[1] 변호사로 직장을 잡는 데 성공했다면 말이다. 1950년대와 1960년대 초(집단3의 세대)에는 로스쿨을 졸업한 뛰어난 여성들도 대부분의 로펌에 들어가지 못했다. 샌드라 데이 오코너는 1952년에 스탠포드 대학 로스쿨을 최상위로 졸업했지만 면접보러 오라는 곳조차 찾을 수 없었다. 루스 베이더 긴즈버그는 펠릭스 프랑크푸르터 내법관Felix Frankfurter의 로클럭[법원에서 특정

판사나 대법관의 업무를 보조하는 재판 보조 연구원]이 될 수 없었다. 그가 여성 로클럭은 뽑지 않았기 때문이다.[2] 커리어에 진입하고자 한 집단3 여성들은 흠잡을 데 없는 자격 요건을 갖추었더라도 일단 수적으로 매우 소수였고 대개는 진지하게 고려되지 않았다.

〈페리 메이슨〉 마지막 화가 방영된 1966년에 로스쿨 학생 중 여성은 고작 4%였다. 그런데 불과 20년 뒤인 1987년이 되면 여성이 40%가 넘게 된다. HBO가 〈페리 메이슨〉이라는 동일한 제목으로 내놓은 스핀오프 드라마가 방영된 2020년 여름 무렵이면 로스쿨 학생의 남녀 성비는 거의 1 대 1이 되어 있었다. 로펌 변호사나 기업 법무팀 변호사는 굉장히 선망받는 직업이다. 예를 들어, 의사와 비교해 보면 의학 전문대학원에 진학하는 학생 한 명당 로스쿨에 진학하는 학생은 3명이나 된다. 또한 민간 로펌, 기업 법무팀, 정부 기관 법무팀 등 많은 영역이 여성 변호사에게도 문을 열었다. 오늘날의 델라 스트리트는 본인이 직접 페리 메이슨이 될 수 있다. 단, 아직까지는 소득을 그만큼 올릴 수 없다(그리고 페리가 옆에 둘 수 있었던 것만큼 능력자인 비서도 둘 수 없을 것이다). 법조계에서 여성들의 소득은 높아졌지만 여러 가지 이유로 여전히 남성에 비해 낮다. 오늘날 여성 변호사 소득 중앙값은 남성 1달러당 78센트 정도다.

상당한 진전이 있었지만, 왜 오늘날 델라 스트리트 변호사는 여전히 페리 메이슨 변호사만큼 벌지 못하는가? 로펌의 고위 파트너들이 델라에게 승진의 기회를 주지 않아서인가? 하지만 앞 장에서 보았듯이, 성별 소득 격차는 명시적인 차별보다 훨씬 더 복잡한 문제다. 물론 편견(명시적, 암묵적 모두)은 큰 요인 중 하나이고 과거에는 분명히 주된 요인이었다. 샌드라 데이 오코너가 로펌에서 면접조차 보지 못하고 루스 베이더 긴스버그가 대법원 로클럭 기회를 얻지 못했으니 말이다.

하지만 오늘날의 델라와 페리의 경우, 이것은 이야기의 전부가 아니다. 현재의 노동 구조에 매끄럽게 스며들어 은밀하게 작동하고 있는 문제가 훨씬 더 크게 영향을 미친다. 2021년판 가상의 새 시즌에서 델라와 페리 콤비가 제기하는 수수께끼는 도무지 사라지지 않는 성별 소득 격차 문제의 핵심으로 우리를 다시 돌아가게 만든다.

1950년대에 비서와 변호사 배역이었던 델라와 페리를 현대의 배경에 맞게 다시 설정해 보자. 델라와 페리는 집단5 세대에 속하는 야심찬 젊은 부부다. 이들은 명문 로스쿨에서 법률 저널 편집진으로 일하면서 만나 사랑에 빠졌다. 로스쿨을 졸업하고 곧 둘 다 변호사로 일을 시작했다.

로스쿨을 막 졸업했을 때 그들에게는 아주 많은 취업 기회가 있었다. 대형 로펌에서 일할 수도 있었고 가족법이나 유산 문제 등에 특화한 작은 로펌에서 일할 수도 있었다. 기업의 법무팀에서 일할 수도 있었고 정부나 비영리기구의 법무팀에서 일할 수도 있었다. 로스쿨 교수가 되어 학생들을 가르칠 수도 있었다. 정계에 진출하는 등 법조계가 아닌 분야에서도 일할 수 있었다. 이 다양한 일자리들은 보수와 부가급부 면에서 상당히 편차가 크다.

델라와 페리는 젊고 야심이 있었으므로 둘 다 민간 로펌에서 도 건저인 일은 하기로 했다 로스쿨 학비를 대느라 대출한 학자금이 저

그림 9.1 여성과 남성 JD 취득자의 주당 노동 시간별 분포: 로스쿨 졸업 후 5년 시점과 15년 시점

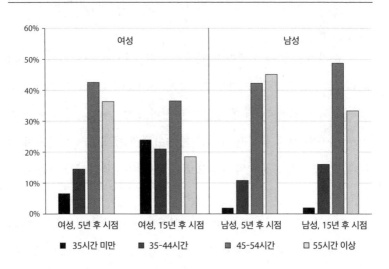

절로 갚아질 리도 없을 테니 말이다. 5년이 지났을 때 그들은 거의 동일한 소득을 올리고 있었다. 로스쿨 졸업 직후에는 성별에 따른 소득의 격차가 거의 없다. 졸업 후 5년 시점에는 약간의 성별 소득 격차가 있는데, 노동 시간과 직무 경력을 감안하면 이 격차는 사라진다.[3]

하지만 민간 로펌 신참 변호사 생활은 힘들었다. 커리어의 이 단계에서는 모든 로스쿨 졸업생이 장시간 일한다. 그림 9.1이 보여 주듯이 졸업 후 5년 시점에 80%의 여성과 90%의 남성이 주당 45시간 이상 일한다. 대형 로펌이나 기업에서 일하는 사람들은 특히 더 많이 일한다. 페리는 주당 51시간 정도, 렐라는 48시간 정도 일하고 있다. 그리고 지금까지는 여성들도 경기장에 잘 머물러 있다. 로스쿨 졸업 후 5년 시점에 파트타임은 6%, 노동시장을 떠난 사람은 4%밖

294

에 없다.[4]

이 시점에 델라와 페리는 현대판 드림팀이다. 이들은 동일한 시간 일하고 본질적으로 동일한 소득을 올린다. 이 부부는 벌이와 책임 면에서 '동등한 두 사람의 결합'의 길을 가고 있다. 이렇게 상서로운 시작을 한 만큼 10년쯤 뒤에 이들은 각자가 일하는 로펌에서 순조롭게 파트너로 승진하는 길을 가고 있을 것이다. 안 그런가?

안 그렇다. 10년이 더 지나면 여성의 4분의 1이 파트타임으로 일하고 16%는 노동시장을 떠난다. 대조적으로 남성은 2%만 파트타임으로 일하고 역시 2%만 노동시장을 떠난다. 또한 남녀 공히 20% 정도는 법조계가 아닌 다른 곳에서 일하고 있는데, 그 이유는 보통 서로 다르다.

페리 메이슨이 파트너로 승진해 소득 면에서의 가능성을 극대화할 때 페리 못지않게 능력이 있고 열심히 일하며 어디에든 고용되기에 손색이 없는 델라 스트리트는 3분의 1이 넘는 확률로 법조계를 떠나 다른 영역으로 가거나 전업주부가 된다. 법조계에 머문다고 해도 페리만큼 장시간 일하지 않는다. 졸업 후 15년 시점이면 남성 변호사는 80% 정도가 주당 45시간 이상 일하는데 여성은 55%만 그렇게 일한다. 졸업 후 5년 시점에는 남녀가 이보다 훨씬 더 비슷했는데 말이다.[5] 그 결과, 델라의 소득은 매우 달라지게 된다. 졸업 후 15년 시점에 여성 로스쿨 졸업자는 남성이 버는 것의 절반이 약간 넘는 수준을 번다(56%[6]).

델라와 페리에게 무슨 일이 일어난 것인가? 이렇게 큰 커리어 격차는 어디에서 온 것인가? 야망 있는 젊은 부부는 동일한 목적, 열망, 자격 요건을 가지고 시작했다. 졸업 후 5년 차 시점까지도 둘은 비슷했다. 그 이후에 무엇이 달라진 것인가?

얼핏 떠오르는 쉬운 대답은 이런 것이다. 이 분야는 올드 보이 클럽이어서, 굵직한 클라이언트를 잡으려면 저녁에 그들과 함께 시가를 피우고 스테이크를 썰면서 몇 시간이고 최근의 야구 경기에 대해 이야기를 나눠야 하기 때문이라고 말이다. 하지만 현실에서 문제는 이렇게 단순하지 않다. 델라와 페리 사이에 생긴 커리어의 격차는 델라가 시가를 싫어해서도 아니고 페리와 남성 파트너들이 멘토링이나 승진과 관련해 차별적으로 대우하기 때문도 아니다. 변호사 업계가 유독 심한 성별 소득 격차를 가지고 있는 것도 아니다. 델라와 페리 사이의 임금 격차의 근원은 여러 다른 직종과 커리어에서도 마찬가지다. 이 근원은 노동시장에서의 차별과는 관련이 덜하고 거의 전부가 시간과 관련이 있다.[7] 이사벨과 루카스의 사례에서도 보았듯이 범인은 현대의 많은 직종에서 노동이 갖고 있는 구조 자체다.

15년 뒤에 델라는 페리보다 더 적은 시간 일을 했기 때문에 직무 경력을 더 적게 쌓았다. 하지만 델라가 페리와 동일한 시간 일한다 해도 펠리의 81%밖에 벌지 못한다.[8] 시간당 임금이 이제는 페리보다 낮기 때문이다. 남은 격차의 상당 부분은, 델라도 똑같이 능력 있는 변호사지만 법조계 일에서 어느 정도 떠나 있었다는 점으로 설명이 된다.

변호사 업계의 보수 시스템을 자세히 살펴보면 매우 중요한 사실을 알 수 있다. 시간을 얼마나 투여하느냐가 보수의 막대한 차이로 이어진다는 점이다.

로스쿨 졸업 후 15년 시점이 되면 주당 60시간을 일하는 변호사는 30시간을 일하는 변호사보다 평균적으로 2.5배 이상을 번다. 노동 시간에 따른 소득의 점프는 성별에 상관없이 일어난다. 남녀 모두 노동 시간이 증가할 때 시간당 임금은 더 크게 증가한다. 가상의 사례인 이사벨과 루카스의 경우에서도 보았지만, 지금 이 숫자는 변호사들에 대한 대규모 표본에서 도출한 현실의 숫자다.

변호사의 노동 시간이 주당 30시간에서 60시간으로 증가하면 시간당 임금이 평균적으로 거의 4분의 1이나 증가한다.[9] 더 많은 시간을 일할수록 추가적인 한 시간을 더 일하는 것의 가치가 점점 더 높아진다. 남성과 여성의 노동 시간을 동일하게 놓으면, 이들 사이의 격차에서 젠더 부분이 사라진다.

남성인지 여성인지에 따라 분명히 소득에 상당한 격차가 존재한다는 것을 우리는 알고 있다. 그런데 이 격차의 근원이 젠더가 아니라면 그것은 무엇이고 왜 젠더 라인을 따라 발현되는 것인가? 이 답을 알려면 회사와 클라이언트가 요구하는 노동의 구조를 알아야 하고 부부 중 누가 집에서의 책임을 맡는 쪽으로 선택하는지를 알아야 한다.

로스쿨을 졸업하고 5년이 지나면 여성은 남성보다 약간 적은 시간 일하지만 그 차이는 크지 않다. 하지만 15년이 되면 전일제로 일하는 여성조차 남성보다 상당히 적은 시간을 일한다. 그리고 그 여성 본인이 처음에 일했던 것보다도 적은 시간을 일한다. 또한 이들의 노동 시간이 줄어든 것은 15년 시점에 갑자기 시작된 것이 아니다. 어떤 변호사라도 파트타임으로 일하거나 더 적은 시간 일하면 굵직한 클라이언트를 맡을 가능성이 낮아진다. 졸업 후 15년 시점에 파트타임으로 일하는 변호사 중에서는 18%만 "포춘 500" 명단에 있는 기업을 클라이언트로 둔 회사에서 일하고 있었던 반면에 55시간 이상 일하는 변호사는 30%가 그러한 회사에서 일하고 있었다.

변호사 중 민간 로펌에서 일하는 변호사들이 다른 변호사들보다 돈을 많이 번다. 그림 9.2가 보여 주듯이 졸업 후 5년 시점에는 남성 여성을 막론하고 대부분이 민간 로펌에서 일한다. 10년이 더 지나면 남녀 모두 민간 로펌에서 나오는 사람이 꽤 생기는데, 여성이 더 많다. 졸업 후 15년 시점에 여성은 37%만 민간 로펌에 남아 있는 반면 남성은 절반이 남아 있다.

민간 로펌에 남아 있는 여성들은 졸업 후 15년 시점에도 파트너가 될 기회가 여전히 많다. 하지만 남성보다 많지는 않다. 15년 시점에 여성은 반 이상이 파트너가 되지만 남성은 70%가 파트너가 된다. 그런데 시간 투여와 가정에서의 의무를 조정하고 나면 파트너 승진율에서 성별 차이는 사라진다.[10]

자연스럽게 많은 여성이 민간 로펌을 떠난다. 만약 델라가 5년에서 15년 사이 어느 시점에 로펌을 떠났는데 여전히 고용은 되어 있는 상태라면 아마도 정부 분야의 일자리로 갔거나 법조 분야가 아닌 일자리로 갔을 것이다. 민간 로펌을 떠나는 것은 금전적인 면에서 비용이 크다. 젠더를 막론하고 민간 로펌에서 정부 영역으로 옮겨갈 때 변호사들은 연소득의 38%를 잃는다. 또 만약 델라가 15년 차에도 원래의 로펌을 계속 다니고 있는데 파트너로 승진은 하지 못했다면 파트너가 되었을 경우보다 3분의 1 정도를 덜 벌게 된다. 대부분의 여

그림 9.2 여성과 남성 JD 취득자의 직장 유형별 분포: 로스쿨 졸업 후 5년 시점과 15년 시점

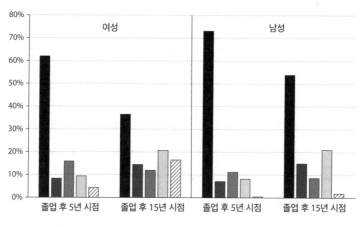

성 변호사가 민간 로펌을 떠나거나 아니면 계속 남아는 있되 파트너가 되지 못하곤 하므로 금전적으로 상당한 타격을 입는다.

시간당 임금, 민간 로펌에 남아 있을 가능성, 파트너가 될 가능성 모두 시간을 얼마나 투여하는지, 그리고 가정에서의 부담이 얼마나 큰지에 영향을 받는다.[11] 하지만 변호사의 성별에는 그리 영향을 받지 않는다. 로펌들에 젠더에 대한 편견이 없는 것은 아니지만 이것은 승진과 소득에서 성별 격차를 일으키는 주된 원인이 아니다.

그렇다면 왜 시간 투여가 이렇게 크게 차이나는 것일까? 그리고 왜 여성과 남성의 소득과 커리어 차이에 막대한 영향을 미치는 것일까? 5년 차에서 15년 차 사이에 법조 분야를 나오는 여성 거의 대부분이 어린아이가 있는 경우다. 하지만 아이가 있는 여성 변호사는

많으므로 다른 요인이 있지 않겠냐는 질문이 제기될 수 있을 것이다.

델라와 페리가 7-10년차 정도에 아이가 하나나 둘 있다고 해 보자. 페리가 최고소득 수준을 올리고 있다면 둘 중 델라가 돈을 더 잘 벌고 있었을 경우보다 델라가 로펌 일을 그만둘 가능성이 크다. 아이가 있을 경우, 돈을 잘 버는 남편을 둔 여성이 남편 소득이 자신의 소득보다 낮은(그렇다고 해도 적은 소득은 아니지만) 여성보다 로펌 일을 그만둘 가능성이 3배 높다. 하지만 아이가 없는 여성들 사이에서는 로펌을 그만두느냐 아니냐에 남편의 소득이 영향을 미치지 않는다.[12]

따라서 페리가 초고소득자이기 때문에 생긴 델라의 고용 변화는 그들에게 아이가 있을 때 생기는 현상이다. 여성 변호사는 단지 돈 잘 버는 남편이 있다는 이유만으로 직업을 그만두지는 않는다. 그들의 남편은 아내가 일을 그만두었기 때문에 훨씬 높은 소득을 올릴 수 있기만 한 것이 아니라 가정은 신경쓰지 못하게 된다. 페리는 자신의 운동장에서 최고의 자리에 올라갈 수 있다. 하지만 그러려면 시간과 에너지를 가정이 많이 잡아먹지 않아야 한다. 집에서 페리가 좋은 아빠가 아니라는 말이 아니다. 단지 가정 일에 늘 온콜 상태이고 가정 관리를 책임지는 사람에 비해 집에 많은 시간 있지 않아도 될 뿐이다.

설령 델라와 페리가 24시간 아이 봐주는 사람을 고용한다 해도 아이는 부모와의 시간이 필요하고 마땅히 그런 시간을 누려야 한다. 그리고 대부분의 부모도 아이와 시간을 보내고 싶어 한다. 여기에서 문제가 생긴다. 아이에게 쓰는 시간은 클라이언트에게 쓰이지 못한다. 어린이집 일을 챙기고 집안일을 하는 데 쓰이는 시간은 서면을 작성하고 법정에 나가고 파트너 승진에 필요한 일을 하는 데 쓰이지 못한다. 이러한 상충 관계는 코로나 바이러스 시기에 갑자기 집이 사무실이 되어야 하는 동시에 학교 교실이자 점심 급식실 역할까지 해야 하게 되면서 두드러지게 가시화되었다(뒤에서 살펴볼 것이다).

델라와 페리는 극단적인 선택의 문제에 봉착한다. 물론 둘 다 직장에서 타협을 해서 주당 45시간 이상은 일하지 않고 밤 시간에도 일하지 않기로 결정할 수도 있다. 하지만 앞에서 보았듯이 그러려면 둘 다 상당한 소득을 포기해야 하고 커리어상의 진전도 상당히 포기해야 한다. 그러면 민간 로펌의 다른 변호사들보다 뒤처지게 되고 파트너가 되기도 어려워지거나 시간이 훨씬 더 오래 걸리게 된다.

둘 다 커리어상의 제약을 감수하면서도 아이와 보내는 시간은 여전히 충분히 내지 못하는 상황을 선택하는 대신, 델라와 페리는 매우 논리적인 결정을 한다. 부부의 소득을 최대화하기로 하는 것이다. 델라는 커리어에서 속도를 늦춘다. 아마도 파트타임으로 일하거나 로펌을 떠나 집안일에 시간을 쓰기로 할 것이다. 그러면 페리는 시간을 많이 들여야 하는 가정의 의무에서 풀려날 수 있고 파트너가 되기 위해 들여야 하는 만큼의 충분한 시간을 일에 쏟을 수 있게 된다. 그리고 시간당 수입을 극대화해서 가구 소득을 높일 수 있다.

〈페리 메이슨〉 드라마에서는 매 화에 페리와 델라가 범죄를 해결한다. 현대판 페리와 델라 콤비가 해결해야 할 문제는 아이를 낳고 가정을 꾸리면서 가구 소득을 극대화할 방법을 찾는 것이다. 하지만 여기에서 진짜 범죄는 현대판 페리와 델라 이야기의 결말이 본질적으로 1950년대의 달라지지 않았다는 점이다. 페리는 고소득을 올리고 법정에 나가고 이사회 멤버가 되지만, 아이가 어릴 때 델라는 회사에서는 파트타임으로 일하고 집에서는 풀타임으로 일한다. 아이가 조금 더 크면 회사 일을 하는 시간을 늘리지만 보수를 많이 주는 로펌에서 파트너가 될 가능성은 이미 포기한 뒤다.

페리와 델라가 동일한 고소득 트랙의 동료라면 대략 비슷한 소득을 올리고 동일한 시간을 일하고 파트너로 승진할 가능성도 매우 비슷할 수 있을 것이다. 하지만 그들이 부부라면, 그리고 아이를 원한다면, 비슷한 교육 수준과 커리어 목표를 가지고 있더라도 그들의 커리어는 동조 상태를 오래 유지하지 못한다. 둘 중 한 명만 고소득 커리어에 도달할 수 있다. 이렇게 그들의 커리어가 갈라질 때, 이것은 거의 언제나 여성이 육아에 쓸 시간을 내기 위해 시간 유연성이 크고 노동 시간은 더 적은 일이 필요해지기 때문이고 따라서 기업 변호사나 민간 로펌 변호사 일자리에서 나오게 되기 때문이다. 변호사 업계에서 성평등과 관련해 많은 진전이 있었지만, 여전히 변호사 업계는 오늘날 미국 경제에 있는 여러 직종 중에서 성별 소득 격차가 큰 편이다.[13]

델라와 페리가 직면한 문제는 앞에서 본 가상의 부부 이사벨과 루카스처럼 다른 직종에서도 많은 부부가 겪는 문제다. 높은 수준의 교육을 받고 전문직에 종사하는 두 사람이 부부가 되면(의사와 테뉴어 교수 부부, CEO와 상원의원 부부, 글로벌 컨설턴트와 건축가 부부 등) 동일한 문제를 약간씩 다른 버전으로 겪는다.

미국 노동통계국이 관리하는 대규모 데이터베이스 O*NET은 인구총조사에 포함된 직종 각각의 특성에 대해 상세한 정보를 수집하는데, 이를 통해 오늘날 미국에서 노동이 구조화되어 있는 방식에 대해 몇 가지 중요한 통찰을 얻을 수 있다. 앞에서 보았듯이, 직종별 업무의 특성 중에 성별 소득 격차와 특히 밀접하게 관련 있는 것들이 있다. 해당 업무가 시간 요구의 밀도가 얼마나 강한지, 다른 이들(환자, 클라이언트 등)과의 밀접한 상호작용을 얼마나 요구하는지, 인간관계를 형성하고 유지하는 것이 업무에 얼마나 중요한지 등이 그런 특성이었다. 시간 요구의 밀도가 높고 클라이언트 등과 방해 없이 많은 시간을 보내야 하는 경우, 여성이 남성보다 성공할 가능성이 낮아질 것이다.

언급했듯이, 시간 요구가 많은 직종에서는 일에 더 많은 시간을 투여하고 클라이언트와 더 많은 시간을 보내는 노동자에게 **시간당으로 볼 때도** 비례적이지 않게 많은 임금을 지급한다. 로펌 같은 곳들은 불규칙하고 시도 때도 없이 불려 나와야 하고 장시간을 투여해야 하는 직무에 인력을 확보하기 위해 돈을 더 지급한다. 클라이언트의 요구를 맞추고 거래를 따오거나 유지하는 데 이러한 인력이 꼭 필요하기 때문이다. 클라이언트가 특정한 회계사나 컨설턴트를 콕 집어서 원하는 경우가 있을지 모른다. 커다란 인수합병 건을 담당하는 변호사는 이 건에서 없어서는 안 되는 사람으로 여겨질지 모른다. 로펌, 컨설팅 회사, 회계법인 들은 특정한 담당자가 처음부터 끝까지 해당 건의 매 단계에 관여하지 않으면 영원히 클라이언트를 잃게 될 것이라고 생각할지도 모른다. 시간 요구의 밀도가 높아질수록 시간당 임금이 높아진다. 그래서 "회사 일에 온콜 상태"가 되는 것에 대해 매우 높은 추가 임금을 받게 된다.

하지만 온콜 상태로 장시간 일하고 불규칙한 일정에 맞출 것으로 기대된다는 점이 늘 더 많은 추가 소득으로 이어지는 것은 아니다. 경제학의 모든 것이 그렇듯이 이것도 수요 공급의 영향을 받는다. 기업은 클라이언트의 필요에 즉시 응대할 수 있는 직원이 있어야 하기 때문에 장시간 일하는 노동자를 원한다. 하지만 장시간을 불규칙적인 일정으로 일하는 직원들이 돈을 더 버는 이유는 그렇게 하는 데 대해 그들이 추가적인 보상을 요구하기 때문이다. 이 추가 보수는 직원이 고통을 감수하게 하는 데 대해 기업이 들이는 비용이라고 볼 수 있다.

커리어에서의 진전이 어느 시점에 파트너 승진 심사나 테뉴어 심사를 통과하는 것을 의미하는 경우에도 시간 요구가 상당하다. 하지만 앞의 경우와 차이가 있다. 파트너 진급이나 테뉴어 직위를 준비하는 사람들은 일정한 기간 동안 그 목표를 향해 강도 높게 일하며 그 결과로 승자독식의 보상을 받는다. 이 경우에 맹렬한 강도로 일하는 시기 동안 시간당 임금은 동시적으로 올라가지 않는다. 대신, 심사를 통과할 미래 시점에 예상 소득과 직업 안정성이 크게 도약한다.

일하는 시간을 늘릴 때 시간당 임금이 오른다면 대개의 경우에는 일을 더 하고자 하는 인센티브가 생기게 된다. 인상 폭이 충분히 높으면 가정에서의 의무가 있고 식구들과 시간을 보내고 싶어도 회사에서 더 많은 시간을 보낼 금전적인 인센티브가 상당해질 것이다. 직종을 막론하고 어느 부부라도 부모가 해야 할 일을 100% 도우미에게 맡길 수는 없으므로 (그리고 대개 부부는 그렇게 하고 싶어 하지 않는다) 적어도 부부 중 한 명은 반드시 회사 일을 줄이고 집에 더 많은 시간을 써야 한다. 그렇게 하기로 하는 쪽은 일을 그만두지는 않더라도 추가적인 시간당 임금을 받지 못할 것이다.

이론상 부부 모두 일정이 예측 가능하지 않은 일을 하기로 결정하고 가구 소득을 최대화할 수도 있을 것이다[아이가 있다면 실제로는 가능하지 않다]. 혹은 반대로 부부 모두 예측 가능하고 유연한 시간 사용을 허용하는 일자리를 갖기로 함으로써 아이와 보내는 시간을 극대화하는 대신 가구 소득의 감소를 감수하기로 할 수도 있을 것이다. 혹은 부부 중 한 명이 고소득 일자리를 갖고 다른 한 명이 더 유연한 일자리를 갖기로 결정할 수도 있을 것이다. 이 세 번째가 주로 선택되는 옵션이다. 이것은 '적어도 한 명은 집에서의 일에 온콜 상태여야 한다'는 제약 조건하에서 가구 소득을 극대하기 위해 내리는 선택이다. 이를 위해 한 명이 회사 일에 온콜 상태가 되기로 한다.

이때 불규칙하고 시간 유연성이 적은 일을 하기로 하는 쪽은 거의 압도적으로 남성이다. 이 말은, 여성은 동일한 시간을 일하더라도 평균적으로 남성보다 소득이 적어진다는 것을 의미한다. 유연성이 적은 일자리가 승진 기회도 더 많다면, 여성은 승진할 수 있는 여지도 적어진다. 이렇게 해서, 일터에서 젠더 불평등이 나타난다. 여성은 예측 가능성이 높고 시간 유연성이 큰 일자리를 압도적으로 더 많이 택한다. 집에서 갑자기 일어날지 모르는 일에 대비하고 가정과 아이들을 돌볼 시간을 내기 위해서다. 이렇게 해서, 가정에서 부부간 불공평성이 나타난다.[14] 물론 왜 애초에 여성이 더 유연한 일을 많이 선택하는지의 원인은 젠더 규범에서 찾아야 한다.

앞에서 보았듯이, 여성들이 집 밖에서 진정한 커리어를 갖게 된 것은 비교적 최근이다. 이것은 [지난 100년 남짓] 우리가 살펴보는 다섯 개 집단의 여정을 거치며 나타난 현상이었다. 이러한 변화가 매우 빠르게 이뤄진 것이었음을 생각해볼 때, 여성이 커리어와 가정을 둘 다 갖는다는 것에 대한 사회의 수용성이 높아지기는 했어도 일터는 여전히 부부가 옛 방식대로 특화하는 것에 더 크게 보상하는 시스템으로 짜여 있다는 것이 그렇게 이상한 일은 아닐 것이다. 개인들은 (그리고 부부들도) 가정에서의 의무에 타협하지 않고 커리어에 온전히 집중하고자 할 금전적인 인센티브가 있다. 하지만 가정을 갖는 것 또한 삶의 중요한 목표라면 이것이 지속될 수 없다.

남녀 사이의 소득 차이는 일터에서의 편견이나 가정 친화적인 정책의 부족, 그 밖에 빠른 해법들이 지적하는 문제들과는 직접적인 관계가 거의 없다. 이것이 우리가 살펴본 실증 근거들과 논리가 말해주는 바다. 빠른 해법들은 여성이 현재 종사하고 있는 일자리에서 정당한 몫을 받게 하는 데 초점을 둔다. 하지만 그들이 현재 종사하고 있는 일자리 자체의 특성이 그들이 남성보다 적게 버는 이유다. 특정한 변호사, 회계사, 컨설턴트, 금융 자문이 반드시 특정한 클라이언트, 특정한 거래 상대, 특정한 고객과의 모든 일을 챙기도록 되어 있는 [따라서 시간 융통성의 여지를 주지 않는] 일의 구조가 문제인 것이다.

좋은 소식은, 문제가 **당신에게** 있는 것이 아니라는 점이다. 문제는 시스템에 있다. 나쁜 소식은, 문제가 당신에게 있는 것이 아니라는 점이다. 문제는 **시스템**에 있다. 자신이 종사하는 일자리에서 공정하고 편견 없이 정해진 임금을 받는 여성도 가정에서의 의무와 육아 부담에서 오는 제약 때문에 회사에 오래 있을 수 없거나 업무와 관련해 온콜 상태일 수 없으면 남성보다 소득이 훨씬 낮아질 수 있는 것이다.

좋은 의도와 평등을 향해 밟아 온 여정에서의 많은 승리에도 남녀의 임금 격차는 사라지지 않고 있다. 페리와 델라 모두 자기계발서와 기사들을 필사적으로 찾아보면서 좋은 커리어와 가정을 갖는 열 가지 방법(아직 둘 다를 갖는 것 자체도 쉬운 일이 아니다) 같은 것이나 가정과 커리어의 균형을 잡는 방법 같은 것을 알아내려 한다. 거기에서 답을 찾을 수는 없을 것이다. 그렇더라도 문제가 있다는 것을 인식하고 있다는 것 자체가 어느 정도 진전을 보여 주는 것이다.

부부에게 주어진 일자리 선택지들의 보수가 상당히 차이 날 경우, 대개는 가구 소득을 높이기 위한 결정을 내리고 종종 부부 모두 불행해진다. 그리고 성평등과 부부간 공평성을 내버릴 수밖에 없게 된다. 부부들이 부부간 공평성을 내버리지 않게 하려면 어떻게 해야 할까? 부부간 공평성을 유지하기 위해 감수해야 하는 비용이 그렇게 크지 않은 선택지가 있어야 한다. 시스템을 바꾸어서 이를 이룰 수 있을까? 혹은 시스템이 스스로 바뀔 수 있을까? 있다. 실제로 몇몇 직종은 이미 변화하고 있다. 예를 들어, 약사 업종은 이제까지 본 것과 매우 다른 이야기를 들려준다.

약사 직종은 성별 소득이 더 동등할 뿐 아니라 소득 자체도 높은 편이다. 미국 인구총조사의 전일제 연중고용 노동자 데이터를 보면 500개 직종별 여성 소득 중앙값에서 약사들의 소득이 5위다(여성 변호사들은 7위다) 여성 약사는 여타 고학력 여성들보다 소득이 높을 뿐 아니라 노동 시간을 조정하고 나면 남성 약사와 거의 비슷한 수준의 소득을 올린다.

변호사와 달리 약사들이 성별 격차를 겪지 않는 것을 어떻게 설명할 수 있을까? 두 직군 모두 여성 비중이 비슷한 증가세를 보여 왔고, 두 직군 모두 학부 이후에 전문 학위 과정을 밟아야 하며, 두 직군 모두 전문 학위 과정에서 여성들의 성적이 매우 좋다.

두 직군이 성별 격차에서 차이를 보이는 원인은 일의 구조 자체에 있다. 한때는 변호사의 일과 약사의 일이 매우 비슷한 특성을 가지고 있었다. 둘 다 장시간 불규칙하게 일하는 것이 다반사였고 둘 다 자가고용 비중이 많았으며(개인 변호사 사무실과 개인 약국을 차려서) 자가고용으로 일하는 데는 위험이 많이 따랐다. 변호사에게는 지금도 해당되는 특성들이지만 약사에게는 더 이상 어느 것도 해당되지 않는다.

최근 방영된(오랜 기간 방영되지는 않았다) 코믹 시트콤 〈바이얼스 Vials〉는 '게이트웨이 드러그'라는 독립 약국을 배경으로 펼쳐진다. 성미 고약한 약사 리치가 소유하고 있으며 여러 명의 기술 인력과 리치의 반항적인 딸인 신참 약사 리사가 일한다. 반세기 전에는 게이트웨이 드러그 같은 약국이 사람들이 처방받은 약을 구하러 주로 가는 장소였다. 과거에는 약사와 약국 소유자 대부분이 남성이었다. 1965년에 여성 약사(집단3에 주로 해당한다)는 전체 약사 중 10%도 되지 않았고(그림 9.3을 참고) 약국을 소유하고 있는 남성 약사에게 고용되어 있었다. 1965년에 전체 약사 중 75%가 독립 약국을 개업해 소유하고 있거나 독립 약국에 고용되어 있었고 나머지 25%는 체인 약국이나 병원에서 일했다. 여성 약사는 남성 약사가 버는 1달러당 67센트를 벌었는데,[15] 대체로 약국을 자신이 소유하고 있지 않기 때문이었다.

약사들도 TV에서 〈페리 메이슨〉을 보았을 그 시절에는, 장시간 일하는 약사가 더 적은 시간 일하는 약사보다 시간당 임금이 훨씬 높았다. 또 약국을 직접 소유하고 있는 약사는 고용되어 일하는 약사보다 소득이 훨씬 높았다. 그리고 아이가 있는 여성 약사는 동일한 시간을 일하더라도 아이가 없는 여성 약사보다 소득이 훨씬 적었을 것이다. 요청이 있는 특정 시간대에 꼭 일할 수 있는 게 아니었을 것이기 때문이다. 요컨대, 20세기 중반 약사의 일은 오늘날의 금융 분야 종사자, 변호사, 회계사의 일과 비슷했다.

약사가 판매하는 제품과 서비스도 지금과 달랐다. 약은 개별 고객에 맞게 조제되는 경우가 많았고 약사와 고객의 관계는 더 친밀

그림 9.3 약사 및 약학 대학원 졸업자 중 여성 비중과 전체 약사 중 독립 약국 약사 비중

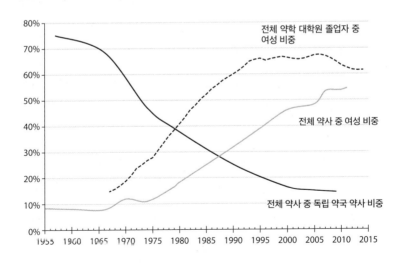

했다. 밤중에 자다 말고 고객의 긴급한 처방전에 약을 지어 주기도 했다.

그런데 상황이 달라지기 시작했다. 약사 개개인은 업무 측면에서 훨씬 덜 고유해졌고 서로 특별히 구분되지 않게 되었다. 또한 고객 개개인에 대한 서비스는 그리 많이 하지 않고 고객 개개인의 의료적인 필요를 꿰고 있지도 않게 되었다. 이 책을 읽는 독자들 중에 예전 약을 다 먹어서 새로 처방전을 들고 약국에 가서 "전에 제 약을 주셨던 약사 선생님께 약을 받고 싶은데요"라고 말한 사람은 없을 것이다. 하지만 세무 자료를 제출하기 위해 세무사의 도움을 받아야 하거나 이혼 변호사를 만나야 할 때는 당신을 담당하는 특정한 세무사나 변호사가(그러니까, 그들의 같은 사무실 동료가 아니라) 처음부터 끝까지 당신의 일을 챙겨 주기를 원할 것이다.

약사 직군에 어떤 변화가 있었던 것일까? 20세기를 거치면서 약국은 크기 면에서나 범위 면에서나 규모가 거대해졌다. 1950년대부터 현재까지 독립 약국의 비중은 크게 줄었고 약사 중 독립 약국에서 일하는 사람 비중도 크게 줄었다. 의료 시스템과 건강 보험의 변화도 이러한 추세를 강화해서, 병원이나 우편 주문 약국에서 일하는 약사의 비중이 더욱 증가했다.

이러한 변화들 모두가 자기 약국을 소유한 약사는 감소하고 기업에 고용되어 일하는 약사가 증가하는 결과를 가져왔다. 대개 '기업 부문'이라고 하면 진보적인 변화를 실현시키는 곳이라는 이미지가 떠오르지 않지만, 이 경우에는 정확히 그 역할을 했다. 약국이 기업화되면서 '소유주' 역할은 더 이상 약사가 맡는 일이 아니게 되었다.

전에는 남성이 약국을 소유했고 여성은 남성 소유주에게 고용된 보조 약사였으므로, '기업화'는 남성과 여성이 약사로서 더 동등해질 수 있는 조건이 되었다. 영업에서 순수익을 얻는 사람은 이제 남성 약사가 아니라 주주다.

몇 가지 다른 변화도 이러한 추세를 강화했다. 약들이 전보다 훨씬 더 표준화되었고 예외적인 경우를 제외하면 약을 복합적으로 조제할 필요가 없어졌다. 또한 정보기술이 발달하면서 약사들은 잠재적으로 모든 고객이 복용하는 모든 처방약에 대해 정보를 얻을 수 있게 되었고 [꼭 건강 상태를 속속들이 잘 아는 단골 고객이 아니라도] 어떤 고객에게라도 약의 작용에 대해 적합한 조언을 할 수 있게 되었다.

약사와의 개인적인 친분과 상호작용은 더 이상 고객의 건강과 후생에 중요한 요소가 아니게 되었다. 밤에 문을 여는 약국이 있다는 말은 모든 약사가 온콜일 필요가 없다는 뜻이다. 약사와의 친밀한 관계는 더 이상 내가 늦은 밤에 약을 구하는 데 꼭 필요한 요소가 아니다.

이러한 변화가 생겼다고 해서 약사의 일이 더 쉬워졌거나 약사 직종이 덜 전문직이 된 것은 아니다. 최근에 약사들은 코로나 백신 접종을 관리하는 데서 핵심 인력이었다. 사실 약은 50년 전보다 훨씬 더 복잡해졌다. 약사들은 훨씬 더 많은 지식을 알아야 하고 약사가 되기 위해 거쳐야 하는 교육 과정도 심화되었다. 전에는 약학 대학 학부를 나온 뒤 1년을 더 교육받고 나서 자격증 시험을 보고 실습을 하는 것으로 충분했지만 2000년 초부터 6년제 학석사 학위 과정(학부 2년, 대학원 4년 과정) 마치고 자격증 시험을 보고 실습을 해야 한다.

시간을 앞으로 빨리 돌려 현재로 와 보자. 오늘날 게이트웨이 같은 약국은 드물다. 독립 약국에서 일하는 약사는 12%에 불과하고 대부분은 거대한 전국 체인 약국(CVS, 월그린, 월마트 등)과 병원에 고용되어 일한다. 우편 주문 약국과 함께 이러한 약국들이 우리의 처방전에 있는 약을 거의 다 제공한다.

오늘날 약학 대학원 졸업생의 50% 이상이 여성이다. 1980년대 중반 이후 계속 이 정도 비중이 유지되고 있다. 여성 약사들은 더 이상 약국을 소유한 남성 약사들의 보조 약사가 아니다. 남녀 약사는 대체로 동등하다. 기본적으로 둘 다 소유주가 아니라 직원이며, 대개 기업체의 직원이다.

이러한 변화들이 합쳐진 결과, 한 약사의 일을 다른 약사가 쉽게 대신해 줄 수 있게 되었다. 이는 약사들이 장시간 일하거나 불규칙하게 일하지 않아도 된다는 뜻이다. 물론 저녁과 주말과 휴일에 일하는 약사도 있다. 24시간 약국, 병원 약국, 우편 주문 약국에는 그러한 시간대에 약사가 필요하며 그 시간대에 일하는 약사들은 고통 감수 비용에 해당하는 추가 보수를 받는다. 하지만 약사는 대다수가 온 콜로 일해야 하는 다른 전문 직종보다 밤에도 일해야 하는 경우가 드물 것이다. 여기에서 핵심은, 완벽하게 대체해 줄 인력이 있으므로 특정한 약사가 일하는 시간을 늘린다고 해서 막대한 보수를 주어야 할 만큼 그가 조직에 필수 불가결한 일을 하는 것은 아니라는 점이다. 그렇더라도 여전히 모든 약사가 전문직 종사자로서 가치를 인정받는다.

약사들이 서로서로의 일을 더 잘 메워 줄 수 있게 되면서 파트타임 약사가 시간당 임금에서 받던 불이익도 사라졌다. 그래서 여성 약사의 임금 중앙값은 남성의 94%이다(남성 1달러당 94센트).[16] 약사는 파트타임의 시간당 임금 불이익이 두드러지게 존재하지 않는 소수의 전문직 중 하나다.[17]

기업형 약국의 관리자급 약사는 관리자가 아닌 약사보다 돈을 더 벌지만 이 차이의 대부분은 일을 더 장시간 하는 데서 나온다. 더 긴 시간 일하면 총소득으로는 돈을 더 벌지만 시간당으로는 그렇지 않다. 약사가 버는 돈은 일하는 시간에 비례해서만 증가한다. 일하는 시간이 두 배가 되면 소득도 그만큼만 늘고 세 배가 되면 세 배만큼만 는다.

따라서 오늘날 약사들은 일하는 시간을 늘려서 추가로 받을 수 있는 소득 프리미엄이 딱히 없다. 리사가 일주일에 60시간 일한다면 30시간 일하는 사람이 버는 소득의 두 배를 벌 것이다. 약사인 델라가 돈을 더 벌고 싶다면 더 많은 시간 일할 것이다. 하지만 시간당 임금은 달라지지 않는다. 앞에서 보았듯이 변호사의 경우에는 그렇지 않다.

더 많은 시간을 일해도 시간당 임금이 높아지지 않으므로 많은 여성 약사들이, 특히 아이가 있는 약사들이 파트타임으로 일한다. 여성 약사의 3분의 1 정도가 30세 시점에 주당 35시간 미만으로 일하며 적어도 10년은 더 그렇게 일한다. 또한 약사의 일은 업무에 유연성이 높으므로 아이가 생겨도 오래 일을 쉬지 않는다. 그래서 여성 약사들은 변호사나 금융 분야 종사자보나 고용에서 단절되는 기간이 적다.

약사 직종의 변화에서 또 하나 놀라운 점은 이 세 가지의 커다란 변화(기업화, 약의 표준화, 정보기술의 사용) 모두가 약사 직종에 여성이 대거 진입한 것(오늘날은 약학 대학원 졸업생의 65% 정도가 여성이다. 1970년에는 10%였으니 55%포인트나 증가했다)과는 거의 상관없는 이유들로 벌어졌다는 사실이다.

오늘날 약사는 보수가 높으며, 다른 전문직 대비 소득도 증가했다.[18] 1970년에서 2010년 사이에 변호사, 의사, 수의사 소득 중앙값 대비 약사 소득 중앙값은 남녀 모두 증가했다. 요컨대 약사들은 서로가 서로에게 완벽한 대체 인력이 될 수 있었고 그 결과 약사 직종이 매우 평등한 직종이 되었다. 소득은 상당히 높은 편이고, 여성이 대대적으로 진입했는데도 보수가 낮아지지 않았다. 이것은 여성이 많이 진입하는 직종에서는 소득이 낮아진다는 일반적인 통념과 상반되는 것이다.

여기에서 더 폭넓은 결론을 내려 볼 수 있다. 장시간, 온콜 상태로 일하는 것에 대해 비례적이지 않은 수준으로 높은 보수가 지급되는 것을 줄일 수 있느냐의 핵심은 노동자들 사이의 상황이 어떠한가에 달려 있다. 두 노동자가 서로에게 매우 좋은, 어쩌면 완벽한, 대체재가 되어줄 수 있다면 한 명이 자리를 비워야 해도 다른 한 명이 매끄럽게 일을 진행시킬 수 있다. 그 경우 클라이언트, 환자, 학생, 고객 등은 아무런 정보의 누락이나 신뢰의 저하나 효과의 차이 없이, 유능한 한 명의 노동자에게서 또 다른 유능한 노동자에게로 잠시 인계될 수 있다.

이 변화는 혁명이나 사회운동이나 격변을 필요로 하지 않았다. 약사 직종에서의 변화는 여러 요인에 의해 유기적으로 생겨났으며, 이 요인 중 어느 것도 특정한 아젠다와 직접적으로 연결되어 있지 않다. 다른 분야에서도 꼭 자생적으로 이렇게 되리라는 말은 아니다. 약사의 사례는 성평등을 고양하고 부부간 공평성을 높일 수 있는 종류의 변화가 어떤 것인지를 알려 주는 것이지 그 변화가 '어떻게 일어나야 하는가'까지 알려 주는 것은 아니다.

급할 때 내 일을 맡아줄 (거의) 완벽한 대체 인력이 한 명만 있어도 여성과 부부에게 막대한 함의를 가질 수 있다. 약사 직종에 대한 분석을 통해 우리는 성별 소득 격차가 이 직종에서는 거의 사라졌음을 볼 수 있었고 어떻게 하면 다른 분야에서도 사라질 수 있을지에 대해 시사점을 찾을 수 있었다. 이 교훈은 매우 중요하다.

모든 직종이 약사와 같다면 오늘날의 델라와 페리는 그들을 괴롭히는 문제에 직면하지 않을 것이다. 둘 중에 델라만 아이를 위해 일하는 시간을 줄여야 하지 않을 것이다. 페리는 델라와 콤비로 일하는 것도 아닌데 사건을 해결하기 위해 밤에도 주말에도 일하는 것에 딱히 매력을 느끼지 못할 것이다. 부부로서 이들은 로펌에서 커리어를 일구는 것과 가정을 갖는 것 중에 하나만 선택해야 할 필요가 없을 것이다. 그들은 부부간 공평성과 성평등을 둘 다 성취할 수 있을 것이다.

물론 대부분의 직종이 약사 직종과 다르다는 게 문제다. 높은 시간당 임금을 받기 위해서는 장시간 일하는 수밖에 없다면, 더 유연한 시간을 원하는 사람들이 암묵적인 비용을 내는 셈이 된다. 그러면 부부는 어려운 선택에 직면하게 된다. 시간 유연성이 큰 일자리를 갖는 쪽이 유연하지 않은 일자리를 갖는 쪽보다 훨씬 적은 돈을 벌게 된다. 시간당으로 계산해서도 그렇다. 변호사 업계에서 이 차이는 막대하다. 휴직을 하거나 더 적은 시간 일을 하면, 혹은 [일하는 총 시간은 적지 않더라도] 특정한 시간대에만 일하는 것만으로도, 변호사 직종에서는 시간당 임금이 절벽처럼 가파르게 떨어지게 된다. 약사들에게는 휴직을 하는 것이 시간당 임금의 절벽을 불러오지 않는다. 아마도 유쾌하게 걸을 수 있는 완만한 내리막 정도를 의미할 것이다.

서로가 서로에게 대체 인력이 되어 줄 수 있는 직종에서는 모두가 득을 본다. 한 사람이 완벽한 대체 인력을 한 명씩 가지고 있을 경우, 요구하는 것이 많은 까다로운 클라이언트, 긴급한 회의, 야밤의 인수합병 마무리 협상, 그 밖에 내가 있어야 하는 어느 순간에라도 여차하면 동료가 내 일을 완벽하게 커버해 줄 수 있다. 그러면 내가 하는 업무의 속성에서 '시간 요구의 밀도'가 완화된다. 장시간 일하는 사람, 일정을 통제할 수 없는 상태로 일하는 사람이 더 높은 시간당 임금을 받을 이유가 없다. 내가 꼭 장시간 동안 불확실한 일정에 맞춰 주면서 해야만 하는 일 자체가 존재하지 않기 때문이다. 동등하게 역량이 있고 서로를 대체해 줄 수 있는 두 사람(혹은 더 많은 사람)이 팀을 이루게 되어서 시간 요구의 강도와 밀도가 분산되는 것이다.

약사 직종에서 벌어진 변화는 약사들이 자신의 시간을 시간당 임금의 별다른 손실 없이 통제할 수 있게 해 주었다. 각각의 변화는 정보기술 분야의 발달과 같은 테크놀로지의 변화와 관련이 있었고, 이러한 변화는 다른 분야와 직종에도 비슷한 영향을 가져왔다.

약사 업계와 의료 업계는 꽤 한참 전에 상당히 기업화되었다. 최근에는 안경광학, 치의학, 수의학 등에서도 기업이나 펀드가 소규모 병의원을 인수하면서 기업화가 일어나고 있다. 친밀하고 살갑게 대해 주는 독립 약국[이나 독립 병의원]에서 차가운 기업으로의 변화는 많은 이들에게 삼키기 어려운 약이었겠지만, 많은 독립 약국[이나 독립 병의원]이 그 과정 덕분에 생존할 수 있었다.

제품의 표준화와 정보기술 테크놀로지의 전파는 약사들에게 넓은 범위의 고객을 상대로 일할 수 있는 역량을 주었고 서로가 서로에게 거의 완벽한 대체제가 될 수 있게 해 주었다. 이와 비슷한 변화가 은행 등 금융 분야에도 어느 정도 영향을 미쳤다. 이를테면, 이제 큰 은행들에서는 퍼스널 뱅커가 개별적으로 프리미엄 고객을 전담하기보다 팀을 이뤄서 일한다. 은행을 방문했을 때 "저희 팀의 상담 가능한 다음 직원이 바로 도와드리겠습니다"라는 말을 많이 들었을 것이다(그렇기를 바란다). 꼭 지난번에 나를 상담해 준 뱅커가 아니더라도 마찬가지로 양질의 상담을 받을 수 있다.

대체 인력이 있다고 해서 내가 하는 업무나 직종이나 지위가 단순한 상품이나 최대한 낮은 임금을 받는 위치로 환원되는 것은 아니다. '대체 인력'은 진품의 가치를 훼손하는 에르메스의 버킨 백의 모조품 같은 것이 아니다. 의사, 수의사, 약사, 변호사, 금융인, 회계사 들은 훌륭한 대체 인력이 있으면 시간 사용의 유연성을 얻을 수 있다. 그렇게 된다고 해서 임금이 반드시 떨어지는 것도 아니다. 도플갱어 두 사람이 팀으로 일한다고 해서 그들의 역량이나 기술이 줄어드는 것도 아니나. 약사는 상호 간에 매우 높은 정도로 대체가 가능하지만 앞에서 말했듯이 굉장히 고소득 직종이다.

또 한 가지 좋은 소식은 다른 직종에서도 이러한 변화가 일어나고 있다는 점이다. 꼭 약사 직종처럼 자생적이고 유기적으로 일어나는 것은 아니지만 약사 직종에서의 일어난 변화에 발맞추어 가는 결과들을 내놓고 있다. 몇몇 분야에서는 노동자들이 시간 사용에 대해 더 많은 통제권을 요구해 관철시켰다. 컨설팅, 회계, 금융 분야 기업들은 젊은 직원들(남녀 모두)이 너무 길고 예측 불가능한 노동 시간 때문에 회사를 그만둔다는 문제를 인식하기 시작했다. 투자해서 길러 놓은 인재를 잃지 않으려면 회사는 노동이 조직되는 방식을 바꾸어야 할 것이다. 몇몇 테크놀로지 분야와 보건 분야 직종은 내재적으로 일이 독립적이어서 클라이언트나 환자와 개인적인 상호작용을 반복적으로 해야 할 필요가 적다. 그러면 비슷한 수준의 기술과 역량을 가진 노동자들이 서로의 일을 대체해 줄 수 있다. 팬데믹 시기에 아이가 있는 노동자, 특히 여성 노동자들에게 부과되는 부담이 커지면서 훌륭한 대체 인력을 두는 것의 가치가 증폭되었다.

〈페리 메이슨〉 매 화의 마지막에서 페리는 (종종 델라와 함께) 진범을 찾아내 문제를 해결한다. 우리도 이제 진범을 안다. 하지만 아직 범죄를 해결하지는 못했다. 그래도 의료, 테크, 금융 분야의 많은 직종에서 노동자에게 시간 유연성을 허용하는 것이 기업에 일으키는 비용이 줄어들고 있고 노동자들이 서로에게 더 나은 대체 인력이 되고 있다. 다음 장에서 살펴보기로 하자.

10장
온콜

우리 집 강아지는 잘 아프지 않지만 아팠다 하면 꼭 밤 11시다. 그럴 때면 우리는 근처 동물 병원에 헐레벌떡 달려가고, 강아지는 위세척을 하거나 앞발에 붕대를 감는 등 치료를 받는다. 몇십 년 전이었다면 강아지가 아프거나 이웃집 고양이와 싸움이 붙었을 때 동네 수의사를 불러야 했을 것이다. 이제는 그렇지 않다. 동물 병원이 곳곳에 많이 생겼고 응급 상황을 다루는 곳은 기본적으로 사람이 가는 병원의 응급실처럼 운영된다.

수십 년 전에는 수의사처럼 일반 주치의들도 대부분 24시간-주7일 긴급 상황에 대기했다. 1970년대 초의 유명한 의학 드라마 〈의사 마커스 웰비Marcus Welby, MD〉에 그런 의사가 나온다. 로버트 영Robert Young(〈아빠는 다 알아〉에서 아빠 역을 한 배우이기도 하다)이 분한 웰비는 개업한 일반 주치의인데, 늘 미소를 띤 얼굴로 왕진 가방을 들고서 왕진을 하러 간다.

왕진을 가는 것과 늦은 시간에 반려동물을 치료하러 가는 것 모두 이제는 사라졌다. 지금도 수의사는 작은 동네 병원에서 일하는 경우가 많고 개업의로 일하는 일반 의사도 있지만, 늦은 밤에 진찰하러 와 달라는 긴급 요청에 응할 준비를 하고 있지는 않다. 왜 그런가?

의료적 조치가 필요한 반려동물이나 사람은 이제 두 축의 시스템으로 돌봄을 받는다. 한 축은 오전 9시에서부터 오후 6시까지의 낮 근무 시간 중에 이뤄지고 여기에 주말 중 한나절 정도가 더해지기도 한다. 다른 축은 응급실로, 연중무휴 24시간 기반으로 돌아간다. 두 번째 축에서는 전문 인력이 전문 서비스를 24시간 제공하지만, 두 축 모두 종사자들은 예측 가능한 스케줄로 일한다. 어떤 이들은 때때로 심야 근무를 하겠지만, 아무도 **날마다** 온콜 상태이지는 않을 것이고 온콜 근무 또한 예측 가능하다.

응급 환자를 누가 담당하는지와 관련해 벌어진 변화는 의료 분야를 혁명적으로 변모시켰다. 우리의 관심사와 관련해서 가장 중요하게, 이러한 변화는 종사자들의 삶을 크게 바꾸었다. 업무에서 요구되는 시간 사용 방식의 변화(수의사나 의사가 늘 온콜 상태가 아니어도 되는 방식으로의 변화)는 이러한 직종에 여성 비중이 증가한 것과 나란히 벌어졌다.

집단4가 막 이들 직종에 진출하기 시작한 1970년에는 새로 수의사가 된 사람의 7.5%가 여성이었다. 오늘날은 무려 77%다.[1] 1970년에는 MD를 취득한 사람 중 8%만 여성이었는데 이제는 절반이 여성이다. 수의학과 의학 분야에서 시간 요구와 관련한 업무의 특성에 구조적인 변화가 없었어도 이 분야에 여성의 진출이 어느 정도는 늘었을 것이다. 하지만 그러한 구조적인 변화가 없었다면 여성의 증가는 이보다 더뎠을 것이다. 물론 이 변화 중 어느 것도 의학 분야의 운동장이 평평해졌다는 말은 아니다. 아니, 평평해진 것과는 거리가 멀다.

회계, 법, 금융, 컨설팅, 학계 등 많은 다른 직종에서는 여성과 남성의 운동장이 의료계보다도 덜 평등하다. 이러한 분야에서는 지난 반세기 동안 커리어가 진전되는 방식이 그리 달라지지 않았다. 여성이 거의 절반이나 되는데도 말이다. 이러한 직종의 승진 규칙은 경력 초기에 상당한 시간 투자를 요구한다. 그리고 일정한 기간의 끝에 어소시에이트 급에서 다음 단계로 올라가는 중요한 평가를 받는다. 맹렬히 일한 사람은 (혹은 매우 운이 좋은 사람은) 파트너가 되거나 테뉴어를 받고, 그렇지 못한 사람은 짐을 싼다. 이를 '올라가거나 나가거나up-or-out'의 시스템이라고 부른다. 통과되는 사람은 그 조직에서 높은 지위로 올라가고 통과되지 못하면 그곳을 나가서 업계 순위에서 한 단계 낮은 회사나 기관이나 대학으로 간다.

직종마다 나름의 장애물과 나름의 시한이 작동하지만, 공통점이 하나 있다. 그 중요한 승진 테스트를 통과해 막대한 보상이 주어지는 시점이 30대 중후반이라는 점이다. 전에는 안 그랬는데, 석박사 학위를 받는데 시간이 길어지고 첫 승진 심사, 파트너 심사, 테뉴어 심사까지의 기간도 길어지면서 이렇게 늦어졌다.

한때는 대학을 졸업하고 곧바로 석박사 과정에 진학할 수 있었지만 이제는 거의 모든 전문 석박사 과정이 학부 졸업 후 관련 분야에서 한두 해 정도 경력을 쌓을 것을 요구한다. 박사 과정을 밟고자 하는 사람은 학부 졸업 후에 연구 조교로 먼저 일한다. 이들을 '프리 닥pre-doc(박사 전 연구원)'이라고 부른다. MBA 과정에 들어가기 전에는 보통 몇 년의 직장 경력을 쌓는다.

박사 학위를 받는 데도 이전 어느 때보다 기간이 오래 걸린다. 일자리 기회가 많은 분야에서도 그렇다. 내가 박사 학위를 받았을 때는 경제학 박사를 받는 데 걸리는 기간이 보통 4년이었는데 이제는 6년이다. 물리학, 생물학은 '포닥post-doc(박사 후 연구원)'을 으레 거쳐야 해서 사실상 교육 기간이 길어지는 것과 같은 효과를 낸다. 다른 학과들에서도 '박사 후 연구원' 제도가 많이 도입되는 추세다.

교육 훈련에 투여해야 하는 햇수만 길어진 것이 아니다. 학위 과정은 '올라가거나 나가거나' 세계의 출발점일 뿐이다. 대학의 테뉴어 시계는 6-8년이다. 로펌의 파트너가 되는 데는 10년 정도가 걸린다. 컨설팅 회사나 회계법인에서는 (MBA 학위가 있느냐에 따라) 6-9년 정도가 걸린다. 투자은행에서는 주니어 은행가에서 매니저급 (VP급)으로 승진하는 데 5, 6년 정도가 걸린다.

즉 적게 잡아도 학부 졸업 후 13년 정도, 많게는 16년 정도가 되어야 커리어가 안정된다. 컨설팅과 회계 분야에서는 졸업 후 10년 정도 되어야 승진에서 고려 대상이 된다. MBA 과정이나 로스쿨에는 들어가기 전에 몇 년간 직장 생활을 하는 경우가 많아서 첫 번째의 주요 승진 시점이 30대 중후반이 된다. 남녀 모두 집단5 세대는 집단4 세대 때보다 첫 승진의 고려 대상이 되는 시점이 4-6년 정도 늦다.

이제 문제의 핵심이 커리어와 가정의 시간 상충이라는 점이 더

없이 명백해진다. 파트너가 되거나 테뉴어를 받았을 무렵이면 22살이던 대졸자는 30대 중반이 되어 있다. 더 나이가 들었을 수도 있다. 그런데 대졸 여성의 첫 결혼 연령 중앙값은 그것보다 이르다.

만약 '올라가거나 나가거나'가 결정되는 시점이 30대 초중반이라면 여성은 우선 일부터 열심히 해서 파트너가 되거나 테뉴어를 받고 나서 그다음에 가정을 꾸리기 시작할 수 있을 것이다. 그런데 승진 연령이 높아지면서 가정을 더 늦게 꾸리거나, 아니면 어린아이가 있는 상태에서 승진 준비를 해야 하게 되었다. 그런데 주요 승진 심사까지 커리어 경로는 어린아이가 있는 여성이 감당하기에는 너무나 강도 높은 시간 투여를 요구한다. 어느 쪽을 택하든 문제가 발생하고 여성에게는 더욱 그렇다.

커리어의 시계가 생물학적 시계와 동시에 시한을 향해 달려가는 것이다. 생물학적 시계의 시한을 맞추려면 여성들은, 그리고 남성들도, 주요 승진 심사를 통과해서 커리어가 안정되기 전에 가정을 꾸려야 한다. 그렇지 않으면 가정을 영영 꾸리지 못할지도 모른다.

파이프는 왜 새는가?

1970년대 이후로 많은 전문 직종에서 신규 진입자 중 여성의 비중이 크게 늘었다. 또 집단4부터 시작해서 모든 종류의 전문 석박사 학위 취득자 중 여성 비중이 크게 늘었다. 하지만 테뉴어, 파트너, 기타 경력상의 주요 승진을 하는 여성 비중은 이에 미치지 못했다. 처음에는 아직 많은 여성이 그렇게 될 만한 나이가 되지 않았기 때문이라고들 생각했다. 하지만 그것이 이유가 아니라는 것은 이제 명확하다. 여성들이 대거 진입한 지 이제 충분한 시간이 지났기 때문이다.

내가 속해 있는 경제학 분야를 보면, 지난 20년 동안 박사 학위 취득자의 30-35% 정도가 여성이었다.[2] 하지만 테뉴어 심사를 통과한 조교수 중 여성은 25%, 정교수 중에서는 15%만이 여성이다. 나는 1974년에 8%밖에 안 되는 여성 조교수 중 한 명이었다. 이 숫자는 2018년에 27%로 증가했다. 1974년에 여성 정교수 비율은 3%밖에 되지 않았는데 2018년에는 15%가 되었다.[3] 큰 진전이기는 하지만 너무 느린 진전이다. 남성과 여성 후보자가 동일한 비율로 승진했더라면 정교수급 여성 비중은 더 높았을 것이다. 이러한 불균등의 이유 중 일부는 여성들이 실적에 비해 승진되는 비율이 낮은 것이고[4] 또 다른 이유는 승진 전에 학계를 떠나는 것이다.

학계, 법조계, 컨설팅, 경영, 금융 분야에서 여성의 승진 비율이 낮은 것은 흔히 "새는 파이프" 때문이라고 이야기된다. 남녀 모두 승진 시점이 되기 전에 업계를 떠나는 사람이 있지만 여러 주요 국면에서 남성보다 여성이 더 많이 이탈한다는 것이다.

여성이 더 많이 이탈하는 이유를 알기 위해 다양한 연구가 이루어져 왔다. 논문 게재 실적이 동일한 남성과 여성을 비교한 데 이어, 편견, 부적절한 우대, 부적절한 멘토링 등의 요인들이 추가로 분석되었다. 하지만 '올라가거나 나가거나'식 승진 시스템이 있는 직종에서 파이프가 새는 주된 이유를 알려면 승진이 요구하는 시간 투여 양상의 문제로 다시 돌아가 보아야 한다. 고강도의 커리어 활동은 모두에게 어렵다. 그리고 젊은 부모들에게는 더 어렵다. 가정에서의 고강도

시간 요구를 감당하기 위해 커리어의 사다리에서 속도를 늦추는 쪽
은 여성이다.

공인회계사를 생각해 보자.[5] 1980년대 이래 여성은 공인회계
사의 50%를 차지한다. 하지만 2017년에 회계사를 100명 이상 고용
한 회계법인의 파트너 중 여성은 21%였다.[6] 고위급 파트너들의 성
별 불균형은 더 심각하다. 대형 회계법인에서 '지분 출자 파트너equity
partner' 중 여성은 16%뿐이다. 반면, 작은 회계법인(회계사 100명 미만)
에서는 파트너의 42%가 여성으로, 전체 여성 비중 50%와 가깝다. 여
성 회계사는 자신이 처음에 일하던 대형 회계법인에서 꼭대기로 올
라가지 않고 더 작은 회계법인으로 옮기거나 회계감사 업무가 아닌
업무로 옮겨 가는 경우가 많다.[7]

변호사 업계에서도 이런 방식으로 파이프가 샌다. 미시건 대학
로스쿨을 졸업한 여성 중에서는 18%만이 학위 취득 후 15년 시점에
파트너가 되었는데 남성은 이 숫자가 35%였다.

변호사 업계에 존재하는 실질적이고 노골적인 차별에 대해 많
은 연구가 있었고 고위직들이 승자를 뽑을 때 자신과 비슷한 사람
을 뽑는다는 이야기도 있었다. 또 여성, 소수자 등 충분히 대표되지
못하고 있는 집단은 사수로부터 업무를 배우는 데서도 불이익을 겪
는다는 지적도 나왔다. 물론 이 모든 요인이 '올라가거나 나가거나'
의 결정이 내려질 때 영향을 미친다. 하지만 이것이 전부가 아니다.

변호사 직군에서 여성이 겪는 가장 큰 장벽은 이제는 우리에게
익숙한 범인인 시간 요구의 장벽이다. 이것은 단지 얼마나 많은 시간
을 들여야 하느냐의 문제만이 아니라 생애 중 어느 시점에 시간 압박

이 가장 큰가의 문제이기도 하다. 그리고 앞에서 보았듯이, 시간 압박이 가장 큰 시점은 30대 중후반이다.

시간을 얼마나 들이는가는 대부분의 직종에서 승진에 중요하다. 이 사실은 변호사처럼 시간을 재는 업종에서 쉽게 확인할 수 있다. 변호사는 시간 단위로 돈을 받는(15분 단위로 돈을 받기도 한다) 직종이라서 회사가 각 변호사의 근무 시간 기록을 가지고 있다. 우리는 여성 변호사들이 남성 변호사들보다 파트너가 되는 비중이 적다는 것을 알고 있다. 하지만 최근까지만 해도 그 이유를 알지 못했다. 미국변호사협회American Bar Association가 대규모의 변호사 표본에 대해 커리어 단계를 시간에 따라 추적하는 설문조사를 진행한 결과("JD 이후After the JD"라고 불린다), 파트너가 되는 것과 시간을 얼마나 투여했는가 사이에 명백한 상관관계가 있었다. 어소시에이트급 변호사들이 얼마나 오랜 시간 일했는가와 그들이 회사 수입에 얼마나 기여했는가는 남성과 여성의 파트너 승진율이 차이나는 이유를 상당 부분 설명할 수 있었다.[8]

그런데 변호사 직종에 여성이 많아지고 점점 더 많은 남성이 부부 사이에 공평한 관계를 원하게 되면서, 옛 방식을 유지하는 것이 유발하는 비용이 커졌다. 기업은 인재를 잃고 싶어 하지 않는다. 그리고 지금 누수되고 있는 인재의 대부분은 여성이다.

'올라가거나 나가거나' 원칙이 엄격하기로 악명 높은 학계도 남성과 여성 초임 교수 모두에게 육아 휴직을 주거나 테뉴어 심사까지의 기간 중에 휴지기를 주는 것에 더 너그러워지고 있다. 또 '올라가거나 나가거나'의 원칙이 엄격하게 적용되지 않는 새로운 직위도 생겨났다. 테뉴어 심사에 필요한 시간 투여를 감당할 수 없는 사람들에게는 테뉴어 트랙이 아닌 강사나 비전임 교수 지위가 제공될 수 있다. 법조와 회계 분야에는 지분을 갖지 않는 파트너nonequity partner들이 있다. 물론 먹이사슬에서 한 단계를 내려가 순위가 더 낮은 대학에서 테뉴어를 받거나 규모가 더 작고 보수 수준도 더 낮은 로펌이나 회계법인에서 지분 소유 파트너가 되는 것은 언제나 가능하다.

얼마 전에 나는 미국 최대 규모로 꼽히는 컨설팅 회사 중 한 곳의 고위급 파트너 한 명을 만난 적이 있다. 그는 신입 컨설턴트와 어소시에이트급 컨설턴트들(이 두 범주는 컨설턴트 위계에서 가장 아래쪽에 있는 초년의 컨설턴트다)이 현재 하고 있는 프로젝트만 끝나면 회사를 그만두고 나가 버리지 않도록 이들이 너무 과도하게 일해야 하는 상황을 줄이는 것이 자신의 일이라고 했다. 젊은 컨설턴트들은 자신이 만든 파워포인트가 잘 작성되었다고 팀장이 말해 주거나 자신이 만든 엑셀 파일이 그냥 삭제되지 않고 누군가가 한 번은 보았다는 것을 확실히 알기 전까지는 작업을 놓지 못한다. 내가 만난 고위급 파트너는, 젊은 컨설턴트들을 맹렬히 몰아치는 팀장과 관리자급 파트너들에게 그럼으로써 회사에 도리어 해를 끼치고 있는 것은 아닌지 생각해 보도록 지침을 주는 역할을 한다고 했다.

그는 이 회사의 각 사무소를 돌면서 신참과 어소시에이트급 컨설턴트들에게 과다하게 노동을 하고 있지는 않은지, 불공정한 대우를 받고 있지는 않은지, 제대로 평가와 인정을 받고 있는지 등을 질문한다. 효과가 있느냐와는 별개로, 큰 컨설팅 회사에서 관리자급을 규율하는 일을 전담하는 고위급 임원을 두었다는 말은 이들이 적어도 문제의 존재를 인식하고 있다는 것을 의미한다는 점에서 긍정적이다. 이 문제에는 이름이 있다. 그것은 '주인-대리인' 문제다. 관리자는 자기 팀이 성과를 많이 내도록 팀원을 몰아붙일 유인이 있다. 관리자는 보고서가 훌륭하거나 고객사가 만족하면 보상을 받는다. 하지만 너무 몰아친 나머지 재능있는 직원이 나가거나 팀이 해체되면 회사 전체적으로는 피해를 입는다. '대리인'(관리자와 하위 파트너)은 '주인'(고위 파트너나 CEO)의 이해관계와 일치하게 행동할 인센티브가 충분하지 않다.

회사는 매우 높은 수준의 교육을 받은 가치 있는 직원을 잃고 싶어 하지 않는다. 전문 서비스 직종에서는 더욱 그렇다. 그 직원이 맺고 있는 클라이언트와의 관계가 중요할 뿐 아니라 그의 교육과 직무 훈련에 기업이 비용을 들여 투자했기 때문이다. 젊고 아이가 없는 직원이라면 개인 생활의 면에서 오는 시간 제약이 덜할 것이고 상사에게 좋은 인상을 주고 싶을 것이다. 그래서 늦도록 일하고 서로 맹렬히 경쟁한다. 23세나 25세라면, 어쩌면 27세에도, 그렇게 맹렬히 일하는 것이 괜찮을지 모른다. 하지만 이것은 어린아이가 있는 사람들, 특히 어린아이가 있는 여성들이 원하는 삶이 아니다. 고위급 경영진과 CEO는 회사 전체의 이익을 생각해서 젊은 직원들이 장시간 근무와 불규칙적인 일정을 소화해야 하는 상황을 줄이고 싶을 것이다. 그런데 현재로서는 장시간 근무와 불규칙적인 일정을 소화해야 하는 것이 업계의 표준이다. 내가 만난 고위급 파트너는 바로 이러한 주인-대리인 문제를 풀려고 애쓰고 있었다.

골드만삭스, JP모건, 시티그룹, 뱅크오브아메리카, 모건스탠리,

바클레이, 크레딧스위스와 같은 월가의 거대 기업들도 젊은 인력을 유지하기 위해 인센티브 체계를 개선하고 주인-대리인 문제를 해소하기 위해 나서고 있다. 주말과 저녁을 보장하고, 유급 안식년을 주고, 휴가 사용을 의무화하고, 기간이 덜 걸리는 승진 경로를 만드는 등의 정책이 이미 도입되고 있다.

2013년에 골드만삭스는 다음과 같은 조치를 전격 발표했다. "우리는 주니어 은행가들이 우리 회사에서 성공적이고 지속가능한 커리어를 장기적으로 쌓아가는 데 도움을 주고자 다음과 같은 조치를 시행하기로 했습니다." 발표된 조치들은 명시적이었고 예외 항목이 거의 없었으며 예외가 필요한 경우에는 집행위원회에 보고하도록 되어 있었다. 이에 따르면 "모든 애널리스트와 어소시에이트급 직원은 (이번 주말부터 시작해) 금요일 밤 9시부터 일요일 오전 9시까지 사무실에 있어서는 안 되며 (…) 1년에 3주의 휴가를 써야" 했다.[9] 사무실에서 나가야 한다고 해서 근처 카페나 집으로 일을 가져가서 하면 안 된다. 일 년 뒤에는 크레딧스위스가 토요 근무를 금지했고 뱅크오브아메리카 메릴린치는 주니어 은행가들이 적어도 한 달에 4일의 주말 휴일을 가지도록 권고했다.[10]

테크놀로지 분야의 거대 기업들도 지나친 장시간 노동 때문에 회사가 직원들에게 만족스러운 일터가 되지 못하고 있다는 것을 알고 있다. 2016년에 아마존은 "일을 줄여도 성공과 커리어 발전에 여전히 적합한 환경"이 될 수 있도록 매니저들도 포함해 테크놀로지 관련 업무를 하는 직원들에게 25%의 노동 시간 감축을 허용할 것이라고 밝혔다. 임금도 25%까지 감소할 수 있는데, 임금은 시간당 기준으

로 공제된다.[11]

코로나 팬데믹의 세계에서 테크놀로지 분야를 포함한 많은 기업이 재택근무를 늘렸다. 이론상으로 재택근무의 확산은 모든 노동자에게, 그리고 특히 아이가 있는 노동자에게 장기적으로 득이 될 수 있을지 모른다. 하지만 현실에서, 열렸다 닫혔다 하는 사무실과 열렸다 닫혔다 하는 학교, 어린이집은 기존의 젠더 불평등을 한층 더 강화하는 것으로 보인다. 뒤에서 자세히 살펴보겠지만, 부부 중 한쪽이 심지어 코로나 전보다도 더 집에서의 일에 온콜 상태가 되어야 하기 때문이다. 그러므로 재택근무에는 득이 있겠지만 실도 있을 것이다.

몇몇 컨설팅 회사와 회계법인은 젊은 직원들이 장거리 출장을 꼭 가야 하는 경우를 줄이는 정책을 마련했다. 또 어떤 곳은 근무 시간에 상한을 두고 퇴근 시간 이후에 업무 이메일 발송을 금지한다. 이런 정책들은 관리자가 젊은 직원들을 너무 몰아붙이는 바람에 젊은 직원들이 회사를 그만두는 경우가 잦다는 것을 인지하고서 고위 파트너나 CEO가 도입하고 있는 조치라는 점에서 주목할 만하다. 관리자와 하위직 파트너들은 각자 자신이 담당하는 프로젝트를 완수하는 데 우선순위가 있다. 그렇게 하기 위해 직원들을 몰아붙이게 되는데, 이때 이들이 회사 전체에 미칠 비용까지 꼭 고려하는 것은 아니다. 젊은 직원들이 '초'장시간을 근무해야 하는 상황을 줄이기 위한 조치들이 회사 차원에서 도입되고 있다는 것은, 성공 여부와는 별개로 일단 회사가 (그리고 직원들 본인이) 시간과 에너지를 맹렬하게 쏟아부어야 하는 방식의 노동 구조가 유발하는 비용을 인식하고 있다는 의미다.

1990년대 초중반에 미국에서 가장 큰 회계법인 중 두 곳이 회사의 인력 관리에 커다란 문제가 있다는 것을 깨달았다. 이 회사들은 여성 회계사를 채용하기 위해 많은 노력을 기울이고 있었고 실제로 신입 회계사의 절반이 여성이었다. 하지만 여성 중 파트너가 되는 사람은 너무 적었다. 이들은, 업계에서 쓰이던 표현을 빌리면 "출혈되고 있는 여성들"이었다. 고위직 임원 대부분은 이들의 출혈을 막기 위해 무언가 회사가 할 일이 있으리라고는 생각하지 않았지만 영민하고 탐구심 많은 딜로이트의 CEO 마이클 쿡Michael Cook은 그렇지 않았다. 쿡은 1992년에 외부 조사팀에 의뢰해 여성들이 왜 회사를 나가는지 파악하게 했다.[12]

조사 결과, 여성 회계사들이 승진 시점이 되기 한참 전에 회사를 떠나고 있었고, 딜로이트의 회사 문화가 그들을 몰아내고 있었다. 여성 회계사들은 수익이 많이 나는 클라이언트 계정을 할당받지 못했고 어려운 의사결정을 하도록 신뢰받지 못했으며 충분히 공격적이지 못하다고(적어도 남자들에 비해 충분히 공격적이지 못하다고) 여겨졌다. 쿡의 지휘하에 기업 문화를 바꾸기 위한 시도가 이뤄졌고, 여성이 파트너가 되는 비중이 증가하기 시작했다.

1997년에 '언스트 앤 영'(현재는 EY)의 CEO 필 래스카위Phil Laskawy도 비슷한 문제를 깨닫고 유연 근무제, 멘토링, 여성 네트워크 등을 시도했다. 이곳에서도 여성 파트너 비중이 증가했다.[13]

딜로이트와 EY 모두 여성 파트너의 비중이 늘었다. 그런데 이 회사들만큼 '개인' 견해를 가지지 않은 회계법인들에서도 여성 파트너가 늘었다. 그러므로 여성 파트너 증가의 원인 중 어느 정도가 의식적인 정책 노력(딜로이트의 기업 문화 개선과 EY의 유연 근무제 등)의 결과인지를 특정하기는 어렵다. 하지만 이러한 조치들이 다루는 문제보다 더 근본적이고 구조적인 요인이 여성 직원들이 위로 올라가지 못하게 잡고 있다는 것을 보여 주는 다른 실증 근거가 존재한다.

일군의 연구자가 영리하게도 회계감사 보고서를 데이터로 사용해 회계법인 파트너 중 여성 비중을 계산했다. 회계감사는 회계법인의 핵심 사업 부문이다. 이들의 분석 결과, 대형 회계법인들의 여성 파트너 비중은 딜로이트와 EY가 다른 회사들과 크게 다르지 않았다.[14]

딜로이트와 EY가 도입한 정책 중 어느 것도 충분하지 않았던 것이다. 여성이 전체 회계사의 절반이 된 지는 35년이나 되었고 딜로이트나 EY 같은 대형 회계법인들이 여성 인력의 누출을 막고자 무언가를 해야 한다고 깨달은 지도 25년이나 지났다. 그런데도 대형 회계법인에서 여성 파트너 비중은 전체 회계사 중 여성 비중인 50%에 한참 못 미친다.[15] 이는 회사들이 전체 회계사 중 여성 비중과 파트너 중 여성 비중이 큰 불일치를 보인다는 것을 몰라서도 아니고, 이 문제에 대해 신경을 안 써서도 아니며, 그것을 고치기 위해 아무것도 안 해서도 아니다. 진짜 원인은, 승진에 대한 의사결정이 내려지는 타이밍과 거기에 요구되는 막대한 시간 투여가 가정도 꾸리고 싶은 젊은 부부들의 삶에 어마어마한 어려움을 야기한다는 데 있다. 이것은 이러한 직종에서 노동이 구조화되어 있는 방식 자체와 관련된 문제다.

이들 직종에서 이제까지 시도된 해법들은 부적절했다. 로펌, 회계법인, 컨설팅 회사에서 지분 없는 파트너는 지분을 가진 파트너보다 소득이 현저히 낮다. 학계에서도 강사나 비전임 교수는 남성과 여성 모두 존재하지만 압도적으로 여성이 많다. 배우자까지 함께 채용하는 정책은 남녀 교수 모두에게 적용되지만 남편이 아내를 따라 옮기기보다는 아내가 남편을 따라 옮기는 것이 일반적이다. 테뉴어 심사까지의 기간 중에 휴지기를 허용하는 것도 때로는 바람직하지 않은 결과로 이어졌다. 여성은 휴지기를 가정을 돌보는 데 쓰는데 남성은 논문을 게재하는 데 쓰는 것이다.[16] '올라가거나 나가거나'의 시스템은 아이를 낳고 가정을 꾸리는 것과 부합하지 않는다. 남성 여성 모두에게 다 그렇지만, 현실에서는 여성이 훨씬 더 큰 비용을 치른다.

예상하시다시피, 온콜 상태로 예측 불가능한 일정에 맞춰 일하는 직원은 일정한 시간에 규칙적으로 일하는 직원보다 임금이 높다. 중요한 것은, 이러한 추가 임금이 여성의 커리어와 부부간 공평성에 어떤 문제를 야기하는가다. 더 장시간 일하고 더 많이 온콜 상태를 감수하며 일할 때 추가로 주어지는 시간당 임금 프리미엄이 클수록 부부는 가정 일과 회사 일에 각자 특화를 해야 할 유인이 커지고, 아이가 있다면 더욱 그렇다.

여기에서 '특화'는 한 사람이 그릇을 헹구면 다른 사람이 물기를 닦는 식의 분업을 말하는 것이 아니다. 내가 말하는 '특화'는 현실에서 훨씬 더 만연한 종류의 특화다. 우리의 여정에서 내내 볼 수 있었듯이, 한 사람이 (일반적으로는 여성이) 집에서의 일에 온콜 역할을 맡는 데 더 많은 시간을 쓰고 다른 사람이 (일반적으로는 남성이) 직장에서 온콜 상태가 되는 데 더 많은 시간을 쓰는 식의 분업이 이루어지는 것이다.

아이가 있는 부부는 이렇게 특화하지 않으면 금전적인 손실이 생긴다. 둘 다 회사에서 시간 통제가 불가능한 종류의 일을 할 수는 없다. 밤 11시에 아프기 일쑤인 우리 집 강아지처럼 아이들은 하루 중 언제라도 아플 수 있고 하루 중 언제라도 누군가의 손이 필요할 수 있다(그리고 강아지보다 아이는 훨씬 더 손이 많이 갈 것이다).

감수해야 하는 소득 손실이 크지 않다면 부부가 그 소득을 포기하기로 결정할 수도 있을 것이다. 즉 부부 모두 불규칙하고 예측 불가능한 일정으로 일해야 하는 일자리를 거부할 수 있을 것이다. 포기하는 돈으로 부부간 공평성을 사는 셈이다. 하지만 감수해야 하는 소득 손실이 크면 부부간 공평성을 사는 값으로 지불하기에는 너무 큰 비용일 수 있다. 이렇게 해서 부부간 공평성이 버려진다. 그런데 피해는 여기에서 그치지 않는다. 가정에서 **부부간 공평성이 버려지면 일터에서 성평등도 버려진다.** 여성은 남성보다 돈을 적게 벌게 된다. 시간당 임금으로도 그렇다. 요컨대, 문제의 원인은 노동시장에서 노동에 대한 보상이 어떻게 이뤄지는지, 그리고 가정에서 바깥 노동과 돌봄 노동 사이의 분업이 성별에 따라 어떻게 이뤄지는지, 두 가지 모두에 놓여 있다.

중요한 것은, 성평등(혹은 불평등)과 부부간 공평성(혹은 불공평성)이 같은 동전의 양면이라는 것이다. 변호사 사례와 약사의 사례가 이를 잘 보여 준다. 이제까지 살펴본 어려운 의사결정(부부 중 한 사람,

대개는 여성이 집에서의 온콜을 전담하기로 하는 결정)은 부부 사이에 공평하지 않은 상황을 일으킨다. 또 이것은 전체적으로 여성이 남성에 비해 (시간당으로 계산하더라도) 소득을 덜 올리게 되는 결과를 낳아 젠더 불평등을 일으킨다. 하지만 먹구름 사이에서 희망의 빛이 나오고 있다. 이전 어느 때보다도 많은 사람이 부부간 공평성을 달성하고 가족과 보낼 더 많은 시간을 확보하기 위해 노력하고 있다는 점이다.

기업은 가능한 한 많은 이윤을 내고 싶어 한다. 그래서 기업은 직원들이 온콜 상태를 늘 유지하면서 기꺼이 불규칙한 일정에 맞춰 일하기를 원한다. 그런데 이 대목에서 오늘날 기업들은 문제에 봉착했다. 코로나 전에는 기업들이 우수한 직원들이 사무실에 나와서 빽빽한 일정으로 일하기를 원하면서도 그렇게 하는 데 대해 추가 임금을 많이 주고 싶어 하지는 않았다. 그런데 자녀가 있는 직원들이 점점 더 방해 없는 주말과 저녁 시간을 원하게 되면서 이들은 꼭 추가로 일을 해야 할 경우에는 추가적인 보상을 달라고 요구하고 있었다.

이러한 문제들 위에 코로나 시기가 예기치 못한 방식으로 보태졌다. 하지만 어쩌면 코로나의 경험은 해법을 찾는 데 도움을 줄 수 있을지 모른다. 시간 유연성을 허용하는 방식으로 노동을 조직하는 것이 충분히 가능하며 그렇게 해도 생산성이 떨어지지 않는다는 것이 의외로 많은 영역에서 입증되었기 때문이다(팬데믹 기간 동안 학교와 어린이집이 문을 닫으면서 부모가 자녀와 보내는 시간이 어떻게 달라졌는지에 대해서는 뒤에서 더 상세히 설명할 것이다).

직원들이 가족과의 시간을 더 많이 요구하는 것은 코로나 전에도 큰 이슈였다. 그때도 이미 부모들은 더 많은 시간을 아이와 보내기 시작했고, 특히 교육 수준과 소득 수준이 높은 부부들 사이에서 이러한 경향이 두드러졌다. 지난 50년간 미국은 대규모 가구 표본에 대해 사람들이 시간을 어떻게 사용하는지를 상세하게 조사해왔다. 이것은 1965년에 미시건 대학이 실시한 "미국인의 시간사용조사American's Use of Time Survey"에서 처음 시작되었고, 2003년 이래로는 비슷한 방법론을 사용해 미국 인구통계국에서 (미국 노동통계국의 지원으로) '미국인 시간사용 조사American Time Use Survey, ATUS'를 진행하고 있다. 많은 연구자들이 두 조사의 시계열을 비교가 가능하도록 조정했다.

2015년에 25-34세 대졸 아빠들이 아이와 보내는 시간은 1990년에 비해 두 배가 되었다(주당 5시간에서 10시간으로 늘었다). 대졸이 아닌 아빠들도 절대 시간 자체는 더 적지만 비율로는 아이와 보내는 시간이 두 배가 되었다(주당 4시간에서 8시간으로 늘었다).

아빠들이 아이와 더 많은 시간을 보내게 된 것은 엄마들이 아이와 보내는 시간을 줄여서가 아니었다. 오히려 반대다. 엄마들도 아이와 보내는 시간을 늘렸다. 1990년대에는 25-34세 대졸 엄마들이 주당 13시간을 아이와 보냈는데 2015년에는 21시간으로 늘었다.[17] 대졸이 아닌 엄마들 사이에서는 11시간에서 16시간으로 늘었다. 부부를 합하면 25-34세 대졸 부부가 아이와 보내는 시간이 1990년에서 2015년 사이 주당 18시간에서 31시간으로 늘었다.[18]

아빠들은 전보다는 아이와 보내는 시간이 늘었지만, 여전히 아이와 충분한 시간을 보내지 못한다고 애석하게 여긴다. 퓨 리서치 센터의 조사에 따르면 아빠들의 46%가 아이와 시간을 더 보내고 싶다고 답했다. 대졸 아빠들 사이에서는 이 비중이 조금 더 적지만 그래도 40%가 아이와 시간을 충분히 보내지 못하고 있다고 생각했다. 교육 수준이 더 낮은 아빠들은 아이와 충분한 시간을 보내지 못하고 있는 것을 더 한탄하고 있었는데, 49%가 아이와 시간을 더 보내고 싶다고 답했다.

엄마들은 아빠들에 비해서는 아이와 시간을 더 많이 보내지 못하는 것을 아쉬워하는 사람이 적었다(아빠들에서의 비중의 절반 정도였다). 이미 아이와 많은 시간을 보내고 있기 때문이다. 그렇더라도, 엄마들 중 23%가 아이와 시간을 더 보내고 싶다고 답했다.[19] 이 비중은 일하는 엄마 사이에서 더 높지만(27%), 고용을 통제했을 때 교육 수준에 따라서는 차이가 거의 없었다.

오늘날 부모들은 20년 전의 비슷한 여건이었던 부모들에 비해 아이와 더 많은 시간을 보내고 있을 뿐 아니라(그리고 더 많은 시간을 보내고 싶어 한다) 자신들의 부모에 비해서도 그렇다고 생각한다.[20] 거의 50%가 자신이 예전에 본인의 부모들이 그랬던 것에 비해 자녀에게 더 많은 시간을 쓰고 있다고 답했다. 평균적으로 보면 실제로 그렇다. 예전의 자기 부모보다 아이에게 시간을 적게 쓰고 있다고 답한 부모는 20%였다. 이러한 결과는 학력과 성별을 막론하고 동일하게 나타났다. 아빠들이 회사에서 주말과 저녁 시간 근무를 줄여 달라고 요구하고 있는지에 대해서는 데이터가 없지만 그들이 아이와 보내는 시간이 늘었고 아이와 시간을 더 많이 보내고 싶어 하는 것으로 미뤄 보면 회사에서 그러한 요구를 하고 있으리라 짐작해 볼 수 있다.

엄마들은 노동의 유연성에 매우 크게 가치를 부여한다. 자신의
직업에서 극히 중요한 것이 무엇이라고 생각하느냐는 질문에 대졸
엄마의 53%가 "유연성"이라고 답했고 대졸 아빠들은 29%가 그렇게
답했다.[21]

희망적인 추세 하나는 많은 부부가 가정 생활에서 더 공평한 분
업을 하고 싶어 한다는 사실이다. 남편들은 아내가 커리어를 포기하
고 집안일을 도맡는 것을 이전만큼 많이 원하지 않는다. 대졸 남편
중 67%가 남편과 아내 모두 직업이 있고 남편과 아내 모두 아이와
가정을 돌보는 것이 가장 좋은 결혼 생활이라고 답했다. 대졸 아내
들은 평등한 부부 관계를 원하는 비중이 이보다도 더 높아서, 80%가
둘 다 직업이 있고 둘 다 아이와 가정을 돌보는 것이 가장 좋은 결혼
생활이라고 답했다.[22]

그렇다면, 이러한 열망을 현실로 만들기 위해 어떤 일들이 벌어
지고 있는가?

희망의 빛

노동자가 고용주에게 변화를 요구할 때 사용할 수 있는 방법 하
나는 그 회사를 그만두고 더 나은 소득, 시간 관리, 특전을 제공하는
회사로 옮기는 것이다. 고소득을 올리는 남편이 있는 여성이라면 아
예 노동시장에서 나올 수도 있다. 최근에 훈련을 받은 젊은 집단이
떠나면 기업은 그것을 알아차린다. 채용 과정에서 이들을 찾아내고
확보하는 데 투자를 했고 초기 몇 년 동안에도 상당한 투자를 했기

때문이다.

노동자들이 가정에서의 시간과 공평한 부부 관계를 더 많이 원하게 되면서 이들은 정규 시간을 넘어서까지 일해야 할 경우 이제까지보다 더 많은 보상을 요구하게 되었다. 수익을 극대화하고자 하는 기업은 당연히 임금을 올려 주고 싶어 하지 않는다. 따라서 많은 기업이 가장 가치 있고 비용이 많이 들어간 노동자들에게 시간을 보장해 주기 위해 투자하고 있다. 가능성은 많다. 어떤 곳은 노동자들이 서로서로 더 좋은 대체 인력이 되게 해서 클라이언트 응대를 동료가 대신 맡아 주거나 회의에 동료가 대신 들어가 줄 수 있게 한다. 회사에 일이 몰리는 때는 여전히 있겠지만, 그래도 노동자들은 일정을 더 잘 최적화할 수 있어서 가령 아이의 중요한 축구 시합이나 학부모 모임을 놓치지 않을 수 있다.

기업에 꼭 인간적이고 직원을 잘 챙기고 공감을 잘하는 경영자가 있으란 법은 없다. 하지만 그것은 중요치 않을 수 있다. 때로는 기업과 노동자 모두에게 득이 되는 방향으로 행성들이 알아서 재배열되기도 한다. 남성 노동자들이 장시간 불규칙한 일정으로 일하는 것에 대해 더 높은 임금을 요구하면 기업은 그들이 가정사 챙기는 것을 포기하지 않아도 되도록 시간을 보장해 줄 방법을 강구할 인센티브를 갖게 될 것이다.

기업이 노동자들에게 더 빠르게 일하고 더 오랜 시간 일하라고 다그치지 않아도 효과적으로 회사를 운영할 방법을 찾을 수 있다면 노동자들이 추가적인 시간을 일하는 것에 대해 그렇게 많이 보상할 필요가 없을 것이다. 이면 노동자들이 굳이 예측 불가능하고 힘든 시간대에 일한다고 해서 그들의 보수가 추가적으로 오르지는 않을 것이다. 그러면 성별 소득 격차도 줄고 부부간 공평성도 높아질 것이다. 속담을 살짝 바꿔 표현해 보면, 매부에게 좋은 일은 누이에게도 좋고 조카에게도 좋다.

이 시나리오에는 물론 문제가 있다. 가령 어떤 노동자는 가정에서 맡아야 할 의무가 없거나 아이가 다 자랐을 수 있다. 그렇더라도 언제나 노동력의 상당 부분은 어느 유형으로든 가정에서의 의무 때문에 부담을 가지고 있다.

이러한 변화가 모든 노동 영역에서 일어나고 있지는 않다. 변호사의 경우가 대표적으로 변화가 없는 사례다. 또 약사들의 경우가 그랬듯이 때로는 큰 변화가 노동자들의 요구와 압력에 의해서가 아니라 유기적이고 자연발생적으로 일어난다. 그리고 말이 쉽지 실제로 이루기는 어려울 때가 많다. 불만만 들끓고 실제로 변화는 미미할 수 있다. 그렇더라도, 기업과 조직들이 (종종 새로운 기술과 기법을 사용해서) 노동자가 시간 사용의 유연성을 얻기 위해 들여야 했던 비용을 낮출 방법을 찾아 나가고 있는 유의미한 사례들이 존재한다.

의료 분야에서 이뤄진 두 개의 연구를 통해 이를 확인해 볼 수 있다. 하나는 의사들의 노동 시간과 소득을 세부 전공별로 분석한 것이고 다른 하나는 수의사들에 대해 동일한 분석을 한 것이다. 우리의 목적에 부합하려면 인구총조사에 담겨 있는 정보보다 상세한 데이터를 사용해 분석해야 한다. 인구총조사가 많은 직종을 담고 있긴 하지만 각 직종의 범위가 여전히 너무 크기 때문이다. 가령 '의사'는 50개도 넘는 세부 분야를 포괄한다. 또한 수의사의 경우에는 인구총조사 데이터의 표본이 너무 작다. 이보다 더 상세한 데이터를 사용해서 이 두 직군을 면밀히 분석하면 업무의 시간 요구 밀도가 성평등(혹은 불평등)에 미치는 영향을 이해할 수 있다.

여성 의사들은 불가능에 가까운 일을 한다. 힘겨운 교육과 훈련 과정을 수년간 거치고 환자들을 돌보느라 매우 고되게 일한다. 여기에다가, 많은 여성 의사들이 교육 훈련 연수가 비슷하거나 심지어 더 적은 직종의 여성들보다 아이도 많이 낳는다.

'하버드 앤 비욘드' 프로젝트에서 수집한 데이터에 따르면, 의학대학원을 나온 여성은 학부 졸업 후 15년 시점에 아이가 있는 사람 비중이 JD, MBA, PhD 여성들보다 많았다. 40대 초반에 무려 84%가 아이가 있었다(출산, 입양 모두 포함).[23] 여성 의사들은 이를 어떻게 달성해냈을까?

우선, 의사인 엄마들은 다른 엄마들보다 돈이 많다. 그래서 아이를 돌봐 주는 사람, 양질의 어린이집, 그 밖에 시간 절약적 재화와 서비스를 구매할 수 있다. 또한 부부 사이에 공평성도 더 높을 수 있다. 하지만 자원과 역량이 더 부족한 다른 여성들과 마찬가지로 여성 의사들도 아이가 생기면 일하는 시간을 줄인다.

물론 여성 의사들은 장시간 일한다. 하지만 남성 의사보다는 평균적으로 일하는 시간이 적다. 같은 세부 전공 안에서 비교해도 그렇다. 45세 이하인 여성 의사들은 남성 의사들보다 주당 10시간을 적게 일한다.[24] 그렇더라도 노동 시간은 여전히 긴 편이며 여성 의사들이 한가하게 일한다는 의미는 선혀 이니다.

젊은 여성 의사들은 주당 48.1시간을 일하고 젊은 남성 의사들은 58.6시간을 일한다. 아주 긴 근무일 하루를 더 일하는 셈이다.[25] 그러다 더 나이가 들면 남성 의사 노동 시간 대비 여성 의사 노동 시간의 비율이 올라간다. 남성 의사들은 일하는 시간을 줄이고 여성 의사들은 늘린다.

의사의 남녀 성비는 전공별로 차이가 크다. 젊은 의사들 중 소아정신과는 55% 이상이 여성이고 피부과는 62%가, 산과와 부인과는 75%가 여성이다.[26] 대조적으로 심혈관계는 여성이 20% 정도이고 정형외과는 10% 정도다. 즉 여성 의사들은 요구되는 주당 근무 시간이 더 적은 전공을 택하는 경향이 크다.[27] 예외는 산과와 부인과인데, 여성이 다수이지만 노동 시간 밀도가 높다. 그래도 일반적으로 말해서 남성 의사들이 더 장시간 일하는 전공 분야에는 여성 의사들이 덜 가는 경향이 있다. 즉 남성 의사들의 평균 노동 시간과 그 전공의 여성 의사 비중은 역의 상관관계가 있다.[28]

레지던트 기간이 비슷한 전공들 사이에서 비교해 보면 핵심을 더 잘 볼 수 있다. 젊은 의사 중 남성 피부과 의사는 주당 48시간을 일하며, 피부과는 62%가 여성이다. 남성 내과 의사는 59시간을 일하며, 내과는 여성 비중이 피부과보다 적은 44%다.[29] 젊은 여성 의사가 근무 시간이 짧은 전공을 택하는 경향이 있지만, 이들이 주당 10시간을 남성보다 적게 일하는 주된 이유가 전공 선택의 효과 때문은 아니다. 주당 노동 시간이 남녀 사이에 10시간가량 차이 나는 이유는 여성 의사들이 모든 전공에서 더 적게 일하기 때문이다. 실제로 20개 가까운 주요 전공 전반에 걸쳐 젊은 여성 의사들은 젊은 남성 의사보다 일을

덜하는 것으로 나타났다.[30]

　나이가 들고 아이들이 부모의 시간을 덜 필요로 하게 되면서 여성 의사들의 노동 시간은 늘어난다. 45세 이상인 여성 의사의 노동 시간은 거의 모든 세부 전공에서 증가한다. 의미심장하게도, 남성은 반대다. 나이가 많은 남성 의사들은 젊은 남성 의사들보다 일을 덜 한다. 순환기 내과의 남성 노동 시간은 67시간에서 60시간으로 줄고, 외과 분야 전공들에서도 이와 비슷하게 큰 차이가 발견된다. 다른 전공들은 젊은 남성 의사들의 노동 시간이 이보다 짧았기 때문에 감소 폭도 더 작다.

　거의 모든 세부 전공에서 나이 든 남성 의사들은 젊은 남성 의사들보다 주당 노동 시간이 짧다. 반면 여성 의사들은 일반적으로 나이가 들 때 일하는 시간이 비슷하거나 늘어난다. 나이 든 의사들 사이에서 남성과 여성 의사의 노동 시간 차이는 10시간에서 5시간으로 줄어든다. 남성 의사들이 주당 노동 시간을 3.9시간 줄이고 여성 의사들은 1.1시간 늘려서 총 5시간이 조정되었다.

　주당 노동 시간을 크게 줄일 수 있는 유연성을 가질 수 있다는 점이 여성 의사들이 아이도 키우면서 커리어에서도 성공할 수 있었던 핵심 요인이다. 하지만 고소득-고학력 직종에 유연한 근무 일정을 결합하는 데는 단점도 있다. 우선 일하는 시간을 조정하고 난 뒤에도 임금 격차가 존재한다. 여성 의사들은 여전히 남성 의사들에 비해 시간당 기준으로 임금이 상당히 적다. 이전에 보고된 의사들의 성별 임금 비율은 실망스럽게도 67%이다. 하지만 앞에서 언급했듯이 이 분석은 세부 전공을 구분하지 않은 것이다.

여기에서 사용된 데이터는 미국 인구총조사에서 얻을 수 있는 것보다 상세하며 세부 전공을 포함하고 있다. 이 데이터는 여성 의사들이 경험하는 소득상의 불이익의 상당 부분이 세부 전공을 어떻게 선택하느냐와 관련 있다는 것을 말해 준다. 그리고 다시 세부 전공 선택은 주당 노동 시간과 훈련에 필요한 기간 모두와 관련이 있다. 노동 시간, 세부 전공, MD 취득 이후의 햇수로 조정했을 때 남녀 소득 비율은 남성 1달러당 67센트에서 82센트가 된다.[31]

여기에 고려되지 못한 추가적인 요인들도 있다. 다른 연구들을 보면, 가령 여성 의사들이 환자 각각에게 더 많은 시간을 쓰기 때문에 더 적은 수의 환자를 보는 것으로 나타났다(따라서 더 적은 돈을 벌게 된다). 한 대규모 연구에 따르면 여성 의사들은 각 환자에 시간을 10% 더 쓰기 때문에[32] 더 적은 환자를 보게 되고 돈을 덜 벌게 된다. 하지만 이러한 요인들까지 통제해도 여성 의사들이 여전히 덜 번다.

또한 젊었을 때 노동 시간이 더 적은 것은 나이가 들어서 보상이 더 낮아지는 데 영향을 미쳤을 것이다. 또 남성 의사들보다 연구 지원금을 더 적게 땄을 것이고 학과 내에서 승진 기회도 더 많이 나중으로 미뤘을 것이다. 더 높은 임금을 얻을 수 있는 직위나 더 나은 지위로 옮겨가는 것도 덜했을 것이다. 또 여성들은 남성 의사들에 비해 외부에 다른 직장 기회가 있다는 점을 활용해 임금 협상을 유리하게 이끌기도 어려웠을 것이다. 남편의 직업 때문에 특정한 장소에 묶여 있어야 하는 경우가 더 많기 때문이다.

그렇다면, 앞에서 말한 희망의 빛은 어디에 있는 것일까? 한 줄기는 집단5 세대의 의사들이 이전 세대에 비해 여러 전공 분야에서 더 많은 유연성을 가지고 있다는 데서 찾을 수 있다. 다른 고소득 직종들에 비해 의사는 파트타임으로 일할 수 있는 여지가 크다. 더 중요하게, 유연한 일정으로 일하는 것이 유발하는 비용을 줄일 수 있는 변화들이 일어나고 있다. 입수 가능한 가장 최근 자료에 따르면 젊은 의사 전체 중에서 여성이 차지하는 비중은 47%이고, 소아과의 경우는 71%, 피부과는 64%, 가정의학과는 56%가 여성이다.[33] 여성 의사들의 요구는 무시할 수 없는 것이 되었다. 또 가정에 더 많은 시간을 쓰기를 원하는 젊은 남성 의사들의 요구도 무시할 수 없게 되었다.

가령, 소아과를 살펴보자. 나의 형부는 소아과 의사이고 아이가 셋이다. 아이들이 어렸을 때 형부는 앨버커키에 있는 병원에서 일했는데, 가족과 시간을 더 보낼 수 있게 일정을 변경해 달라고 요구했지만 만족스럽게 조정이 되지 않았다. 형부는 그곳을 나와서 카이저 퍼머넌트[미국의 통합 의료 그룹. 옮긴이]로 옮겼고 그곳은 형부가 원했던 시간 여유를 허용해 주었다. 시간 소모가 덜하고 더 예측 가능하게 일할 수 있는 곳으로 옮김으로써 그는 두 발로 투표[의사 표시]를 한 셈이다. 이러한 이동을 하는 사람들이 많아진다면 전체적으로 상당한 변화를 만들어 낼 수 있을 것이다.

오늘날 소아과는 성별을 막론하고 상대적으로 더 적은 시간 일하는 젊은 의사가 많은 분야다. 미국소아과학회American academy of pediatrics에 따르면 여성 소아과 의사의 33%가 파트타임이며 남성 소아과 의사의 상당 비중도 파트타임이다.[34] 소아과 등 몇몇 분야에서 의사들이 더 적은 시간 일할 수 있는 것은 서로서로 대체 인력이 되어줄 수 있도록 팀으로 일하게 된 덕분이다. 어떻게 운영되는지에 따라 다르긴 하겠지만, 팀으로 일하면 의사들이 시간 유연성을 더 많이 가질 수 있고 응급 진료나 밤 시간대 진료를 분담할 수 있다.

마취과와 산과도 거의 항상 팀으로 돌아가기 때문에 의사들이 서로 대체 인력이 될 수 있다. 당신이 가장 마음에 들어 하는 산과의사가 브랫이어도 자넷이나 사파를 알면 더 좋을 것이다. 그들 중 한 명이 당신의 다음번 출산을 담당할 가능성이 크니 말이다. 변호사, 회계사, 컨설턴트, 금융 업계에서는 다른 담당자의 업무를 대신 맡아 주지 않는 것을 원칙으로 해야 한다고 말하는데, 아기를 받는 것과 어떤 차이가 있어서 그러는 것인지 잘 모르겠다. 어떤 회사의 재무제표가 다른 회사와 달리 갖고 있는 고유성이 각각의 산모가 다른 산모와 달리 갖고 있는 고유성보다 큰가?

마취과 의사는 수술 중에 당신이 계속 살아 있을 수 있게 해 준다. 그런데도 당신은 당신의 생명을 담당할 의사를 수술하기 바로 몇 분 전에 만난다. 매 수술마다 특정한 외과 의사를 특정한 마취과 의사와 함께 배정해야 한다면 병원은 수술 스케줄을 짜는 게 악몽일 것이고 응급 상황에서는 스케줄을 짜는 게 불가능할 것이다. 수술 자체는 온콜로 긴급히 벌어져야 할 때가 있겠지만 마취과 의사는 수술에 오랜 시간 관여할 필요가 없다.[35] 따라서 마취과도 응급 상황이 비교적 적은 피부과, 정신과, 소아정신과 등처럼 일정을 예측 가능하게 관리할 수 있다.

병원 관리의 비용을 줄일 수 있는 조치의 또 다른 사례를 비교적 새로운 전공에서 찾아볼 수 있다. 바로 '입원 환자 관리 전담 전문의hospitalist'다. 입원 전담의는 입원 환자를 진료하고 살피는 일정을 조율해서 전담 주치의들의 시간 부담을 줄여 준다. 환자는 자신의 전담 주치의가 늘 자기 곁에 있어 주기를 원한다. 하지만 그렇게 하려면 병원은 비용이 어마어마하게 들 것이다. 입원 전담의가 주치의와 기타 전문의들의 일정을 잘 조율하면 환자는 더 나은 진료와 돌봄을 받을 수 있고 의사는 담당 환자를 챙기느라 종종걸음을 해야 할 필요가 없을 것이다.

약사의 경우도 그랬듯이, 의사 직종에서도 업무가 요구하는 시간 사용의 양상을 바꾼 몇몇 변화는 의사들이 그렇게 요구하며 압력을 넣은 것과는 별로 상관없이 벌어진 비용 절감 조치였다. 입원 전담의는 병원의 비용을 절감해 주는 동시에 의사들의 온콜 부담을 줄여 주었다.

여기서 핵심은, 많은 세부 전공에서 이제는 의사들이 더 적은 노동 시간을 일할 수 있게 되었다는 것이다. 일에서 시간 유연성이 높아지면서 여성 의사들이 가정을 가질 수 있게 되었다. 이들은 비슷한 수준의 혹은 오히려 더 적은 햇수의 교육 훈련이 필요한 다른 업종 여성들보다 아이를 많이 낳는다. 그렇긴 해도 여전히 치러야 할 비용이 있다. 여성 의사들은 병원에 소속되어 있을 때도 개업을 했을 때도 남성 의사들보다 총 소득이 낮고, 노동 시간을 조정하고 난 뒤에도 여전히 소득이 더 낮다.

수의사들은 믿을 수 없을 만큼 놀라운 일을 한다. 일반 의사는 같은 종인 호모 사피엔스의 내부 작동을 꿰고 있지만 수의사들은 다른 종들의 내부 직동을 꿰고 있다. 하늘을 날거나 땅속에 사는 것들까지 말이다. 전문 직종 중 성별 구성이 수의사보다 큰 변화를 겪은 직종은 찾아보기 어렵다. 50년 전에는 여성 수의사가 거의 없었는데 오늘날에는 수의학대학원 졸업자의 80%가 여성이다.[36] 여성들이 갑자기 동물을 좋아하게 되어서가 아니다. 중요하게 달라진 점은, 수의사 직종에서 노동 시간을 더 많이 통제할 수 있게 되고 온콜로 응급 상황을 맡아야 하는 시간이 줄어든 것이다.

수의사는 권위, 시간, 만족, 환자와 보호자를 돕는 기쁨 등 사람을 상대로 하는 의사와 비슷한 종류의 보람과 성취감을 얻는다(하지만 내 수의사 친구들은 보수는 의사에 못 미친다고 덧붙일 것이다). 그런데 가정을 갖고자 하는 사람에게 수의학 교육은 의학 교육에 비해 두드러진 장점을 갖는다. 그중 하나로, 수의사들은 세부 분야를 전공하기 위해 레지던트 기간을 거치지 않아도 된다.

앞에서 언급했듯이 한때는 수의사가 때때로 저녁, 주말, 휴일에도 일해야 하고 응급 상황에도 대응해야 하는 직종이었다. 그런데 이제는 응급 상황과 근무 시간 외의 상황이 사람 환자의 경우와 마찬가지 방식으로 다뤄진다. 당신의 아이가 갑자기 아플 때 병원의 응급실로 가듯이, 강아지와 고양이가 갑자기 아프면 이제 응급 치료 전담 동물 병원에 간다. 이러한 변화는 매우 길고 구불구불한 과정을 거쳐 일어났다.

이 변화는 일군의 지역 수의사들이 주말과 저녁에 돌아가면서 다른 수의사들의 일을 맡아 주기 시작하면서 생겨났다. 이들은 비공식적으로 그날의 담당 수의사에게 아픈 동물을 의뢰하는 시스템을 마련해서 응급 치료를 돌아가면서 했다. 이 비공식적인 시스템은 점차로 정규직 수의사들을 고용한 공식적인 '의뢰 병원referral hospital'으로 발달했다. 이 모델이 확산되면서 이제는 미국 전역에 24시간 언제든 갈 수 있는 응급 동물 병원이 존재하게 되었다. 대부분의 지역 수의사들은 평일 정규 근무 시간 동안에만 일하면 된다.

응급 동물 병원의 수의사들은 때때로 늦은 밤에 일해야 하지만 동네 동물 병원 의사들은 일반적으로 그렇지 않다. 그리고 동네 동물 병원들은 종종 서로 연계를 맺고 일한다. 당신의 개가 가장 좋아하는 수의사가 휴가 중이면(동물과 아이는 상황과 시간을 가려서 다치지 않는다) 당신은 대신 개를 치료해 줄 매우 훌륭한 다른 수의사를 소개받게 될 것이다.

독립 동물 병원에서 일하는 여성 수의사들은 보통 정규 시간에 주당 40시간 정도를 일하고 추가로 4시간 정도를 응급 진료를 담당하는 데 쓴다.[37] 의료 직종 치고는 일하는 시간이 적은 편이다. 남성 수의사들은 주당 정규 진료에서 여성보다 8시간을 더 일하고 응급 진료로 6시간을 일한다.[38] 독립 동물 병원에서 일하는 여성 수의사의 20-25%가 파트타임이고 남성 수의사 중에는 5%만 파트타임이다.[39]

의사에 비해 노동 시간이 그리 장시간이 아니고 규칙적이며 통제 가능하고 비상 호출이 적고 훈련 기간이 더 짧다는 것은 여성들이 수의학 분야에 많이 진출한 여러 이유 중 일부다. 하지만 여전히 개인 병원을 소유하는 경우와 지분을 갖는 경우는 남성보다 훨씬 낮다. 독립 병원에서 일하는 여성 수의사는 30-50%만 소유주인 반면에 남성은 60-80%가 그렇다.[40]

직접 동물 병원을 소유하면 고용된 직원으로 일할 때보다 장시간 일해야 하고 맡아야 할 책임도 크므로 가정이 있는 많은 여성들이 그러한 추가적인 시간 부담을 지고 싶어 하지 않는다. 그런데 40대 후반의 수의사는 여성 비중이 높고 동물 병원을 소유한 남성 수의사들은 주로 50대와 60대여서, 이들은 병원을 더 젊은 수의사에게 매각하기가 어렵다. 이러한 수요공급 불일치의 결과로, 주로 기업이 독립 동물 병원을 인수하게 되었고 전체적으로 독립 동물 병원은 줄어들었다.

그 결과, 약사 직종에서 벌어진 것과 비슷한 변화가 수의사 직종에서도 벌어졌다. 독립 약국, 독립 동물 병원이 사라진 것을 아쉬워하는 목소리도 있지만, 약국에서도 그랬듯이 기업이 동물 병원을 소유하면서 수의사의 시간 부담이 줄었다. 또한 기업이 동물 병원을 소유하면서 성별 소득 격차도 줄었다. 남성들이 독립 병원 소유주로서 가질 수 있었던 [그리고 그곳에 고용된 여성 수의사들은 갖지 못했던] 수익이 줄었기 때문이다. 하지만 수의학 분야의 경우 독립 병원에서 기업 병원으로의 변화는 아직 초기 단계다.

오늘날 여성 수의사들은 남성 수의사들의 소득 1달러당 72센트를 번다.[41] 하지만 한 주에 더 적은 시간을 일하고 1년에 더 적은 주수를 일한다. 전일제 연중고용 상태인 사람들만 보면(그리고 수의학 교육 훈련의 측면을 고려하면) 남성 1달러당 여성 수의사의 소득은 82센트가 된다.[42] 병원을 소유하고 있거나 병원 지분을 가지고 있는지까지 고려하면 차이는 더 줄어서 85센트가 된다.[43]

수의학 분야에서 이러한 변화가 생기면서, 신규 진입자 중 비중으로 볼 때 이 분야는 여성이 가장 많은 직종이 되었다.[44] 수의사가 되기 위해, 수의사로 일하기 위해 갖추어야 할 요건은 그리 많이 달라지지 않았다. 오히려 필요 요건은 더 많아졌다. 여성 비중이 높아진 요인으로서 달라진 것은, 노동이 조직되는 양식이 개인에게 시간에 대한 통제력을 높여 주는 방식으로 변화한 것이다.

오늘날 수의학 분야는 일터에서의 시간 사용이 비교적 통제 가능하고 긴급한 순간에 일을 대신 맡아 줄 믿을 만한 대체 인력이 존재한다는 점에서 성평등과 부부간 공평성을 추구하기에 거의 최적의 조건을 가진 직종이다. 하지만 운동장은 여전히 평평하지 않다.

노동이 조직되는 양상을 변모시키기

여러 세대와 여러 직군에 걸쳐 살펴보았듯이, 시간은 커리어와 가정을 둘 다 갖고자 하는 여성의 적이다. 온콜, 촉박한 일정, 긴급 상황, 저녁 및 주말 시간의 노동이 가정과 직장에서 동시에 요구된다. 또한 '올라가거나 나가거나'식 승진이 결정되는 기간이 짧다는 점(생애 중 몇 해 안에 결판이 나야 한다)이 일과 가정의 상충을 한층 더 가중시킨다. 둘 다의 결과로, 종종 젠더 불평등이 커지고 부부간 불공평이 증가한다.

첫 번째 유형의 시간 제약과 관련해 이제까지 많은 진보가 이뤄져 왔다. 의료 분야에서 독립 병원이 줄고 팀을 이뤄 일하는 경우가 많아지면서 의사와 수의사들의 온콜 부담이 줄었다. 여성 의사들은 노동 시간이 비교적 적고 더 통제 가능한 방식으로 시간을 사용할 수 있는 전공을 택했다. 하지만 이렇게 환영받는 유연성에도 비용이 따른다. 젊은 의사들이 더 적은 시간 일하면 현재의 소득과 미래의 소득, 그리고 커리어의 진전에서 악영향이 있게 된다.

이제까지의 변화는 완벽하지 않았다. 동물 병원은 여전히 대체로 독립 병원 위주다. 의사 중 어떤 분야, 가령 외과 의사는 장시간 온콜 상태로 일해야 한다. 종사자들의 요구가 변화를 가져온 사례도 있지만(아이와 시간을 더 보내기 위해 직장을 옮긴 소아과 의사인 내 형부 사례처럼), 이윤 극대화를 위해 기업이 돈이 많이 드는 전문 인력에게 들여야 하는 비용을 절감하려 한 데서 나온 변화도 있다.

두 번째 유형의 시간 제약, 즉 '올라가거나 나가거나' 방식의 승진 과정을 바꾸는 데서는 진보가 더 적었다. 변호사, 컨설팅, 회계 분야에서 여성 파트너가 많아졌고 학계에서도 테뉴어를 받은 여성 교수가 많아졌지만, 신규 진입하는 인력 중 절반이 여성이 된 지가 수십 년이 된 분야에서도 '올라가거나 나가거나'의 경주에서 성공적으로 꼭대기에 올라간 사람들을 보면 여성이 절반에 훨씬 못 미친다.

'올라가거나 나가거나'의 승진 구조를 가지고 있는 업계의 몇몇 사람들은 상황이 달라지고 있다고 말한다. 2003년에 딜로이트 컨설팅의 CEO 자리에서 은퇴한 더글러스 매크래켄Douglas McCracken은 20년 전에 "회사의 젊은 남성들은 더 나이든 남성들이 원했던 것을 원하지 않는다"고 언급한 바 있다. 젊은 남성들이 "아내가 일하지 않아도 되도록 (…) 자신이 더 돈을 많이 벌려고 기를 쓰지 않는다"는 것이었다. 그에 따르면, 젊은 남성들은 돈을 포기하고 시간을 사서 그 시간을 가정에 쓰고 싶어 했다. 평균적으로 파트너들은 1주일에 80시간씩 일하지만 젊은 남성들은 그렇게 일하고 싶어 하지 않는다는 것이었다. 하지만 매크래켄은 고소득을 올리는 부부도 포함해 많은 부부가 기꺼이 감수하는 교환을 이해하지 못한 것 같다. 매크래켄은 "그들은 10만 달러를 준대도 가정을 포기할 의향이 없고, 회사 밖의 일을 포기할 의향이 없다"고 말했지만[45] 불행히도 그들은 포기할 의향이 있다. 부부간 공평성을 지키기 위해 치러야 하는 비용은 너무 크다(그리고 10만 달러라니, 이것은 포기하기에는 정말 많은 돈이다).

더 근본적인 변화가 필요하다. 중요한 것 하나는 남성들이 동참하게 하는 것이다. BCG(보스턴컨설팅그룹)의 고위 파트너 매튜 크렌츠Matthew Krentz는 육아 휴직을 쓰는 남성 직원이 많아지고 있다며 "맞벌이 부부가 늘면서 (…) 남성들이 [육아 휴직에] 참여하는 것에 높은 우선순위를 두어야 하게 되었다"고 말했다.[46] 하지만 먼저 기업들은 휴직하는 남성이 불이익을 얻지 않도록 모든 이들로부터 지지를 얻어야 한다.

간단한 해법도, 하나로 단번에 해결되는 해법도 존재하지 않는다. 하지만 사안을 제대로 인식하면 올바른 방향으로 나아갈 수 있다. 적어도 빠른 해법에 시간을 낭비하지는 않을 것이다.

시간의 문제

나는 "내가 원하는 것을 원하는 남자를 원한다"고 당당하게 말했던 학생의 말을 곰곰이 생각해 보곤 한다. 그 학생이 꿈꾸는 조화를 가로막고 있는 것은 가정과 커리어의 상충이다. 두 가지가 동일한 시간을 놓고 서로 차지하려고 경합을 벌이는 것이다.

두 사람이 관여하게 되면 더 많은 선택지가 생긴다. 가령 부부 중 한 명이 한쪽 활동에, 다른 한 명이 다른 쪽 활동에 특화하는 것이

가능해진다. 노동시장이 일에 특화하는 사람에게 상당히 높은 보상을 하기 때문에 일에 특화한 쪽은 커리어 면에서 이득을 얻게 된다. 하지만 가정의 면에서는 잃는 것이 생긴다. 남편과 아내 모두 적어도 어느 특정한 시간만큼은 꼭 아이와 보내고 싶을 것이다. 하지만 일에 특화한 쪽은 화요일 오전의 수영 대회나 목요일 오후의 축구 경기를 보러 갈 수 없을 것이다. 상충 관계는 방정식의 양쪽에서 모두 발생한다. 해법도 그래야 한다.

한 가지 해법은 유연성을 선택하는 것이 유발하는 비용을 줄이는 것이다. 상충적 교환으로 치러야 하는 비용이 낮아지게 만들어서 부부가 어려운 타협에 직면할 필요가 없게 하는 것이다. 온콜, 주말 근무, 장시간 근무를 요구하는 탐욕스러운 일자리가 매우 높은 임금을 주지 않는다면 루카스는 그 일자리를 잡을 유인이 줄어들 것이다. 이보다 더 좋은 해법은, 유연성 있는 일자리가 더 생산적이 되게 해서 그런 일자리에서도 높은 보수를 받을 수 있게 되는 것이다. 그러면 루카스는 기꺼이 탐욕스러운 일자리에서 유연성 있는 일자리로 옮겨 갈 것이다. 이사벨은 유연성 있는 일자리에서 더 많은 소득을 올릴 수 있을 것이고 일을 그만둘 가능성이 줄어들 것이다.

가구 소득 면에서는 전보다 약간 빈곤해지겠지만 부부간 공평성의 면에서는 획기적으로 풍요로워질 것이다. 부부 모두 적당한 시간을 아이와 보낼 수 있을 것이고, 그러면서도 소득은 많이 희생하지 않아도 될 것이다. 그림 1.1의 두 선은 더 가까워질 것이다.

이를 보완하는 또 한 가지 해법은 부모가 육아에 들여야 하는 비용을 줄여 주는 것이다. 접근 가능한 아동 돌봄 서비스가 있으면 상충적 교환의 비용이 낮아진다. 미국 이외의 부유한 국가들은 대개 아동 돌봄을 국가가 상당히 많이 보조한다. GDP 대비 비중으로 볼 때 미국이 쓰는 것보다 서너 배를 더 쓴다.[47] 프랑스, 스웨덴, 영국 등 많은 나라가 양질의 돌봄에 정부 지출을 많이 투여한다.[48] 이는 이들 국가에서 프라임 연령대 여성의 경제활동 참가율이 미국을 훨씬 능가하는 이유 중 하나다. 현재 미국의 경제활동 참가율이 2차 대전 이후의 대부분의 시기보다 높은 편인데도 그렇다. 그리고 돌봄은 아이들이 학교에 있는 시간만으로 끝나지 않는다. 초중고 학생들의 방과후와 여름 방학 프로그램에 대한 지원도 있어야 한다. 이에 더해 부모, 조부모 등 노년층이나 기타 돌봄이 필요한 사람들에 대해서도 별도의 정책이 필요하다.

사회적 규범을 바꾸어서 상충 관계가 젠더에 의존하지 않게 하는 것도 중요하다. 하지만 동성 커플의 맥락에서 살펴보았듯이, 젠더 규범을 바꾸어도 젠더에 따른 경제적 결과의 평등을 도모할 수는 있겠지만 커플 사이의 공평성 문제는 여전히 남는다. 두 사람 모두에게 동시에 최적인 시간 배분은 여전히 이뤄질 수 없기 때문이다.

이 책의 집필을 마무리하는 시점에 글로벌 경제에 거대한 충격이 닥쳐서 불평등과 우리 일상의 결함이 가시적으로 드러났다. 그중에서도 여성에게 불평등하게 부과되는 부담이 특히 더 극명하게 드러났다. 코로나가 일으킨 예기치 못했던 부담은 우리가 밟아 온 여정에서 발견할 수 있었던 문제를 덮어서 가리지 않았다. 오히려 돌봄 영역과 경제 영역의 연관을 한층 더 분명하게 드러냈다. 어느 국가도 (당연히 미국도) 아이들이 학교와 어린이집을 다시 다닐 수 있게 되기 전까지는 경제에 재시동을 걸 수 없다. 대공황 말기에는 여성 노동력이 전체 노동 인구에서 차지하는 비중이 작았지만 오늘날에는 여성 노동력이 전체 노동력의 절반을 차지하는데, 경제는 절반의 노동력만 가지고 돌아갈 수 없다.

오늘날 어떻게 하면 재택근무가 더 생산성 있게 이뤄질 수 있을지, 어떻게 하면 효율성을 유지하면서 유연성을 확보할 수 있을지 알아내려고 고전하지 않는 고용주는 없을 것이다. 회사들은 이사벨들이 어떻게 하면 노동시장을 떠나지 않게 할 수 있을지, 루카스들이 어떻게 하면 집에서도 사무실에서 못지않게 생산적일 수 있을지 알아내기 위해 노력하고 있다. 또한 회사들은 이사벨들과 루카스들 모두 가정에서의 필요와 여전히 잘 부합하면서도 안전하고 안정성 있는 사무실로 돌아올 수 있게 할 방법을 알아내기 위해서도 노력하고 있다.

커리어와 가정을 모두 추구하려는 노력은 전 지구적인 사고가 필요한 팬데믹 시기에도 계속되고 있다. 팬데믹은 여정의 방향을 바꾸지 않았다. 오히려 강화했고 일과 가정 사이의 시간 상충 문제가 갖는 긴급성을 드러냈다. 앞에서 보았듯이, 여성들은 이미 한 세기 전부터 이 동일한 질문을 해 왔다. 그들은 답을 찾아 나가면서 장벽을 부수었고 기회를 넓혔고 격차를 줄였고 다음 세대에 교훈을 넘겨주었다. 여성들은 계속해서 그렇게 할 것이다. 하지만 우리의 불확실한 미래에서 이상적인 균형을 달성하려면, 변화가 필요한 것은 여성이나 가정만이 아니다. 앞으로 갈 길의 토대를 다시 깔려면 노동과 돌봄의 시스템 자체가 재사고되어야 한다. 모든 것은 시간의 문제다.

에필로그

코로나 확대경이
보여 준 것

: 여정이 계속되어야 하는 이유

어느 시대에나 불확실성이 존재한다. 코로나의 시대는 이 사실을 극단적인 형태로 드러냈다. 팬데믹 초기에 실업은 폭발적으로 증가했다가 이후 상당히 완화되었다. 하지만 여전히 많은 일자리와 중소기업이 위기에 처해 있다. 학교는 아직 완전히 다시 문을 열지 못했다. 어린이집도 열다 말다 하고 있다. 안전하고 효과적인 백신이 마침내 나왔지만 아직 모두에게 닿지 못하고 있다. 정상적인 삶이 지평선에 어른거리는 것 같지만 목적지인 지평선 자체가 계속 움직이고 있다.

코로나 바이러스는 재앙이었다. 많은 사람이 목숨을 잃었고 일자리를 잃었다. 미래 세대에게도 영향을 줄 것이다. 누가 감염이 되고, 누가 목숨을 잃고, 누가 최전선에서 일해야 하고, 누가 공부를 할 수 있고, 누가 아이와 환자를 돌보는 부담을 지는지 등과 관련해 인종, 계급, 성별에 따른 불평등도 명확하게 드러났다. 코로나 바이러스는 한 나라를 가진 자와 못 가진 자로 나누었다. 코로나는 놀라운 확대경이었다. 아이가 있는 사람들이 겪는 부담을 한층 크게 우리 눈앞에 드러냈고 일과 돌봄 사이의 상충 관계 또한 한층 뚜렷이 드러냈다. 코로나는 이 책에서 살펴본 여정 내내 존재했던 이슈 대부분을 더욱 확대해서 가시적으로 드러냈다.

팬데믹 경제는 특히 여성에게 큰 영향을 미쳤다. 여성들은 종종 직장에서도 필수 노동자이고 집에서도 필수 노동자다. 그들은 손이 많이 가는 아기가 있는 젊은 엄마이고, 집에서 지루해하며 온라인 수업을 듣는 10대 자녀가 있는 중년의 엄마이고, 코로나로 이제 푸드뱅크에 의존해야 하는 싱글 맘이고, 기업의 승진 사다리를 오르고 있는 고학력 엄마이고, 미국이 나락으로 떨어지기 전부터 이미 주변화되고 있다고 느껴 온, 그리고 이제는 바이러스에 걸릴 위험까지 더 높은 유색인종 엄마다.

우리는 전례 없는 순간을 살아가고 있다. 흔히 최전선의 노동자들을 전쟁터의 군인에 비유하곤 한다. 하지만 전에는 최전선의 노동자들이 위험을 집으로 가지고 가라고까지 요구받지는 않았다. 이전에는 경제를 다시 돌리기 위해 일단 멈추라고 강요받지 않았다. 이전에는 불황이 [노동시장에서] 남성보다 여성에게 더 크게 영향을 미치지 않았다. 그리고 이전에는 돌봄 영역이 이렇게 두드러지게 경제 영역과 연결되어 있지 않았다. 오늘날 여성은 노동력의 거의 50%를 차지한다. 우리는 여성이 돌봄 때문에 일자리를 희생하지 않게 해야 하고 일자리 때문에 돌봄을 희생하지 않게 해야 한다.

이 책은 지난 120년간의 경로를 살펴보기 위해 '대졸 여성'들이 어떻게 삶에서 커리어와 가정을 추구해 왔는지 추적했다. 이 기간 동안 두 가지를 다 달성할 수 있는 가능성이 가장 높았던 여성이 대졸 여성이었기 때문이다. 한때는 대졸 여성이 인구 중 매우 작은 집단이었다. 이를테면, 한 세기 전에는 젊은 층 여성 중 3%밖에 되지 않았다. 그런데 오늘날에는 미국의 20대 후반 여성 중 45%가 대졸(혹은 졸업 예정)이다.

대졸 여성의 걱정과 불만은 손에 잡힐 듯 생생하다. 언론에는 집단5의 더 젊은 축에 속하는 여성들이 겪을 고충에 대한 예언이 넘쳐난다.[1] "팬데믹은 여성들에게 노동시장에서의 10년을 앗아갈 것이다."[2] "팬데믹은 한 세대의 워킹맘 전체를 타격할 것이다."[3] "어떻게 코비드19가 여성 노동력의 진보를 후퇴시켰나"[4] 등등. 코로나 시대에 아이가 있거나 그 밖에 돌봄의 부담을 져야 하는 사람들은 그 일에도 시간을 쓰면서 학술 논문을 내고, 법률 서면을 쓰고, 까다로운 클라이언트와 줌Zoom 회의를 하느라 고전하고 있다.

위와 같은 예측에 따르면, 역사에 없던 수준으로 마침내 커리어와 가정이라는 두 마리 토끼를 잡기 시작할 수 있었던 사람들이 뒤통수를 맞고 있다. 음식 블로거 뎁 페렐먼Deb Perelman은 이렇게 언급했다. "쉬쉬하는 부분을 크게 말해 보겠다. 코로나19의 경제에서 당신에게는 아이 또는 일, 둘 중 하나만 허용된다."[5] 집단5는 집단1이 직면해야만 했던 양자택일식 선택으로 다시 돌아가야 하는가?

여성이 팬데믹의 영향을 남성보다 더 많이 체감하고 있다는 데는 의심의 여지가 없다. 경제 불황의 영향도 그렇다(그래서 "리세션recession [침체]"이 아니라 "쉬세션she-cession"이라고 부르는 사람도 있다). 하지만 대졸 여성들은 학력이 더 낮은 여성들에 비해 고용을 유지할 수 있는 (적어도 고용 비슷한 것을 유지할 수 있는) 역량을 더 많이 가지고 있었다. 높은 학력은 집에서 일할 수 있는 능력을 주었다. 그리고 그 능력이 그들의 건강과 일자리를 지켜 주었다.

2020년 가을과 겨울에 미취학 자녀(5세 미만)가 있는 25-34세 대졸 여성의 경제활동 참가율은 전년 같은 기간에 75%이던 데서 1.2%포인트만 낮아졌다.[6] 하지만 초등학교나 중학교(5-13세)에 다니는 아이가 있는 35-44세 여성들 사이에서는 86%이던 데서 4.9%포인트나 떨어졌다. 그리고 대졸이 아닌 여성들은 자녀 유무에 상관없이 경제활동 참가율이 크게 떨어졌다. 가장 취약한 산업에 종사하고 있었기 때문이다.

신문 헤드라인이 말한 종말 시나리오는 아닐지 모르지만, 이 데이터는 앞으로 시간이 가면서 더욱 벌어지게 될지 모를 균열을 보여준다. 경력 단절 이후 노동시장으로 재진입이 어려울 수도 있고 이후의 소득이 타격을 입을 수도 있다. 고용이 유지되고 있는 경우에도 많은 엄마들이 파트너가 되거나 테뉴어를 받거나 그밖의 중요한 승진을 하는 데 불이익이 생기지 않을지 우려하고 있다.[7] 학계에 종사하는 엄마들은 지난 1년 동안 취학 연령대 아이가 없는 여성과 남성에 비해 논문 게재 실적이 낮았다. 그리고, 데이터에는 재택근무WFH (work from home)가 지옥근무WFH (work from hell)인 많은 여성들의 좌절이 드러나 있지 않다.[8]

불만

우리는 한 세기 전부터 대졸 여성들이 가지고 있었던 열망을 살

퍼보았다. 한때 대졸 여성들은 가정 또는 커리어의 선택에 직면했고, 경제가 번영을 구가하던 시기에도 수많은 장애와 제약에 직면했다. 그러나 시간이 지나면서 장애물은 차차로 없어졌다. 1970년대 즈음, 커리어와 가정에 대한 열망이 더 커진 대졸 여성들은 이 둘을 추구하려면 순서를 두어야 한다는 것을 깨달았다. 그리고 1990년대에는 교육 수준이 더 높아지고 커리어 기회도 더 많아지면서 대졸 여성들이 둘 다를 향한 열망을 더 솔직하게 표출하게 되었다. 이들은 공공연하게 일터에서의 성공과 가정에서의 성공을 둘 다 원한다고 말했고 순차적으로가 아니라 이 둘을 함께 달성하겠다는 열망을 표출했다. 지난 몇십 년 사이 이들은 두 영역 모두에서 훨씬 더 큰 진전을 이뤘다.

하지만 바이러스가 미국을 강타하기 거의 10년 전에, 그리고 대대적인 미투 운동이 벌어지기보다도 몇 년 전에, 여성들 사이에서 불만과 좌절이 널리 터져 나오고 있었다. 뉴스를 검색해보면 '성차별'이라든가 '젠더 차별' 같은 용어가 급증한 것을 보게 되는데, 이는 여성들이 일터에서 겪는 임금 불평등과 성희롱, 성추행 등에 대해 느낀 좌절과 분노가 커지고 있었던 것을 반영한다.

2010년대 초에 몇 가지 사건이 헤드라인을 장식했다. 엘런 파오 Ellen Pao가 자신이 다니던 벤처 캐피탈 회사 클라이너 퍼킨스를 상대로 제기한 성차별 소송, 여성 축구팀과 남성 축구팀 사이의 임금 불평등 문제 등이 그런 사례다. 그 밖에도 할리우드, 월가, 실리콘밸리의 성별 소득 격차가 만천하에 드러났다. 여성들의 분노는 2016년 클린턴과 트럼프의 대선 경쟁 중에 드러난 여러 이슈로 더 높아졌다. 특히 연예 매체 〈액세스 헐리우드Access Hollywood〉와의 인터뷰에서 트럼프가 한 음란한 말, 그리고 그 녹음이 공개되었는데도 대선 결과에 영향을 주지 않은 것에 여성들은 분노했다. 이러한 사건들이 보도되면서 20세기에 발생한 두 번째 여성 저항의 파도를 가져왔다. 첫 번째의 파도는 1970년대 초중반에 있었다.

여성들의 저항의 파도는 신문 기사 검색을 통해 확인할 수 있다. 60년 전이던 1960년대에는 〈뉴욕타임스〉에 '성차별'이라는 어휘가 거의 등장하지 않았고 '젠더 차별'은 훨씬 더 나중까지도 알려지지 않은 단어였다. 그러다가 1971년 정도에 성차별에 대한 기사가 급증하기 시작했고[9] 1975년 정도에 정점에 올랐다. 그러고 나서 '성차별'이 사용된 기사의 빈도는 단속적으로 줄어들었고 35년 뒤인 2010년에는 1975년의 5분의 1 정도가 되었다.

하지만 1970년대 초에 분노가 분출했듯이 2010년대 초에 다시 한 번 분노가 분출했고 계속해서 불길은 더 세졌다. 그리고 여기에 '미투 운동'과 '타임즈 업Time's Up' 운동이 더해졌다. 하지만 이것은 2017년 말의 일이고, 미투 운동이 모욕적인 현 상태에 맞서려는 여성들의 저항과 항의의 상징이 되기 전에도 [기사에서 드러나는] 분노의 표출은 이미 증가하기 시작하고 있었다.[10]

1970년대 초에 불만이 분출된 이유는 알기 어렵지 않다. 그때는 성별 소득 격차가 매우 컸다. 여성은 남성 1달러당 59센트를 벌었고 오래도록 이 수준에 정체되어 있었다. 여성들은 여전히 여러 클럽, 레스토랑, 바에 들어가지 못했고, 미국의 명문 대학들에도 그제서야 들어갈 수 있었다. 민권 운동부터 반전 운동까지 저항의 시기를 거치고 나서 1972년의 교육법 수정조항 제9편은 드디어 여성에게 교육과 스포츠에서 평등권을 부여했다. 이 절정의 시기에 여성 해방 운동 단체와 의식 고양 모임들이 여기저기에서 생겨났다. 여성들은 드디어 목소리를 가질 수 있었고 그 목소리를 여성의 고충을 소리 높여 이야기하는 데 사용했다.

하지만 왜 여성의 고용, 소득, 교육에서 이렇게 많은 성취가 이뤄진 2010년대의 뉴스에 1970년대만큼 높은 수준으로 불만과 좌절이 다시 드러났을까?

기대가 높아지고 열망이 달라져 있었다. 여성들, 특히 대졸 여성들은 커리어와 가정을 모두 이룰 수 있으리라고 가정하게 되었다. 학력이 더 낮은 여성들은 노동시장에서 더 공정하게 대우받을 것이라고 기대하게 되었다. 대졸 여성들은 남성 배우자와 동등한 수준의 성취를 원했고 일터에서의 성평등만이 아니라 가정에서의 부부간 공평성도 원하게 되었다.

1980년대와 1990년대에 성별 소득 격차는 모든 노동자에게 상당히 낮아졌다. 하지만 대졸 노동자들 사이에서는 1990년대부터 격차의 감소가 정체되었다. 이 기간에 미국 경제 전반적으로 소득 불평등이 막대해졌는데, 이는 맨 꼭대기에 있는 사람들이 다른 사람들을 희생시켜 가면서 압도적으로 많은 몫을 가져간다는 의미였고 그 맨 꼭대기에는 대졸 남성이 압도적으로 많았다. 탐욕스러운 노동은 더 탐욕스러워졌고 돌봄의 책임이 있는 여성들은 탐욕스러운 노동에 보조를 맞추는 데서 계속 고전했다.

돌봄

이 모든 문제가 'BCE[Before the Corona Era, 코로나 이전]' 시기에도 존재했다. 그런데 2020년 3월에 갑자기 부모들은 아이들을 학교에 보내지 말라는 긴급한 발표를 들었다. 어린이집도 문을 닫았다. 봄 방학을 보내러 집으로 돌아갔던 나의 하버드 대학교 학생들은 그 이후 아주 일부만 교정에 돌아왔다. 학교 직원들은 국토안보부가 정하는 '필수적인' 노동자가 아니면 집에서 일하라는 지침을 받았다. 이렇게 해서 미국은 'DC[During Corona, 코로나 시대]'로 들어갔다.

팬데믹이 몰고 온 경제적 재앙은 일반적인 불황에서는 잘 볼 수 없었던 방식으로 남성보다 여성에게 더 영향을 미쳤다. 여성들의 일자리는 주로 서비스직이어서 이제까지는 제조업의 해외 이전과 무역에서의 중국 쇼크, 또 자동화 추세로부터 보호될 수 있었다. 그런데 이번에는 서비스 분야, 가령 숙박, 여행, 개인 서비스, 식당, 유통 등의 일자리가 크게 타격을 입었다. 대면 서비스는 '사회적 거리두기'의 세계에서 설 곳이 없었다. 실내 노동이 실외 노동보다 덜 안전해졌다. 건설 부문은 회복되었고 대부분의 제조업도 그랬다. 가장 크게 타격을 입은 여성들은 대학 이하 학력을 가진 여성들과 싱글 맘들이었지만 대졸 여성들도 실업률이 크게 높아졌고 경제활동 참가율은 떨어졌다.

BCE 세계에서도 그랬듯이 대졸인 부모들은 다른 이들보다 비교적 무난하게 이 시기를 넘겨왔다. 재택근무가 더 가능한 업종에 종사하고 있을 가능성이 크기 때문이다. 직업별 업무 속성에 기초해 나온 추산치에 따르면, 코로나 이전에 대졸 근로 여성(25-64세)의 62%

정도가 재택이 가능한 일에 종사하고 있었다.[11] 그리고 2020년 5월 상시인구조사 데이터에 따르면 60%가 코로나 시기에 실제로 재택근무를 하고 있었고 남성도 비슷한 비중이 재택으로 일하고 있었다.[12] 대학을 중퇴한 여성들 중에서는 42%가 재택이 가능한 업종에 종사하고 있었고 대학에 가지 못한 여성들은 34%만 재택이 가능한 업종에 종사하고 있었다. 그리고 코로나 도중인 2020년 5월에 대졸이 아닌 여성 중 실제로 재택으로 일하고 있다고 답한 비중은 23%에 불과했다.

직종의 특성을 볼 때 대졸자들은 록다운에 어느 정도 대비가 되어 있었지만, 대졸이 아닌 사람들은 최전선의 필수 노동자이거나 일시 해고되었거나 아예 해고되었다. 언제나 실업률은 대졸자 사이에서 가장 낮았다. 경제가 매우 타격을 입었던 2020년 4월에 전국 실업률은 두 자릿수로 치솟았지만 35-44세 대졸 여성의 실업율은 7%였고 추가적인 5%가 "고용 상태이지만 일을 하지 않는" 중이었다.[13] 대졸이 아닌 사람들의 실업률은 두 배가 넘는 17%였고 추가적인 10%가 고용 상태이지만 일을 하지 않고 있었다.

DC 시기에 재택근무를 할 수 있는 역량은 아주 중요했다. 하지만 시도 때도 없이 일할 수 있어야 했고 클라이언트나 상사가 찾을 때는 즉시 응답이 가능해야 했다. 또 집에서는 업무에 지속적으로 방해를 받을 수밖에 없었다.

DC 시기에 미취학 아동이나 학령기 아동이 있는 대부분의 부모에게 가정에서의 시간 부담이 압도적으로 증가했다. 모두가 집에서 더 힘들게 일했다. 아이가 있는 사람들에게 집은 이제 어린이집을 겸해야 했고 아픈 가족이 있는 사람들에게 집은 이제 병의원을 겸해야 했다. 방해 없이 직장 일을 할 수 있는 시간이 급격히 줄어들었다.

그리고 DC 시기를 지나 오늘날 미국인은 AC/DC의 시기, 즉 '코로나 이후[After Corona, AC]와 코로나 도중이 섞인 시기'로 접어들었다. 여러 가지 면에서 코로나 이후라고도 볼 수 있지만 또 여러 가지 면에서 여전히 코로나 도중이기 때문이다. 어떤 기업은 다시 문을 열었고 어떤 학교와 어린이집도 다시 문을 열었다. 하지만 많은 학교가 부분적으로만 문을 열었고 어떤 곳은 아직 원격 수업을 한다. 아이가 있는 부부에게 하이브리드 수업이나 원격 수업은 아이가 집에 있어야 한다는 의미이고, 공부를 조금이라도 하게 하려면 부모 중 한 명이 들여다봐야 한다는 의미다. 그리고 우리가 살펴본 여정이 실마리를 준다면, 그 부모는 여성일 가능성이 크다.

DC 시기 동안 아이에게 들이는 시간이 정확히 얼마나 늘었고 바깥일에 들어간 시간이 정확히 얼마나 줄었는지는 전국적으로 대표성 있는 대규모 표본 데이터를 통해서는 아직 알기 어렵다. 시간 사용을 분석할 때 많이 사용되는 '미국인 시간 사용 조사ATUS'는 2020년 3월에 조사가 중단되었고 5월까지 다시 시작되지 못했다. 이 데이터가 나오는 데는 시간이 걸릴 것이다.

나는 ATUS에서 18세 미만의 자녀가 적어도 한 명 있으며 고용 상태에 있는 대졸 부부의 '표본' 가구를 뽑아서 BCE 시대의 시간 사용을 추산해 보았다.[14] 록다운 이전에 이 표본의 엄마들은 부부가 아이에게 쓰는 합산 평균 시간의 61%를 담당하고 있었다.[15](여성은 식사 준비, 청소, 빨래의 70%도 담당했다). 다른 조건은 비슷하고 고용 상태가

아닌 엄마들은 74%를 담당하고 있었다.[16]

록다운 기간에 학교가 문을 열지 않고, 어린이집은 제한적으로만 문을 열고, 많은 육아 및 가사 도우미 노동자들이 일시적으로 일을 쉬게 되면서, 부모가 아이에게 들여야 하는 시간이 크게 늘었다. 주중에 부모들은 아이가 시간을 어떻게 보내는지 살펴야 하고, 숙제를 도와야 하고, 저 멀리 스크린 속에 있는 교사의 역할을 대신해야 했다.

이 표본에 있는 엄마들에게 코로나 록다운이 미친 즉각적인 영향은 아이와 보내는 시간이 두 배가 된 것이었다.[17] 하지만 양친이 있는 가구에서 부모가 아이와 함께 보내는 시간 전체 중 엄마가 담당하는 시간의 '비중'은 줄었다. 아빠들도 집에 있었기 때문이다. 그리고 아빠들도 록다운 전에 비해 아이와 보내는 시간이 크게 늘었다. 2020년 4월에 수행된 조사 결과, 엄마들은 아이와 보내는 시간이 1.54배 늘었고 아빠들은 1.9배 늘었다. 여기에 더해, 적어도 한 명의 초등학생 혹은 중학생 자녀가 있는 부모는 아이의 원격 교육을 돕는 데 각각 주당 4시간을 추가로 더 들였고 가장 어린 자녀가 고등학생인 경우에는 각각 2시간을 더 들였다.

예상하다시피 영아가 부모의 시간을 가장 많이 가져갔다. 록다운 전에 영아가 있는 부부는 주당 총 42시간을 아이 돌보는 데 들였고 그 시간의 66%를 엄마가 담당했다. 그런데 록다운 동안 주당 부부의 총 육아 시간은 70시간으로 크게 늘었지만 엄마가 담당하는 비중은 61%로 낮아졌다.[18] 절대 시간으로는 28시간에서 43시간으로 늘어난 것이었지만 말이다.

가장 어린 자녀가 초등학생이거나 중학생인 경우에는 엄마가 육아와 원격 교육 지원에 쓰는 시간이 주당 9시간에서 17시간으로 늘었다.[19] 하지만 위에서와 마찬가지로, 부부 모두 아이에게 쓰는 시간이 크게 늘어서 그중 엄마가 들이는 시간의 비중은 록다운 전에 60% 정도였다가 록다운 중에는 50%가 약간 넘는 정도로 낮아졌다.

록다운이 부부간 공평성에 도움이 되었나보다 싶을지도 모르겠다. 부부 전체의 육아 및 원격 교육 지원 시간에서 엄마가 차지하는 비중이 아빠가 들이는 시간이 늘면서 감소했으니 말이다. 또한 코로나가 끝나면 이 경험을 통해 아빠들이 전보다 아이와 많은 시간을 보내고 싶어 하게 되고 가정의 일에 더 많이 참여하게 되리라는 기대도 해 보게 된다. 하지만 우리는 아직 알지 못한다.

우리가 아는 것은, 양친이 있는 가구에서 엄마가 육아에 쓰는 시간의 상대적인 비중이 줄긴 했지만 육아와 가사 노동 부담이 절대적으로 어마어마해졌다는 것이다. 아빠에게도 거의 비슷하게 어마어마해졌지만, 여성이 일상적인 집안일과 음식 준비, 빨래 등을 더 많이 하므로 직장 일을 할 수 있는 시간이 남성보다 훨씬 더 많이 쪼그라든다. 영국에서 수행된 한 조사에 따르면 2020년 4월에 워킹맘은 직장 일을 하는 시간의 절반 정도에 방해를 받았다.[20]

AC/DC 시기인 지금은 어떤 일이 일어나고 있는가? 학교가 일부 문을 열고, 어린이집이 꽤 많이 문을 열고, 몇몇 회사들이 다시 문을 열었을 때, 어떤 일이 벌어지고 있는가? 어린이집과 학교가 일부 접근 가능하게 되었으므로 전체적인 육아 부담은 피크였던 DC 시기와 가장 낮았던 BCE 시기의 중간 정도가 되었을 것으로 예상해 볼 수 있다.

실증 근거는 아직 없지만, 여성의 육아 부담 시간은 대략 동일하게 유지되고 부부가 육아에 사용하는 시간 중 여성의 상대적인 비중은 증가했을 것이다. 학교와 어린이집이 일터보다 더 조심스럽게 열리고 있기 때문이다. 따라서 일부 노동자는 회사로 (완전히 또는 재택근무를 병행하며) 돌아갈 수 있었겠지만 다른 노동자는 아이가 집에 있으므로 집에 있어야 했을 것이다. 어린이집과 학교가 일부 문을 열어서 엄마들이 얻게 된 이득은 배우자가 일터로 돌아가게 되면서 사라졌을 것이다.[21]

어린이집과 학교가 일부 문을 연 것의 이득은 불균등하고 들쭉날쭉하게 분배되었다. 어린이집은 대체로 문을 열었고 일시적으로 돌봄 노동자를 안 쓰던 많은 가구가 이들을 다시 고용했다. 하지만 내가 이 글을 쓰는 지금, 2021년 3월 학년도의 마지막이 되어서도 미국의 큰 학교지구 중 많은 곳이 여전히 완전하게 문을 열지 않았다. '곧' 그렇게 하겠다는 계획만 있을 뿐이다. 어떤 곳은 열었다가 갑자기 다시 닫아서 수만 명의 아이들이 다시 집으로 돌아왔다. 집집마다 다급하게 외부와 격리된 집 안에서 부모 중 한 명 또는 고용한 과외 교사가 책임을 지고 대면이나 온라인으로 공부 공간을 만들어야 했다.

기업, 사무실, 기타 다양한 기관이 문을 열었고 노동자들은 집을 떠나 예전의 일터로 (조심스럽게나마) 출근할 수 있게 되었다. 하지만 아이가 있는 가정은 부부 중 한 명이 여전히 집에 있어야 한다. 학교가 아직 부분적으로는 원격으로 돌아가기 때문이다. 그리고 여전히 적어도 한 명은 가정의 일에 온콜 상태여야 한다.

부부 모두 여러 이유에서 사무실에 다시 나가고 싶을 수 있다. 사무실에서는 업무 과정에서 더 많은 것을 배울 수 있을 것이고, 수익성이 높은 클라이언트와 더 많은 시간을 보낼 수 있을 것이며, 더 흥미로운 프로젝트가 배정될 수 있을 것이다. 동료들과도 대면으로 접촉하면서 더 효과적으로 일할 수 있을 것이다. 구구단을 익히려 애쓰는 아이가 같은 공간에 없으니 일하다 방해를 받는 일도 없을 것이다.

부부 모두 계속 재택근무를 할 수도 있을 것이다. 이사벨과 루카스가 둘 다 유연성이 큰 일자리를 가질 수도 있었던 것처럼 말이다. 하지만 이사벨과 루카스처럼 소득을 포기해야 한다. 한쪽이 집에서 일하고 다른 쪽이 사무실로 가는 경우에 비해 당장은 그리 크게 소득이 차이나지 않을지도 모르지만, 사무실로 가기로 하는 쪽은(때로 재택근무를 한다 해도) 경력에서 더 큰 이득을 얻을 것이다. 많은 추측이 나오고 있지만, 코로나로 인해 강제로 하게 된 이 실험의 결과가 어떻게 나올지 우리는 아직 모른다.

역사에서 내내 볼 수 있었듯이, 여기에서도 새로운 버전의 옛 정상으로 돌아가는 사람은, 즉 일부라도 사무실로 출근하는 사람은 남성일 것이다. 하지만 확실하지는 않다. 2020년 9월 상시인구조사 CPS에 특별히 포함된 질문에 대한 조사 결과를 보면 대졸자 전체 표본에서 60%가 적어도 일부라도 일터로 돌아간 것으로 보인다.[22] 또한 남성이 여성보다 사무실로 더 많이 돌아갔다. 하지만 실증 근거는 아직 충분하지 않다. 코로나로 인해 강제로 재택근무 실험을 하고 나서 기존의 젠더 규범이 달라질 가능성, 사무실로 돌아가지 않는 것의 불이익이 줄어들 가능성에 대한 희망도 물론 존재한다.

경제 영역 중 어떤 곳은 직원을 다시 사무실로 출근하게 하려는 압력이 매우 강하다. 골드만삭스의 데이비드 솔로몬David Solomon은 금융 중개인들이 사무실로 출근하도록 독려했다. UBS 그룹의 CEO 이던 세르지오 에르모티Sergio Ermotti는 "직원들이 집에 있으면 은행이 응집성과 문화를 유지하기 어렵다"고 말했다.[23] 대형 부동산 기업의 한 CEO는 (아마도 으름장이겠지만) "일터로 돌아오지 않는 사람은 기회를 놓칠 것"이라고 말했다.[24]

경제가 불완전하게나마 서서히 열리면서 부부가 아이와 보내는 시간 전체는 다소 줄었지만 여성이 지는 부담은 대체로 달라지지 않았을 것이다. 그래서 표본 가구에서 여성이 육아와 원격 수업을 돕는 데 쓰는 시간은 DC와 AC/DC 시기 모두에 계속해서 BCE 수준의 1.7배였다.[25] 아이에게 들어가는 전체 시간이 증가했는데 도움을 기대할 수 있는 배우자가 (때로 재택근무를 하면서도) 회사로 돌아갔으므로, 부부가 아이에게 쓰는 시간 전체 중 엄마[대졸 워킹맘]가 담당하는 부분의 비중은 BCE 시기의 60%에서 AC/DC 시기에 73%로 증가했다.

육아 분담에서의 부부간 불공평은 어제 오늘 생겨난 것이 아니다. 승진 구조가 코로나 때문에 갑자기 '올라가거나 나가거나' 시스템이 된 것도 아니다. 그보다, 코로나 바이러스의 세계는 기존에도 있었던 문제의 영향을 증폭시켰다. 커리어의 후퇴는 남편보다는 아내에게, 아빠보다는 엄마에게 훨씬 많이 일어났고 앞으로도 그럴 것이다.

해법

대졸 여성들이 받은 경제적 타격의 상당 부분은 돌봄 영역이 문을 닫은 데서 기인한다. 잘 돌아가는 돌봄 영역이 없으면 경제 영역은 삐걱거린다. 학교가 계속 삐걱거리면 많은 부모가, 특히 여성이 효과적으로 일할 수 없을 것이다. 아예 일을 못할지도 모른다. 코로나 팬데믹은 돌봄 영역이 경제 영역의 운명을 결정 지을 최초의 주요 경제 불황이었다. 다른 때는 경제 불황이 이렇지 않았다. 하지만 이제는 여성이 미국 노동력의 절반을 차지하고 있기 때문에 그렇게 되었다.[26]

1930년대의 대공황 때는 이번 팬데믹에 비해 실업과 경제적 산출의 상실이 훨씬 컸다. 1935년부터 노동진보국Works Progress Administration, WPA은 뉴딜을 추진하면서 저소득층 2-4세 아이를 위한 어린이집들을 세웠다. 이 프로그램에는 여러 목적이 있었다. 미국의 가장 가난하고 취약한 시민들이 영양가 있는 식사와 의료서비스, 그리고 기본적인 교육을 제공받을 수 있게 했다. 또 일시적으로 실직 상태에 처한 교사와 양호 교사를 고용했다. 그런데 어린이집 덕분에 엄마들이 일을 할 수 있게 되긴 했지만 이 프로그램이 이것을 염두에 둔 정책은 아니었다.

1930년대에는 돌봄 영역이 경제 영역과 긴밀하게 얽혀 있다는 개념이 성립되지 않았다. 사실 1935년에 옴니버스 사회보장법Omnibus Social Security Act은 부양 아동이 있는 가정에 대한 지원책 부양아동지원Aid to Dependent Children, ADC을 의도적으로 포함시켰고, 1962년에 부양아동가족보조Aid to Families with Dependent Children, AFDC로 이름이 바뀌었다. 이것이 우리가 한때 알고 있었던 복지 시스템이다. ADC는 여성이 일을 할 수 있게 아동 돌봄을 보조하는 것이 아니라 여성이 일을 하지 않아도 되도록 돈을 지급했다. 흑인 여성이 백인보다 더 많이 고용 상태에 있었으므로 이 프로그램은 주로 백인 여성을 위한 것이었다. 백인 여성이 노동시장에서 돈을 받고 일할 수 있어야 한다는 개념이 없었던 것이다. 그보다, 가난한 백인 아이에게 엄마의 돌봄이 필요하므로 엄마에게 육아 비용을 지원해야 한다는 개념이었다. 이것은 오늘날 우리가 듣는 이야기가 아니다.

1930년대에는 아이가 있는 여성들 사이에서 (특히 백인 여성들 사이에서) 경제활동 참가율이 너무 낮아서 여성의 고용은 중요한 경제적 지렛대로 고려되지 않았다. 앞에서 보았듯이, 신체가 멀쩡한 남편이 있는 여성은 일자리를 가질 것으로 기대되지 않았고 결혼 퇴직 등 여러 제도와 사회적 규범에 의해 일자리를 갖지 않도록 독려되었다. 제2차 세계대전을 겪으면서 비로소 미국인들이 경제 영역을 돌봄 영역과 연관 짓기 시작했지만 이때도 비상 상황에서의 임시방편으로만 생각했다.

1943년에 통과된 랜햄 법Lanham Act은 엄마가 일을 하는 2-4세 아동을 위해 어린이집을 세웠고[27] 이 엄마들 상당수가 유명한 카이저 조선소를 비롯해 전쟁 관련 기업에 고용되었다. 이러한 어린이집이 없었으면 미취학 아동을 둔 여성 대부분은 일을 할 수 없었을 것이고, 전쟁 수행 노력에 차질을 빚게 되었을 것이다. 오늘날까지도 랜햄 법은 미국에서 소득과 상관없이 아이가 있는 워킹맘을 위해 어린이집을 보조한 유일한 전국 단위 입법 사례로 남아 있다.

오늘날 돌봄 영역과 경제 영역은 명백하게 상호의존적이다. 학교가 완전히 다시 열리기 전까지는 많은 여성들이 일을 효과적으로 할 수 없고 아예 일을 못할지도 모른다는 것은 이제 모두가 알고 있는 바다.

미국은 어린아이를 돌보는 것이 공동체의 책임이라는 개념을 적극적으로 받아들인 적이 없다. 덴마크, 프랑스, 스웨덴 등 다양한 국가에서 아이를 돌보는 데 매우 많은 정부 보조가 이뤄지며 이 국가들에서는 여성의 경제활동 참가율이 미국보다 높다. 코로나 이전에 미국에서도 이와 관련된 정책에 일련의 변화가 있었다. 6개 주에서 [돌봄이 필요한 가족이 있을 경우 사용하는] 가족 휴직과 의료 휴직이 확대되었고 워싱턴D.C.와 10여 개의 다른 주에서도 그러한 법안이 제출되었다. 저소득 노동자가 많은 월마트 같은 곳도 포함해 많은 회사가 가족 휴직 정책을 도입했다. 주 당국과 도시 당국도 유아를 위한 프로그램과 방과 후 프로그램을 확대했다.

오늘날에는 남편이 육아에 동참하게 하는 것이 해법의 매우 중요한 부분이지만 늘 이렇지는 않았다. 과거에는 아무리 집안일을 잘 돕는 남편이라 해도 기업과 대학과 정부가 두고 있는 제약과 장벽들을 아내가 피하게 해 줄 수는 없었다. 1912년에 지질학 박사 학위를 받은 프랜시스 블리스 노프Frances Bliss Knopf는 동료 지질학자이자 예일대 교수인 아돌프Adolph와 결혼했다. 하지만 예일대가 여성을 채용하지 않았기 때문에 교수가 될 수 없었다. 프랜시스는 미국 지질학 조사 연구소US Geological Survey에서 연구를 계속했고 때로는 남편의 사무실에서도 연구했다. 남편의 회고록에 따르면 "둘 다 별도의 분야에서 권위자"였지만[28] 그는 그의 이름을 딴 산(Mount Adolf Knopf, 아돌프 노프 산)이 있고 프랜시스는 없다.

커리어가 있는 몇몇 여성은 남편 회사에서 일하거나 스스로 사무실을 열었다. 제니 로이트먼 배런Jennie Loitman Barron은 1914년에 변호사 시험에 통과하고 변호사 사무실을 개업했다.[29] 어린 시절 첫사랑(그리고 역시나 변호사)과 결혼했고 둘은 의기투합했다. 이들은 세 아이를 낳았고 1918년에 '배런 앤 배런' 법률 사무소를 열었다. 이 이름은 1934년에 제니가 매사추세츠주 법무차관으로 지명될 때까지 유지되었다. 새디 모벨 알렉산더도 앞에서 언급했듯이 남편의 변호사 사무실에서 일했다.

제약적인 결혼 생활을 깨고 나올 강단과 경제적 능력이 있는 여성은 거의 없었다. 엘리자베스 케이디 스탠튼Elizabeth Cady Stanton의 손녀 노라 블라치Nora Blatch는 그렇게 할 수 있었던 드문 사례이다. 노라는 미국에서 토목공학을 전공한 최초의 여성이고 코넬 대학에서 공학 학위를 딴 최초의 여성이다.[30] 노라는 라디오 튜브 발명가인 남편 리 드 포레스트Lee de Forest가 일을 그만두라고 해서 이혼했고 1919년에 해군 건축가 모건 바니Morgan Barney와 재혼했다. 하지만 이는 예외적인 경우다. 결혼한 여성 중 커리어를, 아니 일자리라도 갖고 싶은 사람은 많이 있었겠지만 대부분 제약적인 결혼 생활을 떠나지 못했고 우리에게 기록도 남기지 못했다.

차차 여성에게 문이 열려서 1950년대에는 더 많은 일자리가 접근 가능해졌다. 집단3의 여성들에게 일생 중 먼저 가정을 꾸리고 그다음에 일자리나 커리어를 가질 수 있는 가능성이 확대되었다. 어떤 남편들은 자녀를 대학에 보내고 주택 대출금을 갚는 데 도움이 될 추가적인 소득의 유혹에 저항하기 쉽지 않았을 것이다. 또 여성의 교육 수준이 높아지면서 아내의 커리어에 반대하는 남성들은 수세에 몰렸고 그들도 마침내 동의했다. 예외적인 몇몇 경우에는 양보 차원이 아니라 적극적으로 아내의 커리어를 지지하고 지원했다.

마티 긴스버그Marty Ginsburg는 아내 루스가 뛰어난 사람이라는 사실을 매우 좋아했다. 그는 "내가 했던 가장 중요한 일은 루스가 자신이 했던 일을 할 수 있게 한 것"이라고 말했다.[31] 많은 면에서 그들은 전형적인 집단3 세대이기도 했다. 두 사람은 대학에서 만났고 1954년에 졸업하자마자 결혼했다. 그리고 일 년 뒤에 첫아이를 낳았다. 루스는 마티가 뉴욕으로 직장을 옮겨서, 그리고 마티가 "뉴욕의 로펌에서 5년 안에 파트너가 될 결심을 갖고 있었기 때문에" 하버드 로스쿨을 다니다가 컬럼비아 로스쿨로 편입해야 했다.[32] 집안일은 루스가 맡았다. 하지만 동시대인과의 유사점은 여기에서 끝난다. 집단3 세대의 부부들 대부분에게는 아내의 커리어가 남편 커리어의 뒷전이었지만 이들은 그렇지 않았다.

1964년에 진행된 조사에서 1961년에 대학을 졸업한 남녀의 4분의 3은 남성의 커리어가 여성의 커리어보다 우선해야 한다고 답했다.[33] 하지만 변화가 일어나고 있었고 1980년이면 성별을 막론하고 대졸자의 60% 정도(1964년의 25%에서 크게 증가한 것이다)가 남편과 아내가 커리어(혹은 "좋은 일자리")를 가질 동등한 기회를 가져야 한다고 답했다.[34] 그리고 1998년이면 이렇게 답한 사람이 85%가 넘었다. 1998년은 이 조사에 이 질문이 포함된 마지막 연도다.

아내들이 자신도 커리어를 원한다고 주장하기 시작한 변화의 속도만큼이나 빠른 속도로 남편들도 아내의 커리어 활동을 지지하는 쪽으로 이동했다. 열망과 목표에 대대적인 변화가 생겼다. 하지만 현실에서는 이전 세대가 직면했던 가시적인 유형의 장벽은 아니지만 그에 못지않게 강력한 또 다른 종류의 장벽을 뚫고 나가야 했다.

여성들이 커리어, 가정, 공평성을 달성하려면 여성들이 회사에 요구하는 것과 동일한 것을 남성들도 회사에 요구해야 하고 여성들이 일터에서 더 많은 책임을 맡을 수 있도록 남성들이 집에서 더 많은 책임을 맡아야 한다. 몇몇 고소득층 부부는 누가 커리어에 집중할 것인가의 문제에 대해 '번갈아' 하기로 결정함으로써 이를 달성했다. 델의 최고 고객관리담당 경영자 캐런 퀸토스Karen Quintos는 이를 위해 자신과 남편이 "둘 다 타협을 해야 했다"고 언급했다.[35] 비슷하게, 그로밋의 창립자이자 CEO인 줄스 피에리Jules Piere는 가정 생활을 남편과 "번갈아 리드하며" 추는 "발레"라고 표현했다.

마리사 메이어Marissa Mayer는 야후 CEO일 때 쌍둥이를 임신한 것으로도 유명한데, 아이가 어릴 때는 여성이 종종 경력을 늦추지만 나중에는 "커리어가 이륙한다"고 언급했다.[36] 하지만 현실의 실제 사례들을 보면 설령 나중에 커리어가 회복되더라도 높이 올라가지는 못하는 경우가 많다. 그림 7.1에서 보았듯이 아이가 있는 여성은 40대와 50대에 남성 대비 고용과 소득 비율이 올라가긴 하지만 남성을 따라잡는 데는 한참 미치지 못한다.[37] 노동시장에 돌아갈 수는 있을지 몰라도 많은 경우에 커리어가 도약하지는 못한다.

더글러스 엠호프Douglas Emhoff는 완벽한 역할 모델이다. 그는 최초의 '세컨드 젠틀맨'[부통령의 남편]으로서, 세컨드 레이디[부통령의 아내]가 늘 해 왔던 일을 하고 있다. 미국을 이끄는 사람을 위해 어깨를 대어 주고 티슈를 준비해 주고 공감해 주고 이야기를 들어주면서 '내조'를 하는 것이다. 그는 미국 부통령이 된 슈퍼우먼과 결혼한 남성이 할 수 있는 남자다운 일이 무엇인지 보여 준다. 아내를 질투하는 것이 아니라 자랑스러워하고 아내의 일을 방해하는 것이 아니라 아내가 일을 더 잘하도록 지원하는 법을 남성들에게 보여 주는 것이다. 우리에게는 이러한 역할 모델이 더 필요하다.

남성들이 직장에서 맹렬하게 달려드는 것을 줄이고, 다른 남성 동료들이 육아 휴직을 갈 때 지원해 주고, 아동 돌봄을 보조하는 정책에 투표를 하고, 가정이 그들의 일보다 더 가치 있을 수 있다는 점을 자신의 회사에 알려서 회사가 탐욕스러운 노동 구조를 바꾸도록 압력을 넣어주어야 한다. 남성들이 인구의 나머지 절반인 여성들의 여정에 함께 하지 않는다면 꿈은 현실이 되지 않을 것이고 열망은 쉽게 실현되지 않을 것이다.

우리는 팬데믹에서 벗어날 것이다. 하지만 일터, 식당, 영화관, 공항, 호텔, 파티, 스포츠 경기장, 결혼식이, 그리고 우리의 삶 자체가 BCE 시기와 비슷해지려면 아주 오랜 시간이 걸릴 것이다. 대졸 여성들의 여정도 계속될 것이다. 우리는 코로나가 막 커리어에 진입한 사람들에게 어떤 피해를 끼쳤는지 아직 알지 못한다. 부부 모두가 재택 근무를 하도록 한 '강요된 실험'의 결과가 성별 역할 규범을 바꾸게 될지, 그래서 노동이 조직되는 양상과 구조가 달라질지도 아직 알지 못한다. 하지만 과거에 달성해 온 것이 무엇인지는 알고 있다. 과거에 무엇이 여성의 발목을 붙잡았는지도, 또 무엇이 여전히 여성을 뒤로 붙잡고 있는지도 알고 있다.

우리는 집단1에서부터의 여정을 살펴보았다. 그들은 커리어와 가정이라는 두 가지 목적 사이에서 양자택일의 선택을 했다. 그리고 마지막 세대인 집단5는 둘 다 이루려 하고 있으며 종종 성공한다. 새디 모젤 알렉산더는 전문 학위를 받았지만 자신이 원하는 분야에서 직업을 가질 수 없었다. 헤이즐 커크와 마가렛 리드는 암묵적으로 가정보다 커리어를 우선순위에 놓았다. 둘 다 가질 수는 없었기 때문이다. 이 세대의 대부분은 당대의 제약이 유발하는 결과를 받아들였고 도로시 울프 더글러스 같은 몇몇 사람들은 당대의 제약에도 불구하고 비상했다. 또 저넷 랭킨과 아멜리아 이어하트는 어느 순간에는 의기양양하게 비상했지만 어느 순간에는 기세를 잃었다.

어떤 이들은 충분히 긴 인생을 살아서 '연쇄적인 삶'을 구성할 수 있었다. 에이다 콤스톡은 60대 후반에 결혼했다. 베이비 붐 세대 엄마인 집단3의 여성들은 생애 동안 여러 국면의 삶을 거치면서 시대와 함께 변화했고 나아가 역사를 바꾸었다. 어마 봄벡, 진 커크패트릭, 필리스 슐래플리, 베티 프리단[엄밀히는 집단2의 마지막에 속하지만 집단3과 많은 특성을 공유하고 있으며 그가 글에서 묘사한 세대도 집단3을 염두에 두고 있다] 등이 이 세대의 여성이다.

많은 이들이 여성의 고용을 제약하는 법과 규제, 또 회사나 기관의 정책에 맞닥뜨려 있었다. 여성들은 변화를 위해 싸우고 승리했다. 애니타 랜디와 밀드리드 배스텐 같은 사람들의 노력은 제2차 세계대전 이후에 많은 학교지구에서 결혼 퇴직이 없어지게 하는 데 혁혁한 공을 세웠다.

피임약의 어머니 마가렛 생어와 캐서린 덱스터 매코믹은 '조용한 혁명'이 깨어나는 데 지대한 역할을 했다. 이로써 집단4가 집단3과 뚜렷이 구분되게 되었다. 메리 타일러 무어가 연기한 메리 리처즈는 결혼과 출산을 늦출 수 있었던 독립적인 젊은 여성의 상징적인 인물이었다. 또한 많은 여성들처럼 그도 일터에서 모욕적인 처우를 경험했다. 릴리 레드베터는 성희롱, 신체적 정신적 피해, 고용 차별, 임금 차별 등 훨씬 더 심각한 상황을 견뎌야 했다. 수십 년 뒤에서야 레드베터는 승리를 선언할 수 있었다.

하지만 우리는 일터에서의 처우만이 문제가 아니라는 것도 알 수 있었다. 가정에서의 부부간 공평성의 문제도 있었다. 커리어가 있는 많은 여성이 "아이 갖는 것을 까먹고 있었다." 티나 페이도 그가 출연한 TV 프로그램과 영화 속 역할들에서 거의 그럴 뻔했다.

집단4의 여성들은 결혼과 가정을 미루고 커리어 달성을 인생의 우선적인 목표로 삼았다. 힐러리 로댐이 빌 클린턴과 결혼한 것은 28세였다. 집단5의 여성들은 결혼을 이보다도 더 늦췄다. 클린턴에 이어 뉴욕 상원의원이 된 커스틴 러트닉Kirsten Rutnik은 35세에 조나단 질리브랜드Jonathan Gillibrand와 결혼했다. 에이미 클로부셔Amy Klobuchar는 33세에, 아주 많은 '최초' 타이틀을 달고 있고 미국 부통령이 된 카

말라 해리스Kamala Harris는 50세에 결혼했다.

저넷 랭킨에서부터 출발한 여정을 살펴보면서 여러 혼란스러운 논의들이 명료해지자 매우 고학력인 여성도 남성만큼 커리어의 진전을 이루는 데 여전히 고전하고 있는 근본적인 이유 하나가 우리 눈앞에 명확하게 드러났다. 아동 돌봄, 노인 돌봄, 가족 돌봄을 여성이 압도적으로 많이 떠맡아야 하는데 직장의 일은 탐욕스러운 구조여서 가장 일을 많이 하는 사람이 가장 많은 것을 얻게 되어 있다. 그리고 아이가 있는 부부들은 젠더 역할 규범이 여전히 적용되고 있는 세계에서 나름의 최적화를 위한 의사결정을 내려야 한다.

코로나로 강제된 재택근무의 경험은 앞으로 유연한 노동을 선택할 때 감수해야 하는 비용을 낮춰 줄 백신이었을까? 재택근무로의 전환은 생각보다는 순조로웠다. 그리고 많은 사람이 재택근무를 지속하고 싶다고 말한다. 학령기 아동이 있는 사람들 중 절반은 집에서 방해 없이 일에 집중하기가 힘들다고 했지만, 학교가 다시 완전히 문을 열면 이 문제는 해소될 것이다. 재택근무를 하는 대졸자 중 46%가 일하는 시간을 더 유연하게 조정할 수 있었다고 답했다.[38] 적어도 단기적으로는, 유연성을 갖기 위해 노동자가 감수해야 했던 비용이 줄어든 것 같아 보인다.

재택이 가능한 종류의 일을 하는 사람 대다수는 팬데믹이 끝나도 일주일에 적어도 이틀은 집에서 일하고 싶다고 말한다. 이것이 생산성과 전반적인 비용에 얼마나 영향을 미칠지는 아직 명확하지 않다. 재택으로 일해 본 사람들은 더 생산적이었다고 생각하지만 장기적인 영향은 아직 알 수 없다. 혁신은 협업에서 나오는 아이디어를 필요로 한다. 회사들이 비용 절감을 위해 사무실 공간을 줄이고는 있지만, 어떤 기업들은 벌써부터 사무실에 더 많이 출근하는 직원이 더 큰 이득을 얻게 될 것이라고 내비치고 있다.[39]

현대의 많은 문제가 그렇듯이 이 문제에도 불확실성이 가득하다. 이 고난의 시험대가 우리 사회의 불평등을 사람들이 명확히 인식하도록 드러내고 노동과 돌봄의 새로운 방식을 제시함으로써 변화의 촉매 역할을 할 수 있으리라는 희망도 있다. 학교는 아직 원격수업을 하고 사무실은 부분적으로만 열리고 있지만, 팬데믹에서 서서히 벗어나면서 우리는 현실에서 여성의 커리어가 어떻게 피해를 입고 있는지 실시간으로 보고 있다. 오래전에 내가 선견지명이 없어 미처 주의를 기울이지 못했던 "고대인 중 한 분" 마가렛 길먼 리드는 돌봄 영역이 경제 영역에 얼마나 중요한지 잘 알고 있었다. 이제 우리는 리드를 비롯해 많은 여성들이 우리에게 넘겨준 바통에 더 주의를 기울여야 한다. 또한 우리는 현재 우리가 가진 노동 구조를 고쳐 나가면서 지난 한 세기의 여정이 전진해 온 길에 우리 몫의 길을 닦아야 한다. 나의 학생과 그 밖의 많은 여성들이 커리어도 가지면서 "내가 원하는 것을 원하는 남자"도 만날 수 있게 말이다.

2021년 3월
매사추세츠주 케임브리지

감사의 글

내가 하버드 대학에서 강의를 하기 시작한 30년 전쯤 전에 학생들은 커리어에 대해, 그리고 가정을 꾸리는 것에 대해 그들이 가진 열망과 포부를 이야기하고 싶어 했다. 이들의 미래에 대해 과거가 말해 주는 것은 무엇일까? 나는 답을 가지고 있지 못했다. 당시는 내 전작《젠더 갭의 이해*Understanding the Gender Gap*》가 막 출간된 직후였는데 이 책에서 나는 미국 역사를 거치면서 여성의 경제활동 참가가 증가하고 있다는 점은 다루었지만 대학 교육을 받은 여성들이 어떻게 개인적인 삶의 측면과 직업적인 커리어의 측면에서 성공을 추구하고 있는지는 다루지 않았다. 나는 더 알아보아야 했다.

학생들의 질문에 자극을 받아서 1992년에 〈미국 여성의 삶에서 대학이 갖는 의미: 지난 100년의 역사The Meaning of College in the Lives of American Women: The Past Hundred Years〉라는 논문을 썼다. 이 책의 구분으로는 집단1, 집단3, 집단5에 해당하는, 서로 다른 시기 대졸 여성들의 경험을 다룬 논문이었다. 한두 해 뒤에 노동경제학자이자 내 코넬 대학 학부 동창생인 프랜신 블라우Francine Blau가 논문 내용을 확장하고 집단4(프랜신과 내가 여기에 속한다)를 포함해서 그가 준비하고 있던 컨퍼런스에서 발표를 해줄 수 있겠냐고 물어 왔다. 그렇게 해서 〈커리어 그리고 가정: 대졸 여성들, 과거를 보다Career and Family: College

Women Look to the Past〉(1997)라는 논문이 나오게 되었다. 먼 은하에서 출발한 빛이 수조억 년이 지나 지구에 도달하는 것처럼, 이 두 개의 옛 논문이 이 책의 토대가 되었다.

그 이후로 교육의 역사, 그리고 교육과 기술 변화가 경제 불평등 증가에 미친 영향에 대해 연구하느라 위의 연구는 한참 동안 지속하지 못했지만, 젠더에 대한 관심을 잃은 적은 없었다. 특히 피임약이 미친 강력한 영향, ['미즈'라는 호칭이나 결혼 전 성의 사용과 같은] 이름의 변화가 보여 주는 사회적 변화, 차별에 대한 '오염 이론', 남녀 공학 대학의 역사, '조용한 혁명' 등에 나는 늘 관심이 있었다. '조용한 혁명'은 2006년에 전미경제학회American Economic Association, AEA 의 리처드 일라이Richard Ely 기념 강연에서 내가 발표한 주제이기도 하다. 또한 나는 '하버드 앤 비욘드' 프로젝트와 MBA 취득자를 대상으로 한 또 다른 연구 프로젝트에 참여했고, 여러 다양한 전문 직업군 공히 여성들이 남성들에게 뒤처지는 이유를 알아보기 위해 실증 근거들을 수집했다.

2014년에 나는 '거대한 젠더 수렴: 그 마지막 장A Grand Gender Convergence: Its Last Chapter'이라는 제목으로 전미경제학회장 강연을 하면서 여성들이 지난 한 세기간 일궈온 커다란 진전과 함께 성평등을 향한 길에 아직 남아 있는, 반드시 밟아 가야 할 단계들을 이야기했다. 그리고 2015년 컬럼비아 대학에서 한 케네스 애로우Kenneth Arrow 기념 강연은 이 연구의 터닝 포인트가 되었다. 그 무렵에 나는 커리어에서 성별 차이가 발생하는 원인을 연구하고 있었는데, 애로우 기념 강연을 준비하면서 이 주제가 다섯 개 집단을 통해 대졸 여성들이 가져온 커리어와 가정에 대한 추구를 역사적으로 살펴보았던 예전 연구와 밀접하게 관련 있다는 것을 깨달은 것이다. 애로우 기념 강연 이후 당시 컬럼비아 대학 출판부에 있던 브리짓 플래너리 매코이Bridget Flannery-McCoy가 강연 내용을 책으로 쓸 생각이냐고 물었다. 그때 나는 책을 쓸 생각은 하고 있지 않았다. 하지만 나중에 그 강연보다 더 광범위한 내용의 무언가를 쓰기로 결심했을 때 브리짓의 격려 가득한 말이 여전히 내게 강하게 남아 있었다. 이 책을 쓰기 시작했을 무렵에 브리짓은 프린스턴 대학 출판부로 자리를 옮긴 상태였다.

원고를 거의 마무리한 2020년 3월에 팬데믹이 덮쳤고 이 책을 내는 것이 매우 긴급한 일이 되었다. 정상적인 시기에도, 그러니까 학교와 어린이집이 문을 여는 시기에도 여성들이 뒤처져 있었다면, 돌봄 시설과 학교들이 문을 닫은 상황에서는 무슨 일이 일어날 것인가? 하지만 다른 한편으로, 대부분의 부모가 재택으로 일을 하게 되고 업무 시간을 조정하는 데 더 큰 유연성을 발휘할 수 있게 된다면 여성들의 커리어에 도움이 될 수도 있지 않을까? 록다운이 끝나면 노동에서의 유연성과 돌봄의 중요성을 우리 사회가 새로이 깨닫게 될까? 현 상황에 대한 절박한 질문들에 답을 찾으려 애쓰면서, 나는 지난 100년의 과거가 코로나 이후의 미래 세상에서 우리 앞에 어떤 길이 놓여 있을지를 이해하는 데 도움을 줄 수 있다는 것을 깨달았다.

먼 은하계에서 씨앗이 뿌려졌을 때부터 오늘날 팬데믹의 시기까지, 이 프로젝트의 모든 단계에서 공동 저자, 동료, 조교, 이 책의 에이전트와 그의 편집 담당 보조, 글 다듬는 것을 도와준 전문가 등에게 큰 도움을 받았다.

감사를 전해야 할 사람이 너무나 많다. 우선 많은 연구에서 나의 공동 저자이고, 동료 경제학자이며, '미스터 기억력'이고, 강아지와 새를 사랑하고, 나의 남편이자 나의 모든 것인 래리 카츠Larry Katz에게 감사를 전한다. 그가 없다면 내가 무엇을 할 수 있을까? 그리고 냄새 맡기 대장이자 치유제이며 우리의 사랑인 똘똘한 골든 리트리버 강아지 '피카'가 전해주는 따스함이 없다면 우리 둘 다 무엇을 할 수 있을까?

아이디어를 책으로 만들기까지의 여정은 나의 에이전트인 질 니어림Jill Kneerim과 그의 뛰어난 편집 담당 보조 루시 클레랜드Lucy Cleland에게서 시작되었다. 이제 루시도 문학 분야에서 보조가 아닌 에이전트로 활동하고 있다. 질과 루시는 글에 인간적인 요소, 스토리, 사람, 색을 불어넣는 방법을 알려 주었다. 그들은 내게 하나하나 따져보고 질문하고 캐물었고, 격려해주었다. 또한 편집과 교정에 전문가의 도움을 받으라고 강하게 조언하면서 도메니카 알리오토Domenica Alioto를 추천해 주었는데, 신의 한 수였다. 그들은 양극단이 이렇게 서로 잘 끌리고 잘 결합하리라는 것을 어떻게 알았을까? 도메니카는 내게 보내는 모든 이메일에 시를 함께 보내주었다. 그리고 도메니카 덕분에 모든 페이지가 전보다 나아졌다.

많은 조교가 이 작업을 도와주었다. 우선 데브 파텔Dev Patel이 하버드로 돌아와 내 연구조교로 프로젝트에 뛰어들어주면서 이 책의 집필이 시작될 수 있었다. 그는 〈위대한 포부Great Aspirations〉 데이터처럼 이전에는 완전하게 사용된 적이 한 번도 없었던 방대한 데이터의 광맥을 발굴했다. 하버드 경제학과 박사 과정에 들어온 뒤에도 데브는 이 책 작업에 계속 참여했고 도메니카에게 보내기 전에 모든 원고를 읽고 검토해 주었다.

가장 최근에 조교를 맡아 준 제니퍼 월시Jennifer Walsh는 다른 프로젝트로 바쁜 와중에도 이 프로젝트의 온갖 행정적인 처리를 도맡아 주었고, 서머 차이Summer Cai는 마지막 순간에 투입된 조교로서 뛰어난 역할을 해 주었다. 다른 조교들에게도 이 지면을 빌어 깊은 감사를 전한다. 괄호 안은 그가 담당한 분야다. 로스 매티스Ross Mattheis (흑인 교사), 아유시 나라얀Ayushi Narayan (출산율 데이터), 남라타 나레인Namrata Narain (인명록), 조나단 로스Jonathan Roth (HRS), 아미라 아부라피Amira Abulafi (전미경제학회장 강연 논문), 나탈리아 에마뉴엘Natalia Emanuel (전미경제학회장 강연 논문), 천쯔 쉬Chenzi Xu (약사 데이터), 타탸나 아빌로바Tatyana Avilova (약사 데이터), 제인 리Jane Lee (지역사회추적조사), 레베카 다이아몬드Rebecca Diamond (MBA 데이터), 내오미 호스만Naomi Hausman (MBA 데이터, '하버드 앤 비욘드' 데이터), 리사 블라우 칸Lisa Blau Kahn (일라이 기념 강연 논문), 크리스탈 양Crystal Yang (일라이 기념 강연 논문), 보리스 심코비치Boris Simkovich ('커리어 그리고 가정' 강연 논문), 케이티 스니드Kathy Snead (내셔널 아카이브National Archives, 여성국 관보Women's Bureau Bulletins).

관련된 연구 프로젝트를 함께 진행한 공저자들에게서 많은 것을 배울 수 있었다. 최근 연구부터 시기의 역순으로 이 지면을 빌어 고마움을 전한다. 클라우디아 올리베티Claudia Olivetti, 사리 페칼라 케

르Sari Pekkala Kerr, 조시 미첼Josh Mitchell, 마리안 버트런드Marianne Bertrand, 일라나 쿠지엠코Ilyana Kuziemko, 마리아 심Maria Shim, 세실리아 라우즈 Cecilia Rouse. 또한 스미스 칼리지 역사학자인 대니얼 호로위츠Daniel Horowitz는 베티 프리단에 대해 귀한 통찰을 전해 주었고, 스탠리 엔거 먼Stanley Engerman은 내가 보내는 모든 것을 읽고 귀한 조언을 해 주었 으며, 책의 마지막 단계에서 케이틀린 거슨Kathleen Gerson은 성역할이 변화하는 데에 남성들이 어떤 기여를 해 왔고 할 수 있는지에 대해 큰 도움을 주었다.

여러 강연에서 발표를 하면서 생각을 많이 다듬을 수 있었다. 2014년 전미경제학회장 강연 이후 진행한 것 중 이 책 내용과 관련된 주요 강연은 다음과 같다. 컬럼비아 대학 케네스 애로우 기념 강연, 노스웨스턴 대학 수전 비스 기념 강연, 스웨덴 웁살라 대학의 에릭 린달 기념 강연, 유니버시티 칼리지 런던의 윌리엄 고먼 기념 강연, 미국경제연구소의 마틴 펠드스타인 기념 강연.

프린스턴 대학 출판부의 편집자 조 잭슨Joe Jackson은 표현을 잘 다듬을 수 있도록 여러 제안을 해 주었고 웨스트체스터 출판사의 켈 리 블루스터Kelley Blewster는 지극히 꼼꼼하게 교정 교열을 해 주었다. 또한 앤젤라 필리우라스Angela Piliouras는 더없이 뛰어난 프로덕션 에 디터였다. 모두에게 감사를 전한다.

'부록2 출처 설명'에 언급된 여러 기관과 협회에서 데이터를 구 할 수 있었다. 다음의 분들을 포함해, 이들 데이터를 수집하는 데 노 고를 쏟은 수많은 분들에게 감사를 전한다. 시카고 대학 부스 경영대 학원의 행정 데이터를 이용해 MBA 프로젝트를 시작한 사람이자 나와 공저자이기도 한 마리안 버트런드Marianne Bertrand, 미시건 대학 로스쿨 졸업생 조사 데이터를 수집한 테리 K. 애덤스Terry K. Adams와 J. J. 프레스콧J. J. Prescott, 이 데이터를 내가 이해하도록 도와준 스테파니 허더Stephanie Hurder, '하버드 앤 비욘드' 서베이 도구를 만들고 조사를 진행하는 데 도움을 준 브라이스 워드Bryce Ward, 그 데이터를 사용할 수 있게 해준 내오미 호스만Naomi Hausman.

지난 한 세기간 여성들이 거쳐 온 여정은 나의 여정이기도 했다. 그리고 내 여정의 끝에서 도메니카 알리오토를 만났다. 도네미카는 내 연구가 더 현재적인 유의미성을 가질 수 있게 해주었고 시를 즐기는 법을 내게 알려 주었다. 지난 9개월간 우리는 각자의 어려운 시기를 보냈다. 글로벌 팬데믹이 닥쳤고, 나의 어머니가 돌아가셨고, 친한 친구가 정신 질환을 겪었고, 뉴욕 브루클린의 바이러스를 피해 캘리포니아로 간 도메니카는 그을음이 가득한 유독한 대기를 만났고, 2020년 대선이 있었다. 2020년 봄, 여름, 가을 동안 나는 힘들게, 힘들게 글을 쓰고, 학생들을 가르치고, 정원을 가꾸는 일을 계속 해나갔고, 도메니카가 손봐서 보내준 원고와 이메일을 읽었다. "내 손가락과 엄지 사이에/ 앉아서 쉬고 있는 펜/ 나는 그 펜으로 땅을 팔 거야(시무스 히니Seamus Heaney, "땅 파기Digging"). "그러는 동안, 맑고 푸른 저 높은 하늘에서는 기러기가/ 집으로 돌아오고 있네"(메리 올리버 Mary Oliver, "기러기Wild Geese").

여정은 계속된다.

도표 목록

그림

표

온라인 도표 및 출처 목록

아래의 자료는 이 책의 프린스턴 대학 출판부 웹페이지에서 볼 수 있다.
(http://assets.press.princeton.edu/releases/m30613.pdf)

2장
— 그림 1A(2장): 대학을 다니지 않은 백인 여성 중 미혼 비중: 연령 및 출생 연도별
— 그림 2A(2장): 대졸 백인 여성과 대학을 다니지 않은 백인 여성의 미혼 비중 차이
— 그림 3A(2장): 대졸 여성의 출산 자녀 수 중앙값
— 그림 4A(2장): 인종별 30세 시점의 남성과 여성 대졸 인구 비중
— 그림 5A(2장): 대학생 남녀 성비: 재학 연도 및 출생 연도별
— 그림 6A(2장): 래드클리프/하버드 출신 대졸 여성과 대졸 여성 전체 비교
   · 파트A: 대졸 여성 전체와 래드클리프/하버드 출신 대졸 여성의 미혼 비중:
     연령 및 출생 집단별
   · 파트B: 대졸 여성 전체와 래드클리프/하버드 출신 대졸 여성의 출산을 하지
     않은 사람 비중: 연령 및 출생 집단별
— 표 1A(2장): 대학생 중 남녀 공학 학생 비중: 1897-1980년

3장
— 부록(3장): 래드클리프 졸업생 설문조사, 1928년: 추가 정보
— 부록(3장): 집단1의 '커리어와 가정 모두를 성취한 여성 비중' 계산 방법

4장
— 표 1A(4장): 여성 교사 중 기혼 여성 비중: 연령, 인종, 지역별

부록1 도표 설명: 출처와 주석

1장

· 그림 1.1 젠더 불평등과 부부간 불공평

　　— 출처 없음. 주석은 본문에 포함됨.

2장

· 그림 2.1 지난 한 세기간의 미국 대졸 여성: 세대별 다섯 개 집단

　　— 주석: 출생 연도별로 '바라는' 혹은 '달성된' 가정 및 커리어/일자리의 경로를 나타낸 것이다. 아직 구성원이 생존해 있는 집단들은 '바라는' 경로를, 구성원이 사망한 더 이전 집단들은 '달성된' 경로를 가지고 있다고 볼 수 있다. 여기에서 나타낸 집단별 특성은 각 집단 구성원 전체에 대한 것이며 집단 내부의 차이에 대해서는 이후 장들에서 논의했다.

· 그림 2.2 대졸 여성 중 미혼인 사람 비중: 연령 및 출생 집단별

　　— 출처: 미국 인구총조사 1940, 1950, 1960, 1970, 1980, 1990, 2000년 마이크로데이터; 미국지역사회조사ACS 2000-2015년 마이크로 데이터

　　— 주석: 이른 시기에는 대졸 여성 중 흑인이 차지하는 비중이 작기 때문에 여기에 제공된 결혼 데이터는 백인 여성에 대한 것이라고 볼 수 있다. 하지만 최근에는 흑인 비중이 전보다 훨씬 높아졌다. 인구 구성의 변화가 분석 결과에 영향을 미치지 않게 하기 위해 미국에서 태어난 여성만 포함했다. [외부와의 유입, 유출이 없는] 닫힌 집단의 데이터이기 때문에 결혼을 하지 않은 여성 비중은 각 출생 집단에서 연령대에 따라 줄어든다. 하지만 결혼 여부에 따라 사망률에 차이가 있다면 꼭 그렇지 않을 수도 있다. 1908년 출생자의 50-54세 데이터 포인트는 나머지 데이터들과의 일관성을 위해 0.8만큼 낮춰서 조정했다. 1883년 출생자의 데이터 포인트는 55-59세다. 여기에서 각 5년 단위 연령대의 구성 방식은

ACS와 인구총조사가 약간 다르다. 인구총조사 데이터는 출생 연도별 각 5년 연령대의 평균을 제공한다. 예를 들어, 1990년 인구총조사에서 가져온 1953년 출생자의 35-39세 데이터는 출생 연도[1953년]가 해당 5년 단위 연령대의 중간을 의미한다. 이와 달리 ACS는 5년 단위 연령대의 각 연령에 대해 데이터를 제공한다. 인구총조사 데이터에서 ACS 데이터로 넘어가는 연결 지점은 2000년이다. 25-29세 연령대의 경우에는 연결 지점이 1973년 출생자다. 1973-1978년의 값들이 상대적으로 평평하므로 인구총조사와 ACS의 계산상의 차이가 이 자료에 크게 영향을 미치지는 않았다고 볼 수 있다.

· 그림 2.3 대졸 여성 중 출산을 하지 않은 사람 비중: 연령 및 출생 집단별

— 출처: 미국 인구총조사 1940, 1950, 1960, 1970년; 상시인구조사cps 6월 출산율 보충자료 1973-2008년

— 주석: 25-29세 연령대에서 1949년 이전 출생자들, 그리고 40-44세 연령대에서 1934년 이전 출생자들은 인구총조사 데이터가 사용되었다. 가장 이른 두 해에 대해서는 40-44세 연령대 자료에 더 높은 연령 자료가 사용되었다. 입수가 가능할 경우에는 CPS 6월 출산율 보충자료 데이터(5년 중심이동평균)도 사용했다. 다른 연도들에 대해서는 인구총조사 데이터가 사용되었다. 10년 단위 인구총조사의 관찰값들 사이는 선형보간법으로 연결했으며 두 데이터 출처의 관찰값들을 연결하는 데도 선형보간법을 사용했다. 이 데이터들은 모든 인종 집단을 포함하고 있다.

· 그림 2.4 결혼한 적이 있는 대졸 여성의 경제활동 참가율: 연령 및 출생 집단별

— 출처: 다음의 세 가지 출처가 사용되었다. 미국 10년 단위 인구총조사; CPS; ACS. 인구총조사 자료는 IPUMS(공공 이용 통합 마이크로 데이터 시리즈)에서 제공하는 1940-2000년 자료가 사용되었다. ACS는 2000-2016년의 각 연도를 모두 포함하고 있다. 미국 인구총조사 자료는 다음의 표본을 사용했다. 1940년 1%, 2050년 1%, 1960년 1%, 1970년 1% "메트로 폼1"과 "메트로 폼2," 1980년 5% "주," 1990년 5%, 2000년 5%. CPS의 '연간 사회 및 경제 보충자료Annual Social Economic Supplement, ASEC '는 1962-2017년의 각 연도를 모두 포함하고 있다. 모든 표본에서 대졸자는 4년제 대학 이상 학력자를 의미한다.

— 주석: 미국 인구총조사에서 경제활동 참가율은 센서스 기간 중 고용 상태이거나 구직 중인 사람을 의미한다. 각 5년 매트릭스(1930-1934년에 태어난 35-39세

등)의 모든 요소에 대해 데이터가 있다. 1900-1904년에 태어난 25-29세 데이터는 1910-1914년에 태어난 사람들의 데이터를 사용해 25-29세에서 35-39세 사이의 변화를 기초로 외삽했다.

· 그림 2.5 30세 시점의 성별 대졸자 비중

— 출처와 주석: 미국 인구총조사 IPUMS 1940-2000년과 CPS 소득정보응답표본MORG 데이터 2006-2016년이 사용되었다. 다음에서와 동일한 과정이 사용되었다. Goldin and Katz (2008), figure 7.1.

· 표 2.1 대졸 여성 다섯 개 집단별 결혼, 출산, 고용

— 출처와 주석: (A)열과 (B)열은 다섯 개 집단(행)에 대해 출생 연도 1890, 1910, 1930, 1950, 1960년을 사용했다. 그림 2.2도 참고하라. (C)열은 그림 2.3의 토대가 된 자료다. 첫 세 집단에 대해서는 45-49세 연령대가 사용되었다. (D)와 (E)열은 그림 2.4도 참고하라. (D)열은 집단2, 집단3, 집단4, 집단5에 대해 1940, 1960, 1980, 1990년 인구총조사가 사용되었다. (E)열은 집단1부터 집단5까지에 대해 1940, 1960, 1980, 2000, 2010년 인구총조사가 사용되었다. 집단1에서 집단5는 각각 1890-1894년, 1910-1914년, 1930-1934년, 1950-1954년, 1960-1964년생이다. (D)열의 집단1에 대한 숫자는 추정치다. 집단1의 40대 후반 시기는 대공황과 2차 대전을 모두 포함하고 있으며 이 기간에 이들의 경제활동 참가율은 큰 변동을 보였다.

3장
· 도표 없음.

4장
· 그림 4.1. 대졸 여성의 결혼과 자녀: 대졸 여성 전체 및 '위인'인 대졸 여성

— 출처: 대졸 여성 중 '위인' 표본은 《미국의 여성 위인들》 전권에서 수집했지만 주로 가장 최근의 두 권에서 수집했다. 다음을 참고하라. James, James, and Boyer (1971), Sicherman and Green (1980), Ware and Braukman (2004). 대졸 여성 전체에 대해서는 2장 그림 2.2와 그림 2.3의 출처를 참고하라.

— 주석: 인구통계학적 정보는 해당 여성의 50대 시점의 정보이거나 《미국의 여성 위인들》의 경우 해당 여성의 생애 말년 시점의 정보다. 결혼한 적이 있다는

조건하에서 자녀에 대한 정보를 추출하기 위해 '전체' 표본에서 결혼하지 않은 여성은 생물학적 자녀가 없다고 가정했다. 자녀에는 입양한 자녀도 포함되었지만 의붓자녀는 일반적으로 포함되지 않았다.

· 그림 4.2. 기혼 여성 고용 금지 제도(채용 금지와 유지 금지): 공립학교 교사, 1928-1951년

— 출처: 미국교육협회National Education Association (1928, 1932, 1942, 1952년)

— 주석: % 수치는 채용 금지 또는 유지 금지 정책을 두고 있는 도시[학교지구]의 인구 비중이다. 도시 규모별로 되어 있는 원자료에 가중치를 적용했다. 가중치를 적용하지 않은 데이터로 계산해도 크게 다르지 않다.

5장

· 그림 5.1. "아이가 미취학 연령대일 때 엄마가 바깥일을 하면 아이에게 좋지 않다"라는 언명에 동의하는 사람 비중: 모든 교육 수준의 남성 전체와 여성 전체 중

— 출처: 일반사회조사General Social Survey, GSS 마이크로 데이터 1977-2016년

— 주석: 5년 이동평균. GSS 데이터는 1977년에 시작되며 그 이후에 1985년으로 건너뛴다. 따라서 조사 시점에 초기 출생 집단이 더 나중 출생 집단보다 평균적으로 나이가 많다. 조사 가중치가 적용되었다.

6장

· 그림 6.1. 출생 연도별 대졸 여성의 첫 결혼 연령 중앙값: 1925-1988년

— 출처와 주석: CPS 6월 출산율 보충자료와 CPS 연간 사회 및 경제 보충자료 ASEC. 3년 중심이동평균. 점선은 두 계열을 요약해 그린 추세선이다.

· 그림 6.2. 연령 및 연도별 여성 청소년의 장래 고용에 대한 예상

— 출처: '1968년 전국 여성청소년 종단 조사ational Longitudinal Survey of Young Women, NLS 68'와 '전국 청소년 종단 조사National Longitudinal Survey, NLSY'. 상세한 설명은 다음을 참고하라. Goldin (2005). 고등교육연구소Higher Education Research Institute의 CIRP '대학 신입생 조사'(애스틴Astin 조사). 다음을 참고하라. https://heri.ucla.edu/cirp-freshman-survey/.

— 주석은 본문에 포함됨.

· 그림 6.3. 전문 석사 학위 과정 졸업자 중 여성 비중: 의학대학원, 법학대학원, 치의학대학원, 경영대학원

— 출처와 주석

· 법학 대학원: 자료가 있는 경우에는 미국변호사협회American Bar Association, ABA 웹사이트의 법학 대학원 1년 차 학생 데이터(http://www.abanet.org/legaled/statistics/femstats.html)를 사용했고, 그 외의 경우에는 미 교육부 전국교육통계센터NCES 〈고등교육통계요약Digest of Higher Education〉(온라인)의 자료를 사용했다.

· 의학대학원: 자료가 있는 경우에는 미국의과대학협회AAMC 웹사이트의 의학대학원 1차 학생 데이터(http://www.aamc.org/data/facts/enrollmentgraduate/table31-women-count.htm)를 사용했고, 그 외의 경우에는 미 교육부 NCES 〈고등교육통계요약〉(온라인)의 자료를 사용했다.

· 치의학대학원: 치의학 대학원 1년 차 학생 데이터는 미 교육부 NCES 〈고등교육통계요약〉(온라인)의 4년 뒤 치의학 전문 석사 학위 취득자 자료로 외삽했다.

· 경영대학원: MBA 1년 차 학생 데이터는 미 교육부 NCES 〈고등교육통계요약〉(온라인)의 2년 뒤 MBA 취득자 자료로 외삽했다.

· 그림 6.4. 30-34세 대졸 여성의 직업: 1940-2017년

— 출처: 미국 인구총조사 1940-2000년 IPUMS; ACS 2012, 2017.

— 주석: 실선에는 도서관 사서, 간호사, 사회사업 및 종교 사업 종사자, 비서(및 기타 단순 사무직 노동자), (초등학교) 교사가 포함되어 있다. 점선에는 변호사, 경영자, 의사(치과의사, 수의사 등도 포함), 과학자가 포함되어 있다.

7장

· 그림 7.1. 4개 연령대별 '커리어와 가정' 성취: 1931-1965년

— 출처: 1931-1957년 '건강과 은퇴 연구Health and Retirement Study, HRS'; 1958-65년 NLSY79. 부록2 출처 설명 (7장) "'커리어와 가정'의 성취"를 참고하라. HRS 출산 통계가 과대 측정될 수 있다는 문제를 해결하기 위해 CPS 6월 출산율 보충자료의 출산 통계를 사용했다. 일관성을 위해 NLSY79의 1958-65년 자료 대신 6월 출산율 보충자료를 사용했다.

· 그림 7.2. 대학원 학위 종류별 '커리어와 가정' 성취: '하버드 앤 비욘드' 프로젝트(졸업 후 15년 시점)

　　—출처와 주석: 부록2 출처 설명 (7장) '하버드 앤 비욘드 프로젝트'를 참고하라. 고용은 학부 졸업 후 15년 시점의 자료다. 전일제는 연중고용을 포함한다. 일반석사MA는 박사PhD 등 더 상위 과정을 밟지 않은 경우만 포함한 것이다. MA보다 상위 과정의 학위를 1개 이상 가지고 있는 사람도 있다. '없음'은 학부 졸업 이후 더 상위의 대학원 과정을 밟지 않은 경우다. '자녀'는 3세 미만 아동을 입양한 경우도 포함한다.

8장

· 그림 8.1. 남성 대비 여성의 연소득 중앙값 비율: 전일제 연중고용 노동자, 1960-2018년

　　—출처:

　　· 전체 노동자, 1960-2019년: https://www.census.gov/library/publications/2020/demo/p60-270.html.

　　· 대졸 노동자, 1961-2009년: CPS 사회 및 경제 보충자료로 계산.

　　—주석: 공개된 자료 계열과 일관성을 갖게 하기 위해 '계산된 자료 계열'은 1년씩 이전으로 조정했다. 공개된 자료의 연소득이 전년도 자료이기 때문이다. 두 자료 계열 모두 3년 중심이동평균으로 표시되었다.

· 그림 8.2. 집단5 세대 대졸 남성 대비 대졸 여성의 연소득 비율: 1958-1983년 출생자

　　—출처: 미국 인구총조사 마이크로 데이터 1970, 1980, 1990, 2000년, ACS 2004-2006년(2005년용), 2009-2011년(2010년용), 2014-2016년(2015년용). 다음을 참고하라. Goldin (2014), figure 1, part b, 2015년까지 업데이트됨.

　　—주석: 표본에는 대졸(교육 연수 16년 이상) 남녀(백인, 미국 출생, 민간인, 25-69세)가 포함되었다. 연소득 데이터에서 아웃라이어를 제거하고(1400시간 초과×0.5×연방최저임금으로 절단) 초超고소득 값을 최고 코드 값×1.5에서 절단했다. 종속변수는 연소득(로그 값)이며, 교육(16년 이상), 노동 시간(로그 값), 노동 주수(로그 값)를 통제하고 여성 더미 변수와의 상호작용을 고려한 연령(5년 간격으로 더미변수화)과의 상관계수를 구했다. 그래프는 각 출생 집단에 대해 그 상관계수들을 연결한 것이다. 1958년부터 1983년 사이의 출생 집단과 55세 이상 연령대만

표시되어 있다. 세로축은 로그 값을 비율 값으로 변환했다. 출생 집단의 명칭은 출생 연도의 중간 시점으로 표기했다. 따라서 '1963년경'은 1961-1965년에 태어난 사람들을 의미한다.

· 그림 8.3. MBA의 성별 소득 격차: MBA 취득 후 햇수에 따른 추이

— 출처: 다음을 참고하라. Bertrand, Goldin, and Katz (2010).

— 주석: '13년 시점'은 MBA 취득 후 10-16년 후 시점을 의미한다. '연소득'은 세전 소득이며 봉급과 보너스를 모두 포함한다. 일을 하고 있지 않은 사람의 경우에는 '없음'으로 입력했다. 연소득 비율은 MBA 과정 중 수강한 과목과 MBA 학점을 통제하고 코호트 고정 효과를 통제한 회귀분석으로 구했다. '아이가 없는 MBA 여성' 막대는 MBA를 취득한 이후 조사 시점까지 아이가 없고 6개월 이상 일을 쉬지 않은 여성만 포함했다.

· 그림 8.4. 직종별 대졸자의 성별 소득 격차

— 출처: ACS 2009-2016년

— 추석: 이 표본은 인구총조사가 진행된 해의 25-64세 대졸자 중 전일제 연중 고용 노동자로, 전일제 연중고용 남성 노동자 연소득 평균이 6만 5000달러 이상인 직종에 종사하는 사람으로 구성되어 있다. 설명 변수는 연령, 연령 제곱, 일반적인 주당 노동 시간, 일반적인 연간 노동 주수, 교육 수준(학부 졸업 이후의 추가 상위 교육)이다. 그래프에 표시된 10개 직군 각각에 포함된 직종의 목록을 보려면 온라인 부록 표 1A(8장) "미국지역사회조사의 직종 및 산업 분류"를 참고하라. 가중치는 각 직종의 노동자 수로 적용했다.

9장

· 그림 9.1. 여성과 남성 JD 취득자의 주당 노동 시간별 분포: 로스쿨 졸업 후 5년 시점과 15년 시점

— 출처: 부록2 출처 설명(9장) "미시건 대학 로스쿨 졸업생 설문조사 데이터"

— 주석: 이 표본은 미시건 대학 로스쿨을 1982-1992년에 졸업하고 졸업 후 5년 시점과 15년 시점에 조사에 응한 사람들로 구성되어 있다. '5년 시점'과 '15년 시점'은 JD 취득 후의 시점을 말한다. 이 집단은 종단 표본이다. 따라서 '5년 시점' 열에 있는 사람들 모두 '15년 시점' 열에도 포함되어 있다.

· 그림 9.2. 여성과 남성 JD 취득자의 직장 유형별 분포: 로스쿨 졸업 후 5년 시점과 15년 시점

— 출처: 부록2 출처 설명(9장) "미시건 대학 로스쿨 졸업생 설문조사 데이터"

— 주석: 표본은 미시건 대학 로스쿨을 1982-1992년에 졸업하고 졸업 후 5년 시점과 15년 시점에 조사에 응한 사람 중 어느 시점에도 직업이 '없음'으로 표기되지 않은 사람들로 구성되어 있다. '5년 시점'과 '15년 시점'은 JD 취득 후의 시점을 말한다. 이 집단은 종단 표본이다. 따라서 '5년 시점' 열에 있는 사람들 모두 '15년 시점' 열에도 포함되어 있다.

· 그림 9.3. 약사 및 약학 대학원 졸업자 중 여성 비중과 전체 약사 중 독립 약국 약사 비중

— 출처: 다음을 참고하라. Goldin and Katz (2016). '미드웨스트 약사 인력 연구 컨소시엄Midwest Pharmacy Research Consortium'이 진행한 조사들의 마이크로 데이터를 사용했다(더 일반적인 출처는 부록2 출처 설명(9장) "전국약사인력조사, 2000년, 2004년, 2009년"을 참고하라).

10장
· 도표 없음

11장
· 도표 없음

부록2 출처 설명

아래의 내용 이외에 더 상세한 설명은 이 책의 프린스턴 대학 출판부 웹사이트를 참고하라. https://assets.press.princeton.edu/releases/m30613.pdf.

3장: 래드클리프 졸업생 설문조사, 1928년

래드클리프 개교 50주년을 기념해 진행되었으며 설문지는 우편으로 배포되었다. 문항은 래드클리프 졸업생들의 전반적인 프로필을 알아보기 위해 고안되었다. 표본은 래드클리프가 생긴 첫해(1879년)부터 조사가 진행된 시점까지 래드클리프를 다닌 사람들로 구성되어 있다. 1880년대에서 1920년대 사이에 래드클리프 학부를 졸업한 사람 중 1,900명이 응답했다. 다음을 참고하라. Solomon (1985, 1989).

5장: 여성국 1957년 조사와 1964년 후속 조사

1957년 조사: Women's Bureau Bulletin no. 268, *First Jobs of College Women: Report of Women Graduates, Class of 1957*. 이 보고서는 1957년에 131개 대학을 졸업한 여성 약 6000명에 대한 설문조사를 바탕으로 작성되었고 1959년에 출간되었다(US Department of Labor, Women's Bureau 1959).

1964년 후속 조사: Women's Bureau Bulletin no. 292, *College Women Seven Years after Graduation: Resurvey of Women Graduates, Class of 1957*. 이 보고서는 1964년에 이뤄진 후속 조사를 바탕으로 작성되었고 1966년에 출간되었다(US Department of Labor, Women's Bureau 1966). 원래 조사에서의 응답자 중 5000명 정도가 응답했다. 표 자료들은 각 조사의 자료만으로 되어 있고, 한 개의 자료에서만 두 조사 결과를 교차 집계했다.

종단 데이터를 얻기 위해 내셔널 아카이브에서 1987년에 수집된 표본을 가져와 두 조사에 걸쳐 응답자를 매칭했다. 내셔널 아카이브가 각각의 조사 자료를 별도의 박스에 보관하고 있기 때문에 두 조사 모두에 응답한 여성들 대부분을 (전부는 아니어도) 매칭할 수 있었다. 1964년 표본에서 이뤄진 993개 조사 중 749개가 1957년 조사와 매칭되었다. 본문에서 7년 간에 걸친 변화에 대한 논의는 이 데이터를 토대로 한 것이다. 이에 더해, 응답자가 직접 작성한 코멘트가 있는 경우 모두 복사해 분석했다. 내셔널 아카이브 소장 정보는 다음과 같다. Record Group #86, Box 739-767. 다음도 참고하라. Goldin (1990), Data Appendix.

5장: 〈위대한 포부〉 데이터

〈위대한 포부〉 데이터는 "1961년 6월 대학 졸업생의 커리어 계획과 경험Career Plans and Experiences of June 1961 College Graduates"의 데이터를 의미하며 '정치사회연구를 위한 대학간 컨소시엄Interuniversity Consortium for Political and Social Rerearch, ICPSR'의 주관으로 수집되었다. 1961년 봄 대학 졸업(예정)자를 대상으로 1961년(조사A), 1962년(조사B), 1963년(조사C), 1964년(조사D), 1968년(조사E)에 진행한 패널 조사다. 각 조사는 커리어 계획과 목표에 대한 질문을 담고 있으며 종종 최초 조사의 응답과 비교되어 있다. 또한 직종 분야에 대한 태도를 묻는 항목들도 담고 있다. 이에 더해, 조사D에는 여성 응답자들에게 가정과 커리어의 의사결정과 관련된 생각을 묻는 문항이 포함되었다. 졸업 후 7년 시점에 수행된 조사E에는 학부 시절 교육에 대한 만족도를 묻는 질문을 포함해 과거의 경험을 회고적으로 평가하도록 하는 질문이 다수 포함되었다.

원래의 표본은 1961년 6월 졸업 예정인 미국의 135개 대학 4학년생 중에서 선정되었다. 1차로 대상 대학을 선정하고 그 다음에 그 대학들에서 학생을 선정하는 2단계 확률 추출 기법이 사용되었다. 설문지는 총 41,116명에게 배포되었다. 종합대학, 자유교양대학, 교육대학 등에 다니는 35,527명이 응답했으며 각 자료의 총합은 불균형 패널 자료를 구성한다.

책임 연구자인 제임스 데이비스James Davis가 사용한 다섯 개 조사의 원자료는 ICPSR 컨소시엄의 아카이브에 'ICPSR 07344 1961년 6월 대학 졸업생의 커리어 계획과 경험'으로 소장되어 있다. 원래의 데이터는 사전화되지 않은 ASCII의 형태로 존재한다. 이 문제를 해결하기 위해 원래 데이터를 업데이트했다. 현재 업데이트된 데이터(ICPSR 121481)는 모든 연구자가 사용할 수 있도록 공개되어 있다. 이 책의 5장에서 논의한 〈위대한 포부〉 데이터 분석에서는 다섯 개 조사 모두 원자료를 사용했다. 다음을 참고하라. Davis (1964). 이 데이터들에 대한 더 상세한 설명은 프린스턴 대학 출판부의 이 책 웹페이지에 있는 온라인 부록을 참고하라.

〈위대한 포부〉 각 조사의 표본 크기

	전체 조사	조사A	조사B	조사C	조사D	조사E
응답자 전체	35,527	32,092	29,438	28,188	23,146	4,615
여성 응답자	13,086	11,952	11,136	10,479	8,254	1,778

5장: 래드클리프 100주년 기념 조사, 1997년

래드클리프 개교 100주년 기념 사업의 일환으로 진행된 이 조사는 1900-1977년에 학부와 대학원에 재학한 사람들에게 설문을 발송했다. 6,000명이 넘는 여성이 응답을 작성해 보내 주었다. 응답률은 48%였다. 이 조사는 학부 이후의 추가 교육, 직업과 자원봉사, 과거 경력, 결혼 이력, 자녀, 남편의 교육 수준과 고용 상태, 여성과 교육에 대한 생각 등을 묻는 질문을 포함하고 있다. 이 데이터는 '헨리 A. 머리 연구 센터Henry A. Murray Research Center'에 소장되어 있다. 다음도 참고하라. Solomon (1985).

7장: '커리어와 가정'의 성취

여성들이 성공적인 커리어와 가정을 일구는 데 어느 정도 성공했는지 측정하려면 각각 용어의 정의를 먼저 내려야 한다. '가정'은 아이가 있는 것으로 정의했다(가능하면 어린 아이를 입양하는 것도 포함했다). '커리어'는 직장 이력과 소득 정보를 사용해 규정했다. '커리어'란 상당한 기간에 걸쳐 지속적으로 고용 상태여야 하고 근로소득이 일정 수준 이상이어야 한다는 개념에 기반한 것이다.

나는 두 개의 대규모 종단 데이터를 사용해 1931-1964년에 출생한 여성과 남성 대졸자 모두에 대해 생애 중 커리어와 가정의 성공 여부를 조사했다. 예전의 연구(Goldin 1997, 2004)에서 나는 30대 후반-40대 초반 대졸 여성들의 커리어와 가정 성취 정도를 조사한 바 있다. 현재는 '전국 청년 종단 조사 1979년(NLSY79)'의 응답자들이 50대까지 생애를 추적할 만큼 충분히 나이가 든 상태다. 이번 연구에서는 사회보장국 기록과 연계된 '건강과 은퇴 연구HRS'를 사용해 집단3과 집단4 여성들의 성공을 50대 초반까지 추적했고 이 데이터와 비교 가능한 대졸 남성 집단 데이터를 추가했다.

모든 추산치에서 '커리어'의 소득 기준으로는 동일 연령과 동일 학력의 전일제 연중고용 남성 노동자 소득 분포의 25퍼센타일을 잡았다. 남성 노동자 소득 데이터는 각 해의 CPS 자료를 사용했다. 대부분의 해에 남성 소득의 25퍼센타일은 여성소득 중앙값과 비슷했다.

성공적인 커리어로 여겨지기 위해서는 소득 수준이 연속적인 여러 해에 걸쳐 (조사가 격년으로 진행된 경우에는 인접한 해들에 걸쳐) 일정 수준 이상이 되어야 한다. 40-44세인 대졸 여성은 소득이 40-44세 대졸 남성 소득 분포의 25퍼센타일 선보다 많을 경우 성공적인 커리어를 가졌다고 간주된다. 그런데 NLSY799는 격년으로 조사되었으므로 응답자는 5년 사이에 세 번 설문에 응답했을 것이다. 여기에서는 조사된 세 번 중 두 번에서 25퍼센타일 선을 넘었을 경우 커리어를 성취한 것으로 간주했다.

사회보장국 소득 데이터(및 W-2 소득데이터)와 연계된 HRS 표본에 대해서도 위와 거의 동일한 정의를 사용했다(Goldin and Katz 2018). HRS와 연계된 소득 데이터는 연간이며, NLSY79 데이터는 격년이다. 따라서 두 데이터의 차이는 HRS의 경우에 5년 사이에 세 번의 조사 중 적어도 두 번에서 25퍼센타일 선 이상인 경우를 커리어의 성취로 간주했다는 점 하나뿐이다. NLSY79와 현재(이 글을 쓰는 시점) 입수 가능한 HRS 데이터의 출생 집단은 겹치지 않는다.

HRS를 사용할 때 편의를 위해 1931-1957년 출생자를 네 개의 출생 집단으로 나누었다. 앞의 두 집단은 집단3의 초기(1931-1937년 출생)와 집단3의 후기(1938-1944년 출생)에 해당한다. 뒤의 두 집단은 집단4의 초기(1945-1950년 출생)와 집단4의 후기(1951-1957년 출생)에 해당한다. HRS의 1951-1957년 출생 집단에서 대졸 여성의 79.9%는 50세에 적어도 한 명의 생물학적 자녀가 있다고 답했고, 1957-1964 NLSY79 코호트에서는 71.8%가 39-46세 시점에 한 명 이상의 아이가 있다고 답했다. HRS 자료의 출산 데이터가 과대 진술되었을 가능성을 교정하기 위해, 전체 코호트의 출산율 데이터는 HRS 대신 CPS의 6월 출산율 보충자료를 사용했다.

7장: '하버드 앤 비욘드' 프로젝트

'하버드 앤 비욘드' 프로젝트는 하버드/래드클리프 졸업생 13개 동기 집단 사이에서 교육, 커리어, 가정의 변천을 알아볼 수 있는 상세한 정보를 제공한다. 이 조사는 하버드 대학 총장 로렌스 H. 서머스Lawrence H. Summers의 협력과 후원으로 진행되었다. 다음을 참고하라. Goldin and Katz (2008a).

이 프로젝트는 1965-1968년 입학생(대부분은 1969-1972년에 졸업했다), 1975-1978년 입학생(1979-1982년 졸업), 1985-1988년 입학생(1989-1992년 졸업)을 대상으로 하고 있다. 각 동기 집단에 포함되는 입학생 혹은 편입생, 그리고 제때 졸업하지 못한 사람들도 포함되었다. 이에 더해, 1973년 졸업생이 추가되었다. 행정 정보가 추가되어 있다. 1980년대 중반 이전에는 전자 형태의 자료가 아니었으므로 하버드 대학 본부가 소장하고 있는 원자료를 디지털로 코딩했다. 총 6,500명 이상이 응답했다.

9장: 미시건 대학 로스쿨 졸업생 설문조사 데이터

이 데이터는 1952-2001년 졸업생을 대상으로 1967-2006년에 진행한 조사 자료들을 담고 있으며 각 졸업생의 행정 정보가 포함되어 있다. 설문조사는 JD 취득 후 5년, 15년, 25년, 35년, 45년 시점에 진행되었다. 이 조사는 횡단 데이터를 반복적으로 수집하도록 설계되었지만 많은 졸업생이 여러 시점의 설문에 모두 응했으므로 종단 자료로도 사용될 수 있다. 이 데이터를 사용하고자 하는 연구자는 '미시건 대학 로스쿨 설문조사 프로젝트'로 연락하기 바란다.

9장: 전국약사인력조사: 2000, 2004, 2009년

이 데이터는 '미드웨스트 약사 인력 연구 컨소시엄'이 진행했다. 표 자료는 다음을 참고하라. Midwest Pharmacy Research Consortium (2000, 2005, 2010).

이 조사의 1차적인 목적은 미국 약사 인력의 인구통계학적 특성과 업무 특성에 대해 믿을 만한 정보를 수집하는 것이었다. 전국적으로 대표성 있는 약사 표본을 추출해 정보를 수집했다. 질문지에는 고용 상태와 지위(일을 하고 있다/아니다, 일하는 곳의 종류, 지위, 일한 햇수와 현재의 자리에서 일한 햇수 등), 보수, 노동 시간, 미래의 노동 계획, 개인의 인구통계학적 배경 정보 등의 항목이 포함되었다. 세 차례의 조사에 걸친 약 5,150건의 관찰값 데이터를 활용할 수 있다. 다음을 참고하라. Goldin and Katz (2016). 이 데이터와 그 밖의 약사 데이터를 이용하고자 하는 연구자는 '미드웨스트 약사 인력 연구 컨소시엄'의 존 쇼머Jon Schommer에게 연락하기 바란다.

10장: 지역사회추적조사Community Tracking Study

'의료 시스템 변화 연구 센터Center for Studying Health System Change, HSC'가 진행한 프로 젝트로, 미국의 의료 시스템에 대한 대규모 조사다. '로버트 우드 존슨 재단Robrt Wood Johnson Foundation, RWJF'이 후원했다. CTS 중 의사 조사 부분은 60개의 CTS 지역에서 선정한 의사들을 대상으로 했고 보충적으로 전국 의사 표본에 대해 한 차례 조사가 추가되었다. CTS 의사 조사는 1996, 1998, 2000, 2004년 네 차례에 걸쳐 이루어졌으며 2008년에는 'HSC 의사 추적 조사HSC Health Tracking Physician Survey'로 대체되었다. 첫 네 번의 조사만 상세한 소득 데이터가 있다. 통합 데이터에는 거의 5만 건의 관찰값이 포함되어 있다.

의사들의 인구통계학적 특성에 대해 입수 가능한 정보는 성별, 연령, 인종, 히스패닉 출신, MD 취득 연도, 세부 전공, 노동 시간, 노동 주수, 소득, 개인 병원 소유 여부, 업무 유형, 커리어 만족도, 지리적 장소 등이다. 의사의 업무 유형과 일반적인 환자 특성에 대해서는 상당히 상세한 정보가 존재한다. 개개인의 결혼 여부나 자녀에 대해서는 정보가 없다. 이 데이터는 횡단 데이터이지만 여러 차례 조사에 응한 의사들이 있기 때문에 종단 데이터의 요소가 있다. '담당 환자'가 없는 전공, 가령 방사선학이나 마취과학은 포함되지 않았다. 연구 목적이 의사와 그들의 환자들의 특성을 알아보기 위한 것이었기 때문이다. 데이터는 ICPSR에서 얻을 수 있다. 제한적으로 사용이 허용되는 버전에 의사의 세부 전공과 소득이 포함되어 있다.

10장: 미국수의사협회American Veterinary Medical Association, AVMA 데이터 2007년과 2009년

이 데이터는 수의학 교육, 업무 시간, 소득, 지위, 세부 전공, 경력 연수, 병원 소유 여부 등에 대해 횡단 데이터와 회고적 정보 모두를 담고 있다. 2007년과 2009년에 8,340명의 수의사를 대상으로 성별 및 기타 인구통계학적 특성과 지리적 특성별로 정보가 수집되었다. 데이터는 미국수의사협회에서 얻을 수 있다.

미국의 수의사 수가 상대적으로 적기 때문에(아마도 약 6만 명 정도) CPS나 인구총조사 등 더 일반적으로 사용되는 데이터에서 충분한 정보를 얻기 어렵다. 또한 일반적인 데이터는 교육, 세부 전공, 병원 소유 여부 등 AVMA 조사가 담고 있는 몇몇 주요 변수를 포함하지 않고 있다. AVMA 데이터는 격년으로 수집된다. 이 데이터를 사용하고자 하는 연구자는 AVMA에 연락을 취하기 바란다. 2009년보다 더 최근의 조사 결과들도 있다.

주석

인구통계학적 및 경제적 통계 수치와 추세 자료를 제공하기 위해 여러 가지 대규모 전국 조사의 마이크로 데이터를 사용해 수백만 개의 관찰값을 분석했다. 이 책에 사용된 주요 자료 원천은 다음과 같다.

— 미국 인구총조사US Population Census 1900년부터 2000년까지. 1900-1940년의 '전체 인구 데이터Complete Count Data' 포함.

— 미국 지역사회조사American Community Survey, ACS 2000년부터 현재까지.

— 상시인구조사Current Population Survey, CPS. 여기에는 기본적인 월간 데이터, 소득정보응답표본Merged Outgoing Rotation Groups, MORG 데이터, 연간 사회 및 경제 보충자료Annual Social and Economic Supplement of CPS, ASEC('3월 보충자료'라고도 불린다), 6월 출산율 보충자료June Fertility Supplement가 포함되어 있다. CPS 마이크로 데이터 표본은 일반적으로 1962년부터 존재하며, MORG는 1972년, 6월 보충자료는 1973년부터 존재한다.

이상의 마이크로 데이터 파일들은 주로 IPUMS(Integrated Public Use Microdata Series, 공공 이용 통합 마이크로 데이터 시리즈 웹사이트, http://ipums.org/)를 통해 확보했으며, 미국 인구조사국US Census Bureau과 전미경제연구소National Bureau of Economic Research 웹사이트도 활용했다.

그 밖에도 여러 자료 원천과 아카이브가 활용되었으며 이에 대해서는 '출처 부록'에서 설명했다.

1장

1 "탐욕스러운 일greedy work"이라는 표현은 클레어 케인 밀러Claire Cain Miller의 〈뉴욕타임스〉 기사를 계기로 널리 쓰이게 되었다. 다음을 참고하라. "Work in America Is Greedy. But It Doesn't Have To Be," *New York Times*, May 15, 2019.

2   이 인용문들은 1939년 미국 노동부 여성국Women's Bureau이 수행한 조사의 원자료에 나온다. 다음을 참고하라. Goldin (1990), Data Appendix, 1940 Office Worker Survey. "대출 업무는 여직원에게 적합하지 않습니다"는 '로스앤젤레스 오토 뱅크' 경영자가, "(…) 여성은 사람들이 잘 받아들이지 못할 것입니다"는 로스앤젤레스의 자동차 딜러 돈 리Don Lee가, "(…) 여성을 세일즈 담당으로 배치하지 않습니다"는 중개 업체 '주얼 마라치 앤 컴퍼니'의 경영자가 한 말이다.

3   이 인용문들은 1957년에 필라델피아 소재 기업들을 대상으로 이뤄진 조사의 원자료에 나온다. 이 조사의 결과는 〈1957년 허시 보고서1957 Hussey Report〉로 출간되었다. 다음을 참고하라. Goldin (1990), Data Appendix, 1957 Hussey Report. "어린 아이가 있는 여성은(…)"은 '에쿼터블 생명보험 소사이어티' 경영자가, "아기가 있는 (…) 기혼 여성은 (…)"은 '펜 뮤추얼 생명보험' 경영자가, "임신은 자발적 퇴직의 사유가(…)"는 '프로비던트 뮤추얼 생명보험' 경영자가 한 말이다.

4   이 계산에 대한 상세한 설명은 이 책의 8장과 다음을 참고하라. Goldin (2014).

5   의사들의 성별 노동 시간 및 임금 차이에 대해서는 이 책 10장을 참고하라.

6   대졸자와 MBA 취득자의 데이터에 대한 상세한 내용은 이 책의 8장을 참고하라.

7   내가 계산한 수치다. 그림 2.5의 주석에 언급된 출처의 데이터와 온라인 부록 그림 4A(2장) "인종별 30세 시점의 남성과 여성 대졸 인구 비중" 데이터를 사용해 1998년 출생자 집단에 외삽했다(별도의 설명이 없으면 이 장에 언급된 대학 졸업률 관련 통계는 모두 이들 데이터에서 나온 것이다).

8   다음을 참고하라. Goldin, Katz, and Kuziemko (2006).

9   출산율은 상시인구조사CPS의 '6월 출산율 보충자료' 데이터에서 가져온 것이다. 세대별 출산율에 대해서는 뒤에서 더 상세히 다루었다. 코로나 팬데믹과 그로 인한 경제 불황이 임신에, 따라서 미래의 출산에 어떤 영향을 미쳤는지는 아직 정확히 알 수 없지만 몇몇 실증 근거는 '베이비 버스트baby bust[출산율 급감]가 올 가능성이 있음을 시사한다.

10   Yohalem (1979), p. 52.

11 출생 연도별로 첫 결혼 연령의 중앙값을 나타낸 그림 6.1을 참고하라. 1948년 출생자 정도까지 첫 결혼 연령 중앙값이 약 23세였으므로 1971년경이 터닝포인트라고 볼 수 있다.

12 그림 6.1을 참고하라.

13 연령별로 출산을 하지 않은 여성의 비중을 나타낸 그림 2.3을 참고하라. 보조 생식술이 미친 영향은 이 책의 7장을 참고하라.

2장

1 1880년 미국 인구총조사 원자료. 이 지역은 1880년 인구총조사 원자료에는 '그랜드 크릭 앤 헬게이트 밸리Grand Creek and Hell Gate Valley'라고 표기되어 있고 1910년 원자료에는 '헬게이트 타운십Hell Gate Township'이라고 표기되어 있다.

2 Office of History and Preservation, Office of the Clerk, U.S. House of Representatives (2006), p. 40.

3 이 23명은 지명된 것이 아니라 투표로 선출된 여성 의원 수다. 당시에 몇몇 여성 의원은 하원의원이던 남편이 사망한 뒤 선출되지 않고 남편의 의원직을 승계하기도 했다.

4 덕워스는 1989년에 하와이 대학을 졸업했고 조지 워싱턴 대학에서 석사 학위를, 2015년에 카펠라 대학에서 박사 학위를 받았다.

5 질리브랜드는 1988년에 다트머스 대학을 졸업했고 1991년에 UCLA 로스쿨에서 JD학위를 받았다.

6 여성 하원의원의 출산 정보는 다음에 나온다. https://en.wikipedia.org/wiki/Women_intheUnitedStatesHouseofRepresentatives#Pregnancies.

7 미국 인구총조사에 학력 정보가 처음 포함된 것은 1940년이다. 그 이전 시기에 대해서는 대학들이 각자 보유하고 있는 졸업생 데이터를 활용할 수 있으며 실제로 여러 연구자들이 대학의 졸업생 데이터들을 연구에 활용해 왔다 (Cookingham 1984; Solomon 1985). 그러한 데이터는 유용하며 이 책에서도 일부 사용되었다. 하지만 표본 크기가 작고 전국을 대표하는 표본이 아니며 해당 대학의 정책에 따라 사용이 제한적일 수 있다.

8 Yohalem (1979), p. 54. 이 언급을 한 응답자는 1940년대에 컬럼비아 대학 대

학원 재학생이거나 졸업생인 여성이었고 조사 당시인 1974년에 50대였다. 이 조사의 표본 모두 마찬가지다. 이들 중 상당수가 아이가 없었으며 이 응답자도 아이가 없었다.

9   Sicherman and Green (1980). '버지니아 애프거Virginia Apgar' 항목.

10 다음을 참고하라. Hsieh, Jones, Hurst, and Klenow (2019).

11 그림 2.3을 참고하라. 이 절에서 언급한 결혼 및 자녀에 대한 통계의 상당 부분은 그림 2.2와 그림 2.3에서 가져온 것이다.

12 그림 4.1을 참고하라.

13 이 통계에 대해서는 다음을 참고하라. Isen and Stevenson (2010), 표 3.1. 이센과 스티븐슨은 '소득 및 프로그램 참여 조사Survey of Income and Program Participation, SIPP' 데이터를 사용했다. 이 데이터는 백인 여성의 데이터다. 1950년대에 결혼한 흑인 여성의 이혼율은 백인 여성보다 훨씬 높았다. 즉 흑인 여성 사이에서는 이혼율이 증가하기 전에도 이혼율이 이미 상당히 높았다. 1950년대 이전에 결혼한 사람들에 대한 자료는 이들의 연구에 포함되어 있지 않다. 나도 SIPP 데이터로 계산해보았는데, 1930년대에 태어난 사람들 중에서는 결혼 후 10년 시점에 17%가 이혼했으며 1940년대에 태어난 사람들 중에서는 결혼 후 10년 시점에 32%가 이혼했다.

14 Yohalem (1979), p. 52. 이 응답자들은 1940년대 말에 컬럼비아 대학 대학원을 다녔으며 1919-1926년에 태어났다.

15 Yohalem (1979), p. 53.

16 Isen and Stevenson (2010), 표 3.1, 백인 대졸 여성을 대상으로 한 것이다. 흑인 여성의 경우에는 1960년대에 결혼한 사람 중 32%가 결혼 20주년을 맞지 못했고 1970년대에 결혼한 사람 중에서는 44%가 20주년을 맞지 못했다.

17 매년 발간되는 고등교육연구소Higher Education Research Institute, HERI의 'CIRP 대학신입생조사CIRP Freshmen Survey'(애스틴 조사Astin survey라고도 불린다) 데이터에 따르면 1969년부터 1980년대 중반 사이에 남녀 신입생 모두 커리어와 가정 둘 다에 대해 열망이 높아지다가 1980년대 중반에 증가세가 멈추고 평평해진다. 커리어에 대한 열망과 가정에 대한 열망은 그들이 무엇을 목표로 삼고 있는지 묻는 다양한 설문 항목을 토대로 측정했다. 이 조사의 마이크로 데이

터를 분석해 추세를 뽑아준 데브 파텔Dev Patel에게 감사를 전한다.

18 미국 인구조사국에서 처음으로 동성 파트너 가구를 기록한 것은 2000년 ACS 부터다. 그전에는 일반적으로 결혼하지 않은 동성 커플의 한쪽 성별을 기록했다.

19 그림 6.1 "출생 연도별 대졸 여성의 첫 결혼 연령 중앙값: 1925-1988년"을 참고하라. 이러한 데이터가 안정적이고 일관성 있게 산출되기 시작한 것은 집단3 세대부터다.

20 온라인 부록 그림 1A(2장) "대학을 다니지 않은 백인 여성 중 미혼 비중: 연령 및 출생 연도별"과 온라인 부록 그림 2A(2장) "대졸 백인 여성과 대학을 다니지 않은 백인 여성의 미혼 비중 차이"를 참고하라. 여기에서 비교 대상으로 삼은 집단은 '대학을 졸업하지 않은 여성'이 아니라 고졸 이하 여성이다. '대학을 어느 정도 다닌 적이 있는' 사람을 제외한 이유는 지난 세기 동안 이 범주의 구성이 계속 달라졌기 때문이다. 뒤로 가면 이 범주가 고졸 이하 학력자와 더 비슷해지지만 앞에서는 여기에 교육 전문대 졸업자가 포함되었으며 꽤 최근까지 간호사 자격증 소지자도 상당히 많이 포함될 수 있었을 것이다.

21 흑인 대졸 여성 중 결혼한 적이 있는 여성 비중이 백인 여성에 비해 상당히 낮은 데는(특히 집단5에서 50-54세 연령대의 경우에는 10%포인트 넘게 차이가 난다) 여러 이유를 생각해볼 수 있는데, 그중 하나는 흑인 남성 중 대졸자 비중이 흑인 여성 중 대졸자의 비중만큼 빠르게 증가하지 않았다는 점일 것이다. 온라인 부록 그림 4A(2장) "인종별 30세 시점의 남성과 여성 대졸 인구 비중"을 참고하라.

22 Lundberg, Pollak, and Stearns (2016), 그림 3, p. 85. 1980-1984년부터 2009-2013년 사이, 40세 이하의 대졸 여성 중에서 결혼했거나 동거 중이 아닌 상태로 출산한 여성 비중은 4%에서 2.5%로 떨어졌다. 동일한 연령대와 학력의 여성 중 동거 중인 상태로 출산한 여성 비중은 1% 미만에서 7%로 증가했다. 이 계산에는 '전국가족성장조사National Survey of Family Growth, NSFG'의 원자료가 사용되었다. 동성 커플의 출산을 포함한 가장 최근의 NSFG 데이터로 계산했을 때도, 2014-2017년에 출산한 모든 대졸 여성 중 2.8% 정도만 파트너가 없는 상태에서 출산한 것으로 나타났다.

23 조사 빈도가 더 높은 데이터들은 CPS '6월 출산율 보충자료'의 데이터들이

418

며 이 자료는 1970년대 초부터 존재한다. 입양 자료는 ACS의 1950년대 중반-1960년대 중반 출생 대졸 여성 중 45세 지점에 자녀(생물학적 자녀와 의붓자녀 모두 포함)가 없는 여성에 대한 데이터를 사용했다.

24 이 숫자들을 계산할 때 집단1을 1880년부터로 잡기 위해 각각 5년씩을 포괄하는 더 이른 집단 데이터 두 세트를 포함했다. 집단1은 40-45세 연령대의 관찰값이 별로 없다. 전국 조사에서 출산과 학력 정보가 처음 포함된 것이 1940년 인구총조사이기 때문이다.

25 집단3에서 결혼한 적이 있는 여성 비중이 92%라는 사실을 토대로 계산한 것이며, 결혼한 적이 없는 여성은 출산을 거의 하지 않았으리라고 가정했다.

26 출산 자녀 수 데이터는 온라인 부록 그림 3A(2장) "대졸 여성의 출산 자녀 수 중앙값"을 참고하라. 출산을 한 번도 하지 않은 여성을 표본에 포함한 경우와 표본에서 제외한 경우 각각에 대해 중앙값을 볼 수 있다.

27 집단4와 비교해 보라. 집단4의 경우, 출산한 적이 있는 여성들만 보았을 때의 평균 출산 수는 [집단5와 같은] 2.2명인데 출산한 적이 없는 여성까지 포함한 전체 여성의 평균 출산 수는 [집단5의 1.8명보다 적은] 1.6명에 불과하다.

28 1940년에서 2000년까지는 인구총조사에서, 그 이후는 ACS에서 데이터를 가져왔다. 인구총조사가 10년 단위로 이뤄지기 때문에 1940년 조사의 고용 데이터는 대공황의 영향을 받았을 것이고 1950년의 고용 데이터는 2차 대전 중 여성의 노동시장 참여가 증가한 것의 영향을 받았을 것이다. 이 절의 노동시장 데이터에 대한 논의는 주로 더 이후 시기를 중심으로 하고 있으므로 대공황과 2차 대전이 결론에 심각하게 영향을 미치지는 않았을 것이다. 집단1의 경우 1940년 조사에 노년 이전의 데이터가 매우 적게 포함되어 있으므로 집단1은 분석에 포함하지 않았다.

29 이 책에서 '고용employment'과 '경제활동 참가labor force participation'는 같은 의미로 사용했다. 경제활동 참가자는 고용되어 있는 사람에 더해 '고용되어 있지 않지만 적극적으로 일자리를 구하고 있는 사람'도 포함하지만 실업률이 낮으면 이 둘은 거의 비슷하다.

30 데이터가 25세부터 시작하므로 대부분의 사람들은 교육을 다 마쳤다고 보아도 무방하다.

31 정확한 숫자는 45%이다. 하지만 그 이후로 계속 증가하고 있다. 그림 2.5의 데이터는 1983년 출생자에서 멈추지만 그 이후 출생자들에 대해서도 외삽해 볼 수 있다.

32 온라인 부록 그림 4A(2장) "인종별 30세 시점의 남성과 여성 대졸 인구 비중"을 참고하라.

33 정도는 훨씬 덜하지만 여성의 추이도 비슷한 양상으로 불규칙한 패턴을 보인다. 여성들은 징집이 되지는 않았지만, 대학 진학 결정이 남성들의 대학 진학 결정에 영향을 받았을 것이다. 연애 및 결혼 전망과 관련해서도 그렇고, 아들을 대학에 보낸 집에서 딸도 대학에 보낼 가능성이 크다는 점에서도 그렇다.

34 미국 등 몇몇 국가에서 여성의 학력이 상대적으로 더 많이 증가한 원인에 대해서는 다음을 참고하라. Goldin, Katz, and Kuziemko, 2006.

35 같은 해에 태어난 사람들 사이의 대졸자 비중 추이는 인구총조사의 가구 조사 데이터를 사용했다.

36 이 두 지표는 온라인 부록 그림 5A(2장) "대학생 남녀 성비: 재학 연도 및 출생 연도별"을 참고하라. 두 지표를 비교할 때 22세에 대학을 졸업한다고 가정했다. 실제로는 이렇게 이른 나이에 졸업하지 못한 사람도 많았을 것이다. 특히 남성이 제대 후 학교로 돌아왔거나 여성이 출산 후 학교로 돌아왔다면 22세에 졸업하지 못했을 것이다.

37 한국 전쟁에 참전했던 군인도 이 차이의 일부를 설명할 수 있지만 또 다른 일부는 미국이 평화 시기에도 징집을 했다는 사실로 설명된다. 남성 대학생 일부는 군 복무를 마친 사람들이었다.

38 온라인 부록 표 1A(2장) "대학생 중 남녀 공학 대학 학생 비중: 1897-1980년." 미국 대학의 역사에서 남녀 공학 학교에 대한 설명은 다음을 참고하라. Goldin and Katz, 2011. 이들의 연구에 사용된 원자료도 참고하라.

39 어느 시점부터는 "래드클리프" 여학생이 "하버드" 여학생이 되지만 여기에서는 "래드클리프" 여대생이라고 표기했다. "하버드" 여학생이 되는 시점을 하나로 짚기가 어렵기 때문이다. 어떤 이들은 공학으로의 전환점을 1943년으로 본다. 그때 하버드 남학생과 래드클리프 여학생이 함께 수업을 들을 수 있게

되었다. 어떤 이들은 1963년을 전환점으로 꼽는데, 그때 하버드 남학생과 래드클리프 여학생 모두 "하버드 칼리지 펠로우 및 총장" 명의의 학위를 받게 되었다. 또 어떤 이들은 1970년대 초가 전환점이라고 보는데, 이때 입학 사정 절차가 통합되었고 기숙사도 통합되었다. 한편 1977년을 꼽는 사람도 있는데, 이때 래드클리프에 입학 허가를 받은 여성은 하버드 칼리지에 자동으로 등록이 되는 "통합이 아니지만 사실상의 통합non-merger merger"이 이루어졌다.

40 Lemann (2000).

41 다음을 참고하라. 부록2 출처 설명(3장) "래드클리프 졸업생 설문조사 1928년"; (5장) "래드클리프 100주년 기념 조사, 1977년"; (7장) "'하버드 앤 비욘드' 프로젝트." 이미 40대 후반 이상인 여성들만 포함하기 위해 결혼율은 1970년대 말 출생자들의 데이터까지만 사용했다.

42 온라인 부록 그림 6A(2장) "래드클리프/하버드 출신 대졸 여성과 대졸 여성 전체 비교"를 참고하라. 가장 이른 세대인 집단1은 예외적으로 상이한 양상을 보인다. 집단1은 래드클리프 졸업생이 대졸 여성 전체보다 미혼 비중이 높다. 1900년 이전 출생자 중 래드클리프 졸업생은 무려 50%가 50세까지 결혼을 하지 않았다. 이에 비해 집단1의 대졸 여성 전체 중에서 50세까지 결혼을 하지 않은 사람은 30%였다.

43 집단3의 래드클리프 여성들은 아이가 없는 사람의 비중이 예외적으로 낮다. 이는 설문 응답자에 아이가 있는 사람이 비례적이지 않게 많이 포함되어서일 가능성이 있다. 동창회에는 아이가 있거나 유명한 사람, 혹은 둘 다인 사람이 많이 참석하는 경향이 있다. 하지만 '래드클리프 100주년 기념 조사'에서는 설문지를 동창회에서 돌리지 않고 우편으로 발송했다.

44 온라인 부록 표 1A(2장)는 1897년부터 현재까지 남성과 여성 대학생이 각각 남대, 여대를 다닌 비중과 공학을 다닌 비중을 보여 준다.

45 "세대간 천이"라는 표현은 노동경제학자 존 데이나 듀런드John Dana Durand (1948)에게서 빌려온 것이다.

46 온라인 부록 그림 2A(2장)는 대졸 여성과 대학을 다니지 않은 여성 사이의 결혼율 차이를 보여 준다.

3장

1 2019년 8월 14일, 휴 로코프Hugh Rockoff(1972년 시카고 대학 박사 학위 취득)는 내게 보낸 이메일에서 이렇게 언급했다. "내가 기억하는 그분[마거릿 리드]도 당신이 기억하는 것과 거의 같습니다. 사람들은 이렇게 말하곤 했지요. '저기 고대인 중 한 분이 가신다. 정말 중요한 분이셨대. 그리고 놀랍게도 아직도 연구를 하셔!'라고요. 그분의 연구에 대해 기억나는 유일한 것은, 2차 대전 시기 생활 물가와 관련된 논쟁에 관여하셨던 것 같아요."

2 2019년 8월 11일, 제임스 스미스James Smith(1972년 시카고 대학 박사 학위 취득)는 내게 보낸 이메일에서 이렇게 언급했다. "그분과 약간의 대화를 나눠본 적이 있어요. 베커 워크숍에 들어오셨거든요." 그러니까, 리드의 연구 분야에 진지하게 관심이 있었던 학생은 당시에 리드와 접촉해본 적이 있었다. 하지만 나는 박사 학위를 마친 다음에야 이 분야에 관심을 갖게 되었다.

3 1970년대 말에 NBER은 매사추세츠주 케임브리지로 이전하며 새로운 임무를 담당하게 된다. 나는 1978년부터 NBER의 연구팀에 참여했고 1989년부터 2017년까지 28년간 초창기부터 이곳에 있었던 프로그램 중 하나를 이끌었다. .

4 US Congress (1934). 최종 보고서의 주석(p. xi)에 다음과 같이 언급되어 있다. "이 작업을 전체적으로 담당한 쿠즈네츠 박사는 최종 추산치를 내는 작업 과 보고서 내용의 구성 및 작성을 책임졌다."

5 US Congress (1934), p. 4.

6 오늘날의 주장은 다음을 참고하라. Folbre (2001).

7 1943-1944년에는 예산국Bureau of the Budget 통계표준부Division of Statistical Standards 의 경제 자문으로 일했고 1945-1948년에는 미 농무부Department of Agriculture에서 가정경제부Family Economics Division를 이끌었다.

8 커크는 사촌 자매 돈 커크 스트라인Don Kyrk Strine의 자녀들을 종종 데리고 있었다(돈은 커크의 삼촌인 루터의 딸이다). 돈은 딸 다섯과 아들 둘을 두었다. 커크가 아이오와주 에임스에 살던 1925년 아이오와주 인구총조사 원자료에는 커크가 스트라인의 자녀 중 첫째인 루스(당시 14세)와 함께 살고 있다고 기록되어 있다.《미국의 여성 위인들》의 커크 항목에는 루스가 "수양딸foster daughter"이라고 묘사되어 있다. 또 1940년에 커크가 워싱턴 D.C.와 시카고를 오가며

살고 있었을 때는 27세인 마가리테 스트라인과 23세인 메리 스트라인과 함께 살고 있다고 기록되어 있다. 이 인구총조사 기록들은 "앤세스트리닷컴 Ancestry.com"에서 볼 수 있다. '스트라인Strine'이라는 이름이 《미국의 여성 위인들》에는 스트루에Struie라고 표기되어 있지만, 인구총조사 기록과 사망 기록들을 보면 이집 식구들의 이름이 명확하게 '스트라인'이라고 표기되어 있다. 하지만 《미국의 여성 위인들》에서 커크 부분을 작성한 엘리자베스 넬슨Elizabeth Nelson은 루스를 직접 취재했고, 따라서 '스트루에'라는 표기가 오기인지 사실관계의 착오인지는 분명치 않다.

9   해외 여행 기록에서는 리드나 커크에게 여성 동반자가 있었다는 기록을 찾을 수 없으며 인구총조사 원자료도 리드의 여성 동반자나 여성 룸메이트에 대해 언급하고 있지 않다. 커크의 경우에는, 인구총조사 원자료에 그가 한동안 여자 조카들과 살았다고 되어 있고 1920년에 오벌린 칼리지에 잠시 가 있게 되었을 때 수학자 메리 에밀리 싱클레어Mary Emily Sinclair와 메리의 어린 자녀들 집에서 하숙을 했다는 언급도 있다.

10 1900년 인구총조사 자료는 커크의 아버지 엘머Elmer가 트럭 운전사이며 어머니는 최근에 사망했다고 기록하고 있다. 커크는 교사로 일하다가 오하이오 웨슬리언 대학에 가서 경제학과 교수 레온 캐롤 마샬Leon Carroll Marshall의 집에서 입주 도우미로 일하며 공부했다. 나중에 마샬은 시카고 대학 경영대학원(현재의 '부스 경영대학원')의 학장이 된다. 커크는 마샬의 가족이 시카고로 옮길 때 함께 시카고로 왔고 여기에서 1910년에 학사 학위를 받았다. 이어서 웰슬리 칼리지에서 교편을 잡았다가 시카고로 돌아와 박사과정을 밟았고 박사과정 중에 오벌린 칼리지에서 강의를 병행했다. 이어 제1차 세계대전이 터졌을 때 지도 교수와 함께 런던으로 가서 통계학자로 일했으며 1920년에 시카고 대학에서 박사 학위를 받았다.

11 그림 2.2를 참고하라.

12 앞에서 언급했듯이, 1960년 이후에 태어난 흑인 대졸 여성들은 이 비율이 유독 줄곧 높다.

13 래드클리프/하버드 졸업생인 여성들과 미국 대졸 여성 전체의 결혼과 출산율 비교한 앞의 논의를 참고하라. 이 비교는 다섯 개의 각 집단이 결혼과 출산에서 두드러지게 구분되는 특성을 보이는 것이 시대에 따라 대학에 가는

여성들의 유형이 달라졌기 때문일 것이라는 가설이 뒷받침되지 않음을 보여준다. 대학에 가는 사람들이 어떤 유형과 성향의 사람들이었는지는 각 세대별 결혼과 출산의 차이를 거의 설명하지 못한다. 래드클리프/하버드 졸업생인 여성들은 전 기간에 걸쳐 출신 배경 등이 거의 동일했는데도 세대에 따른 결혼 및 출산의 추이와 인구통계학적 변화의 추이가 대졸 여성 전체가 보이는 추이와 비슷하게 집단에 따라 큰 차이를 보였다.

14 미국 인구총조사 원자료에 따르면 1930년에 도로시와 폴은 네 아이와 함께 시카고에 살고 있었다. 도로시의 직업은 "교사, 대학," 폴은 "교수"라고 되어 있다. 얼마 뒤 도로시는 스미스 칼리지로 옮겼다. 1940년 인구총조사 원자료에 따르면 이때 도로시는 노샘프턴에 살았고, 직업은 "교사, 대학"이라고 되어 있다. 이때는 10대가 된 네 자녀도 도로시와 함께 살고 있었고 "경제학 연구자"인 캐더린 럼킨Katharine Lumpkin도 이 집에 함께 살고 있었다. 도로시와 럼킨은 〈미국의 아동 노동자Child Workers in America〉를 공저했고 30년간 커플이었다.

15 미국의 과거 패턴과 비슷하게 오늘날 아시아의 많은 나라에서도 전문 석박사 학위를 가진 젊은 여성의 결혼율이 매우 낮다. 이들 나라의 사회적 규범은 종종 여성들이 시간을 많이 투자해야 하는 커리어를 갖지 말고 주부가 되기를 요구한다. 황(Hwang, 2016)은 한국과 일본의 '골드 미스' 현상에 대해 논한 바 있다.

16 다음을 참고하라. Alsan and Goldin (2019).

17 여기에서 9%는《미국의 여성 위인들》의 몇몇 권(Scherman and Green 1980; Ware and Braukman 2004)을 토대로 한 것이다.

18 영유아 사망률이 장기적으로 감소한 이유에 대해서는 다음을 참고하라. Alsan and Goldin (2019). 1900년의 사회 경제적 지위와 영아 사망률의 관계에 대해서는 다음을 참고하라. Preston and Haines (1991).

19 《미국의 여성 위인들》에 소개된 인물 중 1951-1975년에 사망한 사람들은 다음에 나온다. Sicherman and Green (1980). 1976-1999년에 사망한 사람들은 다음에 나온다. Ware and Braukman (2004).《미국의 여성 위인들》의 첫 세 권은 1951년 이전에 사망한 여성들을 다루고 있으며, 따라서 집단1의 여성 중 1951년 이전에 사망한 사람들의 정보가 여기에 담겨 있다. 이들은 50대부터

70대 초반까지의 나이에 사망했을 것이다. 첫 세 권은 여기에서 분석한 데이터에 포함하지 않았다.

20 더 뒷 세대 집단 여성 중 여기에 포함된 사람들은 상대적으로 젊은 나이에 사망한 사람들이다. 다행히 이런 사람은 많지 않다.

21 '위인' 중 결혼한 적이 있는 사람 중에서는 이보다 적은 비중인 45%가 아이가 없었다. 대졸 여성 전체 중 결혼한 적이 있는 사람 중에서는 이 숫자가 29%였다. '위인' 중 35세 이전에 결혼한 사람으로만 한정하면 36%가 아이가 없었다. 그림 4.1을 참고하라.

22 1920년 인구총조사에는 메리 에밀리 싱클레어가 두 아이(조카라고 잘못 기록되어 있다)와 함께 오하이오주 오벌린에 거주하고 있으며 헤이즐 커크가 이 집에서 하숙을 한다고 되어 있다. 다음도 참고하라. https://www.agnesscott.edu/LRiddle/women/sinclair.htm.

23 이 계산은 온라인 부록(3장) "집단1의 '커리어와 가정 모두를 성취한 여성 비중' 계산 방법"에서 상세히 설명했다.

24 남편이 먼저 사망했는데 재혼하지 않았을 가능성은 고려하지 않았다.

25 1928년의 래드클리프 50주년 기념 조사와 1977년의 래드클리프 100주년 기념 조사 데이터에 따르면, 1920년 이전에 태어난 여성들의 경우에는 래드클리프 졸업생 중 결혼하지 않은 사람의 비중이 전체 여성 인구 중 결혼하지 않은 사람의 비중보다 높았지만, 1920년 이후에 태어난 여성들의 경우에는 그와 반대였다. 이 차이는 1950년대에 열린 동창 행사에는 아이가 있는 사람들이 상대적으로 많이 참석했지만 그전에는 이러한 편향이 적었으리라는 것을 말해 준다.

26 1940년에 40대가 된 사람들 중 노동시장에 있는 사람의 비중을 계산하면 알 수 있다. 4년 이상의 대학 교육을 받은 여성 전체 중 40-44세의 경제활동 참가율은 0.923이고 40-49세의 경제활동 참가율은 0.893이다. 이는 매우 높은 것이다.

27 "소득 및 프로그램 참여 조사SIPP" 데이터에 따르면 1920년대에 결혼을 하고 15년 정도 결혼을 유지한 사람들 중에서, 그리고 아내가 대졸인 경우, 이혼율은 20% 근처였다. 집단1 중 '위인' 목록에 있는 여성들은 결혼을 1920년대

보다 조금 더 먼저 했다. 여기에 사용된 계산 방식에 대해서는 다음을 참고하라. Stevenson and Wolfers (2007).

28 헤이즐 커크도 그랬듯이, 이디스 애봇과 그레이스 애봇 모두 대학에 다니기 위해 돈을 벌어야 했다. 이디스는 네브라스카 대학을 졸업하고 시카고 대학에 갈 수 있는 장학금을 땄다. 시카고 대학에서 그의 지도 교수는 여성 사회 과학자 소포니스바 브레킨리지Sophonisba Breckinridge, 1866-1948였다. 그레이스 애봇도 그랜드 아일랜드 칼리지를 졸업하고 나중에 시카고 대학으로 왔으며, 애봇 자매와 브레킨리지는 함께 이주 여성들이 교육을 받고 취업할 수 있게 돕는 일을 했다.

29 시카고 대학의 가정경제학 및 가정관리학과의 역사에 대해서는 다음을 참고하라. https://www.lib.uchicago.edu/collex/exhibits/exoet/home-economics/.

30 퍼킨스가 뉴욕주 산업국장에 처음 임명되었을 때는 앨 스미스Al Smith가 주지사였다.

31 이러한 주장의 내용과 그러한 주장을 편 사람들에 대해서는 다음을 참고하라. Cookingham (1984).

32 Shinn (1895). 신은 캘리포니아 대학에서 박사 학위를 받은 최초의 여성이었다. 인용문은 다음과 같다. "이렇게 대답하면 꽤 확실할 것이다. (…) 이것은 더 모험적이고 화제에 오르는 삶을 살겠다는 열망 때문이 아니다. 대다수는 (…) 학교 교사이기 때문이다"(p.947).

33 Shinn (1895), p. 948.

34 Shinn (1895), p. 948.

35 Grundwald and Adler (2005), p. 516.

36 Davis (1928). 데이비스는 이 글에서 46%는 30-39세이고 거의 80%가 30세 이상이라고 밝혔다. 누가 이 설문을 했는지, 설문이 언제 진행되었는지는 언급하지 않았지만, "대학을 졸업한 지 적어도 5년이 된 대졸 미혼 여성의 성생활에 대한 설문"이었다는 설명으로 미뤄볼 때 아마도 데이비스 자신이 진행한 조사였을 것이다. 데이비스는 사회위생연구소의 연구원이었고 1918부터 1928년까지 사회위생연구소를 이끌었는데, 이때 사회위생연구소의 주 업무가 범죄학과 관련이 있었고 데이비스가 범죄 행위의 유전적 요인을 알아내고

자 했던 우생학자였다는 점은 여기에서 짚어 둘 필요가 있을 것이다.

37 이 설문지는 응답자들이 열린 답변을 할 수 있게 되어 있었던 것으로 보인다. 흥미롭게도, 1.6%는 "동성애 관계"를 가지고 있기 때문에 결혼하지 않았다고 답했다. 데이비스는 이 글에 인용한 자료가 자신이 직접 수행한 섹슈얼리티 연구에서 나온 것이라고 언급하지 않았고 대졸 미혼 여성 표본의 거의 30% 가 적어도 한때 레즈비언이었다는 점도 언급하지 않았다(1929, p272 참고). 당연하게도, 결혼하지 않은 이유가 "딱 맞는 남자를 만나지 못해서"라고 답한 사람의 비중은 레즈비언이 아니었던 여성들 사이에서 더 높았다.

38 다음을 참고하라. "Katharine B. Davis Converted to Wets: Social Worker, Long Friendly to Prohibition, Now Favors Control by States," *New York Times*, May 26, 1930.

39 캐서린 베먼트 데이비스에 대해서는 자료가 별로 남아 있지 않다. 그의 삶에 대한 가장 상세한 기술은 다음을 참고하라. Gilette (2018).

40 데이비스의 1928년 기사에 포함된 표에 대해서는 그가 쓴 다음의 책을 참고하라. Davis (1929), p. 272. 두 저술의 중요한 차이 하나는, 섹슈얼리티에 대한 책에서는 레즈비언 관계였던 경험이 있는 여성을 그렇지 않은 여성과 구분하고 있다는 점이다. 이 표본에 포함된 1,200명의 미혼 대졸 여성 중 30%가 동성애 관계를 가진 적이 있다고 말했다. 데이비스의 책은 동성애에 대해 거의 100페이지를 할애해 설명하고 있다.

41 1928년의 래드클리프 50주년 기념 조사는 설문이 우편으로 발송되었다. 래드클리프 학부 졸업생 중 거의 1,900명(1880년대에서 1920년대 사이에 졸업)이 응답했다. 전체 표본은 3,000명 정도이지만 여기에는 특수 학생, 대학원생, 편입생, 그리고 졸업하지 않은 사람도 포함되어 있었다. '커리어'와 결혼 둘 다, 그리고 '커리어'와 엄마가 되는 것 둘 다를 달성하는 것이 가능하다고 보는지 묻는 질문에서 "절대적으로 그렇다"고 답한 사람만 "그렇다"로 해석했다. "희망적이다"라고 답한 사람은 "조건부로 그렇다"로 분류했다. 이 질문은 "결혼한 적이 있는 사람들"에게만 제시되었다. "아니오"라고 답한 사람은 부정적인 답변을 한 것으로 해석하고 각 답변의 비중을 계산했다. 다음을 참고하라. Solomon, 1985, 1989; 부록2 출처 설명(3장) "래드클리프 졸업생 설문조사, 1928년."

42 그는 1981년에 노인병학 전문 간호사들과 한 인터뷰에서 이렇게 말했다. "대학의 임용 담당자가 내가 흑인이라는 것을 알게 되자마자 그것으로 끝이었어요." 다음을 참고하라. https://www.sciencedirect.com/science/article/pii/S0197457281800936.

4장

1 다음을 참고하라. Elizabeth Day, "The Group by Mary McCarthy," *The Guardian*, November 28, 2009, https://www.theguardian.com/books/2009/nov/29/the-group-mary-mccarthy.

2 이 장에 실린 〈그룹〉의 모든 인용문은 다음에서 가져온 것이다. *The Group*, McCarthy, 1963.

3 《미국의 여성 위인들》은 특정한 기준을 충족한 사람들만 포함하고 있으며 편찬되기 전에 사망한 여성만 포함하고 있다. 마지막 권(5권)이 1990년대 말에 나왔으므로 여기에 포함된 집단2의 여성 중 후기에 속하는 여성들은 초기에 속하는 여성보다 이른 나이에 사망한 경우라고 볼 수 있다. 여기에 실린 집단2의 여성 중 초기 여성들의 사망 연령 중앙값은 80세인데 후기 여성들은 68세다. 또한 초기 여성이 후기 여성보다 훨씬 많이 포함되어 있다. 생애에서 '위인' 명단에 오를 만한 성취를 할 시간이 더 많았기 때문일 것이다. 사망 연령의 중앙값은 평균과 거의 비슷하다. 따라서 초기와 후기 모두에서 아웃라이어가 평균을 위나 아래로 크게 왜곡하지 않았다고 볼 수 있다.

4 대학을 다니지 않은 여성에 대한 자료는 온라인 부록 그림 1A(2장) "대학을 다니지 않은 백인 여성 중 미혼 비중: 연령 및 출생 연도별"에 나온다. 온라인 부록 그림 2A(2장) "대졸 백인 여성과 대학을 다니지 않은 백인 여성의 미혼 비중 차이"도 참고하라.

5 가정용품과 공공 유틸리티의 발달이 미친 영향에 대한 뛰어난, 하지만 복잡한 해석은 다음을 참고하라. Greenwood (2019). 가정의 전기 보급 확산과 전자제품 도입에 대한 데이터는 다음 저술의 온라인 부록을 참고하라. Greenwood, Seshardi, and Yorukoglu, (2005).

6 1900년 직종 조사Census of Occupation(미국 인구조사국 1904)에 따르면 328,049명의 여성 교사(음악과 미술 교사 제외)가 있었다. 교사 포함, 전문 서비스직 전

체는 431,179명이었다. 단순 사무직과 판매직은 이보다 수가 적어서 단수
사무원과 필경사가 85,269명, 속기사와 타자수는 86,158명, 경리부기원은
74,186명이었다.

7   1900년에 전문 서비스직에 종사하는 여성은 431,179명이었고 대부분 교사
    였다. 1930년에는 1,526,234명으로 늘었다. 1900년에는 단순 사무직(단순사
    무원, 타자수, 속기사, 전화 교환수, 경리부기원)은 260,963명이었지만 1930년에는
    1,986,830명으로 늘었다. Bureau of the Census 1904, 1933).

8   US Bureau of the Census (1904, 1933). 1900년에는 여교사가 약 328,000명,
    1930년에는 약 854,000명이었다.

9   단순사무직의 확대가 여성의 고용에 미친 영향에 대한 초창기의 가장 종합적
    인 설명을 담은 저술로는 다음을 참고하라. Rotella (1981).

10 '고등학교 운동'에 대해서는 다음을 참고하라. Goldin and Katz (2008), 5, 6장.
    고등학교 이전에 있었던 '아카데미'들은 대학 예비 과정인 명문 사립 학교가
    아니다. 명문 사립 학교들은 많은 경우에 훨씬 더 이른 시기인 18세기 정도에
    세워졌다.

11 '남성 가장'이 가족을 부양한다는 사회적 규범은 흑인 가정에서는 훨씬 덜 두
    드러졌다. 일찍부터 흑인 여성들은 농업과 가내 서비스 부문에 상당히 많이
    고용되어 있었기 때문이다. 흑인에게 이러한 규범이 덜 두드러진 원인이 사
    회가 흑인 여성들이 지고 있던 부담에 신경을 쓰지 않았기 때문인지 흑인 남
    성에게 노동시장 진입의 인센티브를 제공할 필요가 없었기 때문인지는 분명
    치 않다.

12 여성 경제활동 참가율이 장기적으로 증가한 이유에 대해서는 다음을 참고하
    라. Goldin (1990, 2006).

13 하지만 흑인 여성에게는 1920년대 단순사무직의 증가가 게임의 장을 바꾸는
    변화가 아니었다. 흑인 여성들은 종종 사무직 일자리를 얻을 수 없었다. 사무
    직 일자리에 필요한 교육을 받았어도 마찬가지였다. 1939년에 사무직 노동자
    를 고용하고 있는 기업들을 대상으로 진행된 설문조사에서 경영자와 인사 담
    당자들의 답변을 보면, [흑인이 아닌] 사무직 노동자들이 흑인 여성과 함께 일
    하는 것에 대해 매우 큰 편견을 가지고 있었음이 드러난다. 이 설문조사와 결
    과에 대해서는 다음을 참고하라. Goldin (2014a).

14 복잡한 분석 모델을 만들어서 '시간 효과'와 '집단 효과'(경제학자들이 '코호트 효과'라고 부르는 것)를 검증하지 않아도, 간단한 분석을 통해 연령에 따른 변화[라이프 사이클상의 변화]와 시대에 따른 변화를 분리해볼 수 있다. 1902년에 태어난 사람은 32세 시점에 25%가 노동시장에 있었는데 1917년에 태어난 사람은 37%가 노동시장에 있었다. 이와 비슷한 증가가 모든 연령 집단에서 관찰된다. 그와 동시에, 각 여성이 생애에서 거치는 라이프 사이클에 따른 변화도 크다. 두 요인을 모두 고려하면, 1900-1930년에 태어난 출생 집단들의 경우 아마도 고용 증가의 절반 정도는 라이프 사이클에 따른 변화일 것이고 절반 정도는 시대에 따른 변화일 것이다. '27세에서 42세까지'에서 20%포인트 정도의 고용률 증가가 발생했고, '27세이냐 42세이냐'의 차이에서 10%포인트 정도의 고용률 증가가 발생했다(미국 인구총조사 여러 해의 마이크로 데이터 중에서 결혼한 적이 있는 백인 대졸 여성의 자료를 이용해 분석한 것이다).

15 미국에만 있었던 것은 아니고 영국, 아일랜드, 호주 등 많은 나라에서도 교직 및 기타 전문 직종에 이러한 규제가 존재했다.

16 1930년대의 설문조사 자료와 20세기초 학교지구들에 대한 기록을 토대로 기혼 여성 고용 금지 제도 현황과 대공황기 때의 확대를 분석한 저술로는 다음을 참고하라. Goldin (1991).

17 Goldin (1991). 여성국 관보Women's Bureau Bulletin의 원자료를 사용했다. 필라델피아와 캔사스시티의 총 200개 기업에서 여성 노동자의 40%가 채용 금지, 25%가 유지 금지의 적용을 받고 있었다. 그다음 도시인 로스앤젤레스는 숫자가 더 낮았다(25%와 10%).

18 1940년보다 더 이른 데이터는 1931년 것이어서 대공황 이전에도 이런 정책이 있었는지는 알기 어렵다. 하지만 이 데이터에 기록된 것은 이러한 정책이 사규에 명시적으로 존재하는 경우이고 기업들이 대공황 초입의 한두 해 만에 새로운 인사 규정을 만들지는 않았으리라고 볼 때, 대공황 이전부터도 이러한 정책을 갖고 있었으리라고 추측해 볼 수 있다. 1931년 연구는 시카고, 하트포드, 뉴욕, 필라델피아의 178개 기업을 포함하고 있다. 여성 노동자 수로 가중치를 두어 계산했을 때, '채용 금지' 유형은 1940년보다 5%포인트 낮았지만 '유지 금지'는 비슷했다.

19 이러한 차이는 1920년대부터도 있었겠지만 학력과 고용에 대한 정보는

1940년 인구총조사부터 수집되기 시작했다.

20 다음을 참고하라. Goldin (1977).

21 온라인 부록 표 1A(4장) "여성 교사 중 기혼 여성 비중: 연령, 인종, 지역별"을
참고하라.

22 두 여성과의 심층 인터뷰를 바탕으로 이 사건을 상세하게 다른 책으로는 다
음을 참고하라. Pedersen (1987). 이 절에서 언급된 이 사건 관련 인용 부분은
모두 이 책에서 가져온 것이다.

23 IBM 서신 #3930. 작성자: 아서 L. 윌리엄스 부회장 겸 재무책임자. 수
신인: WHQ 임원 및 부서장. 1951년 1월 10일. https://thesocietypages.
org/socimages/2010/06/23/ibm-decides-to-let-women-work-after-
marriage-1951/.

24 다음을 참고하라. Sprogis v. United Air Lines, Inc., 308 F. Supp. 959 (N.D. Ill.
1970), 1966년에 제기됨; Romasanta v. United Airlines, Inc., 537 F.2d 915 (7th
Cir. 1976), 중간수입공제와 관련한 집단소송이며 1970년에 제기됨. 유나이티
드 항공 외에도 많은 항공사가 1960년대에 여성 승무원에게 결혼 퇴직을 적
용했다. "친절한 하늘을 비행하세요"는 1965년부터 사용된 유나이티드의 슬
로건이다.

25 인용문들은 내가 수집한 1931년 사무기업조사(1931 Office Firm Survey)의 원자
료에서 가져온 것이다. 다음을 참고하라. Goldin (1990), Data Appendix. "결
혼을 하고 나면 효율성이 떨어진다"는 언급은 '북미 배상책임보험 회사'의 경
영자가 한 말이다. "남성들이 너무 이기적"이라는 말은 'F. A. 데이비스 앤 컴
퍼니 출판사'의 경영자가 한 말이다.

26 Philadelphia Saving Fund Society (December 6, 1956), 1957 Hussey Report. 다
음을 참고하라. Goldin (1990), Data Appendix.

27 상세한 내용은 다음을 참고하라. Seim (2008).

28 "진정한 공학"은 여성이 남성과 동일한 과정을 함께 밟을 수 있는 상태를 의
미한다. 1943년에는 하버드/래드클리프가 진정한 공학이지는 않았다(다른 많
은 대학도 그랬다). 가령 래드클리프 여학생들은 라몬트 도서관을 사용할 수 없
었다. 하지만 대부분의 수업을 남학생과 같이 들을 수 있게 된 것은 막대한

변화였다.

5장

1 "랠프 형제" 에피소드(8분44초)에 나온다. https://www.youtube.com/watch?v=OmadqPZvjoM.

2 〈아이 러브 루시〉에는 루시가 바깥일을 못하게 하려는 리키의 시도(대체로 성공하지 못한다)에 대한 에피소드가 많다. 예를 들어 시즌1의 30화 "루시, TV광고를 찍다," 시즌3의 2화 "여성들, 회사로 가다"를 참고하라.

3 Friedan (2013, 초판은 1963년에 출간), p. 14.

4 Friedan (2013, 초판은 1963년에 출간). 이 단락에 소개된 인용문은 차례로 14, 112, 15, 15페이지에 나온다.

5 프리단은 자신이 이 책을 쓰기 전에는 페미니스트가 아니었고 교외의 가정주부였다고 주장했는데, 프리단에 대한 뛰어난 전기에서 대니얼 호로위츠Daniel Horowitz(1998)는 이 주장의 진위를 상세히 파헤쳤다. 또한 호로위츠는 프리단이 스미스 칼리지 동급생이었던 여성들에게 질문한 설문조사의 응답을 보면 당시 여성들의 생각은 프리단이 묘사한 것(p. 209)보다 훨씬 긍정적이었다고 지적했다. 호로위츠에 따르면, 프리단은 자기 자신에게도 '재발명한' 서사를 부여했으며 자신의 조사 대상자인 여성들에 대해서도 삶에 대한 그들의 태도를 왜곡해서 묘사했다.

6 여기에서 '대졸'은 4년제 대학을 졸업했거나 학사 학위를 취득한 경우로 정의했다. 그림 2.5 "30세 시점의 성별 대졸자 비중"을 참고하라.

7 이 숫자들은 전국대학졸업생조사National Survey of College Graduates, NSCG(1993-2015년)에서 1940년대-1990년대에 대학을 졸업한 사람들에 대한 데이터를 바탕으로 계산한 것이다. 남녀 각각에 대해 석박사 학위(MA, PhD)나 전문 석사 학위(JD, MD, MBA 등)를 받은 대졸자의 비중을 계산했다. 1940년대-1970년대에 여성들 사이에서 이 비중이 상당히 증가했다. 남성들 사이에서도 다소 증가했지만 1970년대 졸업생부터는 감소했다. 이때부터는 대학원이 징집을 미루는 것과 더 이상 관련이 없었기 때문이었을 것이다.

8 전체 여성 중 대졸 여성 비중은 0.058에서 0.12로 증가했고 대졸 여성 중 전문

석박사 학위를 받은 여성 비중은 0.3에서 0.43으로 증가했다. 따라서 전체 여성 중 전문 석박사 학위를 받은 여성의 비중은 1940년 출생자가 1920년 출생자의 세 배다(0.43*0.12)/(0.3*0.058).

9　온라인 부록 표 1A(5장) "래드클리프 졸업생 중 전문 석박사 학위 소지자 비중: 졸업 연도별, 1900-1969년"을 참고하라. 석사 학위(MA)까지 추가하면 1920년대와 1930년대 졸업생 중 대학원 학위를 받은 사람은 38%가 되며 1950년대 말 졸업생 중에서는 이 숫자가 놀랍게도 57%나 된다.

10　1934-1945년에 태어난 사람과 1910년대-1930년대 초에 태어난 사람을 비교한 것이다. 대학을 그만두는 비중은 대학(4년제 이상)을 1년 이상 다닌 사람 중 졸업한 사람의 비중을 1에서 뺀 것이다. 데이터는 미국 인구총조사와 CPS를 활용했다. 이 비중은 1934-1945년에 태어난 사람들 사이에서 40%에서 50%로 증가한다. 얼핏 프리단이 말한 60% 주장을 뒷받침하는 것처럼 보이지만 남성들에 대해 동일한 방식으로 계산해 보면 50% 근처가 나온다. 남녀 모두 비중이 높은 이유는 대학에 간 학생 중 일부가 2년제 대학을 간 것이고 실제로는 도중에 그만둔 것이 아닌 것이어서일 수 있다.

11　데이터 출처는 래드클리프 학생 명부(http://listview.lib.harvard.edu/lists/drs43586165)다. 제2차 세계대전 중 많은 여성이 자원 활동을 위해 학교를 쉬었다가 한두 해 뒤에 돌아왔다. 이는 1940년대의 중퇴자 비중 계산에 어려움을 야기한다.

12　미국 노동부 여성국의 자료(1966년)다. 온라인 부록 표 3A(5장)을 참고하라. 남편 중 83%가 반대하지 않았다.

13　이 단락의 두 인용문 모두 1957년 여성국 조사에서 나온 것이다. 1964년에 후속 조사가 이루어졌다. 부록2 출처 설명(5장) "1957년 여성국 조사와 1964년 후속 조사"를 참고하라.

14　1957년 졸업생의 경우, 아이가 6세 이하이고 졸업한 지 7년이 지난 여성 중에서는 26%, 아이가 생후 1세까지의 영아가 아니고 1-6세인 경우만 보면 37%였다. 1961년 졸업생의 경우, 졸업 후 3년이 시점에 아이가 있는 사람 중 37%가 일자리가 있었다. 출처: 미국 노동부 여성국(1966년); 내셔널 아카이브의 마이크로 데이터 표본; 〈위대한 포부〉 마이크로 데이터. 부록2 출처 설명(5장) "여성국 1957년 조사와 1964년 후속 조사"와 "'위대한 포부' 데이터"도 참고

하라.

15 1957년 여성국 조사와 1964년 후속 조사의 자유 응답식 답변.

16 기혼 여성 고용 금지에 대해 여기에 인용된 내용은 다음을 참고하라. Goldin
   (1991). 이 책의 그림 4.2도 참고하라.

17 도로시와 폴 모두 컬럼비아 대학에서 경제학 박사 학위를 받았다(폴은 1920년,
   도로시는 1923년). 이들은 1930년에 이혼했고 네 자녀는 도로시가 노샘프
   턴에서 키웠다. 다음을 참고하라. https://www.bowdoin.edu/economics/
   curriculum-requirements/douglas-biography.shtml.

18 Horowitz (1998), p. 52. '경제학319' 수업은 미국 역사에서 비교적 급진적이던
   노동운동을 다루었다. 프리단은 계급투쟁, 자본주의의 억압 등 상당히 좌파
   적인 개념을 배웠다. 여기에서 호로위츠가 짚으려는 바는, 프리단이 대학 때
   정교한 페미니스트 사상에 접했다는 것이다. 프리단은 자신이 《여성성의 신
   화》를 쓰기 전에는 페미니즘에 대해 아는 것이 거의 없었다고 주장했는데, 호
   로위츠는 이것이 좌파적, 공산주의적 사상의 배경을 숨기기 위한 것이었다고
   본다.

19 이 책의 4장과 다음을 참고하라. Goldin (1991).

20 '1957년 허시 보고서1957 Hussey Report' 원자료. 다음을 참고하라. Goldin (1991),
   Data Appendix.

21 그림 2.5 "30세 시점의 성별 대졸자 비중"을 참고하라.

22 1957년 여성국 조사와 1964년 후속 조사의 자유 응답식 답변.

23 온라인 부록 그림 1.A(5장), 파트B를 참고하라. 이 그림은 여성의 교육 수준
   별로 대졸인 남성과 결혼한 여성 비중을 보여 준다. 1932년에 태어난 대졸
   여성의 경우는 70%, 3학년까지만 다니고 대학을 그만둔 여성들 사이에서는
   50%였다. 이 20%포인트의 차이는 1912년부터 1950년까지 모든 출생 연도에
   서 마찬가지로 나타난다.

24 건강과 소득의 면에서 대학 교육이 가져다주는 수익에 대해 살펴본 연구가
   많이 나와 있다. 소득의 면에서 본 것으로는 다음을 참고하라. Zimmerman
   (2014). 여성의 교육과 자녀의 교육 사이의 인과관계에 대해서는 다음을 참고
   하라. Currie and Moretti (2003).

25 온라인 부록 그림 5A(2장) "대학생 남녀 성비: 재학 연도 및 출생 연도별"를 참고하라. 가장 높은 성비인 여성 1명당 남성 2.3명은 2차 대전 직후의 숫자 이며 1950년대 중반에는 여성 1명 당 1.7명이었다.

26 온라인 부록 그림 1A(5장) "여성의 교육 수준별 대졸 남성과 결혼한 사람 비중: 1912-1980년 출생 기혼 여성"을 참고하라. 졸업 연도를 계산하기 위해 여성들이 22세에 졸업했다고 가정했다.

27 경제 불황이 첫 결혼 연령에 미치는 영향은 다음을 참고하라. Easterlin (1980).

28 마찬가지로, 다른 국가들에서도 제2차 세계대전 직후 출산율이 급증하긴 했지만 미국에서만 베이비 붐이 수십 년간 이어졌다.

29 그림 2.3을 참고하라.

30 1900년대의 대졸이 아닌 여성들이 얼마나 더 늦게 결혼했고 어느 정도의 비중이 결혼을 하지 않았는지에 대해서는 온라인 부록 그림 2A(2장) "대졸 백인 여성과 대학을 다니지 않은 백인 여성의 미혼 비중 차이"를 참고하라.

31 미 교육부는 1968년 졸업생부터 대학 전공에 대한 자료를 수집했다. 그보다 이전 시기의 대학 전공은 여러 출처를 참고했다. 대체로 경향은 비슷하지만 약간씩 차이는 있다. 나는 다양한 전공의 비중을 알기 위해 전국대학졸업생 조사NSCG의 입수 가능한 모든 자료를 사용했다.

32 "1957년 졸업생 조사" 데이터(온라인 부록 표 3A(5장) "대졸 여성의 몇몇 인구 통계학적 및 경제적 특성: 1957년 6월 졸업생, 1958년 1월과 1964년에 조사 됨")와 NSCG(온라인 부록 표 2(5장) "졸업 연도별 각 전공의 여학생 비중") 이 교육학 전공자 비중에서 차이를 보이는 이유는 NSCG 응답자들이 전공 은 다른데 교사 자격증을 딴 경우에도 교육학 전공이라고 응답해서일 것이다. NSCG 조사의 응답자들은 30년도 더 된 기억을 더듬어 답변해야 했고 '1957년 졸업생 조사'의 응답자들은 조사 시점에 졸업한 지 얼마 안 된 사람들이었다.

33 Yohalem (1979), p. 53.

34 1900년대 초에 졸업한 사람들이 1950년대에 졸업한 사람들보다 전체적으로 커리어상의 성취 정도가 낮았다는 점은 40대가 되었을 때의 경제활동 참가율로 가늠해 볼 수 있다. 이 책의 뒤에서 집단별로 커리어와 가정의 성취 정도

를 설명했다.

35 1950년에 코넬 대학을 졸업한 여성들의 삶을 종합적으로 제시한 저술로는 다음을 참고하라. Steinmann et al. (2005). 저자들은 "널리 퍼져 있는, 그리고 꽤 오류가 많은 고정관념과 거대한 신화"를 없애기 위해 이 책을 썼다고 밝혔다.

36 이 절에서 논의된 데이터의 원자료는 온라인 부록 표 3A(5장) "대졸 여성의 몇몇 인구통계학적 및 경제적 특성: 1957년 6월 졸업생을 대상으로 1958년 1월과 1964년 1월에 조사함"을 참고하라.

37 미국 노동부 여성국(1959, 1966). 1957년 최초 조사에서는 5,846명(예비 조사 당시 8,200명의 약 70%), 7년 후에 이뤄진 후속 조사에서는 4,930명이었다(최초 조사 표본의 약 82%). 최초 조사와 후속 조사 모두 우편으로 진행되었다. 부록2 출처 설명(3장) "여성국 1957년 조사와 1964년 후속 조사"를 참고하라.

38 또 다른 8%는 일을 하지 않는 채로 학교를 다니고 있었다.

39 전체 집단 중 2%만이 "가까운 미래에 일을 할" 계획이 없다고 답했다. 또 다른 6%는 "경제적인 이유로 꼭 필요할 경우에만" 일을 할 것이라고 답했다. 따라서 미래에 자신이 일을 할 가능성에 대해 의구심을 가지고 있는 사람은 8%에 불과했다.

40 내셔널 아카이브에 소장되어 있는 1964년 조사 자료에서 가져온 것이다. 부록2 출처 설명(5장) "여성국 1957년 조사와 1964년 후속 조사"를 참고하라.

41 이 경향은 대졸 남성과 대졸 여성 모두 전체 인구와 거의 동일하게 나타난다. 그림 5.1을 참고하라. 예외는 대졸 여성이 출생 집단 모두에서 10%포인트 정도 낮다는 것이다. 대졸 남성이 보이는 경향은 전체 남성이 보이는 경향과 동일하고 때때로 아주 약간만 낮다. 대졸 표본은 크기가 작은 편이다.

42 노동부 여성국(1966) 자료. 온라인 부록 표 3A(5장)을 참고하라.

43 내셔널 아카이브에 소장되어 있는 1964년 후속 조사의 원자료. 부록2 출처 설명(5장) "여성국 1957년 조사와 1964년 후속 조사"를 참고하라.

44 인용문은 내셔널 아카이브에 소장되어 있는 1957년의 최초 조사 자료에 나온다. 부록2 출처 설명(5장) "여성국 1957년 조사와 1964년 후속 조사"를 참고하라. 이 조사에는 "어떻게 하면 대학 교육이 더욱 가치 있어질 것이라고 생

각하는지"를 응답자가 주관식으로 적도록 되어 있었다. 1957년 응답자 대부분이 대학 교과목과 전공에 대해 언급한 이유다.

45 이 절의 자료 출처에 대해서는 온라인 부록 표 4A(5장) "대졸 여성의 몇몇 인구통계학적 및 경제적 특성: 1961년 졸업생을 대상으로 1961년 봄, 1962년, 1963년, 1964년, 1968년에 조사함"을 참고하라.

46 〈위대한 포부〉의 표본은 인구 기반 표본으로, 미국 전역에서 대학 졸업을 앞두고 있는 3만 6,000명을 포함하고 있으며 1961년 미국내 135개 대학을 졸업할 예정인 여학생 중 1만 3,000명도 포함되어 있다. 후속 조사는 1964년까지는 매년 이루어졌고 1968년에 한 번 더 이루어졌다. 1964년에는 '여성 보충자료'가 추가되었다. 시간이 가면서 응답자 수가 줄어들긴 하지만 모든 표본이 충분히 크다.

47 다음을 참고하라. Davis (1964).

48 2018년에 1961-1968년 조사 자료 전체를 나와 조교들이 찾아내 분석했다. 〈위대한 포부〉 자료가 50년 동안 사용되지 않고 있던 이유는 부록2 출처 설명(5장) "위대한 포부 데이터"를 참고하라.

49 1961년 봄에 진행된 설문에서 9%만이 졸업 이후에 "주부"가 될 것이라고 답했다. 46%는 "전일제 커리어 일"을 할 것이라고 답했고 25%는 (직장과 병행해서 또는 전업 대학원생으로) 대학원 과정을 밟을 것이라고 답했다.

50 온라인 부록 표 4A(5장) "대졸 여성의 몇몇 인구통계학적 및 경제적 특성: 1961년 졸업생을 대상으로 1961년 봄, 1962년, 1963년, 1964년, 1968년에 조사함."

51 1962년에 20%만이 현실적으로 전업주부가 되어야 할 것 같다고 답했고 28%는 현실적으로 주부이되 때때로 일을 하게 될 것으로 예상한다고 답했다. 나머지 52%는 나중에 일을 할 것이라고 답했다.

52 졸업 후 3년 시점에는 1961년 졸업자들의 67%가 결혼을 했고 결혼한 사람의 63%가 아이가 있었다.

53 1961년 졸업자의 석박사 학위 취득에 대한 통계는 1993년부터 2015년까지의 NSCG 대졸자 데이터들을 토대로 계산했다. 이 데이터에 따르면 남성의 50%와 여성의 40%가 석박사 과정에 진학했다. 또 1962년 봄에 실시된 〈위

대한 포부〉조사에 따르면 여성의 15%와 남성의 27%가 석박사 과정에 진학
했다. 하지만 그 해의 어느 시점에 실제로 대학원에 다닌 사람은 이보다 많을
것이다.

54   이 숫자는 그림 5.1에 있는 것보다 높다. 그림 5.1은 GSS에서 전체 인구 집단
을 대상으로 한 조사의 데이터여서 GSS의 대졸자만 보았을 때보다도 높을
것이다. 〈위대한 포부〉와 GSS 자료가 차이를 보이는 한 가지 이유는 GSS 데
이터는 〈위대한 포부〉서베이가 있은 지 20년도 더 지나서 진행되었기 때문
일 것이고 또 한 가지 이유는 GSS 응답자들은 둘 중 하나로 답한 반면 〈위대
한 포부〉조사 결과는 "강하게 동의"한 것과 "약하게 동의" 것 모두 내가 한
계산에서 '동의'로 간주되었기 때문일 것이다.

55   이 단락과 다음 단락의 인용문은 1964년 조사의 원자료에서 나온다. 내셔
널 아카이브에 소장되어 있다. 부록2 출처 설명(5장) "여성국 1957년 조사와
1964년 후속 조사"를 참고하라.

6장

1   이러한 법들은 1873년에 통과된 연방 매매춘 금지법의 흔적이다. '콤스톡 법'
으로 불리는 매매춘 금지법의 진짜 이름은 "음란한 문학과 비도덕적으로 사
용될 수 있는 기사를 거래 및 배포하지 못하게 억누르는 법Act of the Suppression
of Trade in, and Circulation of, Obscene Literature and Articles of Immoral Use"이다. 이 법 자체
는 그리 중요하지 않았지만, 각 주에서 주 차원의 '콤스톡 법'을 통과시키는
촉매가 되었다. 그러한 법, 즉 미혼 여성에게 피임 제품을 제공하지 못하게 하
는 법이 마지막으로 없어진 것은 1974년이다(베어드 대 린치Baired v. Lynch 사건에
대한 위스콘신 연방 1심 법원 판결을 통해 없어졌다).

2   주의 법들이 바뀐 해를 보려면 다음을 참고하라. Goldin and Katz (2002). 이
여성들은 법적으로는 피임약을 구할 수 있게 되었지만 어떤 이들은 학교의
보건 서비스에 의존해야만 구할 수 있는 등 사실상은 쉽게 구할 수 없었을 것
이다.

3   2020년 7월 21일에 〈뉴욕타임스〉는 "광역 뉴욕 지역 가족계획연맹Planned
Parenthood of Greater New York"이 "우생학과의 연관성 때문에 이 단체를 세운 마
가렛 생어를 맨해튼의 병원 이름에서 빼기로 했다"고 보도했다.

4   캐더린 덱스터는 MIT에서 생물학으로 학사 학위를 받은 최초의 여성이었다.

5   전미여성기구는 1966년에 설립되었다. 그런데 곧 뉴욕급진여성회, 시카고여
      성해방연합, 여성평등행동연맹, 레드스타킹 등 여기에 대해 비판하는 여성
      단체들이 많이 생겨났다. 주된 의견 대립은 전미여성기구가 섹슈얼리티, 평
      등권 수정안, 생식에 대한 자기결정권 등의 이슈에 대해 더 급진적인 입장을
      받아들이지 않는다는 점을 둘러싸고 벌어졌다.

6   CPS 데이터를 토대로 했을 때, 1933-1942년생 대졸 여성 중 결혼한 적이 있
      는 여성의 90%가 30대 후반에 아이가 있었다.

7   다음을 참고하라. Smith and Hindus (1975). 저자들은 18세기와 19세기의 결
      혼 기록을 첫 출산 기록과 대조했다. 이 데이터는 간격이 듬성듬성하고 노이
      즈 변수도 많다. 또 어떤 해(1770년대, 1890년대, 1950년대 말)에는 혼전 임신 빈
      도가 더 높았고 어떤 해는 낮다. 1700년에서 1950년까지의 추산치는 시기에
      따라 들쭉날쭉하지만, 그렇더라도 20%라는 숫자는 장기적인 평균으로 삼기
      에 충분히 합리적인 것으로 보인다. 20세기 후반 이후에 대해서는 결혼 시점
      과 출산 시점 정보가 있는 CPS 데이터가 사용되었다. 저자들은 8개월을 기준
      기간으로 잡고서 결혼 후 8개월 안에 출산을 했다면 혼전 성관계를 한 것으
      로 간주했다. 최근에 혼전 성관계에 대한 사회적 낙인이 약화되면서 혼전 임
      신이 증가했고 교육 수준이 낮은 여성들 사이에서 특히 크게 증가했다.

8   Goldin and Katz (2002, 그림 6). 다음도 참고하라. Finer (2007). 여기에서도 같
      은 자료가 사용되었고 비슷한 추산치가 나왔다. 이 숫자들이 인구의 중앙값
      이며 전체 인구가 다 성관계를 갖는 것은 아니라는 점에 주의하라.

9   결혼 연령이 늦춰진 것이 이혼 가능성에 어떤 영향을 미쳤는지에 대해서는
      다음을 참고하라. Rotz (2016).

10   앞 상의 데이터에 따르면, 1940년경에 태어난 대졸 여성들의 경우 19.7%는
      37세 무렵에 아이가 없었고 17.9%는 40대 중반에도 아이가 없었다. 이를 토
      대로 계산해 보면, 메리가 아이를 낳았을 가능성은 9.4%가 된다. 결혼에 대해
      서는, 1940년경에 태어난 사람은 10.5%가 30대 후반에 한 번 이상 결혼한 적
      이 있었지만 7.4%가 50대 말까지도 미혼이었다. 이를 토대로 계산해 보면, 메
      리가 결혼했을 확률은 30%가 된다. 둘 다 메리가 37세까지 결혼을 하지 않았
      고 아이도 없다는 것을 조건으로 했을 때 나온 숫자다.

11 4년제 대학을 다닌 적은 있지만 졸업은 하지 않은 사람들 사이에서도 마찬가지로 첫 결혼 연령의 증가 추세가 나타난다.

12 다음의 계산을 참고하라. Goldin (2006, 그림 9). 이 데이터는 대졸 여성만이 아니라 전체 여성을 대상으로 한 것이다.

13 왜 이혼이 증가했는지에 대해서는 논란이 있다. 처음에는 이혼율의 증가를 1960년대에 여러 주에서 이혼 관련법이 느슨해지고 '일방 이혼'이 가능해진 법적인 변화로 설명하려 했다. 한편 어떤 이들은, '코즈의 정리'가 말하는 논리에서처럼, 법적 변화는 중요하지 않았을 것이라고 보았다. 실증 근거를 통해 분석한 논문들에 따르면, 법적인 변화가 즉각적으로는 이혼율을 높이지만 10년 뒤에는 이혼율이 초기 수준으로 돌아오는 것으로 나타났다. 이 논쟁 및 법적인 변화가 가져온 장단기 영향의 실증 분석에 대한 요약은 다음을 참고하라. Wolfers (2006).

14 이혼법의 변화가 미친 영향에 대해서는 다음을 참고하라. Stevenson (2007). 같은 주에서 이혼법 변화 전과 후에 결혼한 부부의 첫 몇 년간을 비교하고, 이혼법의 변화가 있는 주와 없는 주에서 결혼한 부부의 첫 몇 년간을 비교해 연구했다.

15 '미즈'라는 호칭은 빠르게 확산되었지만 처음에는 거부감도 있었다. 〈뉴욕타임스〉도 그랬다. 1984년에 〈뉴욕타임스〉는 이렇게 보도했다. "[글로리아 스타이넘의 50세 생일] 저녁 식사의 수익은 미즈 재단Ms. Foundation으로 갈 것이며, 이곳은 미스 스타이넘Miss Steinem이 편집장을 맡아 발간하는 잡지 〈미즈Ms.〉를 펴내는 곳이다"(New York Times, May 24, 1984, p. C10). 하지만 2년 뒤에 〈뉴욕타임스〉는 공식적으로 호칭 표기 정책을 다음과 같이 바꾼다고 발표했다. "오늘부터 〈뉴욕타임스〉는 호칭으로 "미즈Ms."를 사용합니다"(New York Times, June 20, 1986, p. b1).

16 다음을 참고하라. Goldin and Shim (2004). 이 연구에는 〈뉴욕타임스〉 '스타일' 면의 데이터, 대학 졸업생 명부, 매사추세츠주 출생 기록 등이 사용되었다. 원래 성을 유지하는 대졸 여성의 비중은 1990년대 이후 다소 감소하는데, 이유는 분명하지 않다.

17 Goldin, Katz, and Kuziemko (2006).

18 1971년에 비준된 수정헌법 26조는 투표 연령을 18세 이상으로 정하고 있다.

성년 연령이 18세로 낮아진 것이다. 베트남 전쟁이던 당시의 슬로건 "전쟁터에 나갈 만큼은 나이가 들었는데 투표할 만큼은 나이가 안 들었다고?"가 이러한 변화를 추동하는 데 크게 기여했다. 이러한 목소리는 제2차 세계대전 때 이미 나오기 시작했고, 1971년이 되기 전에도 많은 주가 지역 선거와 주 선거의 투표 연령을 18세로 낮췄다.

19 피임약이 출산율에 미친 영향은 다음을 참고하라. Bailey (2006, 2010). 피임약으로 여성들이 출산을 통제할 수 있게 되었지만 생애 출산아 수에 크게 영향을 미치지는 않았다(감소했더라도 감소폭이 크지 않았다). 그보다, 피임약은 출산의 시기를 조절하는 기능을 했다.

20 첫 결혼 연령이 높아진 것이 피임약의 확산과 함께 나타난다는 모델을 제시하고 피임약이 젊은 여성들 사이에 확산된 시점에 대한 실증 근거를 제공한 연구로는 다음을 참고하라. Goldin and Katz (2002).

21 석유지질학자 베티 클라크가 "버클리 대학 웹 방송에 포함된 브랜드 들롱의 경제학 개론 수업을 우연히 발견"해 그것을 들은 뒤에 그에게 보낸 이메일 (2010년 9월). 브래드 들롱이 보관하고 있는 개인 메일. 강조 표시는 원래의 메일에 있는 것이다.

22 이와 동일한 결론을 내린 흥미롭고 종합적인 저서로는 다음을 참고하라. Collins (2009).

23 1960년대 이래 경제활동 참가율의 변화는 다음을 참고하라. Goldin and Mitchell (2017).

24 '3월 상시인구조사'의 백인 비히스패닉 여성 데이터. 영아가 있는 여성의 경제활동 참가율은 1973년 0.20에서 2000년에 0.62로 증가했고 그 이후로 비슷한 수준을 유지하고 있다.

25 1978년에 35세 여성의 실제 고용률은 56%였다. 여성 고용률이 증가하긴 했지만 증가폭은 젊은 여성들의 기대치를 아직 따라가지 못하고 있었다. 젊은 여성들이 갖게 된 새로운 기대는 훗날 그들 자신의 고용률에서 실현된다. 고용에 대한 기대의 변화가 응답자 전 연령대에서 모두 발견되었음에 주목하라. 즉 14세의 답변도 18세의 답변과 거의 비슷했다.

26 인류학자 미라 코마로프스키Mirra Komarovsky (1985)가 1979년에 여성 신입생을

대상으로 진행한 면접 조사 자료와 1983년에 그들이 4학년이 되었을 때 후속 조사한 자료. 인용문은 순서대로 172, 173, 139, 148-49페이지에 나온다.

27 이들의 실제 경제활동 참가율은 CPS 자료이며, 34-36세의 결혼한 백인 여성들을 평균 낸 것이다. 그들의 어머니에 대한 숫자인 30%는 1962년 자료다. 두 개의 NLS 조사 모두 흑인 표본은 매우 작기 때문에 백인 여성에 대한 것이라고 봐야 한다.

28 대졸 여성에 대해서는 다음을 참고하라. Goldin and Mitchell (2017).

29 대학 들어가기 전의 10대 여성들 중에서(1968년에 14-18세) 자신이 35세가 되었을 때 일을 하고 있을 것 같다고 응답한 사람은 "가정주부로 가족을 돌보고 있을 것 같다"고 응답한 사람에 비해 대학을 졸업하는 비중이 14.3%포인트 높았다. 전자는 평균 졸업률이 32.8%였고 후자는 18.5%였다. 다음을 참고하라. Goldin, Katz, and Kuziemko (2006).

30 여학생이 들은 수학 및 과학 수업과 여학생의 수학 및 읽기 시험 점수의 증가는 NLS-72와 NELS-88을 비교한 것이다(NLS: 전국 종단 조사, NELS: 전국 교육 종단 조사). 전국교육진보평가NAEP의 데이터도 다른 데이터들과 일관된 결과를 보여 주며(변화 정도가 약간 크게 나오기는 했다), 미국 교육부의 학생 성적 조사 데이터가 보여 주는 결과도 이에 부합한다. 다음을 참고하라. Goldin, Katz, and Kuziemko (2006).

31 이때는 남녀 막론하고 대학에 가는 사람이 적었기 때문에 남녀의 차이 폭도 굉장히 작았다.

32 졸업 시점의 남성과 여성의 전공 비대칭에 대해 단순 지표를 만들어 계산했다. 다음을 참고하라. Goldin (2005).

33 고등교육연구소HERI의 조사('애스틴 조사')에서 신입생들에게 직업 계획에 대해 질문한 항목의 데이터를 이용해 비유사성 지수를 계산했다. 1985년에서 2015년까지 이 지수는 25% 정도를 유지했는데, 이는 1960년대 말의 약 50%에서 크게 낮아진 것이다.

34 온라인 부록 표 2A(5장) "몇몇 전공의 여성 비중: 학부 졸업 연도별"을 참고하라.

35 1982년에 교육학과 자유교양을 전공한 남성은 17%였고 여성은 34%였다.

36 남성은 1967년 24%에서 1982년 28%로 증가했다. 여성 경영학 전공자는 주로 회계, 인사관리, 마케팅을 전공했고 남성은 금융 전공이 훨씬 많았다.

37 이 시기의 변화를 보여주는 또 다른 실증 근거는 1970년대 말에서 1980년대 사이에 직무 경력이 가져다주는 금전적인 수익이 남성보다 여성에게서 더 크게 증가했다는 점에서 찾을 수 있다. 다음을 참고하라. Blau and Kahn (1997); Olivetti (2006, 약간 더 긴 기간인 1970년대와 1990년대 사이를 비교했으며 이 기간 중 여성은 직무 경력에 따른 수익이 25% 증가했고 남성은 직무 경력에 따른 수익이 6-9% 증가한 것으로 나타났다); O'Neill and Polachek (1993).

38 또한 연령 집단 내부에서도 남성 대비 여성의 소득 비율이 증가했다는 점이 언급되기도 했다. 이는 이러한 변화가 중년 나이대 사람들에게까지도 확산되었고 적어도 부분적으로는 노동시장에서 안에서의 변화에 의해, 혹은 노동 관련 차별 금지 법제가 시행되어서 발생한 것일 수 있음을 시사한다. (즉, 교육에 대한 추가 이득이 없었던 중년 나이대 여성들에게도 노동시장에서 고용에 대한 지향이 커지는 경향이 나타났음을 시사한다).

39 다음을 참고하라. Goldin and Katz (2018).

40 다음을 참고하라. Rubin (1994), pp. 81, 83. 루빈은 이보다 20년 전에도 비슷한 연구를 수행한 바 있으며 나중 연구에서 두 결과를 비교했다.

41 여성의 상대 소득 증가를 세부적으로 분석해 직무 경력에 대한 수익 증가가 노동 연수의 증가 자체보다 더 큰 설명력을 가진다는 것을 보여 준 연구로는 다음을 참고하라. O'Neill and Polachek (1993). 하지만 이 연구는 직무 경력에 대한 수익의 증가를 노동시장에 당사자가 더 잘 준비되어 있었기 때문이라거나 노동시장에서 더 나은 처우를 받았기 때문이라는 식으로는 설명하지 않았다.

42 CPS의 6월 출산율 보충자료에서 가져온 것으로, 신뢰도가 상당히 높은 데이터다.

7장

1 부모가 되고자 하는 열망과 불임 또는 난임의 문제는 1990년대 말과 2000년

대 초에 매우 인기 있었던 시트콤 〈프렌즈〉와 〈섹스 앤 더 시티〉의 주제이기도 했다. 〈프렌즈〉에서 모니카와 챈들러는 마침내 결혼을 하는데 임신이 되지 않자 빠르게 대리모를 찾아서 시리즈가 끝나기 전에 아이를 갖는다. 〈섹스앤 더 시티〉에서 샬롯도 임신에 어려움을 겪는다. 넷플릭스 영화인 〈사생활〉(2018)은 불임 문제를 겪는 부부가 불임 치료를 받으면서 삶이 소모되는 과정을 다룬다. 〈백업 계획〉(2010)에서 제니퍼 로페즈는 인공수정을 통해 아이를 갖는데 그다음에 완벽한 남자를 만난다. 〈스위치〉(2010)에서 제니퍼 애니스톤은 "터키 배스터"[성관계 후 콘돔에 있는 정자를 수거해 인공수정 하는 것. 옮긴이]아기를 갖는다. 하지만 아이 아버지가 제니퍼가 생각했던 아버지가 아니었던것으로 드러난다. 그 외에도 불임을 다룬 영화나 드라마는 매우 많다. 집단5세대의 우려가 영화나 드라마 소재에 반영된 것이라고 볼 수 있다.

2 그림 2.3을 참고하라. 이에 더해 45세 시점에 추가로 1.7%포인트가 아이를 입양했다. 입양 비율은 ACS 데이터에서 1955년경에 태어난 여성들의 데이터를사용해 계산했다(1965-1969년생 여성들의 데이터로 계산했을 때도 거의 같은 숫자가 나왔다). 즉 1955년경에 태어난 여성 중 아이를 낳지도 않았고 입양하지도않은 여성의 비중은 26.3%(28-1.7)가 된다.

3 기업의 출산 휴가 및 육아 휴직 제도에 대해서는 다음을 참고하라. Goldin, Kerr, and Olivetti (2020).

4 코마로프스키Komarovsky(1985)는 1983년 졸업 예정자인 응답자들의 답변이 그이전 응답자들과 매우 다르다는 것을 발견했다. 1983년 졸업 예정인 여성의85%가 졸업 후 15년 시점에 커리어와 가정을 둘 다 달성하고 싶다고 말한 반면에 이전(40년 정도 전에 입학)에는 같은 대학의 졸업 예정 여성 중 이렇게 답변한 사람 비중이 훨씬 적었다.

5 이 연구는 여성 2193명의 생식 능력을 분석했다. 인구 위원회Population Council의 선임 연구원이던 존 본가르츠John Bongaarts는 이 연구의 몇몇 측면에 대해문제를 제기했고 특히 여성들에게 더 일찍 아이를 낳기 시작하라고 조언해야 한다는 결론에 대해 문제를 제기했다. 다음을 참고하라. New York Times, March 21, 1982. 프랑스 연구 자체에 대한 원래 기사는 다음을 참고하라. New York Times, February 18, 1982.

6 다음을 참고하라. Manning, Brown, and Stykes (2015). 이들은 전국가족성장

조사National Survey of Family Growth 2009-2013년 데이터의 출산 자료를 이용해 출산한 대졸 여성 전체 중 3%가 출산 당시 기혼이거나 파트너가 있는 상태가 아니었다고 언급했다.

7 미국의대생연합American Medical Student Association이 펴내는 〈뉴 피지션New Physician〉은 1962년에 미국에서 인공수정을 통한 출산이 1100건 있었다고 언급했다. 다음을 참고하라. New York Times, December 8, 1962.

8 다음에 보도된 내용을 참고하라. Georgia Dullea, New York Times, March 9, 1979.

9 미국의학도서관National Library of Medicine 전국바이오테크정보센터National Center for Biotechnology Information의 검색 엔진이 사용되었다. "인간human" "여성female" "불임infertility"이라는 단어를 포함한 모든 기사를 추출한 뒤, 중립적인 단어 "1월January"이 들어간 기사의 수로 나누었다. 따라서 시간에 따른 상대적인 숫자가 절대 숫자보다 더 정확하다. 불임에 대한 기사가 처음으로 증가세를 보였을 때는 주로 연령에 대한 내용이었고 두 번째로 훨씬 더 크게 증가했을 때는 주로 난임 치료술에 대한 내용이었다.

10 "5배"라는 숫자는 구글 엔그램에서 "미국 영어 2009년" 코퍼스를 활용해 "불임infertility+시험관 아기IVF"를 검색어로 입력해 조사한 것이다. 검색 결과, 이런 기사 수는 1970년 정도부터 증가하며 1980년 이후로는 훨씬 더 크게 증가한다.

11 "여성female 또는 woman"과 "불임infertility"이라는 단어를 포함한 모든 기사를 센뒤 전체 기사 수와 기사 분량을 중립화하기 위해 "1월January"이라는 단어가 포함된 기사로 나누었다.

12 1986-1987년 피크를 보이는데, 이때는 경제학자이자 인구학자인 데이비드 블룸David Bloom의 논문이 나온 때였다. 블룸의 연구에 따르면 22세 이전에 아이를 낳은 여성이 출산을 27세로 미룬 여성보다 생애 소득이 낮았다. 블룸과 공저자 제임스 트뤼셀James Trussel은 아이가 없는 경우와 아이 낳는 것을 미룬 경우에 대해서도 상세히 논의했다. 블룸은 앤 페블리Anne Pebley와 공저한 논문에서도 이 주제를 다루었으며 닐 베넷Neil Bennet과 공저한 논쟁적인 논문에서도 결혼을 미룬 것이 초래하는 결과에 대해 논의했다. 이러한 연구들 모두 출산을 미루는 것이 불러오는 다양한 결과를 알아본 연구이며 매우 많이 인용

되었다.

13 현재의 불임 데이터가 가지고 있는 많은 편향에 대해서는 다음을 참고하라. Menken, Trussel, and Larsen (1986). 이 논문의 저자들은 이러한 편향을 조정하면 실제 불임은 대부분의 추산치보다 낮다고 결론내렸다(20대 초에는 6%, 30대 초에는 16% 정도). 임신에 문제를 겪고 있는 부부의 비중은 더 높다.

14 다음을 참고하라. Boston Women's Health Book Collective (1970).

15 Boston Women's Health Book Collective (1984), p. 420.

16 CPS 6월 출산율 보충자료. 여기에서 집단4는 1948-1957년생 대졸 여성이며 집단5는 1960-1985년생 대졸 여성이다.

17 이 단락의 통계는 CPS 6월 출산율 보충자료의 마이크로 데이터를 분석한 것이다(1973-2018년). 전문 석박사 학위는 석사 학위(MA)보다 높은 학위를 말한다.

18 1949-1953년에 태어난 여성 중 전문 석사 학위(MD, JD 등)나 박사 학위를 가진 사람은 39%가 40-44세에 아이가 없었다(아이와 동일한 집에 사는 경우만 포함함. 전국대졸자조사(1993-2017)의 마이크로 데이터). 하지만 1969년에 태어난 여성들 사이에서는 이 비중이 22%로 줄어든다.

19 불임 시술을 민간 건강보험 보장 범위에 포함하도록 의무화한 주 법제의 변화가 미친 영향은 다음을 참고하라. Bitler and Schmidt (2012). 이러한 정책이 도입된 15개 주에서 연령과 교육 수준이 높은 여성들의 불임 시술 사용이 크게 증가한 것으로 나타났다(표1). 이 논문에는 각 주에서 해당 법이 통과된 연도가 나오는데, 주로는 1980년대 말에 통과되었다.

20 집단4와 집단5를 비교할 때, 집단4 여성 중에는 재생산 테크놀로지의 도움으로 첫 출산을 한 여성이 없다고 가정했다. 따라서 50%라는 숫자는 가장 크게 잡은 것이다. 이 계산은 CDC의 실제 출산 데이터를 사용했지만 이 데이터는 2011년부터 존재한다. 1976년경에 태어난 대졸 여성의 첫 출산 전체인 550,000명 중 3.6%인 20,000명이 '보조를 받은' 출산일 것으로 가정했다. 1976년경에 태어난 대졸 여성 전체의 80%가 출산을 했고 1956년경에 태어난 대졸 여성 중 74%가 출산을 했다면, 그 20,000건이 이 차이의 50%를 "설명해준다." 앞 출생연도 집단 여성들이 뒷 출생연도 집단 여성들의 4분의 1 정도

로 재생산 테크놀로지를 사용했다면(가령, 5,000건으로 잡으면) 재생산 테크놀로지가 그중 37%를 설명해 준다.

21 부록2 출처 설명(7장) "'커리어와 가정'의 성취"을 참고하라.

22 이 계산은 NLSY 97을 사용했다.

23 Office of History and Preservation, Office of the Clerk, US House of Representatives (2008), p. 596. 이 언급들은 하원의원 클레이튼이 〈뉴욕타임스〉 음식 칼럼니스트 매리언 뷰로스Marian Burros와 한 인터뷰에 나온다. 해당 기사는 다음으로 게재되었다. "Rep. Mom," Chicago Tribune, June 20, 1993.

24 사실 선출되기까지 가질 수 있었던 기간의 차이를 고려하면 집단3의 선출 연령이 약간 더 젊다. 이 분석을 하기 위해 집단3이 집단4와 같은 햇수를 포함하도록 1930-1943년에 태어났다고 가정하고 의원이 될 기회는 2005년부터 있었다고 가정했다. 그러면 집단4 여성들이 태어나서부터 의원에 선출될 때까지 가질 수 있는 기간과 동일한 기간을 갖게 할 수 있어서 두 집단이 비교 가능해진다. 이렇게 했을 때 집단3은 선출되었을 때 평균 연령이 51.9세가 되고, 집단4는 그대로 52.7세가 된다.

25 집단4와 집단5를 비교 가능하게 만들기 위해 집단4를 그대로 1944-1957년 출생자로 놓되 집단5를 동일한 기간이 되도록, 즉 1958-1971년생으로 한정했다. 그리고 집단4는 2005년에 선출된 사람까지만 계산에 넣었다. 그러면 집단4와 집단5가 태어나서부터 의원에 선출될 때까지 동일한 기간을 가질 수 있게 된다. 이렇게 했을 때 집단5의 평균 당선 연령은 48세, 집단4는 47.1세였다..

26 2018년에 33명의 여성 하원의원과 3명의 여성 상원의원이 새로 선출되었다. 이에 더해, 2019년 보궐 선거에서 여성 상원의원이 한 명 더 선출되었다. 그다음으로 여성이 많이 선출된 연도는 1992년이었다. 그때 24명이 하원의원에 당선되었고 4명이 상원의원에 당선되었다. 거의 비슷하게, 2020년에는 26명이 하원에 한 명이 상원에 진출했다. 2018년과 1992년 모두 '여성의 해'라는 이름이 붙었다. 한편, 117회기는 여성 의원이 가장 많은 회기로, 140명이 넘는 여성 의원이 있다.

27 부록2 출처 설명(7장) "하버드 앤 비욘드 프로젝트"를 참고하라. 다음도 참고하라. Goldin and Katz (2008a). 다음의 추가 자료도 참고하라. https://scholar.

harvard.edu/goldin/pages/harvard-and-beyond-project.

28   다음을 참고하라. Berfrand, Goldin, and Katz (2010).

8장

1   Ledbetter and Isom (2012), p. 115. 이 절의 설명 상당 부분은 이 자서전을 토
      대로 했다.

2   "2005년 가을 무렵 제11항소법원은 내가 소송을 너무 늦게 제기했다는 이유
      로 배심원의 평결을 뒤집었다." (Ledbetter and Isom 2012, p. 202).

3   550 U.S. ____ (2007) Ginsburg, J., dissenting, Supreme Court of the United
      States No. 05-1074, Lilly M. Ledbetter, Petitioner v. The Goodyear Tire &
      Rubber Company, Inc., May 29, 2007, p. 19.

4   성별 소득 격차는 그 이후 안정되다가 그다음에 다소 격차가 좁혀진다. 격차
      가 좁혀지기 시작하는 연령은 대졸 여성 중 이른 출생 연도 사람들에게서 더
      빠르다. 아마도 아이들을 더 일찍 낳았기 때문일 것이다. 출생 연도가 더 뒤인
      여성들 사이에서는 격차가 더 늦게 좁혀지는데 아이를 훨씬 더 늦은 나이에
      낳았기 때문일 것으로 보인다.

5   성별 소득 격차를 수학 공식으로 표현할 때는 종종 로그 값을 취한다. 비율의
      로그 값은 분자 분모 각각의 로그 값의 차이다. $\log(x/y) = \log(x) - \log(y)$.

6   다음을 참고하라. Pew Research (2017).

7   조직 차원에서 편견을 없애는 정책으로는 다음을 참고하라. Bohnet (2016).

8   이런 조치를 취하게 된 직접적인 계기는 필라델피아에서 있었던 인종 차별
      사건이었다. 스타벅스 사례의 상세 내용은 다음을 참고하라. https://www.
      vox.com/identities/2018/5/29/17405338/starbucks-racial-bias-training-
      why-closed.

9   Goldin and Rouse (2000).

10   보스턴 시청의 여성 대상 협상 기술 교육에 대해서는 다음을 참고하라.
      https://www.boston.gov/departments/womens-advancement/aauw-work-
      smart-boston#about-the-workshops.

11   이 법에 대한 상세 내용은 다음에서 볼 수 있다. https://www.mass.gov/

service-details/learn-more-about-the-massachusetts-equal-pay-act. 이 법은 "비교 가능한" 노동에 대해서도 동일 임금을 지급하도록 의무화하고 있는데, "비교 가능한" 노동이란 매우 복잡한 개념이다.

12 성별에 따른 직종의 차이는 '비유사성 지수index of dissimilarity'를 통해 측정할 수 있다. 이 지표는 다음의 공식으로 계산된다. $I = \frac{1}{2}\sum_i |m_i - f_i|$ 여기에서 $m_i(f_i)$는 해당 경제 내의 직종i에서 남성(여성) 노동자가 차지하는 비중을 말한다. 남성과 여성의 직종별로 분포가 동일하면 이 지수는 0이다. 이 지수는 남성의 직종별 분포와 여성의 직종별 분포가 동일해지려면 어느 정도의 여성(혹은 남성)이 직종을 이동해야 하는지 말해준다. 남성과 여성이 겹치는 직종이 하나도 없을 경우, 즉 완전히 분리되어 있을 경우 이 지수는 1이고 모든 여성(혹은 모든 남성)이 직종을 이동해야 한다. 각 직종의 상대적인 여성 비중(혹은 남성 비중)을 알려면 노동시장 전체의 남성 노동자 수와 여성 노동자수를 알아야 한다. 전체 노동시장에 남성과 여성이 동수라면 직업i의 여성 비중은 다음과 같다. $[f_i / (m_i + f_i)]$

13 과거에 기업들이 어떠한 직종들에 성별로 제한을 두어 채용했는지, 그리고 이렇게 복잡한 제약을 둔 이유는 무엇인지 알아본 연구로는 다음을 참고하라. Goldin (2014a). 1939년에 기업 대상으로 진행된 대규모 조사 결과를 토대로 분석한 것이다. '남성의 일' 중에도 서열이 낮은 직종이 있었고 '여성의 일' 중에도 서열이 높은 직종이 있었다. 이를테면, 서열이 낮은 직종인 '우편 보이'는 남성만 채용했고 서열이 높은 직종인 속기사는 여성만 채용했다.

14 여러 연구에서 비유사성 지수가 계산되었다. 예를 들어, 1972년부터 2011년까지의 추세를 살펴본 다음 연구를 참고하라. Hegewisch and Hartmann (2014).

15 다음을 참고하라. Goldin (2014). 회귀분석을 해보면 직종 분리를 조정했을 때 남녀 소득 격차의 22-30%가 사라진다. 노동자 전체에 대해 계산하면 더 낮은 숫자가, 대졸 노동자만을 대상으로 하면 더 높은 숫자가 나온다. 이 회귀분석 모델에는 연령, 연령 제곱, 교육, 노동 시간, 여성 더미 변수가 들어갔다. 여기에서 언급된 추산치는 직종 더미 변수를 추가했을 때 여성 더미 변수의 상관계수가 얼마나 달라지는가이다. 이렇게 계산하는 대신, 여성을 남성의 직종별 분포에 따라 재배치하거나 남성을 여성의 직종별 분포에 따라 재배치

하는 더 간단한 사고실험을 해 보면, 대졸자들의 경우 성별 소득 격차가 30-40% 줄어든다.

16 미국 인구총조사에는 약 500개의 직종이 있다. 그런데 범위가 좁게 규정되어 있는 직종도 있지만, 어떤 것은 매우 폭넓게 규정되어 있다. 가령, '의사'는 너무 폭넓은 범주이고 여기에는 외과 의사부터 정신과 의사까지 다양한 전공이 포함된다. '변호사'도 큰 로펌에서 일할 수도 있고 작은 로펌에서 일할 수도 있고 정부에서 일할 수도 있고 기업 변호사로 일할 수도 있다. 즉 여기에서 직종은 꼭 '일자리'를 의미하는 것은 아니고, 직군명에 더 가깝다고 볼 수 있다.

17 평균은 여성에 비해 남성이 초고소득층을 더 많이 포함된다는 사실에 중앙값보다 더 영향을 받는다. CPS의 소득 분포 자료에서는 최상위 소득이 절단되어 있으므로 극단적인 고소득층의 존재가 평균의 계산에 크게 영향을 미치지는 않는다.

18 다음을 참고하라. Goldin and Katz (2008).

19 1980-2010년의 임금 격차를 추산하고 그 격차 중 교육과 직무 경력으로 설명되는 부분이 어느 정도인지 알아본 연구로는 다음을 참고하라. Blau and Kahn (2017). 1980년에는 성별 임금 비율이 0.62였고 그중 29%가 교육과 직무 경력의 차이로 설명되었다. 이는 경제학자들이 '인적자본' 요인이라고 부르는 것이다. 인적자본, 그리고 노동자들이 종사하는 직종과 산업을 합하면 52%가 설명되었다. 2010년이면 성별 소득 격차는 0.79로 좁혀지고 15%만 인적자본 요인으로 설명되었다. 이들의 추산에 따르면 2010년에는 1980년에 비해 직종과 산업으로 설명되는 부분이 더 컸다. 중요한 점은, 2010년에 비해 1980년에는 소득 격차의 더 큰 부분이 인적자본 차이로 설명되었다는 것이다. 이 추산치들은 대졸자가 아니라 전체 노동자를 대상으로 한 것이다.

20 25-64세 사이에 적어도 26주간 전일제로 고용되었던 평균 기간(연수)를 각 성별로 나타낸 표를 다음에서 볼 수 있다. Blau and Kahn (2017), 표 2. 소득변화패널연구Panel Study of Income Distribution, PSID 자료가 사용되었다. 이에 따르면, 1981년에는 남성이 여성보다 거의 7년 더 길게 고용되어 있었지만 2011년에는 여성보다 1.4년만 더 길게 고용되어 있었다.

21 뮤리엘 니데를Muriel Niederel이 이에 대해 방대한 연구를 했다. 예를 들어, 다음

을 참고하라. Niederle and Vesterlund (2007).

22　그림 8.2의 성별 소득 격차는 평균의 비율이다. 중앙값의 비율로 구했을 때
　　보다 약간 낮을 것이다. 앞에서는 중앙값으로 계산한 비율을 사용했다. 이것
　　이 표준 지표이기도 하고 평균을 사용할 때보다 최고소득자에 남성이 압도적
　　으로 많다는 사실에 영향을 덜 받기 때문이다.

23　점점 벌어지던 추세가 여성들이 40대와 50대가 된 이후 어느 시점에 멈추고
　　좁혀지는 추세로 반전한다. 추세가 반전되는 정확한 연령은 출생 연도 집단
　　에 따라 다르다. 다음을 참고하라. Goldin (2014).

24　이 연구는 나와 로렌스 카츠, 그리고 부스 경영대학원 교수인 매리언 버트랜
　　드가 함께 수행했다. 다음을 참고하라. Bertrand, Goldin, and Katz (2010).

25　MBA 표본은 1990-2006년 졸업생이다. 우리는 10-16년 전에 졸업한 사람
　　들을 하나의 범주로 묶었고, "10-16년 전에 졸업한 사람들"이라고 표현하기
　　보다 "13년 전에 졸업한 사람들"이라고 표현했다. 조사는 2006년에 이뤄졌으
　　며, 시카고 대학 경영대학원으로부터 그들의 입학 시점, 재학 시점 등에 대한
　　정보를 얻었다.

26　여성들이 6개월 이상 휴직을 하지 않았다고 가정했다. 짙은 막대는 표본에 있
　　는 모든 여성을, 옅은 막대는 그 시점까지 아이가 없는 여성들을 대상으로 한
　　것이다. 따라서 옅은 막대의 표본에 누가 포함되었는지는 시간에 따라 달라
　　진다.

27　MBA를 취득한 여성 중 학위를 취득하고 곧 아이를 낳았지만 일을 계속한 여
　　성들이 표본에 더 많이 반영된 것으로 보인다. 이 말은, 그들이 관찰 가능하지
　　않고 측정할 수 없는 이유로 소득이 더 높을 가능성이 크다는 의미다. 이들은
　　아이를 가진 이후의 소득이 아이가 없는 여성보다 높았다. 그러다가 더 많은
　　여성이 아이를 갖게 되면서 육아 부담으로 인한 소득 격차가 더 지배적인 특
　　징이 된다.

28　온라인 부록 그림 2A(8장) "남성 MBA 대비 여성 MBA의 연소득 비율: MBA
　　취득 후 약 13년(10-16년) 시점"을 참고하라.

29　6개월 이상 일을 쉰 경우만 노동시장에서 나가는 것으로 간주했고 유급 육아
　　휴직은 여기에 포함되지 않는다.

30 MBA 여성이 MBA 취득 후 첫 10년 사이에 일을 쉬는 기간이 여타의 전문 석
    박사 학위자보다 길다는 사실은 '하버드 앤 비욘드' 연구에서 발견된 결과다.
    '하버드 앤 비욘드' 프로젝트에 대해서는 다음을 참고하라. Goldin and Katz
    (2008a). '하버드 앤 비욘드' 연구에 따르면, 1980년에 하버드 학부를 졸업한
    사람 중에서 MD의 97%, PhD의 94%, JD의 91%, 그리고 MBA의 87%가 학
    부 졸업 후 15년 시점에 고용 상태였다. 1990년경에 하버드 학부를 졸업한 사
    람들 사이에서도 이 비중은 큰 차이가 없었다(MD 96%, PhD 94%, JD 87%, MBA
    85%).

31 "손을 떼고 나온다"는 말은 리사 벨킨Lisa Belkin이 2003년 〈뉴욕타임스 매거진〉
    기사 "손을 떼고 나오기 혁명"(10월 26일)에 쓰면서 널리 퍼지게 되었다. 이후
    에 많은 학술 논문이 "손을 떼고 나오는" 여성이 증가하고 있다는 개념을 반
    박했다. 한편, 2008년 대침체 이후에 나온 몇몇 논문은 이러한 경향이 실제로
    존재할 수도 있음을 시사하는 결과를 보여 주기도 했다.

32 이 단락에서 언급한 성별 소득 격차는 MBA 취득 시점의 직무 기술 차이를
    조정한 것이다. 이러한 직무 기술에는 경영대학원에서 수강한 과목과 성적
    등이 포함된다.

33 성별 소득 격차의 3분의 2가 부모가 되었을 때 노동시장에서 겪는 불이익 때
    문이라는 주장은 다음을 참고하라. Cortes and Pan (2020).

34 우리의 표본에서 MBA 남성들의 MBA 취득 후 7년 시점의 연봉 중앙값은
    20만 달러였다. 우리의 표본에서 MBA 남성들은 MBA 여성들의 남편들보다
    약간 더 많이 벌었다. MBA 남편 소득 20만 달러 수준은 (응답한 연도에) 아이
    가 있고 결혼한 여성 MBA 중 약 40%를 포함했다.

35 Bertrand, Goldin, and Katz (2010), 표 9. 개인 고정 효과를 통제한 추산치다.

36 Bertrand, Goldin, and Katz (2010), 표 6.

37 Goldin, Kerr, Olivetti, and Barth (2017).

38 스웨덴에 대해서는 다음을 참고하라. Angelov, Johansson, and Lindahl (2016).
    덴마크에 대해서는 다음을 참고하라. Kleven, Landais, and Søgaard (2019).

39 저자들은 출산 이후 15년까지 소득을 추적하기 위해 가장 마지막 출생 연도
    를 2002년에서 끊었다.

40 이 연구를 수행한 저자들은 또 다른 연구에서 할아버지, 할머니가 미치는 영향을 조사해 세대 간 젠더 규범 전승이 미치는 영향을 알아보았다. 할아버지, 할머니의 영향이 있으면 부부 중 한쪽이 육아에 더 많이 특화하게 되는지 알아본 연구다. 다음을 참고하라. Kleven, Landais, and Søgaard (2019).

41 스웨덴 연구(Angelov, Johansson, and Lindahl (2016), 표3)에서 다른 변수들을 통제하고 회귀분석을 했을 때 첫 출산 이후 15년 시점에 부부 사이의 연소득이 로그 값으로 0.279 만큼 벌어졌다(32%에 해당한다). 출산 전에 남편과 아내가 동일한 임금을 받고 있었다면 15년 뒤에는 남편이 아내 소득의 1.32배를 올린다는 말이다. 즉 남성 대비 여성의 소득 비율은 1에서 0.76으로 줄어든다. 출산 전에 남편이 아내보다 1.18배를 더 벌고 있었다면 이제는 1.56배를 더 벌게 되어 여성의 상대적 소득 비율은 0.85였던 데서 0.64로 줄어들게 된다.

42 자녀로 인한 임금상의 불이익을 국가 간에 비교한 연구로는 다음을 참고하라. Kleven et al. (2019).

43 Pew Research (2012), N = 2,511.

44 다음을 참고하라. Goldin and Katz (2008a). 직종마다 휴직 기간이 다르므로 이 연구는 휴직이 유발하는 소득 불이익을 측정하기 위해 졸업 후 15년 시점의 휴직 기간을 18개월로 표준화했다. 연소득은 MBA는 60%, JD와 PhD는 71%, MD는 84%로 떨어지는 것으로 나타났다.

45 온라인 부록 (8장) "미국지역사회조사의 직종 및 O*NET 표본"을 참고하라. 2009년부터 2016년까지 여덟 개의 미국지역사회조사ACS 데이터를 사용했다. 남성 노동자와 여성 노동자 사이에 비교 가능한 표본을 만들기 위해 전일제 연중고용 노동자만을 대상으로 했다.

46 생산, 보호 서비스, 교통 직종은 거의 포함되지 않았다. 대졸자만 포함된 표본임을 감안하면 놀라운 일이 아닐 것이다.

47 '테크'는 수학 및 컴퓨터 분야를 포함하기도 하지만, 이 연구에서는 공학을 '테크'라는 단어로 표현했다.

48 온라인 부록 표 2A(8장) "직종별 O*NET 특성값과 남녀 소득 비율"은 직종별로 O*NET 특성들에 대해 가중치를 두어 계산한 값과 가중치를 두지 않고 계산한 값 둘 다의 평균과 성별 소득 비율(로그 값)을 제공한다.

49 O*NET의 직종 특성들은 노동통계국이 만든 지표로 측정했다. 여기에는 해당 직종 종사자와의 인터뷰 등 다양한 원천에서 나온 정보가 활용되었다. 각 특성이 서로 다르게 측정되었고 몇몇은 편차가 크거나 작거나 하기 때문에, 각 특성값들의 단순 평균을 구하기 위해 먼저 그것들을 표준화했다(평균은 0, 표준편차는 1).

50 온라인 부록 그림 1A(8장) "소득 불평등과 성별 소득 격차"는 143개 직종 각각에 대해 남성의 소득 불평등 90-10 지표와 성별 소득 격차의 관계를 제공한다. 90-10 지표는 90퍼센타일에 있는 남성 노동자 연 소득을 10퍼센타일에 있는 남성 노동자 연 소득으로 나눈 것이다. 일반적으로 90퍼센타일 소득의 로그 값에서 10퍼센타일 소득의 로그 값을 빼서 구한다. 여기에서 사용된 소득은 부록에 설명한 소득 회귀 방정식의 잔차항이다. 성별 소득 격차는 이 장의 다른 곳에서 사용된 방식과 동일하게 계산했다.

9장

1 이 중앙값들은 전일제, 연중고용 노동자들에 대한 것이며 미국 인구총조사 1970년과 ACS 2014-2016년 자료가 사용되었다. 전일제는 주당 35시간 이상 일하는 경우를 말하며 남성이 여성보다 더 긴 시간 일한다.

2 프랑크푸르터는 [여성이 바지 입는 것을 싫어했는데] 긴스버그가 바지를 입고 대법원에 출근하지는 않을 것이라고 했는데도 로클럭으로 뽑지 않았다고 한다. 다음을 참고하라. Lepore (2018).

3 이 결과 및 이 장에서 언급한 그 밖의 결과들은 로스쿨 졸업 후 여러 시점에 졸업생들을 추적 조사한, 제한된 용도로만 사용할 수 있는 데이터를 사용했다. 부록1 출처 설명 9장 "미시건 대학 로스쿨 졸업생 설문조사 데이터"를 참고하라. 이 조사의 원자료는 졸업 후 5년 시점에 여성이 남성의 90%를 벌고 있었음을 보여 준다. 하지만 노동 시간과 업무 경력을 고려에 넣으면 소득에서 성별 차이가 발견되지 않는다. 또한 졸업 후 5년 시점에 여성의 노동 시간이 약간 더 짧지만 차이는 크지 않다.

4 노동 시간에 대해서는 그림 9.1을 참고하라. 파트타임은 표준적인 구분대로 주당 35시간 미만으로 일하는 경우를 의미한다. 경제활동 참가율은 그림 9.2를 참고하라.

5   졸업 후 5년 시점에 여성의 80%, 남성의 90%가 주당 45시간 이상 일하고 있었음을 상기하라.

6   56% 숫자는 온라인 부록 표1A(9장) "JD 취득자의 소득 회귀방정식: 미시건 대학 로스쿨 졸업생 설문조사, 종단 표본"을 참고하라.

7   미국 변호사협회가 진행한 "JD 이후After the JD" 조사의 2006년 표본을 사용해 변호사들의 성별 소득 격차를 분석한 다음 연구에서도 이와 비슷한 설명이 제시되었다. Azmat and Ferrer (2017). 이 연구는 변호사 자격증을 딴 뒤 6년 시점을 분석했다. 이 연구 결과는 남성이 더 장시간 일하고 더 수익성 있는 클라이언트를 데려오기 때문에 소득이 높다는 설명을 뒷받침해 준다. 하지만 이 연구는 졸업 후 6년 시점까지만 조사했다.

8   81%라는 추정치와 앞의 56% 숫자가 나온 회귀분석 결과는 온라인 부록 표 1A(9장) "JD 취득자의 소득 회귀방정식: 미시건 대학 로스쿨 졸업생 설문조사, 종단 표본"과 다음의 표1에서 나온 것이다. Goldin (2014).

9   시간당 임금에 대한 이 결과는 온라인 부록 표 1A(9장) "로스쿨 졸업생의 소득 방정식: 미시건 대학 로스쿨 졸업생 조사, 종단 표본"에서 나온 것이다.

10   파트너가 될 확률은 졸업 후 5년 시점에 로펌에서 일하고 있는 사람들을 대상으로 추정한 것이며 5년 시점의 근무 시간, 학점, 15년 시점의 자녀 유무, 아이와 여성과의 상호작용, 그리고 여성 더미 변수를 포함했다.

11   온라인 부록 표 1A(9장) "로스쿨 졸업생의 소득 방정식: 미시건 대학 로스쿨 졸업생 조사, 종단 표본"을 참고하라. 시간당 임금 회귀분석에서 '현재의 노동 시간' 변수를 추가하자 '여성' 변수의 상관계수가 0과 유의하게 차이나지 않았다.

12   흥미롭게도 남성 변호사의 15년 차 소득 중앙값(2007년 달러 기준으로 20만 달러 근처)은 대략 이 여성 JD들의 남편 소득 평균과 비슷했다. 남성의 소득 분포가 오른쪽으로 긴 꼬리를 가지고 있으므로 여성 변호사의 남편들은 남성 변호사 전체에 비해 평균이 낮을 것이다(여성 변호사의 남편들이 모두 변호사는 아니다). 한편, MBA 표본의 남성 소득 중앙값(2006년 달러 기준)도 20만 달러였다.

13   성별 소득 비율은 전일제 연중고용 노동자 남녀 각각의 중앙값으로 계산한

것이다. 앞에서 한 분석의 상관계수들을 사용해 노동 시간, 노동 주수, 연령, 기타 요인들을 통제하고 평균 비율을 구했다. 변호사들은 143개 직종 중 아래에서 29위였다.

14 부부간 불공평성은 동성 커플 사이에도 존재할 수 있으며 실제로 존재한다. 어느 부부에게라도 가정의 의무가 있어서 두 사람 모두 더 유연한 일자리로 옮기려 한다면 금전적으로 막대한 비용을 치르게 된다.

15 남성 1달러당 "67센트"라는 숫자는 1970년에 전일제 연중고용으로 일한 여성 약사의 소득 중앙값을 남성 약사 대비 비율로 나타낸 것이다.

16 "94센트"라는 숫자는 2014-2016년 ACS 데이터에서 도출되는 96센트, 그리고 이전 장에서 본 회귀분석에서 도출되는 92센트를 평균 낸 것이다.

17 이를 뒷받침하는 근거는 다음을 참고하라. Goldin and Katz (2016), 표4.

18 소득 중앙값은 25-64세 전일제 연중고용 노동자의 임금, 수당, 사업소득을 모두 포함해 구한 것이다. 데이터는 1970, 1980, 1990, 2000년 미국 인구총조사와 2009-2010년 ACS를 사용했다.

10장

1 최근의 전문 석박사 학위 취득자 중 여성 비중은 그림 6.3을 참고하라. 연령별 여성 수의사 비중은 온라인 부록 그림 2A(10장) "연령 집단별 수의사 중 여성 비중, 파트타임 비중, 개업 소유주 비중"에 나온다. 이 데이터들은 10년 전 것이어서 최근 졸업생의 여성 비중이 과소평가되어 있다.

2 CSWEP Annual Reports(여러 해). 박사 학위 과정이 있는 대학만 조사에 포함되었다. 경제학 박사 학위 소지자 중 여성 비중은 적어도 지난 20년 동안 30-35%를 유지했다.

3 박사 과정이 있는 대학만 포함되었으며 데이터는 다음을 사용했다. Ginther and Kahn (2004), CSWEP Annual Reports(여러 해).

4 긴더와 칸(Ginther and Khan, 2004)은 전미과학재단National Science Foundation, NSF 이 수행하는 박사학위취득자조사Survey of Doctoral Recipients, SDR 데이터를 사용해 여러 학문 분야에서 여성이 남성보다 승진 비율이 낮다는 것을 보여 주었다. 경제학과도 그런 분야 중 하나다.

5 가장 큰 범주는 회계사를 100명 이상 고용한 기업들이며 가장 규모가 작은 범주는 회계사가 2-10명인 곳들이다. 회계법인은 고용 직원 수에 편차가 크다. 2016년에 미국에 4만 2,000개의 회계법인이 있었는데 그중 4만 1,600개가 직원이 20명 이하였다. 하지만 빅4라고 알려진 딜로이트, PWC, EY, KPMG는 각각 3,000명 이상의 회계사와 그보다 더 많은 직원이 있었다. 가장 큰 기업인 딜로이트는 직원이 5만 명이 넘고 빅4중 가장 작은 KPMG도 직원이 3만 명 이상이다. 여기에서 직원 숫자는 컨설턴트 등 회계사 이외의 직원도 포함한 것이다. 빅4는 파트너들의 성별 구성을 일반에 잘 공개하지 않는다.

6 21%라는 숫자와 대형 및 소형 회계법인에서의 여성 파트너 비중은 회계법인 젠더 조사(AICPA 2017)에서 나온 것이다. 회계감사 자료를 사용해 빅4 회계법인에서 파트너의 17.7%가 여성임을 밝힌 연구는 다음을 참고하라. Burke, Hoitash, and Hoitash (2019).

7 AICPA의 조사는 표본에서 각 규모별 기업 비중을 공개하지 않지만, 이 조사의 응답자들 거의 대부분은 회계사를 100명 이상 고용한 회사에서 일한다.

8 Azmat and Ferrer (2017).

9 데이비드 솔로몬David Solomon이 발표한 것으로 알려져 있다. https://dealbreaker.com/2013/11/goldman-sachs-spells-out-new-saturday-rule-for-junior-employees/.

10 뱅크오브아메리카는 2009년에 메릴린치를 인수했는데, 2019년에 이름에서 메릴린치를 떼었다. 그래서 현재는 뱅크오브아메리카로 불린다.

11 처음 발표된 내용은 다음을 참고하라. https://www.washingtonpost.com/news/the-switch/wp/2016/08/26/amazon-is-piloting-teams-with-a-30-hour-work-week/?noredirect=on&utm_term=.217f3557a09d. 업데이트된 발표는 다음을 참고하라. https://www.forbes.com/sites/kaytiezimmerman/2016/09/11/what-amazons-new-30-hour-work-week-means-for-millennials/#5da95c896ae4.

12 다음을 참고하라. McCracken (2000); Molina (2005). 1989년에 '딜로이트 & 투시 LLP'는 두 회계법인인 '딜로이트 하스킨스 앤 셀스'와 '투시 로스 앤 컴퍼니'의 합병으로 생겼다.

13 Hewlett (2008).

14 Burke, Hoitash, and Hoitash (2019). 이 연구자들은 회계법인이 해당 회계감사 건을 책임지고 수행한 담당 파트너의 신원을 공개하도록 하는 법이 최근 통과되면서 입수가 가능해진 회계감사 보고서의 정보를 활용했다. 2017년에 딜로이트(종업원 규모로 업계 1위)는 여성 파트너가 17.4%, PWC(규모 2위)는 18.7%, EY(규모 3위)는 19.9%, KPMG (규모 4위)는 13.7%였다.

15 대형 회계법인에서 일하는 회계사가 전체 회계사 중 차지하는 비중은 작다. 따라서 회계사 전체 중 여성 비중은 50%지만 대형 회계법인 회계사 중 여성 비중은 이보다 훨씬 낮을 수 있다.

16 다음을 참고하라. Antecol, Bedard, and Stearns (2018).

17 Ramey and Ramey (2010). 25-64세 성인에 대해 연령 더미, 연도, 교육 수준, 성별 더미 변수로 회귀 분석을 했다. 아이에게 쓴 시간은 "유지"와 교육, 오락, 여행, 기타 등을 포함한다. 2015년 숫자는 ATUS 데이터로 내가 추산한 것이다.

18 2002-2003년의 육아 시간 분석은 다음도 참고하라. Guryan, Hurst, and Kearney (2008). 이 연구는 미국 등지에서 부모가 육아에 들이는 시간이 교육 수준에 따라 강한 점진적 상관관계가 있음을 보여 주었다. 즉 부모의 교육 수준이 높을수록 부모가 상당히 더 많은 시간을 아이와 보내는 것으로 나타났다.

19 Pew Research (2012), N = 2,511. 마이크로 데이터가 사용되었다. http://www.pewsocialtrends.org/datasets/. 이 결과는 질문 26a("아이와 너무 많은 시간을 쓰신다고 생각하십니까, 너무 적은 시간을 쓴다고 생각하십니까, 적당한 시간을 쓴다고 생각하십니까?")에 대한 답변이다. 자녀가 18세 이하인 응답자에게만 질문했다. 표본 가중치가 적용되었다.

20 Pew Research (2012). 이 정보는 질문 26b에 대한 답변에서 나온 것이다.

21 Pew Research (2012). 이 정보는 질문 40a와 질문 40d에 대한 답변에서 나온 것이다. 대졸 여성이 일자리의 유연성보다 더 중요하게 꼽은 유일한 요소는 일자리의 안정성이었다.

22 Pew Research (2010), N = 2,691. 마이크로 데이터가 사용되었고 표본 가중치

가 적용되었다. 이 정보는 질문17에 대한 답변에서 나온 것이다. 퓨 리서치는 이 결과들은 'CBS/뉴욕타임스'의 1977년 설문조사와 비교했는데, 1977년에는 48%가 부부가 공평하게 분담하는 것이 가장 좋은 결혼 생활이라고 답한 반면에 2010년에는 62%가 그렇게 답했다(p.26).

23 '하버드 앤 비욘드' 서베이는 2006년에 수행되었다. 1990년경에 졸업한 사람들은 완전한 출산 데이터를 얻기에는 아직 나이가 너무 젊다. 하지만 이때 졸업한 여성 의사들은 다른 종류의 전문 학위가 있는 여성들에 비해 이 시점에도 아이가 많았다. 3세 이하의 아이를 입양한 경우도 포함되었다. 흥미롭게도, 이 표본에서 남성 의사들은 다른 전문 직종 남성보다 자녀가 더 많지 않았다. 남성 의사들이 여성 의사들보다는 자녀가 많았지만 MBA나 로스쿨을 나온 남성에 비해서는 많지 않았다.

24 나는 제한된 사용 목적으로만 제공되는 지역사회추적조사CTS 데이터를 사용했다. 의사에 대해서는 이 데이터에 결혼 유무, 자녀 수, 연령과 같은 인구통계학적 정보가 그리 많이 담겨 있지 않다. 이 장에 나온 CTS의 분석은 주당 20-100시간을 일하는 경우에 한한 것이다. 부록2 출처 설명(10장) "지역사회 추적조사"를 참고하라. 2008년에는 구체적인 소득 정보가 없기 때문에 이 분석은 1996년에서 2004년까지로만 한정했다.

25 주당 20-100시간(시간 분포 절삭), 연간 40주 이상을 일하는 의사들을 대상으로 한 것이다. 성별에 따른 의사들의 노동 주수 차이는 자녀 정보가 있었더라면 더 크게 나타났을 수도 있다. 여기에서 젊은 의사 집단과 나이가 든 의사 집단을 가르는 기준은 45세다. CTS는 담당 환자가 없는 의사는 포함하지 않았으므로, 의사 전체 중에서 추출한 무작위 표본은 아니다.

26 최근 졸업자의 세부 전공에 대한 미국의사협회American Medical Association, AMS 현재 데이터로 분석하면 CTS 데이터로 분석했을 때보다 여러 세부 전공에서 여성 비중이 높다. 부분적으로는 AMA 데이터가 더 최근 것이기 때문일 것이다.

27 이 인과관계가 더 잘 나타나도록 남성 의사의 노동 시간을 기준으로 삼았다.

28 해당 전공의 여성 의사 비중과 45세 이하 남성 의사의 평균 노동 시간의 상관관계는 분석하기에 충분한 수의 여성이 있는 19개 전공 사이에서 강하게 나타났다. 두 개의 아웃라이어가 있었는데, 산과-부인과와 소아과였다. 이 두

전공은 추세선이 예측하는 것보다 여성 비중이 많았다. 이 둘을 제외하면 여성 비중과 남성의 주당 노동 시간 사이에 상관계수는 0.8 정도였으며 그 둘을 포함한 전체의 경우에는 0.66이었다.

29 각 전공에서 여성 비중은 미국의사협회(2013) 자료를 사용했지만 시간 데이터는 CTS를 사용했다. CTS의 더 이전 자료들과 데이터 일관성을 높이기 위해 미국의사학회(2013) 자료를 사용했다.

30 온라인 부록 그림 1A(10장) "세부 전공별, 성별, 연령별 의사의 노동 시간"을 참고하라. 남성 의사와 여성 의사의 노동 시간을 전공별, 연령 집단별로 볼 수 있다.

31 CTS는 실제의 직무 연차 정보를 포함하고 있지 않다. 이 추산치는 의학대학원을 졸업하고 나서부터의 햇수를 계산한 것이다. CTS는 자녀 및 기타 가족 변수도 포함하고 있지 않다. 성별 소득 격차 계산은 온라인 부록 표1A(10장) "의사의 성별 소득 격차"를 참고하라. 여기에서 종속 변수는 연간 소득의 로그 값이다. 0.67이라는 숫자는 표의 1열에서 나온 것이고(Exp(0.408)=0.665) 0.82라는 숫자는 4열에서 나온 것(Exp(0.203)=0.816)이다.

32 29개 세부 전공 분야에서 2만 명 이상의 의사들을 상대로 조사한 연구는 다음을 참고하라. Medscape (2018). 환자를 보는 데 들이는 분 단위 시간이 범주로 나뉘어 표시되어 있다(9분 이하, 9-12분, 13-16분, 17-24분, 25분 이상). 평균 시간을 계산하기 위해 나는 대체로 해당 범주의 중앙값을 사용했다. 즉 25분 이상인 범주에 대해서는 32분을, 가장 낮은 범주에 대해서는 8분을 사용했다.

33 의사들의 세부 전공은 미국의학대학협회(2018) 자료다. 2017년 데이터를 참조했다. 젊은 의사는 45세 미만을 의미한다.

34 소아과 의사들 사이에서 파트타임은 1993-2000년 사이 24%에서 28%로 늘었다(미국 소아과학회 2002). CTS 데이터에 따르면 2008년에 젊은 여성 소아과 의사 중 파트타임이 30%였다. 전체 여성 소아과 의사 중에서는 35%, 전체 남성 소아과 의사 중에서는 9%가 파트타임이었다. 여기에서는 주당 35시간을 기준으로 잡았다.

35 마취과는 CTS 데이터베이스에 포함되어 있지 않다. 일반적으로 마취과 의사는 자신의 담당 환자를 가지고 있지 않기 때문이다. CTS 조사는 의사들에게 의사 본인에 대한 질문과 그들이 담당하는 환자들에 대한 질문으로 구성되어

있다.

36 2008년 수의사 연령별 여성 비중은 온라인 부록 그림 2A(10장) "연령 집단별 수의사 중 여성 비중, 파트타임 비중, 개업 소유주 비중"에 나온다. 25-31세 여성 수의사 중 파트타임은 0.72이지만 57세-61세 사이에서는 0.16이다.

37 이 데이터는 수의사의 교육, 근무 시간, 소득, 소유 여부 등에 대한 조사를 토대로 한 것이다. 자료는 외부에 공개되지 않는다. 이 조사는 2007년에서 2009년 사이 미국수의사회Americcan Veterinary Medical Association, AVMA가 진행했다. 몇몇 정보는 지난 10년간 달라졌겠지만 이것이 구할 수 있는 가장 최근의 정보다. 미국 센서스 데이터를 이용하기에는 수의사 표본 규모가 너무 작다. 부록2 출처 설명(10장) "미국수의사회 데이터, 2007년과 2009년: 추가 정보"를 참고하라.

38 성별 노동 시간 중앙값 기준.

39 AVMA 데이터에 따르면 27-31세의 여성 수의사 중 5%만이 파트타임으로 일하지만 32-46세는 22%가 파트타임이며 60세가 되면 30%로 늘어난다. 남성 수의사는 50세까지 파트타임이 5%에 불과한데 그때부터 파트타임 비중이 오르기 시작한다. 온라인 부록 그림 2A(10장) "연령 집단별 수의사 중 여성 비중, 파트타임 비중, 개업 소유주 비중" 파트B를 참고하라.

40 온라인 부록 그림 2A(10장) "연령 집단별 수의사 중 여성 비중, 파트타임 비중, 개업 소유주 비중" 파트C를 참고하라.

41 졸업 연도를 통제하고 계산한 것이다.

42 모든 추정치에는 조사 연도, 지역사회 규모 더미 변수, 수의학 학위를 받은 이후 햇수 등의 변수가 포함되었다. 전일제는 40시간, 연중고용은 45주 이상을 의미한다. 시간과 주를 통제해도 같은 결과가 나온다. 수의학 교육 훈련 및 고용과 관련된 추가 변수로는 사격증, 레지던트 프로그램, 고용 분야(정부, 산업, 학계, 개인 병원 등)가 있다.

43 결혼한 남성 수의사는 결혼하지 않은 남성 수의사보다 소득이 높지만 여성은 반대다. 이것은 여러 직업군에 대한 다른 연구들에서도 나타나는 결과다. 이 차이는 가정의 부담이 성별로 서로 다르게 영향을 미친다는 것을 말해 준다. 이 격차는 단순히 노동 시간만으로는 측정하기 어렵다. '결혼 여부' 및 '여

성인 것과의 상호작용'을 추가로 고려하면 성별 소득 비율이 0.90까지 올라간다. 하지만 격차의 나머지는 많은 다른 연구에서도 나온 결과처럼 관찰 가능한 것들만으로는 설명이 어렵다. 가령 시간의 측정이 시간을 변경할 수 있는 역량에 대한 대용지표로는 불충분할 가능성이 있다. 독립 병원에서 일하지 않는 사람들의 경우 성별 소득 격차가 더 작았다.

44 K12[유치원-12학년] 교사는 포함하지 않았다. 교사 직종은 여성 비중이 더 높을 것이다.

45 McCracken (2000), p. 5.

46 Krentz (2017). 내가 이 글을 쓰는 현 시점에 컨설팅 업계의 주요 기업, 가령 딜로이트 컨설팅, BCG 등은 남녀 직원 모두에게 봉급의 전액을 지급하는 16주의 육아 휴직 제도를 두고 있다.

47 다음을 참고하라. Olivetti and Petrongolo (2017), 표1. 미국은 GDP 대비 영유아 교육과 어린이집에 대한 정부 지출 비중이 0.4인데, 프랑스는 1.2, 스웨덴은 1.6, 영국은 1.1이다. GDP 대비 아동 돌봄 지출이 높은 나라는 일반적으로 여성의 경제활동 참가율이 높다.

48 연방준비제도이사회 의장 제롬 파월Jerome Powell도 여성의 고용률을 높이는 데 도움이 되는 아동 돌봄 정책을 지원하기 위해 이렇게 언급한 바 있다. 다음을 참고하라. Jeanna Smialek, "Powell Says Better Child Care Policies Might Lift Women in Work Force," New York Times, February 24, 2021.

에필로그

1 앞에서 언급했듯이, 이 책에서는 집단5를 1958-1978년 출생자로 한정했다. 40대가 될 때까지 삶을 추적할 수 있기 위해서다. 하지만 실제로 집단5에는 더 젊은 층도 포함되며 어디에서 이 집단이 끝날 것인지는 아직 명확하지 않다.

2 Amanda Taub, "Pandemic Will 'Take Our Women 10 Years Back' in the Workplace," New York Times, September 26, 2020.

3 Patricia Cohen and Tiffany Hsu, "Pandemic Could Scar a Generation of Working Mothers," New York Times, June 3, 2020.

4   Julie Kashen, Sarah Jane Glynn, and Amanda Novello," How COVID-19 Sent Women's Workforce Progress Backward," Center for American Progress, October 30, 2020, https://www.americanprogress.org/issues/women/reports/2020/10/30/492582/covid-19-sent-womens-workforce-progress-backward/.

5   Deb Perelman, "In the Covid-19 Economy You Can Have a Kid or a Job. You Can't Have Both," New York Times, July 2, 2020. 다음도 참고하라. Allyson Waller, "Woman Says She Was Fired Because Her Children Disrupted Her Work Calls," New York Times, July 8, 2020.

6   매달 공개되는 CPS의 경제활동 참가율 데이터를 사용했다. 2020년 9월-2021년 1월과 2019년 9월-2020년 1월을 비교했다. '아이' 변수는 같은 집에 살면서 키우는 아이가 있는 경우만 포함했다. 대졸이 아닌 35-54세 흑인 여성 중 5-13세인 아이가 적어도 한 명 있는 집단은 다른 조건은 동일하고 인종만 흑인이 아닌 경우보다 경제활동 참가율 감소 폭이 훨씬 컸다.

7   2020년 5월-7월까지 대학 연구자들을 대상으로 진행한 다음의 조사를 참고하라. Deryugina et al. (2021). 이에 따르면 부모 모두 연구 시간이 줄었지만 엄마가 더 많이 줄었다. 엘스비어Elsevier 저널 데이터를 분석한 연구로는 다음을 참고하라. Flaherty (2020). 팬데믹 초기 몇 달 동안 여성의 논문 게재 실적이 남성보다 뒤쳐진 것으로 나타났는데 생명과학 분야는 예외였다.

8   비슷한 점을 지적한 논문으로는 다음을 참고하라. Garbes (2021). 다음도 참고하라. Jessica Bennett, "Three Women on the Brink," New York Times, February 4, 2021. 이 기사는 [팬데믹이 워킹맘에게 미친 영향에 대한 〈뉴욕타임스〉의 시리즈 기사] "프라이멀 스크림Primal Screal"의 일부로 게재되었다.

9   나는 '성차별sex discrimination'과 '젠더 차별gender discrimination'을 둘 다 검색했다. 2010년 정도까지는 성sex이 젠더gender보다 훨씬 많이 쓰였다. 기사의 길이를 통제하기 위해 [한 기사에서] 이 두 검색어가 등장한 횟수를 중립적인 단어(여기에서는 '1월January')의 횟수로 나누었고 이것으로 인덱스를 만들었다. 온라인 부록 그림 1A (에필로그) "여성의 사회적 불만: 〈뉴욕타임스〉 구문 검색, 1960-2019년"을 참고하라. 구글 N그램(미국 영어 2019)에서 분석했을 때의 결과도 1960년대부터 비슷한 추세를 보여 주었지만 최근의 증가는 덜 두드러

지게 나타났다.

10 미투 운동은 2006년에 시작되었지만 전국적, 그리고 전 세계적으로 확산된
    계기는 2016년 그레첸 카슨Gretchen Carlson이 폭스 뉴스 회장이자 CEO인 로저
    에일리스Roger Ailes의 성추문을 폭로한 것이었다. 이후 많은 여성이 비슷한 폭
    로를 했다. 빌 코스비Bill Cosby에 대한 폭로는 2015년에 나왔다. 하지만 2016년
    이전에는 〈뉴욕타임스〉 기사에 '미투 운동'이라는 어휘가 사용된 것이 그리
    많지 않았다.

11 이 추정치는 IPUMS의 CPS(2017년 조사에서 사용된 직종 구분)의 응답자 직업
    데이터를 노동통계국 2018년 표준직업분류상의 22개 두 자릿수 코드 단위
    통합 직업군과 매칭했다. 이와 별도로, 딩겔과 니먼Dingel and Neiman(2020)도
    노동통계국의 표준직업분류상의 직업군을 재택근무가 가능한지에 따라 구
    분했는데, 여기에서는 O*NET의 여러 항목에 대한 점수가 기준으로 사용되
    었다. 500개 이상의 직종 각각에 대해 재택근무가 가능한지를 조사하는 것도
    가능했겠지만 그렇게 해도 크게 다르지 않은 결과가 나왔을 것이다.

12 2020년 5-12월 CPS 조사에서는 응답자에게 "팬데믹 때문에 재택근무를 하
    고 있는지" 묻는 항목이 있었다. 그렇다고 답한 비중이 2020년 12월에는 43%
    로 낮아졌다.

13 실업 상태인 경우와 "고용 상태이지만 일을 하지 않고 있는" 상태인 경우의
    숫자는 CPS 2020년 4월 데이터로 계산한 것이다.

14 가족은 가장 어린 자녀의 연령을 기준으로 분류했다. 가족에 자녀가 한 명 이
    상일 수 있다.

15 작은 비중으로 보일지 모르지만 이들은 모두 일하는 엄마들이다.

16 이 엄마들은 다 본인은 일을 하지 않고 있었고 배우자는 일을 하고 있었으며
    18세 미만의 아이가 적어도 한 명 있었다. 이 아빠들은 다 본인은 일을 하고
    있었고 배우자는 일을 하지 않고 있었으며 18세 미만의 아이가 적어도 한 명
    있었다.

17 육아 시간 증가는 대규모 설문조사 자료를 사용해 추정했다(가령, 다음을 참고
    하라. Andrew et al. 2020). 이를 통해 록다운 중에 미취학 아동과 학령기 아동이
    있는 가정에 부담이 얼마나 증가했는지를 합리적으로 가늠해 볼 수 있다. 온

라인 부록 그림 2A(에필로그) "고용 상태인 대졸 남편이 있는 고용 상태인 대졸 여성이 육아에 들이는 시간: 가장 어린 자녀 연령별"을 참고하라.

18 이 계산은 남성이 스스로 밝힌 육아 시간을 그대로 받아들여 계산한 것이다. 많은 연구가 남성들이 자신이 집에서 일하는 시간, 특히 육아 시간을 과장해 말한다는 것을 보여 준 바 있지만 ATUS는 전체 시간이 24시간을 넘기지 않도록 통제하고 있으므로 육아 시간을 과장하려면 다른 활동에 쓰인 시간을 줄여 말해야 한다.

19 록다운 전에 가장 어린 자녀가 초등학생이나 중학생인 부모는 주당 15시간을 육아에 사용했고 이중 엄마들이 58%를 담당했다. 록다운 기간에 전체 육아 시간은 두 배 이상인 주당 33시간이 되었는데, 엄마들이 담당하는 비중은 52%로 낮아졌다.

20 다음을 참고하라. Andrew et al. (2020). 퓨 리서치(2020) 보고서는 2020년 10월에 집에서 일하는 엄마와 아빠의 절반이 방해를 받았다고 보고했다.

21 온라인 부록 그림2A(에필로그) "고용 상태인 대졸 남편이 있는 고용 상태인 대졸 여성이 육아에 들이는 시간: 가장 어린 자녀 연령별"을 참고하라. 두 가지 방식으로 계산한 추산치가 나온다. 하나에서는, AC/DC 시기에 부모의 전체 육아 시간은 BCE 시기와 DC 시기의 중간이 되지만 아빠들의 육아 시간은 BCE 시기 수준으로 돌아간다고 가정했다. 다른 하나에서는, 미취학 자녀가 있는 경우에는 부모가 육아에 쓰는 시간이 BCE 수준에 가까워지고 학령기 아이가 있는 경우에는 DC 시기 수준과 가까워진다고 가정했다. 어린이집은 문을 열고 학교는 아직 문을 열지 않은 상황을 반영해 가정한 것이다.

22 2020년 5월에 시작된 CPS 조사는 고용이 유지되고 있는 사람들에게 다음과 같은 질문을 했다. "지난 4주간 코로나로 인해 원격이나 재택으로 일한 시간이 있습니까?" 2020년 5월에 대졸 응답자 60%가 재택으로 일하고 있다고 답했는데 2020년 9월에는 40% 정도가 그렇게 답했다. 공개된 데이터는 성별로 나뉘어 있지 않지만 여성은 일반적으로 두 기간 모두에서 남성보다 재택근무를 많이 했다.

23 Elisa Martinuzzi and Marcus Ashworth, "Banker Culture Slips in the Pandemic," Bloomberg Opinion, September 25, 2020, https://www.bloomberg.com/opinion/articles/2020-09-25/why-wall-street-wants-

bankers-back-in-the-office.

24 Handley (2020).

25 AC/DC 시기의 육아 시간 계산에 대한 이전의 논의를 참고하라. AC/DC의 추산치를 계산할 때 두 가지 가정(주석21 참고) 중 어느 쪽을 사용하더라도 숫자는 달라지지 않았다.

26 여성은 미국 민간 노동력의 48%를 차지한다. 이것은 CPS 2020년 1-3월 자료로 계산한 것이다. 18-64세로 나이를 한정해도 민간 노동력 중 48%를 차지한다.

27 어린이집 자금은 1941년 방위공공근로Defense Public Work(1940년 국가방위주거법 National Defense Housing Act의 제2편)에 의거해 지원되었다. 이 법은 여러 가지 기본적인 필요를 충족시켜야 하는 지역사회를 돕기 위한 것이었다. 현재 램햄법이라고 불린다.

28 Coleman (1968).

29 상세사항은 다음을 참고했다. Jewish Women's Archive Encyclopedia. www. jwa.org.

30 "Mrs. Nora S. Barney, Architect, 87, Dies," New York Times, January 20, 1971.

31 https://www.npr.org/templates/story/story.php?storyId=128249680.

32 https://www.mic.com/articles/110848/9-quotes-prove-ruth-bader-ginsburg-has-all-the-relationship-advice-you-ll-ever-need.

33 〈위대한 포부〉 조사. 1961년 졸업생을 대상으로 진행되었다. 부록2 출처 설명(5장) "〈위대한 포부〉 데이터"를 참고하라.

34 일반사회조사GSS는 "아내가 남편의 커리어를 내조하는 것이 자신의 커리어를 갖는 것보다 중요하다"라는 언명에 동의하는지 질문했다. 1977년에 전체 연령대에서 대졸자들은 33%가 여기에 동의했고, 남녀 모두 마찬가지였다. 하지만 1985-1990년에는 20%만 여기에 동의했고 여성이 남성보다 동의하는 정도가 조금 더 낮았다. 각 조사에서 대졸자 표본은 작은 편이다(250명 정도). 가장 마지막으로 이 질문이 포함되었던 GSS조사는 1998년이었으며 14%가 동의한다고 답했다.

35 https://knowledge.wharton.upenn.edu/article/high-powered-women-and-

supportive-spouses-whos-in-charge-and-of-what-2/.

36 https://knowledge.wharton.upenn.edu/article/high-powered-women-and-supportive-spouses-whos-in-charge-and-of-what-2/.

37 그림 7.1에서 집단5 중 40-44세에 여성들이 커리어와 가정을 가진 비중은 22%인데 50-54세에는 31%로 높아진다. 하지만 대졸 남성과 비교하면 두 집단 모두 낮다. 남성은 63%다.

38 Pew Research (2020), pp. 4, 14, 23. 이 연구의 데이터는 2020년 10월에 수집되었다.

39 예를 들어, 다음을 참고하라. "Return-to-Office Plans Are Set in Motion, but Virus Uncertainty Remains," New York Times, March 4, 2021.

참고문헌

— AICPA (Association of Independent Certified Public Accountants). 2017. "2017 CPA Firm Gender Survey." 다음에서 논의됨. AICPA, "Women's Initiative Executive Committee." https://www.aicpa.org/content/dam/aicpa/career/womenintheprofession/downloadabledocuments/wiec-2017-cpa-firm-gender-survey-brochure.pdf.

— Alsan, Marcella, and Claudia Goldin. 2019. "Watersheds in Child Mortality: The Role of Effective Water and Sewerage Infrastructure," *Journal of Political Economy* 127(2): 586–638.

— American Academy of Pediatrics. 2002. Division of Health Policy Research. "Pediatricians Working Part Time: Past, Present, and Future." https://www.aap.org/en-us/professional-resources/Research/Pages/Pediatricians-Working-Part-Time-Past-Present-and-Future.aspx.

— American Association of Medical Colleges. 2018. *Physician Specialty Data Report.* 데이터는 다음에서 가져왔다. AMA Masterfile. https://www.aamc.org/data-reports/workforce/interactive-data/active-physicians-sex-and-specialty-2017.

— American Medical Association. 2013. *Physician Characteristics and Distribution in the United States.* American Medical Association Press.

— American Veterinary Medical Association (AVMA). 2007. *AVMA Report on Veterinary Compensation.* Schaumburg, IL: AVMA.

— American Veterinary Medical Association (AVMA). 2009. *AVMA Report on Veterinary Compensation.* Schaumburg, IL: AVMA.

— Andrew, Alison, Sarah Cattan, Monica Costa Dias, Christine Farquharson, Lucy Kraftman, Sonya Krutikova, Angus Phimister, and Almudena Sevilla. 2020. "How Are Mothers and Fathers Balancing Work and Family under Lockdown?"

Institute for Fiscal Studies (IFS), London, England. May.

— Angelov, Nikolay, Per Johansson, and Erica Lindahl. 2016. "Parenthood and the Gender Gap in Pay," *Journal of Labor Economics* 34(3): 545 – 79.

— Antecol, Heather, Kelly Bedard, and Jenna Stearns. 2018. "Equal but Inequitable: Who Benefits from Gender-Neutral Tenure Clock Stopping Policies?," *American Economic Review* 108(9): 2420 – 441.

— Azmat, Ghazala, and Rosa Ferrer. 2017. "Gender Gaps in Performance: Evidence from Young Lawyers," *Journal of Political Economy* 125(5): 1306 – 355.

— Bailey, Martha. 2006. "More Power to the Pill: The Impact of Contraceptive Freedom on Women's Lifecycle Labor Supply," *Quarterly Journal of Economics* 121(1): 289 – 320.

— Bailey, Martha. 2010. "Momma's Got the Pill: How Anthony Comstock and Griswold v. Connecticut Shaped US Childbearing," *American Economic Review* 100(1): 98 – 129.

— Bertrand, Marianne, Claudia Goldin, and Lawrence F. Katz. 2010. "Dynamics of the Gender Gap for Young Professionals in the Financial and Corporate Sectors," *American Economic Journal: Applied Economics* 2(3): 228 – 55.

— Bitler, Marianne P., and Lucie Schmidt. 2012. "Utilization of Infertility Treatments: The Effects of Insurance Mandates," *Demography* 49(1): 125 – 49.

— Blau, Francine D., and Lawrence M. Kahn. 1997. "Swimming Upstream: Trends in the Gender Wage Differential in the 1980s," *Journal of Labor Economics* 15(1, Part 1): 1 – 42.

— Blau, Francine D., and Lawrence M. Kahn. 2017. "The Gender Wage Gap: Extent, Trends, and Explanations," *Journal of Economic Literature* 55(3): 789 – 865.

— Bohnet, Iris. 2016. *What Works: Gender Equality by Design*. Cambridge, MA: Harvard University Press.

— Boston Women's Health Book Collective. 1970. *Women and Their Bodies: A Course.* https://www.ourbodiesourselves.org/cms/assets/uploads/2014/04/Women-and-Their-Bodies-1970.pdf.

— Boston Women's Health Book Collective. 1984. *The New Our Bodies, Ourselves: A Book by and for Women*. New York: A Touchstone Book, Simon & Schuster.

— Burke, Jenna, Rani Hoitash, and Udi Hoitash. 2019. "Audit Partner Identification and Characteristics: Evidence from U.S. Form AP Filings," *Auditing: A Journal of Practice & Theory* 38(3): 71 – 94.

— Coleman, Robert G. 1968. "Memorial of Adolph Knopf," *American Mineralogist* 53(3 – 4): 567 – 76.

— Collins, Gail. 2009. *When Everything Changed: The Amazing Journey of American Women from 1960 to the Present.* New York: Little, Brown and Company.

— Cookingham, Mary E. 1984. "Bluestockings, Spinsters and Pedagogues: Women College Graduates: 1865 – 1910," *Population Studies* 38(3): 649 – 64.

— Cortés, Patricia, and Jessica Pan. 2020. "Children and the Remaining Gender Gaps in the Labor Market." NBER Working Paper No. 27980. October.

— CSWEP (Committee on the Status of Women in the Economics Profession). Various years. Annual Reports. https://www.aeaweb.org/about-aea/committees/cswep/survey/annual-reports.\

— Cull, William L., Mary Pat Frintner, Karen G. O'Connor, and Lynn M. Olson. 2016. "Pediatricians Working Part-Time Has Plateaued," *Journal of Pediatrics* 171: 294 – 99. https://www.jpeds.com/article/S0022-3476(15)01652-2/fulltext.

— Currie, Janet, and Enrico Moretti. 2003. "Mother's Education and the Intergenerational Transmission of Human Capital: Evidence from College Openings," *Quarterly Journal of Economics* 118(4): 1495 – 532.

— Davis, James A. 1964. *Great Aspirations: The Graduate School Plans of America's College Seniors.* Chicago, IL: Aldine Publishing Company.

— Davis, Katharine Bement. 1928. "Why They Failed to Marry," *Harper's Magazine* 156 (March): 460 – 69.

— Davis, Katharine Bement. 1929. *Factors in the Sex Life of Twenty-Two Hundred Women.* New York: Harper and Brothers. https://archive.org/details/factorsinsexlife00davi/page/n25.

— Deryugina, Tatyana, Olga Shurchkov, and Jenna E. Steans. 2021. "COVID 19 Disruptions Disproportionately Affect Female Academics." NBER Working Paper No. 28360. January.

— Dingel, Jonathan I., and Brent Neiman. 2020. "How Many Jobs Can be Done at

Home?" NBER Working Paper No. 26948. April; 6월에 수정됨.

— Durand, John Dana. 1948. *The Labor Force in the United States, 1890–1960*. New York: Social Science Research Council.

— Easterlin, Richard A. 1980. *Birth and Fortune: The Impact of Numbers on Personal Welfare*. New York: Basic Books.

— Finer, Lawrence B. 2007. "Trends in Premarital Sex in the United States, 1954 – 2003," *Public Health Reports* (Jan/Feb): 73 – 78.

— Flaherty, Colleen. 2020. "Women are Falling Behind." *Inside Higher Ed*. October 20.

— Folbre, Nancy. 2001. *The Invisible Heart: Economics and Family Values*. New York: New Press.

— Friedan, Betty. 2013. 최초 출간 1963년. *The Feminine Mystique*. 50주년 기념판. New York: W.W. Norton and Company.

— Garbes, Angela. 2021. "The Numbers Don't Tell the Whole Story." *New Yorker*. February 1.

— Gilette, Moriah. 2018. "Profile of Katharine Bement Davis." 다음에 수록됨. A. Rutherford, ed., *Psychology's Feminist Voices Multimedia Internet Archive*. 다음 웹사이트에서 불러옴. http://www.feministvoices.com/katharine-bement-davis/.

— Ginther, Donna K., and Shulamit Kahn. 2004. "Women in Economics: Moving Up or Falling Off the Academic Career Ladder?" *Journal of Economic Perspectives* 18(3): 193 – 214.

— Goldin, Claudia. 1977. "Female Labor Force Participation: The Origin of Black and White Differences, 1870 to 1880," *Journal of Economic History* 37(1): 87 – 108.

— Goldin, Claudia. 1990. *Understanding the Gender Gap: An Economic History of American Women*. New York: Oxford University Press.

— Goldin, Claudia. 1991. "Marriage Bars: Discrimination against Married Women Workers from the 1920s to the 1950s." 다음에 수록됨. Henry Rosovsky, David Landes, and Patrice Higonnet, eds., *Favorites of Fortune: Technology, Growth, and Economic Development since the Industrial Revolution*. Cambridge, MA: Harvard University Press: 511 – 36.

— Goldin, Claudia. 1997. "Career and Family: College Women Look to the Past."

다음에 수록됨. R. Ehrenberg and F. Blau, eds., *Gender and Family Issues in the Workplace*. New York: Russell Sage Foundation Press.

— Goldin, Claudia. 2004. "The Long Road to the Fast Track: Career and Family," *Annals of the American Academy of Political and Social Science* 596 (November): 20 – 35.

— Goldin, Claudia. 2005. "From the Valley to the Summit: A Brief History of the Quiet Revolution that Transformed Women's Work," *Regional Review* 14(Q1): 5 – 12.

— Goldin, Claudia. 2006. "The 'Quiet Revolution' That Transformed Women's Employment, Education, and Family," *American Economic Review* (Ely Lecture), 96(2): 1 – 21.

— Goldin, Claudia. 2014. "A Grand Gender Convergence: Its Last Chapter," *American Economic Review* 104(4): 1091 – 119.

— Goldin, Claudia. 2014a. "A Pollution Theory of Discrimination: Male and Female Differences in Occupations and Earnings." 다음에 수록됨. Leah Boustan, Carola Frydman, and Robert A. Margo, eds., *Human Capital and History: The American Record.* Chicago: University of Chicago Press: 313 – 48.

— Goldin, Claudia, and Lawrence F. Katz. 2002. "The Power of the Pill: Oral Contraceptives and Women's Career and Marriage Decisions," *Journal of Political Economy* 110(4): 730 – 70.

— Goldin, Claudia, and Lawrence F. Katz. 2008. *The Race between Education and Technology.* Cambridge, MA: Belknap Press.

— Goldin, Claudia, and Lawrence F. Katz. 2008a. "Transitions: Career and Family Life Cycles of the Educational Elite," *American Economic Review: Papers & Proceedings* 98(2): 363 – 69.

— Goldin, Claudia, and Lawrence F. Katz. 2011. "Putting the 'Co' in Education: Timing, Reasons, and Consequences of College Coeducation from 1835 to the Present," *Journal of Human Capital* 5(4): 377 – 417.

— Goldin, Claudia, and Lawrence F. Katz. 2016. "A Most Egalitarian Profession: Pharmacy and the Evolution of a Family Friendly Occupation," *Journal of Labor Economics* 34(3): 705 – 46.

— Goldin, Claudia, and Lawrence F. Katz. 2018. "Women Working Longer: Facts and Some Explanations." 다음에 수록됨. C. Goldin and L. Katz, eds., *Women Working Longer: Increased Employment at Older Ages*. Chicago: University of Chicago Press.

— Goldin, Claudia, Lawrence F. Katz, and Ilyana Kuziemko. 2006. "The Homecoming of American College Women: The Reversal of the College Gender Gap," *Journal of Economic Perspectives* 20(4): 133 – 56.

— Goldin, Claudia, Sari Pekkala Kerr, and Claudia Olivetti. 2020. "Why Firms Offer Paid Parental Leave: An Exploratory Study." NBER Working Paper no. 26617. January. 다음에 수록됨. Isabel Sawhill and Betsey Stevenson, eds., *Paid Leave for Caregiving: Issues and Answers*. Washington, DC: AEI/Brookings Institution.

— Goldin, Claudia, Sari Pekkala Kerr, Claudia Olivetti, and Erling Barth. 2017. "The Expanding Gender Earnings Gap: Evidence from the LEHD-2000 Census," *American Economic Review, Papers & Proceedings* 107(5): 110 – 14.

— Goldin, Claudia, and Joshua Mitchell. 2017. "The New Lifecycle of Women's Employment: Disappearing Humps, Sagging Middles, Expanding Tops," *Journal of Economic Perspectives* 31(1): 161 – 82.

— Goldin, Claudia, and Cecilia Rouse. 2000. "Orchestrating Impartiality: The Impact of 'Blind' Auditions on Female Musicians," *American Economic Review* 90(4): 715 – 41.

— Goldin, Claudia, and Maria Shim. 2004. "Making a Name: Women's Surnames at Marriage and Beyond," *Journal of Economic Perspectives* 18(2): 143 – 60.

— Greenwood, Jeremy. 2019. *Evolving Households: The Imprint of Technology on Life*. Cambridge, MA: MIT Press.

— Greenwood, Jeremy, Ananth Seshadri, and Mehmet Yorukoglu. 2005. "Engines of Liberation," *Review of Economic Studies* 72(1): 109 – 33.

— Grunwald, Lisa, and Stephen J. Adler, eds. 2005. *Women's Letters: America from the Revolutionary War to the Present*. New York: Dial Press.

— Guryan, Jonathan, Erik Hurst, and Melissa Kearney. 2008. "Parental Education and Parental Time with Children," *Journal of Economic Perspectives* 22(3): 23 – 46.

— Handley, Lucy. 2020. "Companies Will Have to 'Seduce' Staff to Go Back to the Office, Real Estate CEO Says." 다음에 수록됨. *Our New Future*, 매킨지 앤 컴퍼

니McKinsey and Company 보고서, 9월 29일.

—Hegewisch, Ariane, and Heidi Hartmann. 2014. *Occupational Segregation and the Gender Wage Gap: A Job Half Done.* Institute for Women's Policy Research report. January.

—HERI CIRP (Astin) Freshman Survey. https://heri.ucla.edu/cirp-freshman-survey/.

—Hewlett, Sylvia Ann. 2008. *Off-Ramps and On-Ramps: Keeping Talented Women on the Road to Success.* Cambridge, MA: Harvard Business Press.

—Horowitz, Daniel. 1998. *Betty Friedan and the Making of "The Feminine Mystique": The American Left, the Cold War, and Modern Feminism.* Amherst: University of Massachusetts Press.

—Hsieh, Chang-Tai, Charles I. Jones, Erik Hurst, and Peter J. Klenow. 2019. "The Allocation of Talent and U.S. Economic Growth," *Econometrica* 87(5): 1439–74.

—Hwang, Jisoo. 2016. "Housewife, 'Gold Miss,' and Educated: The Evolution of Educated Women's Role in Asia and the U.S.," *Journal of Population Economics* 29(2): 529–70.

—Isen, Adam, and Betsey Stevenson. 2010. "Women's Education and Family Behavior Trends in Marriage, Divorce, and Fertility." 다음에 수록됨. J. Shoven, ed., *Demography and the Economy.* Chicago: University of Chicago Press: 107–40.

—James, Edward T., Janet Wilson James, and Paul S. Boyer, eds. 1971. *Notable American Women, 1607–1950: A Biographical Dictionary.* Vol. 1–3. Cambridge, MA: Harvard University Press.

—Kleven, Henrik, Camille Landais, Johanna Posch, Andreas Steinhauer, and Josef Zweimüller. 2019. "Child Penalties across Countries: Evidence and Explanations," *AEA Papers and Proceedings* 109(May): 122–26.

—Kleven, Henrik, Camille Landais, and Jakob Egholt Søgaard. 2019. "Children and Gender Inequality: Evidence from Denmark," *American Economic Journal: Applied Economics* 11(4): 181–209.

—Komarovsky, Mirra. 1985. *Women in College: Shaping New Feminine Identities.* New York: Basic Books.

—Krentz, Matthew. 2017. "Men Wanted: How Men Can Increase Gender Parity."

LinkedIn October. https://www.linkedin.com/pulse/men-wanted-how-can-increase-gender-parity-matt-krentz/.

— Ledbetter, Lilly, and Lanier Scott Isom. 2012. *Grace and Grit: My Fight for Equal Pay and Fairness at Goodyear and Beyond.* New York: Three Rivers Press, Crown Publishers.

— Lemann, Nicholas. 2000. *The Big Test: The Secret History of the American Meritocracy.* New York: Farrar, Straus, and Giroux.

— Lepore, Jill. 2018. "Ruth Bader Ginsburg's Unlikely Path to the Supreme Court." *New Yorker.* October 1.

— Lundberg, Shelly, Robert A. Pollak, and Jenna Stearns. 2016. "Family Inequality: Diverging Patterns in Marriage, Cohabitation, and Childbearing," *Journal of Economic Perspectives* 30(2): 79 – 102.

— Manning, Wendy D., Susan L. Brown, and Bart Stykes. 2015. "Trends in Births to Single and Cohabiting Mothers, 1980 – 2013." Family Profiles FP-15-03, National Center for Family and Marriage Research.

— McCarthy, Mary. 1963. *The Group.* New York: Harcourt, Brace & World. McCracken, Douglas M. 2000. "Winning the Talent War for Women: Sometimes It Takes a Revolution," Harvard Business Review (Nov. – Dec.). Reprint R00611.

— Medscape. 2018. "Female Physician Compensation Report." https://www.medscape.com/slideshow/2018-compensation-femalephysician-6010006#23.

— Menken, Jane, James Trussell, and Ulla Larsen. 1986. "Age and Infertility," *Science* 233(4771): 1389 – 394.

— Midwest Pharmacy Workforce Research Consortium. 2000. *Final Report of the National Pharmacist Workforce Survey: 2000.* Alexandria, VA: Pharmacy Manpower Project.

— Midwest Pharmacy Workforce Research Consortium. 2005. *Final Report of the 2004 National Sample Survey of the Pharmacist Workforce to Determine Contemporary Demographic and Practice Characteristics.* Alexandria, VA: Pharmacy Manpower Project.

— Midwest Pharmacy Workforce Research Consortium. 2010. *Final Report of the 2009 National Pharmacist Workforce Survey to Determine Contemporary Demographic and*

Practice Characteristics. Alexandria, VA: Pharmacy Manpower Project.

— Molina, V. Sue. 2005. "Changing the Face of Consulting: The Women's Initiative at Deloitte," *Regional Review of the Federal Reserve Bank of Boston* (Q1): 42 – 43.

— National Education Association (NEA). 1928. *Practices Affecting Teacher Personnel.* Research Bulletin of the NEA, VI(4). Washington, DC: NEA. September.

— National Education Association (NEA). 1932. *Administrative Practices Affecting Classroom Teachers.* Part I: *The Selection and Appointment of Teachers and Retention, Promotion, and Improvement of Teachers.* Research Bulletin of the NEA, X(1). Washington, DC: NEA. January.

— National Education Association (NEA). 1942. *Teacher Personnel Procedures: Selection and Appointment.* Research Bulletin of the NEA, XX(2). Washington, DC: NEA. March.

— National Education Association (NEA). 1952. *Teacher Personnel Practices. 1950–51: Appointment and Termination of Service.* Research Bulletin of the NEA, XXX(1). Washington, DC: NEA. February.

— Niederle, Muriel, and Lise Vesterlund. 2007. "Do Women Shy Away from Competition? Do Men Compete too Much?" *Quarterly Journal of Economics,* 122(3): 1067 – 101.

— Office of History and Preservation, Office of the Clerk, US House of Representatives. 2006. *Women in Congress: 1917–2006.* Washington, DC: US GPO.

— Office of History and Preservation, Office of the Clerk, US House of Representatives. 2008. *Black Americans in Congress: 1870–2007.* Washington, DC: US GPO.

— Olivetti, Claudia. 2006. "Changes in Women's Hours of Market Work: The Role of Returns to Experience," *Review of Economic Dynamics* 9(4): 557 – 87.

— Olivetti, Claudia, and Barbara Petrongolo. 2017. "The Economic Consequences of Family Policies: Lessons from a Century of Legislation in High-Income Countries," *Journal of Economic Perspectives* 31(1): 205 – 30.

— O'Neill, June, and Solomon Polachek. 1993. "Why the Gender Gap in Wages Narrowed in the 1980s," *Journal of Labor Economics* 11(1): 205 – 28.

— Pedersen, Sharon. 1987. "Married Women and the Right to Teach in St. Louis,

1941 – 1948," *Missouri Historical Review* 81(2): 141 – 58.

— Pew Research. 2010. "The Decline of Marriage and Rise of New Families." November 18.

— Pew Research. 2012. "Social and Demographic Trends Project, 2012 Gender and Generations Survey." November/December.

— Pew Research. 2017. "Gender Discrimination Comes in Many Forms for Today's Working Women." Kim Parker and Cary Funk. July/August.

— Pew Research. 2020. "How the Coronavirus Outbreak Has—and Hasn't— Changed the Way Americans Work." Kim Parker, Juliana Horowitz, and Rachel Minkin. December. https://www.pewresearch.org/social-trends/2020/12/09/how-the-coronavirus-outbreak-has-and-hasnt-changed-the-way-americans-work/.

— Preston, Samuel H., and Michael R. Haines. 1991. *Fatal Years: Child Mortality in Late Nineteenth-Century America.* Princeton, NJ: Princeton University Press.

— Ramey, Garey, and Valerie Ramey. 2010. "The Rug Rat Race," *Brookings Papers on Economic Activity* (Spring): 129 – 99.

— Reid, Margaret G. 1934. *Economics of Household Production.* New York: John Wiley & Sons.

— Rotella, Elyce J. 1981. *From Home to Office: U.S. Women at Work, 1870–1930.* Ann Arbor, MI: UMI Research Press.

— Rotz, Dana. 2016. "Why Have Divorce Rates Fallen?: The Role of Women's Age at Marriage," *Journal of Human Resources* 51(4): 961 – 1002.

— Rubin, Lillian B. 1994. *Families on the Fault Line: America's Working Class Speaks about the Family, the Economy, Race, and Ethnicity.* New York: Harper Collins.

— Seim, David L. 2008. "The Butter-Margarine Controversy and 'Two Cultures' at Iowa State College," *The Annals of Iowa* 67(1): 1 – 50.

— Shinn, Milicent Washburn, 1895. "The Marriage Rate of College Women," *Century Magazine 50* (1895): 946 – 48.

— Sicherman, Barbara, and Carol Hurd Green, eds. 1980. *Notable American Women: A Biographical Dictionary.* Vol. 4. The Modern Period. Cambridge, MA: Belknap Press.

—Smith, Daniel Scott, and Michael S. Hindus. 1975. "Premarital Pregnancy in America 1640 – 1971: An Overview and Interpretation," *Journal of Interdisciplinary History* 5(4): 537 – 70.

—Solomon, Barbara Miller. 1985. *In the Company of Educated Women: A History of Women and Higher Education in America.* New Haven, CT: Yale University Press.

—Solomon, Barbara Miller. 1989. "Radcliffe Alumnae Questionnaires of 1928 and 1944." Data archive listing. Henry A. Murray Research Center at Radcliffe.

—Steinmann, Marion, and "the Women of the Cornell Class of 1950." 2005. *Women at Work: Demolishing a Myth of the 1950s.* Bloomington, IN: Xlibris Corporation.

—Stevenson, Betsey. 2007. "The Impact of Divorce Laws on Marriage–Specific Capital," *Journal of Labor Economics* 25(1): 75 – 94.

—Stevenson, Betsey, and Justin Wolfers. 2007. "Marriage and Divorce: Changes and Their Driving Forces," *Journal of Economic Perspectives* 21(2): 27 – 52.

—US Bureau of the Census. *1904. 1900 Census Special Reports: Occupations at the Twelfth Census.* Washington, DC: US GPO.

—US Bureau of the Census. 1933. 1930 *Census: Volume 4. Occupations, by States. Reports by States, Giving Statistics for Cities of 25,000 or More.* Washington, DC: US GPO.

—US Congress. 1934. *National Income, 1929–32.* 73d Congress, 2d Session. Document No. 124. Washington, DC: US GPO.

—US Department of Education, NCES. 여러 연도. *Digest of Education Statistics.* U.S. GPO. 다음도 참고하라. https://nces.ed.gov/programs/digest/.

—US Department of Labor, Women's Bureau. 1959. "First Jobs of College Women: Report of Women Graduates, Class of 1957," Women's Bureau Bulletin no. 268. Washington, DC: US GPO.

—US Department of Labor, Women's Bureau. 1966. "College Women Seven Years after Graduation: Resurvey of Women Graduates—Class of 1957," Women's Bureau Bulletin no. 292. Washington, DC: US GPO.

—Ware, Susan, and Stacy Lorraine Braukman, eds. 2004. **Notable American Women: A Biographical Dictionary.** Vol. 5. Completing the Twentieth Century. Cambridge, MA: Belknap Press.

—Wolfers, Justin. 2006. "Did Unilateral Divorce Laws Raise Divorce Rates? A Reconciliation and New Results," *American Economic Review* 96(5): 1802 – 20.

—Yohalem, Alice M. 1979. *The Careers of Professional Women: Commitment and Conflict.* Montclair, NJ: Allanheld Osmun.

—Zimmerman, Seth. 2014. "The Returns to College Admission for Academically Marginal Students," *Journal of Labor Economics* 32(4): 711 – 54.

찾아보기

486

커리어 그리고 가정

평등을 향한 여성들의 기나긴 여정

1판 1쇄 펴냄 | 2021년 10월 25일
1판 5쇄 펴냄 | 2023년 12월 15일

지은이 | 클라우디아 골딘
옮긴이 | 김승진
발행인 | 김병준
발행처 | 생각의힘

등록 | 2011. 10. 27. 제406-2011-000127호
주소 | 서울시 마포구 독막로6길 11, 우대빌딩 2, 3층
전화 | 02-6925-4184(편집), 02-6925-4188(영업)
팩스 | 02-6925-4182
전자우편 | tpbook1@tpbook.co.kr
홈페이지 | www.tpbook.co.kr

ISBN 979-11-90955-42-3 93320